la pl en face de la p.117
a été arrachée
Constaté] 6 novembre 1985
D.

J.-B. Piolet, S. J.

Ancien missionnaire à Madagascar

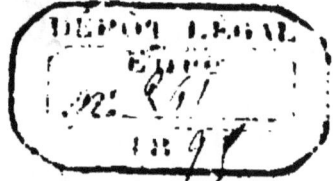

Madagascar

sa Description 1619

ses Habitants

A. CHALLAMEL, Éditeur

Paris, 1895

Madagascar

sa Description

ses Habitants

DU MÊME AUTEUR :

Madagascar et les Hova. Description, organisation,
histoire, avec une carte des environs de Tananarive, du
R. P. ROBLET.

Un volume in-8° de 280 pages, chez Delagrave.

———— ————

Typographie Firmin-Didot et Cie. — Mesnil (Eure).

J.-B. Piolet, S. J.

Ancien missionnaire à Madagascar

Madagascar

sa Description

ses Habitants

A. CHALLAMEL, Éditeur

Paris, 1895

A L'ÉMINENT OCULISTE

Le Docteur LANDOLT

AU TRÈS DISTINGUÉ MÉDECIN HYDROPATHE

Le Docteur THÉODORE KELLER

EN TÉMOIGNAGE DE RECONNAISSANCE
POUR LEURS SOINS SI INTELLIGENTS
ET SI DÉVOUÉS
CE LIVRE EST AFFECTUEUSEMENT DÉDIÉ
PAR L'AUTEUR.

INTRODUCTION

Je n'ai à m'excuser, ni d'avoir écrit ce livre, ni de le publier en ce moment. Les événements qui se passent dans la grande île africaine seront ma meilleure recommandation. J'espère que les lecteurs, qui voudront bien me lire, me rendront la justice que mon travail est consciencieux, et peut, par suite, rendre quelque service.

J'ai vu une partie de ce que je raconte, et ce que je n'ai pas vu moi-même je l'ai puisé dans les livres les meilleurs, surtout dans ceux de M. Grandidier et du Père de La Vaissière, de M. Martineau, de Pasfield Oliver, etc., ou dans des conversations dont m'ont honoré les hommes les plus consciencieux et les mieux au courant des affaires et des choses de Madagascar : Messieurs Grandidier, Suberbie, Guinard, Le Myre de Vilers, Ranchot, Bompard, amiral Miot, les Pères Colin, Campenon, etc., etc.

J'ai rencontré chez tous une amabilité parfaite et un empressement à se mettre à ma disposition, qui m'ont vivement touché, soutenu, encouragé.

Tel chapitre — et ce sera un des meilleurs de mon livre — sur la géologie et la minéralogie, avec la carte qui l'accompagne, m'a été donné par M. Guinard, que la mort vient hélas! de nous enlever. Ingénieur en chef de l'exploitation Suberbie et anciennement au service du gouvernement malgache, il avait étudié personnellement le sol de Madagascar sur une très vaste étendue, et le connaissait mieux que personne. La Faune, la Flore, la partie ethnographique sont empruntées à Wallace, Baker, Huxley, Pasfield Oliver; surtout aux travaux de notre grand explorateur M. Grandidier qui a bien voulu modifier, corriger, compléter mon travail et a été jusqu'à m'offrir de revoir les épreuves de mon livre... M. Jully, le très distingué architecte de la résidence de France, m'a fourni les matériaux du chapitre des forêts. M. Le Myre de Vilers enfin m'a communiqué toutes ses notes, m'autorisant à en faire l'usage que je voudrais. J'y ai abondamment puisé.

A tous ceux-là, et à beaucoup d'autres, qui m'ont généreusement aidé de leurs lumières et de leurs encouragements, le Père Monteau, M. Paul Brée, de Vatomandry, MM. Plasse et Bonnet de Tamatave, etc., je suis heureux d'offrir ici la sincère expression de ma vive reconnaissance.

Cet ouvrage, si je puis jamais le compléter, comprendra deux parties, l'une descriptive et l'autre historique. J'en publie la première aujourd'hui. Elle sera à peu près complète, et donnera, m'assure-t-on, une idée véritable et suffisante du pays et de ses habitants, de l'île en général et de ses maîtres actuels les Hova.

Puisse mon livre atteindre le but pour lequel je l'ai écrit, toujours avec intérêt, souvent avec amour et passion, c'est-à-dire faire connaître, apprécier, aimer en France la grande île africaine où nous avons une si noble mission de civilisation chrétienne à remplir.

Note. I. Pour les noms propres, j'emploierai fidèlement l'orthographe malgache. On pourra, pour la prononciation, se servir des remarques suivantes :

L'*e* n'est jamais muet et se prononce toujours comme notre *é*.

L'*o* se prononce toujours *ou;* ex. *zoma*, vendredi, pr. *zou*ma.

La lettre *s* est toujours dure; ex. *sy*, et *sikajy;* pièce de monnaie.

De même la lettre *g;* ex. *gidro*, espèce de maki, pr. *gu*idro.

Le *j* se prononce *dz: filanjana*, chaise à porteur; pr. fi-land*z*ana.

L'accent est fortement marqué; il est ordinairement sur la syllabe racine; ex. *Radâma*.

La dernière syllabe des mots est très faiblement prononcée, et absolument nulle dans les terminaisons *ka, na, tra*, et même dans toutes les terminaisons en *a*. *Radama, hova, lavitra* (loin), pr. Radame, houve, lavitre.

II. Pour la lecture de ce livre, on consultera avec profit :

1° La grande carte de Madagascar du R. P. Roblet, au $\frac{1}{1.000.000}$.

2° La grande carte de MM. Laillet et Suberbie (édition de 1895), au $\frac{1}{1.000.000}$.

3° La carte de M. Hansen au $\frac{1}{3.500.000}$.

MADAGASCAR

SA DESCRIPTION, SES HABITANTS

PREMIÈRE PARTIE

L'ILE ET SES PRODUCTIONS

CHAPITRE I

NOTIONS PRÉLIMINAIRES

I

MADAGASCAR DANS LE PASSÉ.

L'île de Madagascar ne fut que vaguement connue des anciens. Du moins nous n'avons d'eux aucune relation sérieuse à ce sujet. Il semble cependant établi, d'après le témoignage d'Edrisi, que les Chinois, qui, bien longtemps avant l'ère chrétienne, entretenaient déjà des relations avec les Singhalais, auraient poussé sur la côte de l'Afrique en face de Sofala jusqu'à Madagascar, et auraient établi des comptoirs sur les côtes sud et sud-ouest. « Chez les Antandroy, en effet, et les Mahafaly, tribus qui occupent la région méridionale de l'île, on retrouve, affirme M. Grandidier, comme chez certaines tribus de l'Afrique Orientale, les traces incontestables des croisements qui ont eu lieu, à une époque très reculée, entre les autochtones et les membres de la famille sinique. »

Les Arabes connurent sûrement Madagascar dès une époque reculée, et y fondèrent des établissements qui eurent une grande influence sur les mœurs, les habitudes et même sur les races de l'île. Il paraîtrait aussi, d'après Flacourt, que des tribus juives, chassées de l'Asie, auraient émigré jusque vers Madagascar.

C'est à peine si le moyen âge connut l'existence de la grande Ile. Nulle part, en effet, elle ne se trouve mentionnée, si ce n'est dans un planisphère informe d'Edrisi, en l'année 1153, sous le nom de Chesbeza, à côté d'un groupe d'îles qui doit être celui des Comores, et plus tard sur une mappemonde que R. de Haldingham dessina en 1300 pour la cathédrale d'Hereford, sous le nom de Malichu.

Quant à Marco Polo qui, le premier, en 1298, parla d'une île qu'il nomme Madeigascar, d'après les récits que lui en avaient faits les Chinois au cours de ses importants voyages dans l'Extrême Orient, il n'avait sûrement pas en vue la grande Ile africaine, ou tout au moins il la confondait avec une autre contrée, celle de Magodocho ou Magdichou, à laquelle sa description convient complètement (1).

(1) Grandidier, *Hist. de la Géographie physique de Madagascar.*

Madagascar resta donc à peu près inconnue à l'Europe jusqu'au jour où les Portugais la découvrirent.

Vasco de Gama, après avoir, le premier, doublé le Cap de Bonne-Espérance en 1497, dut nécessairement passer dans le voisinage de Madagascar, mais ne l'aperçut point. Ce ne fut que trois ans plus tard, en l'an 1500, qu'un des capitaines de Pedro Alvarez Cabral, Diego Diaz, la vit pour la première fois. L'année d'après, Fernand Soarez, revenant des Indes, fut jeté par la tempête sur la côte Nord-Est. Enfin les célèbres navigateurs, Ruy Pereira et Tristan d'Acunha, l'abordèrent de nouveau au cours de leur route pour les Indes. C'était le 10 août 1506, et ces hardis marins, qui étaient aussi de fiers chrétiens, la nommèrent Saint-Laurent en souvenir du saint dont on célébrait la fête en ce jour.

C'est sous ce nom qu'elle fut chantée par Camoëns dans ses Lusiades.

Cependant l'ancien nom de Madagascar a prévalu, et c'est le seul sous lequel on connaisse aujourd'hui la grande île africaine.

Les Portugais essayèrent d'y fonder quelques établissements en 1509, sous la conduite de Diego Lopez de Siqueyra, envoyé par le roi de Portugal, pour reconnaître l'exactitude des récits merveilleux qu'on en faisait, et y rechercher les mines d'or et d'argent qu'on croyait devoir y trouver en abondance; et l'année suivante, sous celle de Juan Serrano, qui devait y organiser la traite des esclaves.

Il reste encore des vestiges de ces premiers établissements, en particulier sur la côte Nord-Ouest et dans les plaines du haut Sobirana (1).

Plus tard, ces essais furent renouvelés, en particulier vers 1540, à un point diamétralement opposé, dans un petit îlot, en face de l'endroit où les Français bâtirent ensuite Fort-Dauphin. Cet îlot est appelé encore aujourd'hui *îlot des Portugais* ou *Tang vate* — trano-vato — maison de pierre. Mais ils rencontrèrent toujours tant d'opposition chez les naturels, et tant de difficultés, surtout sans trouver à Madagascar ce qu'ils rencontraient ailleurs en si grande abondance, c'est-à-dire des mines d'or et d'argent, ou, tout au moins, le moyen de s'enrichir, qu'ils se découragèrent et abandonnèrent le pays, sans y laisser rien de durable et pouvant constituer des droits sérieux.

Mais voici que le cardinal Richelieu, pressentant l'importance de Madagascar, ou trompé peut-être, par les récits qu'on lui en faisait, en ordonna la prise de possession.

Le capitaine Rigault, de Dieppe, fut chargé de donner suite à cette décision, et c'est le 24 juin 1642, date capitale pour l'histoire de Madagascar, que fut arrêtée cette mesure par lettres patentes du roi Louis XIII, qui instituaient la grande Compagnie ou « *Société de l'Orient* » et lui accordaient « la concession de l'île de Madagascar et des îles adjacentes pour y ériger colonie et commerce et en prendre

(1) M. Guinard, notes mss.

possession au nom de Sa Majesté très chrétienne. »

C'est le fondement de nos droits sur l'île de Madagascar, et ces droits n'ont jamais été prescrits, ne sont jamais tombés en désuétude. Car, de cette époque jusqu'à nos jours, nous n'avons pas cessé d'avoir des intérêts engagés et des colons installés à Madagascar; et, jamais non plus, nos divers gouvernements n'ont discontinué d'affirmer ces droits et de chercher à les faire valoir : Louis XIV, Louis XV, Louis XVI, le gouvernement de la Révolution, Napoléon I, la Restauration, Louis-Philippe.

Ce n'est pas ici le lieu de raconter ces essais et ces tentatives diverses de prise de possession, d'établissements, de colonisation, d'abandon, de blocus, de royaumes éphémères. Plus tard, peut-être le ferons-nous.

Mais les noms des Flacourt et des Benyowsky, au dix-septième siècle, des Cossigny et des Mahé de la Bourdonnais au dix-huitième, des de Lastelle, des Laborde, des Lambert, des Germain des Fossés, Hell, Fleuriot de Langle, etc., au dix-neuvième, forment une chaîne ininterrompue, marque certaine de nos droits et de notre volonté de les maintenir.

En attendant une révolution se passait dans le centre même de l'île qui devait avoir les plus grandes conséquences sur ses destinées.

Une tribu particulière, la dernière venue à Madagascar, honnie d'abord, pourchassée de toute part, et contrainte de se réfugier sur les hauts plateaux, la tribu des Hova, commençait à s'étendre et à s'imposer à ses voisins.

Pendant près de trois siècles, elle lutta pour se constituer elle-même, pour s'établir et conserver dans son sein l'unité de pouvoir et de gouvernement, et en même temps développer ses qualités natives : l'esprit de soumission et de discipline, la ténacité dans ses entreprises, la persévérance dans ses desseins, la patience et l'habileté, et, de temps en temps, le courage pour les accomplir.

Puis, à point nommé, vers la fin du siècle dernier, un homme se rencontra, qui sut non seulement réunir toute l'Imerina sous son sceptre, mais soumettre encore les tribus voisines et fut le vrai fondateur de l'hégémonie Hova. Quand Andrianampoinimerina (Andriana fo ny Imerina, le Seigneur au cœur de l'Imerina) mourut, l'élan était donné, la puissance hova était fondée, et Radama I, son fils et son digne successeur, réalisa le dernier vœu de son père en étendant son empire jusqu'à l'une et l'autre mer, à l'Orient et à l'Occident. Les Hova étaient désormais maîtres effectifs d'une grande partie de Madagascar et désiraient le devenir de l'île entière.

Cependant, on continuait en Europe à peu s'occuper de Madagascar. Après le livre si précieux et si intéressant du sieur de Flacourt, *Histoire de la grande île de Madagascar*, premier bon livre sur la grande île africaine et aujourd'hui encore un des meilleurs; après les *Voyages et aventures de Benyowski*, qui fonda, au dix-huitième siècle, au profit de la France, tout un empire, éphémère il est vrai et devant disparaître avec lui, mais seulement après avoir jeté un vif éclat et fait concevoir de grandes espérances, nous n'avons plus rien.

Car il ne faut pas parler du *Voyage à Madagascar et aux Comores* de monsieur Leguevel de Lacombe, ouvrage qui eut lors de son apparition vers 1842 un grand succès en France, mais qui n'est qu'un roman imaginé presque de toutes pièces.

Personne ne pénétrait guère dans l'intérieur de l'île, et même ceux qui purent y pénétrer au commencement de ce siècle, Robin, Le Gros, Laborde, Lambert et les Anglais Hastie, Jones, etc., ou bien ne publiaient rien, ou du moins n'écrivaient que des choses de détail ou de peu d'importance, et ne cherchaient point à initier le grand public à l'étude d'une contrée et d'un peuple que certains d'eux connaissaient cependant si parfaitement.

Point d'étude de mœurs, point de descriptions du pays; point d'observations méthodiques et régulières.

Ce ne fut guère qu'après 1862, quand Radama II ouvrit toutes grandes aux étrangers les portes jusque là fermées de Madagascar, que l'île commença à être étudiée en détail et sillonnée un peu dans tous les sens. Ce n'est pas d'ailleurs qu'il ne reste encore aujourd'hui bien des parties inexplorées, bien des coins que n'a jamais foulés aucun pied européen, bien des richesses, surtout minières, que l'on ne soupçonne même pas. L'île est si grande,

si difficile à parcourir; il y avait, il y a encore tant
de préventions contre les étrangers, tant d'obstacles semés à plaisir sur leurs pas, tant de difficultés
suscitées à leurs études, qu'il faut une dose très
grande de courage pour l'essayer, une grande
persévérance pour y réussir. La politique, la superstition, les erreurs les plus grossières, tout est
conjuré pour vous arrêter, vous effrayer, vous paralyser. Monsieur Grandidier n'était pas un instant
perdu de vue dans les premiers voyages qu'il fit,
et il ne retrouva un peu de liberté qu'après avoir
pu causer à loisir avec le premier ministre.

Ce n'est que depuis la dernière guerre, qu'on a
pu faire des sondages sérieux pour étudier les terrains et reconnaître les richesses minéralogiques.

Madagascar est donc encore en grande partie
inconnue. Malgré tout cependant, et grâce aux efforts, en premier lieu de Monsieur Grandidier, des
missionnaires jésuites français, en particulier les
Pères Weber, Callet, Abinal, Roblet et de la Vaissière; des missionnaires anglais Richardson, Si-
bree, etc., de M° Pfeiffer, du capitaine Pasfield Oliver, et, depuis huit ans, des fonctionnaires français,
surtout Messieurs Ranchot et d'Anthoüard, Madagascar commence à entrer dans le domaine des
pays explorés.

II

LE NOM DE MADAGASCAR.

Le nom de Madagascar n'est nullement un nom indigène, appris des habitants, mais un nom d'importation étrangère. Les Malgaches en effet, n'eurent jamais aucun nom pour désigner leur pays, par la bonne raison qu'ils ne se considérèrent jamais comme ayant une patrie commune, et s'inquiétèrent très peu de savoir si, oui ou non, ils habitaient une île; si, oui ou non, leur pays était environné par l'Océan. Du reste, le nom de Madagascar qui, par sa terminaison de Kary chat, emporte avec lui le souvenir de cet être exécré qui est le sorcier, n'aurait jamais été choisi pour cet effet.

D'où vient donc ce nom? Simplement d'une erreur de Marco Polo, répétée constamment depuis par tous les auteurs qui l'ont suivi. Marco Polo parle en effet de Magadocho ou Magdichou, une partie de la côte africaine, au pays des Somalis, et lui donne le nom de Madeigascar. Or, on voulut à tout prix en faire une île, absolument comme de Zanguebar, et on lui donna une forme triangulaire. Le hazard voulut que Zanguebar existât, à peu près où on la plaçait. Mais comme il ne se trouvait, au nord de l'Équateur, aucune île répondant à la description de Magdichou, on appliqua simplement ce nom à l'île de Saint-Laurent, découverte plus tard

1.

par les Portugais, et qui se trouva ainsi appelée Magdichou, Madeigascar, et plus tard Madagascar.

De la même manière, les habitants que les Hollandais et les Portugais appelaient « Noirs » ou « Maures », et les Anglais, « naturels » ou « indigènes », se trouvèrent peu à peu désignés par les noms de Madagascarois, Madécasses, Malécasses, Malégaches et enfin, Malgaches, nom universellement admis aujourd'hui, même par les indigènes qui l'écrivent « Malagasy ».

III

NOTIONS GÉNÉRALES.

Madagascar est au Sud-Est de l'Afrique, en face de Mozambique, dont elle est séparée seulement par le canal de ce nom, canal dont la longueur maxima est de 1,100 kilomètres et la largeur la plus petite, 470 kilomètres. Elle est à proximité par conséquent des établissements portugais de Mozambique et de Sofala, non loin également de Zanzibar au Nord, de Bourbon et de Maurice à l'Est, et à portée enfin de la route d'Aden pour l'Hindoustan, l'Indo-Chine, Mahé et l'Australie. On ne pourrait rêver plus belle situation, au double point de vue commercial et politique. Enfin elle est placée sur l'ancienne route des Indes par le Cap de Bonne Espérance, et le fait que cette route deviendrait la seule libre en cas de guerre entre la France et l'Angleterre, lui donne une importance stratégique de premier ordre. Nombre de petites îles semblent lui faire cortège, comme des dames d'honneur autour de leur souveraine : Sainte-Marie à l'Est, en face de Tintingue ; Nosi-Be, Nosi-Mitsio, Nosi-faly, plus loin le groupe des Comores au Nord-Ouest, et, de tous les côtés, une foule d'autres moins importantes.

Madagascar est située à peu près complètement dans la zone torride, s'étendant dans la direction N.-N.-E. au S.-S.-O. Depuis le 12e degré (11° 57′ 30″) latitude sud, du cap d'Ambre jusqu'à son extrémité méridionale, qui est le cap Sainte-Marie, situé par 25° 38′ 55″. Elle a donc 1515 kilomètres du Nord au Sud. Ses points les plus extrêmes en longitude sont : le cap Saint-Vincent, en malgache cap Tsingilifily, par 41° (40° 59′ 30″) à l'Ouest, et à l'Est la pointe d'Antsirakosy ou Angotsy par 48° 7′ 20″ long. Est, ce qui lui donne 600 kilomètres dans sa plus grande largeur, et 500 en largeur moyenne. Sa superficie est évaluée à 590.000 kilomètres carrés, celle de la France étant de 528.000.

On comprend déjà, quel vaste empire colonial elle peut former, une fois qu'elle sera conquise et intelligemment administrée.

Sa forme est un ovale très irrégulier dont le grand axe commencerait au cap d'Ambre au N.-E. pour se terminer au S.-O. au cap Sainte-Marie. Elle présente, surtout dans la partie septentrionale, à l'Est et à l'Ouest, de nombreuses découpures, baies, golfes, caps, presqu'îles, et par suite d'assez bons refuges pour les navires. Le Sud, au contraire, et surtout le Sud-Ouest, n'offrent presque aucune échancrure. Vue du large, à l'Est, quand on la longe en paquebot, depuis Diégo-Suarez jusqu'à Tamatave et au-delà, l'île se présente comme un immense amphithéâtre recouvert de verdure et dont les derniers gradins, qui sont gigantesques, se perdent et se fondent dans l'horizon. Elle paraît ainsi très accidentée, très montagneuse, ce qui est vrai, et très riche ce qui n'est pas tout à fait aussi exact. Du côté de l'Ouest au contraire, elle présente de vastes plaines qui montent par des pentes plus douces vers la grande chaîne faîtière. La partie Sud enfin est composée de vastes plateaux de sable presque plats, souvent dépourvus d'eau et stériles, tandis que le centre, qui n'est qu'un amas de montagnes, est formé d'un sol argileux, rouge, très compact pendant la saison sèche et entièrement dépouillé d'arbres.

CHAPITRE II

LES COTES (1)

I

VUE D'ENSEMBLE.

Les côtes de Madagascar offrent un développement de 4.000 kilomètres, un peu plus que celles si renommées de la Grande-Bretagne qui en ont 3.900. Elles sont très différentes à l'Est et à l'Ouest, au Nord et au Sud, et présentent les aspects les plus divers.

Le grand courant de l'Océan Indien vient battre droit contre Madagascar à peu près en son milieu, et se sépare en deux branches longeant et érodant le rivage, vers le Sud et vers le Nord. De là, les bancs de sable, qui courent le long de la côte et en particulier les « barres » qui coupent l'embouchure de presque tous les fleuves. De plus la côte Est est plus accore que la côte Ouest, et, avec les côtes Sud et S.-O., elle est beaucoup plus exposée aux grosses mers que la côte Ouest et N.-O.;

(1) Ce chapitre tout entier a été revu, modifié et corrigé par un officier de marine très au courant des côtes de Madagascar. Qu'il me soit permis ici de l'en remercier bien cordialement.

de là une étendue bien moins considérable de bancs de coraux à l'Est, où il y en a cependant un certain nombre vers Tamatave et les environs, et au Sud, où il n'y en a pour ainsi dire pas, qu'à l'Ouest où ils sont au contraire très nombreux et forment une ligne presque continue, depuis le 24° jusqu'au 16° ou même au 17° parallèle Sud. A la côte Ouest, le rivage semble s'étendre insensiblement, sous la double action des dépôts apportés par les rivières et des amas de sable amenés du large par les contre-courants du canal de Mozambique. Les premiers, peu à peu encombrent les estuaires et forment d'immenses deltas, malgré la chasse puissante de ces rivières pendant une grande partie de l'année ; et, en même temps, les seconds recouvrent rapidement les larges bancs de corail accumulés le long du rivage. Ces deux rivages, surtout depuis la baie d'Antongil jusqu'au nord de Fort-Dauphin à l'Est, et à l'Ouest depuis la rivière de Saint-Augustin, en remontant au Nord, sont ordinairement plats, très bas et marécageux. Mais tandis qu'à l'Est, la zone basse peut varier en largeur depuis quelques mètres à certains endroits, mais ordinairement de 10 à 20 kilomètres, à l'Ouest elle atteint facilement 80, 100, 150 kilomètres ou même davantage. Au N.-E. dans les environs de la baie d'Antongil, cette zone basse disparaît complètement, et les montagnes couvertes de forêts viennent effleurer jusqu'au bord de l'Océan. C'est du reste, plus ou moins l'aspect général de toute la côte Nord.

La côte Sud est aussi très différente des autres. Elle se compose de hautes dunes ou falaises.

« Le caractère le plus saillant de ces dunes, c'est leur sommet rectiligne, qui ferait croire à des fortifications construites de main d'homme, quand il n'est que l'œuvre des vents (1). »

Plus loin, en remontant au S.-O. depuis la pointe Barrow, entre 23° 1/2 et 25° 15′ latitude Sud, le littoral est également stérile, et la côte s'étend presque en ligne droite sur une longueur de plus de 200 kilom. sans une seule échancrure, et sans qu'aucune rivière y débouche.

Les angles saillants de Madagascar, qui marquent également son orientation, sont le cap d'Ambre au Nord, et le cap Sainte-Marie au S.-O., formant les deux points extrêmes de l'axe de l'île; puis le cap Saint-Vincent à l'Ouest, et dans la partie orientale, dans la presqu'île formée par la baie d'Antongil, le cap Masoala, et le cap Est ou Angontsy.

Les côtes de Madagascar diffèrent également entre elles sous un autre aspect, beaucoup plus important que le premier, c'est-à-dire par leurs saillies et leurs échancrures qui forment une multitude de caps, de presqu'îles, de golfes, de baies, de rades et d'abris plus ou moins bons, au Nord d'une ligne tirée du cap Saint-André au cap Mosoala (16°); tandis qu'au Sud, aussi bien à l'Est qu'à l'Ouest, sur une longueur de 300 kilomètres, elles

(1) Grandidier, *Une excursion chez les Antandroy*, p. 7, 8.

sont souvent presque rectilignes, et offrent très peu
de bons mouillages, ordinairement de simples rades foraines, souvent intenables par les mers ora-
geuses et très agitées de ces parages.

C'est à ce point de vue des ports naturels et des
accidents de terrain qu'elles présentent, que nous
allons maintenant les parcourir en allant de Diego-
Suarez vers le Sud, et remontant ensuite par l'Ouest.

II

MOUILLAGES DE LA CÔTE ORIENTALE.

1° Au Sud de Diego-Suarez, les premiers mouillages que l'on rencontre sont, après Diego-Suarez
dont nous parlerons ensuite, la baie de Rigny
(12° 23′), puis Port-Louquez (12° 44′ lat. S.), Port-
Leven (12′,53) et la baie d'Andravina (12° 57′). Les
deux meilleurs sont la baie de Rigny et Port-Leven.

Le chenal de Port-Louquez, resserré entre deux
baies de corail, est dangereux et de très difficile
accès, variant entre 500 et 1800 mètres de large,
mais la sonde y donne de très grandes profondeurs, de 32 à 64 mètres près du rivage.

La baie d'Andravina, à près de 110 kilomètres
au Sud du cap d'Ambre, et à une trentaine de
Port-Louquez, est située par 12° 57′ lat. S. et
47° 33′ long. E. (embouchure de la rivière).

Elle est de forme circulaire, et fermée par une
petite île, qui ne laisse de chaque côté qu'un
étroit passage pour les navires.

On y trouve vers le Sud un bon mouillage, à l'abri des vents du S.-E., par 8 ou 9 mètres de sonde.

Du reste, toute cette partie de la côte, au Nord et au Sud de Port-Louquez, est très découpée, offrant plusieurs baies, plusieurs caps et un certain nombre d'îles, en particulier Nosy Antendro, devant la baie de Rigny; Nosy Valasaly, entre la baie de Rodo et Port Lonquez; Nosy Komba et Nosy Hao, au Sud de ce dernier, et une multitude d'autres îlots.

2° La baie de Vohemar (Vohimarina), au Nord de la ville du même nom (13° 21′ lat. S. et 47° 40′ long. E.), fut occupée par les Français pendant la guerre de 1883-1885, et le gouvernement de la République voulait d'abord en faire la limite de nos possessions au Nord de Madagascar. C'était en effet, depuis 1841, la limite de notre protectorat nominal sur la côte Nord.

Un vaste banc de corail, sur lequel s'élève les *Chats Noirs* et l'*Ile Verte*, laisse au Sud, entre la terre et lui, un passage qui conduit à un mouillage forain assez bon pour de petits navires et devant la ville.

Vohemar faisait autrefois un commerce considérable avec Bourbon et Maurice. C'était le port principal d'exportation pour les bœufs et les cuirs du pays des Antankara. Mais depuis l'établissement des Hova dans le pays, ce mouvement s'est considérablement ralenti.

3° En descendant la côte, depuis Vohemar, pendant plus de 250 kilomètres, on double le Cap Est ou Angontsy par 15° 15′ lat. S., puis le cap Masoala (15° 58′), et on entre par une très large ouverture dans la baie d'Antongil, orientée complètement du Sud au Nord, et profonde de près d'un demi-degré, un peu plus de 50 kilomètres; elle est assez à l'abri des vents du Nord-Est ou de l'Est, mais ouverte aux plus terribles de tous, ceux du Sud-Est.

Elle est entourée de tous côtés de montagnes boisées, et c'est peut-être la contrée de Madagascar la plus riche en forêts.

Cependant, surtout à cause des difficultés de transport, l'exploitation, souvent essayée, n'a pas encore donné de bons résultats. C'est au Sud de la baie que se trouve la concession Maigrot, celui-là même qui intervint pour amener l'accord franco-malgache de 1885, et reçut cette concession du premier ministre, en échange de ses bons services.

La baie d'Antongil a longtemps appartenu à la France.

4° A 90 kilomètres au Sud de la baie d'Antongil, s'étend parallèlement à la côte, en face de la Pointe à Larrée, depuis 16° 41′ jusqu'à 17° 5′ de latitude Sud, sur une longueur de 44 kilom. 500, l'île de Sainte-Marie, qui nous fut cédée en 1750, et fut réoccupée par la Restauration en 1821.

Elle est absolument orientée de la même manière, et présente la même forme allongée que la Grande Terre. Les paquebots des Messageries Maritimes y relâchent quelques heures, dans la rade d'Ambodifototra.

5° Au nord de la Pointe à Larrée, à 170 kilomètres de Tamatave, en face de l'île Sainte-Marie, par 16° 42′ lat. S. et 47° 42′ long. E., se trouve la baie de Tintingue et notre ancien établissement du même nom. Le commandant Gourbeyre prit et détruisit le fort Hova en 1829, mais il fallait l'évacuer et le livrer aux flammes le 5 juillet 1831.

6° Puis, plus au Sud, par 17° 23′ lat. S. et 47° 5′ long. E., se trouve la rade ouverte de Fenerife ou Fenoarivo, à l'est du fort hova de Vohimasina. Elle est peu sûre, quoique fréquentée par les navires de commerce. On en exportait autrefois beaucoup de riz, qui venait en abondance dans ces régions et était réputé le meilleur de toute l'île. Les Français y eurent aussi un établissement.

7° A 40 kilomètres au sud de Fenerife et à 60 au nord de Tamatave, par 17° 40′ lat. S. et 47° 11′ long. E., se trouve Foulepointe, autrefois notre principal établissement à l'île de Madagascar et où nous avions un petit fort appelé la Palissade. C'est à Foulepointe, qu'opéra en 1829 le commandant Gourbeyre, dans cette expédition mal conçue et mal commencée, qui aboutit en 1831 à la perte de nos établissements. Foulepointe est entourée de marais ou lacs d'eau stagnante. Elle est habitée par des Hova, des Betsimisaraka et quelques habitants étrangers. Elle renferme 1,500 âmes. Son commerce est assez actif; son port relativement sûr, quoique de fond médiocre, et, pendant la belle saison, quand les ouragans sont rares, les petits navires peuvent mouiller vis-à-vis de la douane. Un grand récif, visible à marée basse, s'étend à un mille au large, parallèlement à la côte, et c'est vers le nord de ce récif protecteur, que les grands vaisseaux doivent chercher leur mouillage.

8° Nous voici maintenant arrivés au port le plus fréquenté, et le meilleur de toute la côte Est, celui de Tamatave.

Tamatave est en importance la seconde ville de Madagascar, quoiqu'elle soit moins peuplée que Fianarantsoa. Elle compte en effet seulement de 6,000 à 7,000 habitants. C'est en grande partie une ville européenne, et la population malgache se trouve refoulée lentement loin de la mer au-delà de la ville des « Vahaza ». C'est surtout un grand entrepôt de commerce, sans comparaison le plus grand de tout Madagascar. Bien plus, son transit est plus considérable que celui de tous les autres ports réunis de l'île. (Je ne parle pas de Nosy-Be.)

Elle est située, en prenant comme point de repaire le débarcadère, par 18° 9′ 34″ de lat. Sud, et par 47° 5′ 30″ long. Est. Ce sont là les résultats obtenus par le Père Colin en 1892, et communiqués à l'Académie des sciences en 1893. La latitude diffère de 6″ de celle que publiait la connaissance des temps en 1892, et qui était de 18° 9′ 40″.

Sa distance de Tananarive est à vol d'oiseau de 226 kilomètres et, par le chemin ordinaire, de près de 350.

La rade est formée par une bande de sable s'avançant vers l'Est et terminée par des récifs de coraux : puis, plus au Nord, en face de la pointe

Tanio, par le grand récif qui se rattache à l'île aux Prunes. Il y a deux mouillages, l'un, près de la ville, très médiocre et à quitter à la moindre menace de mauvais temps; l'autre, plus dans le nord, entre la pointe Tanio et le grand récif assez sûr et avec un bon fond. La passe est assez dangereuse, et il n'est pas rare de voir des navires jetés sur les récifs où, plus d'une fois, ils périssent complètement. Ainsi en 1891, quand nous y entrions, voyons-nous, échoué sur le sable et tout démantelé, un navire allemand dont on vendait la cargaison et les débris à l'encan. Quelques mois après, un quatre mâts anglais s'échouait de la même manière, et était renfloué à grand peine par les efforts réunis du stationnaire français le *La Bourdonnais*, et du paquebot des Messageries Maritimes.

Aussi, pour peu que la mer soit mauvaise, les navires doivent-ils mouiller au large; et alors l'embarquement comme le débarquement, qui se font par des chalands, deviennent très difficiles. Il n'y a évidemment ni quai, ni appontement d'aucune sorte; et les marchandises sont chargées dans des barques ou sur le dos des porteurs.

Sur des plans dressés par M. Laillet, le gouvernement hova avait concédé à M. Suberbie la création et l'exploitation de quais, magasins et phares qui auraient amélioré le port. Pour un marin, c'est au moins très difficile, et cette entreprise arrêtée par suite des événements et du mauvais vouloir insurmontable du gouvernement malgache ne se réalisera probablement pas de longtemps (1).

Tamatave fut occupé successivement, en 1774, par Benyowski qui y établit un petit fort avec une garnison française, et de nouveau, en 1804, par le général Decaen qui en fit le centre de tous nos établissements de Madagascar et y laissa Sylvain Roux comme agent général. Celui-ci y resta jusqu'en 1811 où il dut capituler et remettre la ville aux Anglais.

Pendant la dernière guerre, elle fut le centre de nos opérations et ce qui frappe le plus le voyageur quand il visite le cimetière, ce sont les nombreuses croix de bois qui surmontent les tombes de nos braves marins et soldats, et qui, mieux encore qu'un drapeau, marquent notre prise de possession définitive de la terre Malgache.

9° A partir de Tamatave jusqu'à la baie de Sainte-Lucie à 800 kilomètres de là, il n'existe aucun abri pour les navires, et ceux, encore assez nombreux, qui visitent cette côte, doivent mouiller au large ou dans de simples rades foraines.

Cependant quelques points sont malgré tout assez fréquentés, comme Andevorante (18° 56′ 48″ et 3ʰ 7ᵐ 2ˢ, 3 (2)).

Vatomandry (19° 16′ 45″), Mahanoro (19° 54′ 40″), et surtout Mananjary, à l'embouchure du fleuve du même nom et à l'extrémité du chemin de Fianarantsoa (21° 14′ lat. S.), et enfin Matitanana, sur la rivière du même nom (22° 24′ 45″).

(1) Note d'un officier de marine.
(2) Observations du P. Colin.

10° La baie de Sainte-Lucie (24° 46′) est surtout célèbre parce que c'est sur son rivage que Pronis, agent de la société de l'Orient, y fonda le premier établissement français, en 1644, pour s'établir bientôt après, à 40 kilomètres plus au sud, où il bâtit un fort qui devint Fort-Dauphin.

Elle est formée par une ligne de récifs qui s'étendent du Nord au Sud, sur une longueur de 2 kilomètres à environ 1 kilomètre de la côte. c'est un mauvais mouillage, mais d'accès facile.

III

PORTS DU SUD ET DE L'OUEST.

La côte méridionale de l'île ne présente guère de bons mouillages que la célèbre ville de Fort-Dauphin (25° 1′ 35″ lat. Sud et 44° 39′ 15″ long. Est).

« Le 10 juin (1886), écrit M. Grandidier en racontant son premier voyage à Madagascar (1), nous étions devant la jolie baie de Fort-Dauphin, à une assez faible distance de la terre pour voir les maisons du village et le palais du gouverneur hova qui, élevé de deux étages, se fait remarquer par ses galeries de bois circulaires et son toit pyramidal.

« Je ne pus m'empêcher de penser avec tristesse à cette ancienne possession française où nous

_____

(1) *Une excursion dans la région australe*, p. 5-6.

avons résidé si longtemps et qui est aujourd'hui abandonnée à la merci des Hova. »

Je n'ajouterai rien à ce passage. Aussi bien nous aurons à reparler de Fort-Dauphin et des Antanosy qui l'habitent.

Depuis Fort-Dauphin jusqu'à Masikoro (25° 03' lat. Sud), on ne rencontre qu'une côte désolée, sauvage, inhospitalière, très dangereuse et très peu fréquentée. « Beaucoup de navires, écrit encore M. Grandidier (1), faisant route pour Natal ou le cap de Bonne-Espérance, s'approchent du sud de Madagascar, afin de reconnaître leur position, mais aucun, que je sache, n'a, avant 1866, osé s'aventurer à mouiller sur cette côte aride et inhospitalière. Une ligne de dunes dénuées de végétaux, des bancs de rochers qui s'étendent à fleur d'eau à une grande distance du rivage et qui sont continuellement battus par les flots d'une mer furieuse, nulle trace d'habitation, rien ne semble en effet attirer des navires en un pays aussi déshérité. »

Depuis, même, ces parages ont été fréquentés par quelques voiliers qui viennent y faire le commerce de l'orseille ou du caoutchouc.

Mais ils doivent se tenir très loin du rivage. Malgré tout, leur situation devient souvent intenable.

A Masikoro, où le récif continu s'écarte assez de la terre pour qu'on puisse s'abriter derrière lui,

(1) *Loc. cit.,* p. 6 et 7.

on trouve un assez bon mouillage pour goëlettes, pendant la belle saison.

De même, à Langorano ou Lanirano (25° 1' 30") où le récif contourne une pointe à distance suffisante. Un pâté de récifs le continue au Nord et forme avec lui un second mouillage plus vaste et plus profond, mais moins sûr, n'étant point défendu contre les vents du S.-O., de l'O. et du N.-O. Il a été exploré en 1893 par un bâtiment de la division de l'Océan Indien.

Vient ensuite la baie de Saint-Augustin (23° 34' lat. S., 41° 24' long. E.) qui n'est à proprement parler que l'embouchure de l'Onilahy, autrefois rivière de Saint-Augustin.

Elle ne comprend que le mouillage de Salara ou Saolary (23° 35' 43" lat. S., 41° 22' long. E.) situé dans la partie méridionale et peu à recommander d'octobre en avril. Mais, dans un sens plus large, on comprend également sous ce nom la baie de Tuléar « que protège contre les vagues de la mer, un mur de corail (1) ».

Ce mur de corail s'étend parallèlement à la côte sur une longueur d'à peu près 22 kilomètres, laissant un chenal d'environ 7 à 9 kilomètres de largeur, et d'un fond de 13 à 16 mètres dans la passe Nord, qui est excellente. La passe du Sud commence à la baie de Saint-Augustin, mais elle est difficile; les points de direction manquent, les eaux ne sont pas claires et elle présente assez peu de fond.

(1) Grandidier *Voyage chez les Anatanosy émigrés*, p. 7.

Le port de Tuléar est certainement le meilleur et le plus fréquenté de la côte Sud-Ouest.
C'est un grand marché de bœufs que les Bara
viennent y vendre souvent après les avoir volés
aux Betsileo.

« Les Mahafaly du Sud y apportaient autrefois
beaucoup d'orseille qu'ils échangeaient contre des
légumes secs, des patates, du maïs, du manioc
que ce pays produit en abondance et qu'il exporte aussi en grande quantité à Maurice, à la
Réunion, au Cap. »

Mais aujourd'hui on n'y vend plus guère que
du caoutchouc et des pois du Cap.

« L'aspect de la côte ressemble à toutes celles
qu'on voit, du cap Sainte-Marie au cap Saint-
André : une plage très étroite, des monticules
de sable amassés par les vents violents du Sud-
Ouest, pas d'arbres; çà et là quelques arbustes
rabougris, tordus par le vent, ou des ronces rampant sur les dunes; dans certaines criques vaseu-
ses, un fouillis de palétuviers dont les racines
sont toutes hérissées d'huîtres et de balanes (1). »

A 5 kilomètres O. de la baie de Salara, se trouve
l'île de Nosy-Vé (23° 38′ 58″ lat. S. et 41° 15′ 50″
long. E. à la pointe S. E.) environnée de récifs
de tous les côtés. A l'Est il y a cependant un
mouillage ordinaire, mais pratiquable, ouvert
du N.-O. au N.-E. mais assez bien défendu
contre les autres vents, ou plutôt, contre la mer

_____

(1) Grandidier, *Voyage cité*, p. 7.

des autres directions, et de fond médiocre. Il n'y
a pas une goutte d'eau potable dans l'île et il
faut la faire venir par chaloupe de la grande
terre.

C'est là cependant que le vice-résident de
France et les négociants européens ont dû s'é-
tablir.

Depuis Tulear jusqu'au nord du cap Saint-André, vers la baie de Baly, la côte occidentale est
dépourvue de rades et de bons mouillages aussi
bien que la côte orientale, au sud de Tamatave.

Dans ce long espace de côte de 800 à 900 kilomètres, il n'y a guère que deux mouillages
possibles : l'un médiocre dans le chenal compris
entre les îles du Meurtre (1) ou plutôt l'île Nosy-
Hao et le littoral de Fiyerenana, par 22° 6′ lat. S.,
et l'autre, encore plus mauvais, près des îles Stériles, rangée d'îlots rocheux et de récifs, qui
s'étendent parallèlement à la côte à environ 30 à
35 kilomètres de distance, entre 17° 50′ et 18°
35 lat. Sud.

En somme, depuis Saint-Vincent jusqu'à Nosy-
Vao (lat. 17° 29′), une série d'îlots ou de bancs de
corail plus ou moins recouverts de sable, offrent
des abris momentanés, non des mouillages à citer
et surtout à recommander. Au delà il n'y a aucun mouillage jusqu'à Baly (lat. 16°).

(1) Ainsi nommées, parce que c'est dans l'une de ces îles que,
en 1824, MM. Bowie et Parnu, deux aspirants du *Barracouta*,
furent assassinés en y faisant des levés topographiques.

IV

PORTS DU NORD-OUEST.

Mais c'est sur la côte N.-O, entre le Cap Saint-André et le Cap d'Ambre, et même au-delà de ce dernier, en y comprenant Diégo-Suarez, que se trouvent les baies les plus nombreuses et les plus sûres de toute l'île, assez grandes et assez vastes pour abriter des flottes entières : Baly, Bombetoka, Mahajamba, Ambavatoby, la grande et splendide baie de Passavanda, et, tout au nord, en arrivant au cap d'Ambre, la baie d'Ambararata, la baie du Courrier, et les trois ports du cap d'Ambre; puis, au Nord-Est, la splendide rade de Diégo-Suarez. Il y en a d'autres, mais moins importantes ou plus difficiles, Maroambitsy (16° lat. S.), seulement pour petits bâtiments; Marinda ou Marendry (14° 59′) vaste baie, ouverte au Nord, où l'on peut s'abriter contre les vents d'Est, Sud et Ouest, mais sans intérêt; Anorotsanga (13° 54′) mauvaise, très éloignée de la terre (3 kilom., 5 à 4 kilom.) mais point de relâche de l'annexe des Messageries Maritimes, le Mpanjaka; et d'autres, sur la côte, entre Saint-Sébastien et Saint-André, mais dangereuses au moindre vent du large.

Toutes ces baies ou rades se serrent l'une contre l'autre, dans ce court espace de côtes, séparées par des presqu'îles étroites et très accidentées, fermées d'ordinaire par une infinité d'îles et d'îlots et alimentées par un grand nombre de rivières.

Un mot rapide sur les plus importantes :

1° « Baly (par 16° lat. S. et 42° 56′ long. E.) est une belle baie, écrivait en 1853 un des traitants de la ville du même nom au Père Jouen, pouvant contenir un grand nombre de navires, et les mettre à l'abri du mauvais temps ».

L'éloge est excessif; en réalité, depuis la pointe Ambararata jusqu'au fond de la baie, à l'embouchure de la rivière Baly, il doit bien y avoir de 12 à 20 kilomètres, et une presqu'île très découpée ferme l'entrée de la rade au Nord. Mais le mouillage y est restreint à la partie Nord, et il est impossible de s'enfoncer même jusqu'à la pointe Samat. Cela diminue beaucoup l'abri contre les vents, force à se tenir loin de la terre, et rend les communications difficiles. Il faut quitter par les vents frais de la partie Nord.

« La population de la baie de Baly, poursuit le même commerçant, compte de 20,000 à 25,000 habitants. »

En 1846, le commandant du navire français *le Zélé*, fit un traité de commerce avec le vieux roi de ces parages, Raboky, « le seul ami des blancs », et lui promit que des navires français viendraient le visiter de temps en temps, s'il traitait les blancs convenablement. »

Il s'y faisait, depuis, un assez grand commerce de bœufs, d'esclaves, de fusils et de poudre.

2.

2° La baie de Bombetoka est formée par l'estuaire du Betsiboka qui se divise en cinq branches séparées entre elles par des dépôts de vase. Elle est très grande, très profonde, et est certainement appelée à un très grand avénir. C'est là que nos troupes débarqueront, là aussi vraisemblablement que se portera le commerce avec l'extérieur.

Jusqu'ici on stoppait dans le port de Majunga (1) (15° 43'). Très bon mouillage pour les petits navires, mais mauvais pour les autres. Aussi M. Suberbie a étudié et fait accepter le projet de transporter le débarcadère plus à l'Est, c'est-à-dire au delà de la pointe Amboaniho (15° 50') qui a de 10 à 12 mètres de fond, ne s'envase jamais, et où les navires pourront presque accoster à quai, tellement son rivage est à pic. Mais le courant y est violent, il y a de forts clapotis par les vents très fréquents du Sud, et surtout, il n'y a pas de plage, la terre s'élevant aussitôt.

3° La baie de Passandava est célèbre dans l'histoire de nos rapports avec les Malgaches. Le 14 juillet 1840, en effet, Tsiomeka, la reine du Boina, abandonna à la France Nosy-Bé, Nosy-Komba, et tous ses droits de souveraineté sur la côte de Madagascar, depuis la baie de Passandava jusqu'au cap Saint-Vincent.

En réalité, nous n'avions aucune autorité sur les bandes de pillards, ou nomades qui habitent ces régions, mais nominalement elles étaient sous

(1) La véritable orthographe serait *Mojanga*.

notre protectorat, et le drapeau français flottait
sur la côte.

Or, les Hova osèrent un jour enlever ce drapeau
et le remplacer par leurs propres couleurs. Ce
fut l'origine de la dernière guerre. Le 16 juin
1882, le capitaine Le Timbre mouilla dans la baie
de Passavanda, et le lendemain au point du jour
abattit les couleurs hova qu'il remplaça par le
drapeau français.

Cette baie immense, qui s'étend depuis 13° 31'
à 13° 48' lat. S., et depuis 45° 45' à 46° long. E.,
s'enfonce environ de 30 kilomètres au Sud, sur
une largeur de 12 à 16 kilomètres, abritée à
l'Ouest par une presqu'île élevée dont le point
culminant s'appelle les Deux-Sœurs, et à l'Est par
les montagnes de Sambirano.

La vue de la baie de Passandava est ravissante.
Les montagnes étagées qui la bordent de toutes
parts irrégulières et accidentées, les nombreuses
rivières qui l'alimentent et dont quelques-unes
peuvent être remontées plusieurs heures par des
boutres de 30 à 40 tonneaux, les nombreuses sources et les cascades multipliées qui émaillent le flanc
des montagnes et derrière soi, au Nord, la riante
ile de Nosy-Bé, tout concourt à embellir ce magnifique paysage.

Malheureusement, comme nous le dirons plus
tard s'il y a un bassin houiller dans cette baie, il
est trop faible pour pouvoir être exploité.

La baie de Passandava offre de bons mouillages
Celui de Nosy-Bé est un peu restreint.

Un excellent et vaste mouillage contre tous les vents, même les plus mauvais, est celui d'Amba-vatoby à l'ouest de la baie de Passandava. C'est probablement le meilleur de tout Madagascar; malheureusement, il ne s'y fait pas de commerce et l'eau douce manque.

4° Viennent ensuite tout près du cap d'Am-bre, les trois baies successives Robinson, Ampana-masina ou Jackinson et Ambavanibe ou Liverpool, appelées ordinairement ports du cap d'Ambre et situées sur la côte ouest de la péninsule appelée Babaomby. Elles peuvent toutes les trois offrir un abri à un bâtiment à vapeur empêché de dou-bler le cap d'Ambre, mais la meilleure est Am-bavanibe.

5° Enfin après avoir franchi le cap d'Ambre (11° 57′) et redescendu de quelques kilomètres la côte Est, nous voici en face de la plus belle, sinon de la meilleure rade de Madagascar, c'est-à-dire de Diego-Suarez.

Jusqu'à ce qu'on ait établi des feux, projetés depuis longtemps, l'entrée en est impossible pen-dant la nuit et difficile même le jour, quand il y a grosse mer. Il faut alors descendre assez au midi jusqu'à ce que l'on ait complètement en vue, au sud de Nosy-Volana, ou île de la Lune, l'îlot des Aigrettes, afin de bien prendre la passe et de n'être pas jeté par le courant sur les récifs. Mais une fois cette passe franchie, la vue de la rade est simplement magnifique.

Nous avions à bord, quand j'y entrai, des per-

sonnes qui avaient vu Brest et Rio-de-Janeiro :
elles trouvaient Diego supérieur à ces deux splendides rades, les plus célèbres du monde. Ayant 15
kilomètres de profondeur, droit en face de la
passe; 18 et 20 jusqu'aux fonds de droite et de
gauche; 14 et 15 de large, avec quatre baies
secondaires qui peuvent former autant d'excellents ports : la baie des Français au Sud, entre la
presqu'île d'Orangia et celle de Diego-Suarez, avec
le rocher ou îlot appelé Pain de Sucre à son extrémité méridionale; le Cul de Sac Gallois au
S.-O. relié aux autres baies par le port de la
Nièvre, qui est le plus fréquenté de tous, entre
Antsirana et Diego; la baie des Cailloux-Blancs
au Nord-Ouest, avec les trois îlots du Sépulcre,
de la Coquille et de la Tortue; la baie du Tonnerre enfin, délimitée par les Pierres-Noires à
l'Ouest, et la langue Nord de la passe à l'Est;
donnant partout à la sonde, un fond suffisant pour
les plus gros navires, elle pourrait contenir toutes
les flottes du monde, qui y seraient parfaitement
en sûreté, au moins en temps ordinaire.

Le goulet en est très étroit. L'île de la Lune le
divise en deux passes : celle du Nord, qui n'a pas
de profondeur, est par suite inaccessible et se dé-
fend toute seule; et celle du Sud, avec un chenal
de 900 mètres de large, que défendront un fort
déjà construit sur la presqu'île d'Orangia et un
autre projeté sur Nosy-Volana.

Enfin, il n'y a pas de récifs; et le fond, généralement de vase, est très bon. Pendant le cyclone

du cinq février 1894, *l'Eure* fut jeté à la côte, il est vrai; mais, outre qu'on ne peut rien conclure d'un cyclone, tellement la violence du vent est alors exceptionnelle, *le Hugon* et le paquebot des Messageries Maritimes résistèrent très bien.

La baie de Diégo est donc un des points les mieux choisis. Elle offre de bons mouillages, nombreux et sûrs; son climat est meilleur que celui de la plupart des autres points de la côte, et son entrée est facile par brise maniable; enfin des terres élevées et la configuration de la côte se prêtent facilement à la défense.

Par contre, l'eau douce manque; la rade est trop au nord de Madagascar et par suite peu favorable au commerce, et le cap d'Ambre est très dur à doubler en mousson de S.-E. quand on vient de l'Ouest, impossible même pour de petits bâtiments à vapeur et des voiliers, ou des bâtiments en marée.

C'est pour remédier à ces inconvénients que l'on a proposé de couper l'isthme qui sépare la baie des Cailloux Blancs de la baie Liverpool. Ce serait parfait alors; et comme ce travail est très facile, l'isthme n'ayant que 4 kilomètres le long de deux ruisseaux, on peut espérer qu'il se fera sûrement.

Telles sont les principales baies ou rades, les principaux ports de relâche de Madagascar. Peu de pays en ont autant et d'aussi bons. Ils sont inégalement répartis, mais au Nord on en trouve à chaque pas, où des vaisseaux peuvent se trouver en sûreté. Le meilleur de tous est Ambavatomby, puis Diégo-Suarez, Nosy-Bé, Mahajambo et Majunga ; et, sur la côte Est, Sainte-Marie et Tamatave, qui ont vu cependant se perdre *le La Bourdonnais* à Sainte-Marie, et quantités d'autres à Tamatave.

La partie méridionale est bien moins favorisée que le Nord, mais là encore il y a Fort-Dauphin qui est praticable, et Tulear, qui est très bon. C'est du reste le seul port de la côte Ouest et Sud-Ouest.

CHAPITRE III

OROGRAPHIE — HYDROGRAPHIE

I

OROGRAPHIE.

Avant M. Grandidier, le système orographique de Madagascar était très imparfaitement connu, ou, pire que cela, très faussement décrit. On parlait d'une chaîne de montagne centrale, divisant l'île en deux parties égales, du Nord au Sud, avec des ramifications à l'Est et à l'Ouest, et on comparait Madagascar à un énorme cétacé, dont l'épine dorsale serait représentée par cette montagne centrale, et les côtes immenses, par des ramifications plus ou moins perpendiculaires à ce massif.

L'idée est simple, imagée, avec une apparence de vérité à première vue ; mais sa fausseté a été clairement démontrée par les études, les descriptions plus récentes et les cartes de M. Grandidier, du Père Roblet, de MM. Laillet et Suberbie, du Père Colin, etc.

Je m'inspirerai pour ce chapitre d'un article

très remarquable que M. Grandidier a publié dans la *Revue scientifique* (11 mai 1872) et, parfois, je ne ferai que le transcrire.

Le savant voyageur divise d'abord l'île en deux triangles, par une ligne imaginaire, allant du N.-O. au S.-E., du cap Saint-Vincent vers Fort-Dauphin. Tout le triangle oriental est couvert de montagnes qui se pressent les unes contre les autres, sans ordre apparent, pêle-mêle, et, suivant la comparaison bien souvent reprise, comme une mer en fureur dont les lames immenses se seraient soudainement solidifiées. « Il y a bien çà et là quelques vallées très larges, telles que celles d'Isandra, de Betafo, de Tananarive, de Moramanga ou de l'Ankay, d'Antsihanaka, etc.; et la pointe extrême nord de l'île n'a pas subi l'action de la grande éruption granitique. Mais, partout ailleurs, on marche des journées et des semaines, sans trouver le moindre plateau, même d'un mille carré. »

Je ne sais pas s'il y a au monde une autre contrée couverte d'une pareille masse de montagnes, car « plus de 90.000 milles carrés ont été bouleversés par les deux éruptions granitiques qui semblent s'être succédé à Madagascar ».

Nous nous rendrons du reste mieux compte de cet amoncellement presque chaotique de montagnes, de gorges, de vallons étroits et de pics élevés, en parcourant l'île de l'Est à l'Ouest, par exemple, de Tamatave ou d'Andevoranto vers Majunga.

Presque tout le rivage de la côte orientale se compose d'une vaste bande de terrain plat et sablonneux, variant en largeur depuis quelques mètres, par exemple au nord de la baie d'Antongil, jusqu'à 15 ou 20 kilomètres en certains endroits, comme vers Tamatave. Bordée à l'Ouest par une suite ininterrompue de collines couvertes de végétation, et parcourue du Nord au Sud pendant 500 kilomètres par une série de lagunes étroites, ordinairement peu profondes, insalubres souvent, mais riantes à voir, cette plaine est certainement d'un aspect très agréable.

Voici ce que j'en disais dans mes notes de voyage après l'avoir traversée pour la première fois :

« Cette contrée est splendide. Qu'on imagine une vaste plaine, un sol légèrement mamelonné, recouvert d'une herbe basse et assez épaisse ; parsemé de riches bouquets d'arbres de toutes sortes, dont quelques-uns sont de véritables fourrés affectant toutes les formes ; offrant çà et là de belles échappées et de magnifiques points de vue, avec des monticules, des replis de terrain, une crête basse recouverte de bois, une vallée peu profonde où il semble qu'il y a un ruisseau, et par-dessus tout une série de lacs courant sur votre droite, tantôt cachés, tantôt visibles entre les arbres, un immense parc anglais en un mot, mais négligé. Et cela est si vrai, et l'illusion est si complète que, sans y songer, l'on se prend à regarder de divers côtés pour apercevoir le château ou la ferme qui doit se cacher derrière ces arbres, ou bien à ce détour de chemin. »

Évidemment ce jour-là, le soleil était radieux et je voyais tout en beau. Mais il faut cependant qu'un coin de terre possède quelques charmes pour inspirer ces sentiments d'admiration. Du reste, je l'ai revu un an après, et j'ai alors navigué sur les lagunes. L'impression produite, pour être moins vive, n'en était pas moins sensiblement la même.

Après avoir franchi cette plaine, et traversé quelques premiers mamelons relativement peu élevés, on arrive enfin, tantôt montant, tantôt descendant, mais sans jamais rencontrer de plaines, aux contreforts très abrupts de la première chaîne côtière, haute de plus de 1000 mètres et couverte d'épaisses forêts. Cette chaîne se continue plus ou moins régulière, depuis Port-Leven au Nord, jusqu'à Fort-Dauphin, l'espace de près de 1200 kilomètres, « tantôt baignant son pied dans la mer, tantôt s'en écartant de quelques milles, mais lui restant toujours parallèle ».

L'impression produite par ces vastes solitudes boisées, que l'on met près de deux jours à traverser et où l'on n'entend que le cri de quelques rares oiseaux, est toute différente de celle produite par la vue des lagunes de Tamatave à Audevoranto, mais elle n'en est pas moins profonde. Les cascades, les torrents, les rochers surplombants, les vallées s'étendant à perte de vue vers l'horizon, la nature a prodigué dans ces montagnes ses scènes

Profil en long du chemin de Tananarive à Andevoranto, par le R. P. Colin

Échelle des distances, 1 : 500.000°. Échelle des hauteurs, 1 : 50.000°.

Ce profil, le premier qui ait été exactement relevé, a demandé à son auteur, six mois d'opérations sur le terrain et 979 observations barométriques. Il faisait l'objet d'une communication du P. Colin à l'Académie des Sciences le 5 mars 1894. Il est cependant publié pour la première fois.

Niveau de la Mer

VALLÉE FRANÇAISE

OCÉAN INDIEN.

les plus grandioses, ses points de vue les plus remarquables, toutes ses magnificences.

Puis, parvenu à l'arète supérieure, on descend environ une centaine de mètres dans une zone de forêts, et, plus tard, dans un large plateau, celui du Mangoro, que l'on met plusieurs heures à franchir, et l'on s'élève de nouveau de 300 à 400 mètres par des pentes excessivement raides, allant parfois dans le sentier même à 40° et 45° d'inclinaison, jusqu'à la seconde chaîne granitique qui est la ligne de séparation des eaux de Madagascar. Les torrents relativement courts de la partie orientale se jettent dans l'Océan Indien; les rivières au contraire, qui naissent sur le versant Ouest, ont un parcours trois ou quatre fois plus long, et forment de véritables fleuves, tributaires du canal de Mozambique.

Cette seconde chaîne, qui se sépare de la première au sud du massif de la montagne d'Ambre, près de Diego-Suarez, ne s'en écarte jamais beaucoup et suit une direction parallèle, qui est celle de l'axe de l'île. Elle s'épanouit en son centre dans l'immense massif de l'Ankaratra, et les deux chaînes se rejoignent dans la partie méridionale du pays des Betsileo vers 22° 30′ de latitude Sud.

Le massif de l'Ankaratra surtout, que l'on peut considérer comme le point central de l'orographie de Madagascar, est très remarquable, très accidenté, riche en mines et en eaux minérales, et particulièrement sain. Il est dû, comme beaucoup d'autres chaînons transversaux, à des soulèvements basaltiques et l'on y rencontre des traces d'anciens lacs et de cratères éteints.

C'est là que se trouvent les sommets les plus élevés de l'Ile, tout particulièrement le Tsiafajavona qui atteint 2650 ou 2680 mètres de hauteur et l'Ankavitra qui en a 2645 ; puis, en allant du Nord au Sud dans le centre de l'Ile : l'Iankiana (lat. 17° 54' 30", long. 44° 57' 30", alt. 2130 mètres) ; le Bity (lat. 20° 6' 10", long. 44° 38' 45", alt. 2260 mètres) ; l'Antety (sommet ouest) (lat. 20° 31' 35", long. 44° 50' 55", alt. 1870 mètres) ; le Vohonala (lat. 20° 46' 45", long. 44° 47' 0", alt. 1800 mètres) ; le Mahadilolo (lat. 20° 52' 15", long. 44° 44' 50", alt. 1600 mètres) ; l'Andranogaga (lat. 21° 4' 0", long. 44° 41' 35", alt. 1520 mètres) ; l'Ambatotsinjoana (lat. 21° 4' 0", long. 44° 51' 10", alt. 1510 mètres). Il y en a d'autres et en très grand nombre, à peine moins élevés que les précédents. Mais ceux-là suffiront pour donner une idée de cette chaîne centrale, où de telles montagnes se succèdent si rapprochées, à peine à quelques kilomètres de distance parfois, et formant une longue ligne pendant des centaines de lieues.

Après avoir franchi cette immense chaîne, le voyageur commence à descendre vers l'Ouest, mais insensiblement d'abord.

Il doit en effet, pendant près de 120 à 150 kilomètres, parcourir une région montagneuse et encore très tourmentée, moins cependant que celle qui précède immédiatement la première arête faîtière. Il est alors à une altitude variant de

800 à 1000 mètres. Il arrive ensuite assez rapidement, comme par des échelons successifs, dans une plaine qui n'a guère que 100 mètres d'élévation au-dessus du niveau de la mer. Cette plaine, large de 140 à 180 kilomètres, est sablonneuse, peu accidentée et sillonnée en tous sens de petits ravins creusés par les eaux. Elle est coupée du Nord au Sud par une étroite chaîne de montagnes large de 5 à 6 milles, le Bemarana, qui s'étend du 16° au 25° parallèle et parcourt la plus grande partie du pays des Bara. Enfin, M. Grandidier nomme deux autres petites chaînes de montagnes, une première qui commence vers le 21° parallèle et, à partir du 22°, forme un vaste plateau avec le Bemarana; puis une seconde, commençant aussi au 21° parallèle et suivant le 43° de longitude, pour mourir au 23° 30' de latitude.

Le triangle occidental de Madagascar formé par la ligne idéale dont nous parlions au commencement, ou si l'on préfère le Sud-Ouest et le Sud, ont échappé aux bouleversements qui ont tourmenté d'une manière si extraordinaire le triangle oriental, c'est-à-dire le Nord et l'Est. La masse de montagnes qui couvre le centre de l'île ne s'étend guère au delà du 22°; plus au Sud, jusqu'à la mer, ce sont « de vastes plateaux secondaires légèrement ondulés et coupés de ravins creusés par les eaux avec quelques arbres rabougris, sablonneux, sans eau, arides et presque inhabités. »

Au nord de la baie de Saint-Augustin, ces plateaux se transforment en d'immenses plaines, qui, loin de diminuer. tendent au contraire à augmenter journellement sous la double action des contre-courants ne cessant d'apporter des sables sur le rivage, et des rivières charriant, surtout pendant la saison des pluies, les terres arrachées aux montagnes de l'intérieur et comblant peu à peu les estuaires et les diverses baies de la côte. Enfin le centre de l'île, c'est-à-dire l'immense plateau central ou plus exactement l'amas de montagnes ordinairement ainsi nommé, est entièrement dépouillé d'arbres.

Telle est l'idée générale, mais exacte, du système orographique et de l'apparence de Madagascar. On est loin, on le voit, d'une arête centrale unique, avec ses ramifications régulières à l'Orient et à l'Occident; loin aussi des affirmations vagues et fantaisistes d'Élisée Reclus.

En résumé, il y a deux arêtes faîtières, partant toutes les deux du cap Leven, se séparant ensuite au 13° parallèle pour se rejoindre au-dessus du 22°.

Le Sud et le Sud-Ouest sont occupés par des plateaux sablonneux, de 300 à 400 mètres d'altitude sans autres grands accidents de terrain que trois petites chaînes se rejoignant vers le 22°. L'Ouest, enfin, se compose de très vastes plaines. Le centre est complètement montagneux.

II

HYDROGRAPHIE.

Un pays aussi montagneux que Madagascar doit être très arrosé. Il l'est en effet, et il n'y a peut-être pas de contrée au monde qui soit traversée par tant de cours d'eau. Chaque vallon a son ruisseau, chaque plaine sa rivière ou son fleuve, sans compter les lagunes de la côte Est et les nombreux petits lacs que l'on rencontre un peu partout.

La grande chaîne faîtière, qui forme la ligne de partage des eaux, est beaucoup plus rapprochée de l'Est que de l'Ouest, à une distance approximative de 70 kilomètres de l'Océan Indien ; d'où, par suite, le versant oriental ne renferme probablement pas en étendue le quart de Madagascar. Il est sillonné par une foule de cours d'eau très sinueux, de petits torrents qui descendent des montagnes, se heurtant contre les rochers qui hérissent leurs lits, formant des chutes ou de riantes cascades, mais d'un faible parcours. Pendant la saison sèche, les eaux de ces cours d'eau, n'ayant pas la force de se frayer un chemin à travers le sable apporté par le ressac de l'océan, se répandent dans les lagunes qui bordent le rivage, et parfois empruntent l'estuaire d'une autre rivière pour se rendre à la mer.

3.

Rivières de l'Est. — Les principales rivières sont en allant du Nord au Sud :

1° L'*Antanambalana*, le Tingbale des anciens auteurs, qui court auprès du rivage et se jette dans le port Louquez, après s'être grossi d'un certain nombre de tributaires ;

2° Le *Mananara du Nord*, au Sud du précédent, dans la baie Andravina ;

3° L'*Antanambolana*, à l'entrée de l'immense baie d'Antongil, et

4° Plus bas, dans la baie qui porte son nom, le *Mananara* ;

5° Sortant du lac Aloatro, au pays des Antsihanaka, le *Manangoro* ;

6° L'*Ivoloina* et l'*Ivondrona*, de peu d'importance en eux-mêmes, mais qui enserrent Tamatave au Nord et au Sud.

7° L'*Iaroka*, la rivière d'Andevoranto, que l'on remonte en pirogue, pendant cinq ou six heures, en allant à Maromby, et son tributaire le *Ranolahy* ;

8° Le *Mangoro*, le plus grand cours d'eau de tout le versant oriental, qui, après avoir parcouru du Nord au Sud le long plateau du même nom, tourne brusquement à l'Est au Nord du 20° parallèle, traverse au milieu de gorges abruptes la première arête faîtière, et se jette dans la mer au Sud de Mahanoro.

Un instant, on avait espéré pouvoir s'en servir comme d'une voie de pénétration militaire dans l'Imerina. Si par lui, en effet, on avait pu arriver jusqu'à Moramanga, au delà de la forêt, le plus difficile eût été fait. Une ou deux marches suffisaient pour franchir les monts de l'Ankay, et l'Imerina était conquise. Mais ce chemin a été reconnu absolument impraticable, pire encore que celui d'Andevoranto, par les explorateurs Roland, Foucard et Iribe, et par M. Ranchot.

9° Viennent ensuite le *Mananjary* qui se jette à la mer au-dessous du 21° près de Masindrano. C'est là qu'aboutissent deux chemins se dirigeant, l'un vers Tananarive et l'autre vers Fianarantsoa.

10° Le *Mamorona*, le *Faraony* et le *Matitanana*, qui traversent de riches vallées, très peuplées et remplies de nombreux villages.

Le Matitanana a une très belle et très remarquable cascade. Il se jette à la mer, tout près de Mangatsiaotra, d'où part un chemin vers Fianarantsoa et le canal de Mozambique.

11° Le *Mananara du Sud,* le second fleuve, après le Mangoro, de la côte orientale, dont l'embouchure se trouve non loin du fort hova de Vangaindrano.

Tels sont les principaux torrents ou rivières du versant oriental. Deux seulement méritent le nom de fleuves : le Mangoro et le Mananara du Sud. Quelques-uns peuvent être remontés en pirogue pendant plusieurs heures; puis leur cours est interrompu par des rapides et des cascades absolument impraticables; il semble même probable qu'on ne pourra jamais les utiliser, si ce n'est comme chutes d'eau et force motrice.

Mais ils sont vraiment beaux, frais, limpides, clairs comme du cristal, sur leur lit de granit, au milieu de leurs méandres sans fin, dans les mille dédales de la forêt. Ils reçoivent tous un nombre très considérable de petits tributaires qu'il est impossible de passer en revue, tellement ils sont nombreux et insignifiants.

Rivières du Sud. — Il n'y a rien à dire des rivières de la côte Sud et Sud-Ouest, depuis Fort-Dauphin jusqu'à Saint-Augustin, sinon que la plupart d'entre celles qui sont marquées sur les cartes en caractères très visibles, ne sont que des torrents complètement à sec, pendant une grande partie de l'année. Toute cette région est très aride et souvent privée d'eau. Les habitants en sont réduits à s'en passer complètement pendant des mois, et l'eau qu'ils obtiennent n'est guère qu'une boue épaisse recueillie en creusant des trous dans le sable pour y ramasser les suintements du sol environnant.

Citons donc pour mémoire :

1° La rivière de Fort-Dauphin, le *Fanjahira,* la célèbre Fanshère des récits de Flacourt.

2° Le *Mandrere* et un peu plus loin le *Manambovo.*

Fleuves de l'Ouest. — La côte occidentale au contraire, est arrosée par plusieurs cours d'eau dont quelques-uns méritent le nom de fleuves. Nous signalerons, parmi les principaux, l'Onilahy, la Fierenana, le Mangoky, la Maitampaky et le Mondava, le Tsiribihina, le Manambolo, le Maranjaray, le Betsiboka, le Mahajamba et le Sofia, le Manangarivo, le Sambirano et une infinité d'autres moins importants, surtout vers la côte Nord-Ouest, dans cet amoncellement de baies et de promontoires montueux qui la composent.

1° L'*Onilahy*, ou rivière de Saint-Augustin, coule d'abord du Nord au Sud, puis fait presque un angle droit de l'Est à l'Ouest, à peu près à égale distance entre le 22° et le 23° parallèle. Sa partie supérieure n'est pas connue; elle parcourt alors le pays des Bara, tandis que dans son cours inférieur, elle arrose la contrée habitée par les Antanosy émigrés.

Elle n'est pas navigable.

2° La *Fierenana* est ainsi nommée du royaume Sakalave de ce nom, qu'elle traverse.

3° Le *Mangoky*, appelé aussi autrefois rivière Saint-Vincent, est un des plus grands fleuves de Madagascar. Un certain nombre de ses tributaires, dont le Matsiatra et la Manantanana sont les principaux, drainent et arrosent tout le pays des Betsileo; les autres, le Tsimandao, l'Ihosy, etc., traversent la région Ouest et Nord du pays des Bara, et se rapprochent ainsi des sources de l'Onilahy. Le Mangoky n'est pas navigable. Il se dirige, une fois grossi de ses affluents, vers l'ouest, et se jette dans le canal de Mozambique entre 21° 20', et 21° 30' latitude sud, par un vaste delta dont la pointe extême porte le nom de Cap Saint-Vincent.

4° La *Maitampaky* et le *Mondava*. C'est de leur

embouchure que partent les deux itinéraires suivis en 1869 par M. Grandidier.

5° Le *Tsiribihina* est considérable et très important, et probablement appelé à un rôle considérable dans l'exploitation du pays.

Il se jette dans le canal de Mozambique par
cinq branches formant delta, vers 19° 47′ lat. Sud,
et atteint près d'un kilomètre de largeur (900^m)
avant son embouchure. Ses rives, plus ou moins
boisées, sont très fertiles et assez habitées.

Il est formé, à peu près à 80 kilomètres de l'O-
céan, par la réunion du Mahajilo et du Betsiriry
qui plus haut s'appelle la Mania. Le premier reçoit
une masse d'eau considérable par d'innombrables
ruisseaux ou rivières qui descendent des flancs
de l'Ankaratra. Le plus important, le Kitsamby,
vient du cœur même du massif, et par son tributaire, le Sakay, communique avec le lac Itasy,
se rapprochant ainsi du bassin de l'Ikopa. Le
Betsiriry, par la Mania, recueille les eaux de la
partie méridionale de l'Ankaratra et du Nord du
pays des Betsileo. Il est navigable pour les canots,
ainsi que le Mahajilo que l'on peut remonter
jusqu'à 43° 40′. On aurait donc pu avoir, pour une
expédition, si on les avait mieux connus, dans le Tsiribihina et son affluent le Mahajilo, une très bonne
route de pénétration au centre même de l'île, c'est-
à-dire au Sud de l'Imerina. Et cela, d'autant
mieux que si l'on s'en rapporte à une étude publiée dans les Annales de géographie par un
voyageur, ce fleuve présente une particularité

remarquable et n'existant nulle part ailleurs à
Madagascar. La dernière chaîne de montagnes
qu'il doit traverser, forme en effet barrage naturel, et ses eaux, dans la saison des pluies, se répandent dans les plaines supérieures de telle manière
que son débit reste à peu près constant pendant
l'année.

6° Le *Manambolo* est moins important que le
Tsiribihina, et beaucoup moins considérable. Il
prend sa source vers la limite occidentale de l'I-
merina par le 19° lat. Sud, coule d'abord au
Nord, puis à l'Ouest jusqu'à Ankavadra, et ensuite
au S.-S.-O., formant ainsi un arc très ouvert;
enfin, tournant brusquement à l'Ouest et traversant
le Nord du Menabe, il se jette dans l'Océan près
de Mafaidrano par 19° 1' 45".

7° Le *Betsiboka* est sans contredit, sinon le plus
considérable, certainement le plus important des
fleuves de Madagascar. C'est le fleuve de Majunga,
port déjà fréquenté, et appelé dans un temps prochain à un grand avenir. C'est par là, en effet, que
va se faire l'expédition française, par là probablement aussi que s'établira le premier chemin de
fer de l'intérieur de l'île et que passera dorénavant
le transit vers Tananarive. Le Betsiboka, quoique
son lit s'ensable facilement et que son cours soit
très rapide, excepté aux points où remonte la marée, est cependant navigable jusqu'à son confluent
avec l'Ikopa, et même au delà pour des chaloupes
et des chalands d'un faible tirant d'eau.

C'est sur ses rives enfin et dans le vaste espace

compris entre lui et son grand affluent l'Ikopa,
que se trouve la concession Suberbie et cette circonstance a puissamment contribué à donner une
importance toute nouvelle à ces deux fleuves, en
y amenant un flux considérable d'immigrants qui
peuplaient rapidement, avant la guerre, une contrée, naguère encore presque complètement déserte.

Le Betsiboka et son affluent l'Ikopa prennent
tous les deux naissance, le premier dans la partie
septentrionale, le second à peu près vers le centre
de l'Imerina, tout près l'un de l'autre, et dans les
mêmes montagnes. Ils s'éloignent ensuite, coulant
à peu près parallèlement dans la même direction
N.-O. et enserrant entre leurs lits une vaste ellipse,
pour se joindre au-dessous de Mevatanana. Ils
ont l'un et l'autre près de 600 kilomètres, et
l'Ikopa forme à la descente du plateau de l'Imerina les chutes de tous points remarquables, de
Farahantsana.

8° Le *Mahajamba* et le *Sofia* se jettent tous les
deux, par une embouchure presque commune, dans
la partie orientale de la grande baie de Mahajamba. Leur volume d'eau est considérable, et
ils viennent tous les deux de la grande chaîne
faîtière, le premier du pays des Antsihanaka, et le
second plus au Nord. Ils courent, le Mahajamba
dans la direction N.-O. à peu près comme le Betsiboka, et le Sofia sensiblement de l'Est à l'Ouest.

III

LACS ET LAGUNES.

Il existe un assez grand nombre de lacs à Madagascar; mais ils sont pour la plupart de peu d'importance. Il y en eut sûrement davantage autrefois. Ainsi, la vallée du Mangoro, qui a des centaines de kilomètres de long sur 20 à 30 de large, était autrefois un immense lac. De même, au jugement de plusieurs, toute la plaine aux environs de Tananarive jusqu'aux chutes de l'Ikopa.

Parmi les lacs qui existent aujourd'hui, il faut nommer en première ligne : le lac Alaotra, à l'ouest de Fenerife, au pays des Antsihanaka. Il mesure 20 kilomètres de long sur 3 de large, et occupe la partie N.-E. d'une vaste plaine marécageuse de 60 kilomètres sur 30. Puis le très beau et très célèbre lac Itasy, à deux journées de marche à l'Ouest de Tananarive, au Sud du 19° parallèle et à une altitude de 1,177 mètres. Il a une longueur de 13 kilomètres. C'est vraisemblablement le cratère d'un ancien volcan. Ses rives sont recouvertes de joncs qui, de loin, lui donnent l'aspect d'une immense prairie. On y retrouve de nombreux et très curieux caïmans. Citons aussi le lac Kinkony au sud de Majunga, et Andranomena. (Any rano mena, là l'eau rouge).

Puis sur la côte Sud-Ouest, deux lacs salés qui

sont évidemment d'anciens estuaires de petits golfes, fermés par des bancs de coraux sur lesquels les vents violents du S.-O. ont accumulé des masses de sable. Ce sont, le lac Heotry au N.-E. du cap Saint-Vincent, très considérable, et un autre plus étroit, mais beaucoup plus long, le lac Tsimanam-pesotra au sud de Saint-Augustin, le long de cette côte désolée du S.-O.

On peut encore ranger, parmi les lacs de Mada-gascar, les lagunes de la côte orientale qui s'éten-dent sur une longueur de près de 600 kilomètres depuis le 16 °52' parallèle jusqu'au 22° 25', c'est-à-dire depuis un peu au sud de la Pointe à Larrée, en face de l'île Sainte-Marie, jusqu'à l'embouchure du Matitanana, sur toute la partie de la côte qui reçoit le choc du grand courant de l'Océan Indien.

C'est en effet à l'action de ce courant que ces lagunes doivent leur formation.

Les rivières de la partie orientale de Mada-gascar sont, nous l'avons vu, assez courtes, et, descendant des pentes très rapides, n'ont qu'un petit nombre d'affluents peu considérables; elles ne présentent donc qu'un faible débit pendant une grande partie de l'année. A la sortie des mon-tagnes, elles arrivent, au bout d'un certain temps, à une plage étroite contre laquelle butte violem-ment le courant de l'Océan Indien qui tend ainsi à ensabler leurs embouchures.

Quand la masse d'eau est considérable, par exemple pendant les crues, ces rivières s'ouvrent un chenal à travers les sables. Mais, en dehors de là, cette passe momentanée se refermant très vite ou changeant de place, elles n'ont pas de débouché fixe et permanent, et prennent sur la plage une largeur et un développement qui trompent sur leur importance. De plus, elles envoient parallèlement au rivage, vers le Nord et vers le Sud des bras qui, se réunissant parfois entre eux, se déversent par la même issue et forment les lagunes de la côte orientale.

Ces lagunes sont distantes les unes des autres et ne communiquent pas entre elles depuis le 16° 52′ jusqu'au 18° 15′, c'est-à-dire jusqu'à la rivière Ivondrona. Mais entre l'embouchure de l'Ivondrona (18°15′50″) et celle du Matitanana (22°24′45″), sur une longueur totale de 485 kilomètres, elles deviennent nombreuses, très rapprochées, et pourraient, par quelques chenaux faciles à creuser, fournir, pour le cabotage côtier, un chemin d'autant plus précieux qu'il serait complètement à l'abri et des vents et des terribles orages de l'Océan Indien. Déjà même les naturels du pays s'en servent beaucoup et pour de fort longues distances.

Ces lagunes ont des dimensions très variables; assez étroites en certaines parties pour qu'une pirogue ait de la difficulté à y passer, larges ailleurs de 200 à 300 mètres et formant de distance en distance des lacs qui ont parfois plusieurs milles de large et dont les plus importants et les plus connus sont ceux de Nosy-Ve et de Sarabakiny au sud de Tamatave, puis ceux de Rasamasay et Rasoabe près de Vavony, que l'on aperçoit à gauche de la route de Tananarive. Elles sont séparées de la mer, tantôt par une bande de sable de quelques mètres de largeur, d'autres fois par une plaine qui mesure plusieurs centaines demètres et même plusieurs kilomètres.

Elles ne sont cependant pas toutes navigables en tout temps. Quelques-unes, pendant la saison sèche, contiennent surtout de la vase et deviennent alors un foyer de fièvre encore plus actif que d'habitude. Les 21 isthmes qui séparent ces chenaux — les Ampanalana (que l'on enlève), comme les appellent les Malgaches qui les franchissent en traînant leurs pirogues retirées préalablement de l'eau — forment ensemble une longueur de 46 kilomètres, c'est-à-dire la onzième partie de la longueur totale; les uns n'ont que quelques centaines de mètres, les autres 2 ou 3 kilomètres; celui de Vorogontsy, au sud de Vatomandry, en a 8.

On a beaucoup parlé des marais de Madagascar; il y en a en effet, et parfois de très étendus, aux environs des lacs, dont les bords pendant la saison sèche deviennent très marécageux; aux alentours également des lagunes de l'Est; aux sources de plusieurs fleuves, par exemple, les marais de Didy où commence l'Ivondro, ceux d'Ankezotoloma à la naissance du Mananara et bien d'autres. Il s'en faut cependant que l'île, prise dans son ensemble, soit marécageuse : elle est trop montueuse pour cela.

CHAPITRE IV

LES VOIES DE COMMUNICATION

I

NAVIGATION.

Je ne parlerai qu'en passant des voies fluviales. Je les ai déjà signalées en énumérant les principaux fleuves de Madagascar.

Des rapides et des chutes nombreuses obstruent le cours de beaucoup d'entr'eux et empêchent de les remonter bien avant à l'intérieur. Évidemment des travaux de canalisation et autres seront à faire, qui pourront augmenter beaucoup l'utilité de « ces chemins qui marchent. » Tels qu'ils sont cependant, les Malgaches s'en servent souvent pour le transport de leurs marchandises à l'intérieur. Ils se servent également des petits lacs ou étangs qui se multiplient sur les hauts plateaux. Montés sur de longues pirogues creusées dans un seul tronc d'arbre, n'ayant pour rames qu'une courte pelle en bois, plate et arrondie à l'extrémité, ils les dirigent avec une adresse remarquable et une grande rapidité. Le mouvement en est très doux,

et même gracieux, surtout quand les pagayeurs
sont nombreux et rament en mesure. C'est ainsi
que pendant cinq heures je remontai l'Iaroka,
d'Andevoranto à Maromby, et c'est une des plus
agréables promenades que j'aie faites. C'est ainsi
également que j'ai souvent parcouru l'Ikopa à
l'Ouest de Tananarive, au milieu d'autres pirogues
chargées de riz, de bois de chauffage, de légumes,
de fruits, etc., ou bien, plusieurs des petits lacs qui
entourent la capitale.

Ces pirogues, nous l'avons déjà dit, parcourent
aussi les lagunes de la côte Est. Elles vont également sur les côtes d'un port à l'autre, au Nord
et à l'Ouest, et surtout au Sud-Ouest de l'île. J'en
ai vu aux Comores, à Mayotte, à Nosy-Be, un peu
partout. Creusées dans un bois tendre et léger,
ces embarcations sont si étroites et si allongées
qu'elles ne pourraient tenir la mer sans le contre-
poids d'un balancier, c'est-à-dire d'une longue
pièce de bois parallèle à la barque, et reliée à elle
par deux barres transversales. Une voile énorme,
parfois de 16 mètres, tendue à l'avant de la frêle em-
barcation, lui imprime une vitesse réellement effrayante, et les Malgaches se hasardent partout
avec elles. Il est vrai qu'elles sombrent assez souvent; mais on en est quitte d'ordinaire, pour les
redresser.

Il y a aussi pour ce service côtier des chalands,
des bateaux à voile et des vapeurs étrangers, qui
à intervalles irréguliers, parcourent toute la côte.
Les Messageries Maritimes, touchent chaque mois

à Nosy-Be, à Diego-Suarez, à Sainte-Marie et à Tamatave, tandis que leur annexe de l'Ouest dessert Anorantsangana, Majunga, Morondava et Nosy-Ve, n'allant pas encore jusqu'à Fort-Dauphin. Les vaisseaux de la Compagnie Havraise, touchent aussi en plusieurs points de la côte Est ; mais ce sont là les seuls services réguliers. Les autres vaisseaux passent au gré des besoins du commerce et transportent en même temps les passagers et la poste. Il y a telle place plus éloignée sur la côte S.-O. où, pendant plusieurs mois, on n'aperçoit point une seule voile.

Les Arabes font une grande partie du cabotage des côtes Nord et Ouest en particulier. Ils sont hardis au delà de toute expression et ils n'hésitent pas à s'aventurer dans des boutres ouverts, en pleine mer, à travers le canal de Mozambique, vers Mayotte ou même Zanzibar.

II

ROUTES.

Je veux surtout parler ici des routes terrestres. J'emploie ce mot, parce qu'il n'y en a pas d'autres ; mais il va sans dire que les routes sont inconnues à Madagascar. Les sentiers qu'on y voit, traversant en droite ligne montagnes et vallées, forêts et ruisseaux, au caprice des accidents de terrain, sans nivellement, sans réparation, sans travail aucun, même pour écarter un arbre tombé ou un rocher roulé en travers, ne méritent évidemment pas ce nom. Peut-on même les appeler un chemin? Ils sont dus au passage des voyageurs, à la pluie qui les a creusés, à mille autres causes naturelles, mais nous n'avons en France aucun sentier de montagne, aucun « chemin de chèvre » en aussi mauvais état.

Et cependant, ces chemins ne sont pas nombreux. Il y a, en effet, des contrées entières, par exemple dans la forêt ou d'autres endroits entièrement déserts, où il n'y a absolument pas trace du plus misérable sentier. Sur les plateaux et dans les vallées, relativement assez peuplés, les villages sont ordinairement reliés l'un à l'autre par un de ces chemins. Pas tous cependant. Parfois, en effet, il faut faire d'énormes détours pour aller d'un village à un autre qui se trouve tout près, car il est impossible d'y arriver par un chemin direct. Ce sont les dispositions des lieux, c'est aussi quelquefois le manque de communication, et très souvent la présence de marais profonds, qui explique cette pénurie de chemins. Mais, outre ces sentiers reliant ainsi, plus ou moins, les diverses localités les unes aux autres, il y a quelques *routes* d'intérêt général, et qui jusqu'ici sont les seuls moyens de pénétration dans l'île. Ce sont :

1° La double route de Tananarive, c'est-à-dire la route de Tamatave et celle de Majunga. La première est de beaucoup la plus fréquentée de tous les chemins de l'île. C'est par elle que passe la plus

grande partie, presque la totalité des marchandises qui sont introduites dans l'intérieur du pays.
En montant à la capitale, comme aussi en en descendant, je m'amusais à compter le nombre de
porteurs allant en sens inverse de moi. J'en trou-
vais à peu près 300 par jour pendant sept jours,
c'est-à-dire 2100. Mettons 2000 en chaque sens,
ou, en tout, 4000 porteurs, marchant ordinairement en longues bandes ou files à l'Indienne, de
40, 50, 100 individus.

La route de Tamatave est aussi de beaucoup la
plus courte. Elle doit avoir 350 kilomètres tandis
que celle de Majunga en a 580.

Et cependant, l'avenir paraît réservé à cette
dernière. Elle est en effet beaucoup plus facile,
beaucoup moins accidentée, traversant un pays
relativement plat, et montant par gradins ou
plateaux successifs, sans ces effroyables dénivel-
lements qui marquent le chemin de l'Est.

Puis il y a le fleuve, que l'on peut, si l'on veut,
remonter en chaloupe pendant plus de 180 kilomètres ou bien longer à pied dans un chemin qui
le côtoie. Enfin, une route y sera bientôt construite, que des voitures pourront parcourir; et
peut-être un chemin de fer, au moins un Decauville.

Les grandes difficultés qui empêchaient de
prendre la route de Majunga étaient : 1° l'accès
plus facile, ou tout au moins la plus grande fré-
quentation par les vaisseaux, du port de Tamatave; 2° le manque de villages sur son parcours;
3° le manque de sécurité; 4° les bois, les taillis, des

4

rivières non guéables et une chaleur souvent insupportable. Mais les trois premières causes vont disparaître, et la quatrième se rencontre un peu partout! C'est donc la route de l'avenir, et c'est vraisemblablement par là que se fera la plus grande partie du transit de la côte à Tananarive.

Une troisième route qui a beaucoup d'avenir, c'est celle de Tananarive à Fianarantsoa, et surtout de Fianarantsoa à la côte Est, par Mananjary. La seconde partie dessert tous le pays très peuplé des Betsileo; puis elle traverse des régions également peuplées et très fertiles jusqu'à la mer. C'est le long de la première partie de cette route de Tananarive à Fianarantsoa, affirme M. Lacoste, que l'on verrait le premier chemin de fer malgache. Je crois que ce sera par le Boina; mais cela indique au moins quelle importance Monsieur Lacoste attachait à la route de Fianarantsoa.

Une quatrième route est celle de Tananarive à Mantrisara et, de là à Vohemar et Ambohimarina, ou bien à Anorotsangana, c'est-à-dire le long de la côte Nord-Est;

5° De Tananarive à Majunga par Amparafarovola, Antongondrahoja et Marovay;

6° La route de l'ouest de Tananarive à Ankavandra et Manandaza;

7° La route de Tananarive à Andakabe par Malainebandy;

Et un certain nombre d'autres moins importantes et toutes en mauvais état.

Pour donner une idée de ce que sont ces chemins, je vais transcrire ici la description que je
faisais, après l'avoir parcourue pour la première
fois, de la plus fréquentée, sinon de la meilleure,
— ce n'est pas la pire non plus — de ces routes,
celle de Tamatave à Tananarive par Andevoranto.

Elle peut se diviser en quatre parties à peu
près d'égales longueurs.

1° De Tamatave à Andevoranto dans la plaine;

2° Les premières pentes de la région montagneuse;

3° La grande forêt avec ses hauts sommets et
ses chemins impraticables;

4° Enfin le plateau de l'Imerina au centre duquel se trouve Tananarive.

La première partie est très facile et le pays que
l'on traverse est fort agréable.

Il n'y a pas beaucoup à dire non plus de la seconde et de la quatrième. Le chemin n'est pas
mieux tracé qu'ailleurs, les cours d'eau se franchissent de la même manière, mais les pentes
sont assez douces, et généralement les sentiers ne
sont ni trop obstrués, ni trop ravinés.

Mais il faut s'arrêter plus longtemps sur la troisième.

J'ai tâché d'indiquer auparavant combien tourmentée et accidentée est la double chaîne de
montagne qu'il faut franchir pour aller d'Andevoranto à Tananarive. Mais le chemin à parcourir
est encore plus extraordinaire que la contrée qu'il
traverse. Évidemment, il ne ressemble ni de

près, ni de loin, à aucune route connue, si mauvaise ou si abandonnée qu'on la suppose? Il suit tous les accidents de terrain, gravit le flanc abrupt des montagnes pour redescendre presque à pic de l'autre côté. Jamais une courbe, jamais un détour pour éviter une montée et une descente inutiles. On va toujours droit devant soi par la ligne de plus grande pente, fallût-il gravir en pure perte un sommet abrupt de 100 ou 200 mètres, et l'on se prend à avoir pitié de ces pauvres porteurs, quand du sommet d'une montagne que l'on va descendre, on aperçoit, par delà un ravin dont on ne peut encore soupçonner toute la profondeur, une autre montagne d'une égale hauteur au milieu de laquelle, comme sur un toit de maison, grimpe le sentier qu'ils auront bientôt à remonter.

Il va sans dire que ces chemins sont parsemés d'obstacles de toutes sortes, encombrés de rochers, de troncs d'arbres, d'éboulements, de débris de toute nature, coupés de ravins qui ont jusqu'à un mètre de profondeur, détrempés par la pluie et devenus tellement glissants que vous ne pourriez y marcher avec vos chaussures, d'un niveau tellement inégal que votre filanjana penche parfois de 30° ou 40°. D'autrefois, ils s'encaissent entre des parois verticales d'une terre argileuse, rougeâtre, partout la même. Vous êtes alors dans une tranchée large de 1 mètre à peu près, profonde de 8, 10, 12 mètres, et relativement assez longue. Si à ce moment, un autre filanjana vient à votre rencontre, il faudra que l'un de vous revienne en arrière.

On pensera que j'exagère. Il n'en est rien. Je tâche d'être exact et je suis sûr de rester au-dessous de la vérité. Un jour, une des premières descentes me parut si raide que je crus prudent de descendre de mon filanjana. Deux de mes porteurs me tenaient par la main : j'allais autant que possible en zig-zag, me servant de tous les accidents de terrain, et c'est cependant merveille si je pus arriver jusqu'au bas, sain et sauf. J'ai autrefois descendu à pic le Puy-de-Dôme, c'était moins difficile.

Il n'y a qu'une chose à faire dans ces cas, rester tranquillement en filanjana, s'appuyant fortement sur les brancards pour ne pas glisser. Vos porteurs ont le pied sûr : ils ne tomberont pas, et arrivât-il par hasard que l'un d'eux vînt à glisser, les trois autres vous soutiendront et, peut-être même, empêcheront-ils leur compagnon de toucher terre. Pour que vous tombiez, il faudrait que tous les quatre ou deux d'entre eux, glissassent en même temps. Cela arrive, je l'appris plus tard en Imerina à mes dépens, mais cela est très rare. Ce qui est plus commun, c'est que ces pauvres gens se fassent mal : ainsi deux des porteurs de mon compagnon se foulèrent l'un le pied, l'autre le poignet.

Il y a généralement au fond de ces innombrables ravins que l'on a à traverser, des ruisseaux, des torrents, parfois de larges et véritables rivières, et il faut les franchir.

4.

Or, sur tout ce long parcours, je n'ai vu, en montant à Tananarive, que deux rudiments de ponts qui n'existaient déjà plus l'année suivante : le premier, un assemblage de pierres et de terre, supporté par des poutres, et percé de trous comme une écumoire ; le second étant plus prétentieux, avait de vrais piliers en maçonnerie avec un tablier formé de dalles de deux mètres de long, mais dont quelques-unes manquaient, et beaucoup étaient brisées. A part ces deux cas, nous passerons en pirogue les grosses rivières ; quant aux autres, ou bien nos hommes s'engageront hardiment sur une longue poutre de bois jetée d'une rive à l'autre et large parfois de vingt centimètres ; ou bien, plus ordinairement, ils marcheront dans l'eau, s'y enfonçant avec délices jusqu'aux genoux à l'époque de la sécheresse, — c'était notre cas, — jusqu'aux épaules à l'époque des pluies ; s'y arrêtant le plus longtemps possible, marchant lentement, se relayant au milieu de l'eau, se lavant, se massant, se désaltérant avec une satisfaction si visible qu'elle vous rend heureux vous-même.

En tous cas, il n'y a jamais de danger, même lorsque les cours d'eau sont le plus grossis, et, plutôt que de vous laisser mouiller, vos borojana vous porteront à bras tendus, en sorte que l'on peut tout à son aise contempler ces cours d'eau si frais et si limpides, et, si l'envie vous en prend, s'y désaltérer aussi.

Il n'en est pas de même pour les marchandises, et c'est surtout dans ces passages qu'elles se

détériorent. Car sans compter la pluie qui, lorsqu'elle dure, finit par traverser même les envelop-
pes imperméables, parfois on les jettera dans des
pirogues pleines d'eau, ou bien encore, on les
laissera baigner tout à leur aise dans des centaines
de ruisseaux.

III

CHEMINS DE FER.

Il n'y en a pas encore à Madagascar, sauf un
petit Decauville, que M. Suberbie a fait faire pour
desservir son usine, et conduire les marchandises
des mines au port d'embarquement à Suberbieville. Les deux tronçons atteignent une longueur
de 10 kilomètres et les wagonnets en sont remor-
qués par une petite locomotive. Ce n'est évidemment qu'un commencement qu'il faudra continuer,
probablement en élargissant la voie. Mais tel qu'il
est, ce petit tronçon n'en est pas moins l'amorce
d'une première ligne à établir, et fait grand honneur à l'initiative de celui qui, sans subvention
et sans encouragements, a su l'entreprendre, au
milieu de toutes les difficultés et de la malveillance non déguisée du gouvernement hova. Il
avait fait plus. Des négociations avaient été engagées par lui avec le premier ministre pour continuer cette ligne jusqu'à Tananarive. Malheureusement elles n'ont pas abouti, et cet échec est

une nouvelle preuve de la volonté bien arrêtée
du tout-puissant Rainilaiarivony de tenir Madagascar complètement fermé à notre influence, et
d'arrêter toutes nos entreprises.

Malgré tout, ce chemin de fer s'impose, et il sera
le premier exécuté. La construction du reste en est
facile et peu coûteuse. Le devis en a été fait et
par les soins de la marine, et par l'ingénieur en
chef de M. Suberbie. Leurs chiffres concordent
assez exactement. Or, M. Guinard m'a affirmé qu'il
serait prêt à en prendre l'entreprise à raison de
50,000 francs par kilomètre, pour une voie de un
mètre.

Il y aurait approximativement 400 kilomètres.
Ce serait donc une dépense totale de 20 millions,
somme relativement minime pour un si grand
travail.

Une fois ce premier tronçon exécuté, et Tananarive ainsi reliée à la côte Ouest, il faudra la
rattacher à la capitale du Sud, Fianarantsoa, et
à la côte Est.

M. Guinard avait étudié avec soin un projet
intéressant qu'il ne peut être que très utile de
faire connaître.

Il proposait donc, en partant de Mahanoro, de
remonter le Mangoro, jusqu'à son confluent avec
l'Onive; de faire, à partir de ce point, un crochet
de 40 kilomètres vers le Sud, afin d'éviter la grande
faille de la première arrête faîtière, par laquelle
se précipitent les eaux de ces fleuves, et qui est
impraticable; de reprendre ensuite l'Onive à Tsin-

joarivo, et, laissant à droite le massif de l'Ankaratra, de franchir, à 1,400 mètres environ d'altitude,
la chaîne transversale, pour gagner les sources
de l'Ikopa, et le longer jusqu'à Tananarive. De
plus, un embranchement partant de Tsinjoarivo,
franchirait facilement deux chaînes transversales,
tomberait dans les bassins de la Mania et de la
Matsiatra et aboutirait à Fianarantsoa.

Ce tracé a le tort de laisser de côté Tamatave,
le meilleur port de la côte Est. Mais à part cela,
il présente de grands avantages. Il traverse de
riches vallées, il n'a que de faibles pentes à gravir,
et son prix de revient, si l'on s'en rapporte aux
appréciations de M. Guinard, serait relativement
peu élevé.

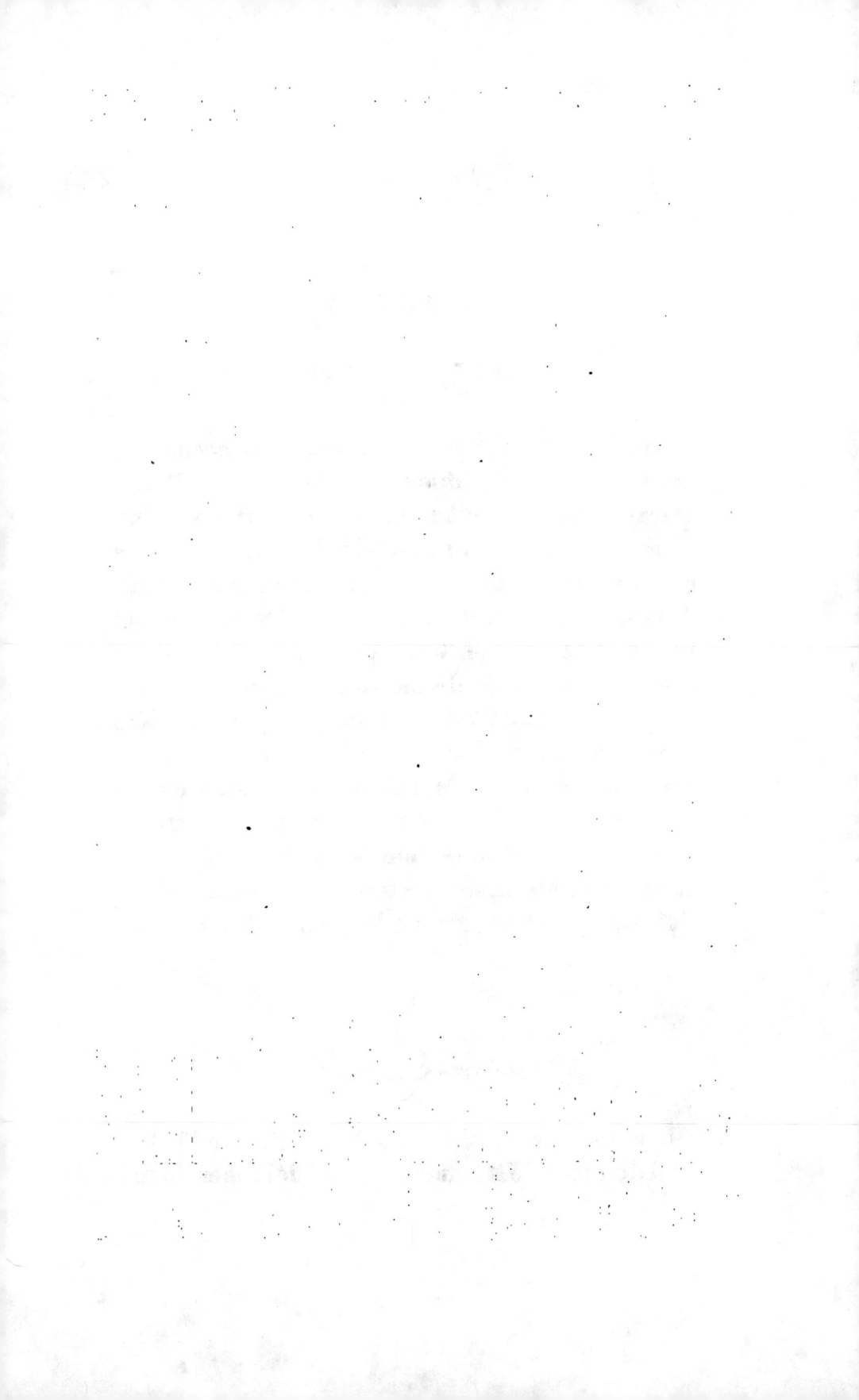

CHAPITRE V

DU CLIMAT DE MADAGASCAR

Le climat d'un pays aussi vaste, aussi accidenté, aussi différent d'altitude que l'est l'île de Madagascar, doit présenter bien des variétés. D'un autre côté, il n'y a guère d'idée plus complexe que celle de climat; et, tant d'éléments entrent dans sa composition que, pour être complet et pour ne pas nous en tenir à une de ces classifications reçues qui ne disent rien à force d'être générales, ou plutôt qui ne donnent que des idées fausses et des notions erronées par leurs catégories *à priori*, je devrai nécessairement entrer dans quelques détails. On me les pardonnera, si j'arrive ainsi à donner une idée exacte des conditions climatériques, courants marins, vents, pluie, température, etc. de la grande île africaine.

I

DES COURANTS MARINS.

Il y en a deux, bien tranchés. Celui de l'Est et celui du canal de Mozambique. J'ai déjà mentionné le premier en traitant de la côte orientale. On voudra bien se rappeler son influence sur la formation des rivages, des barres qui marquent l'embouchure des divers cours d'eau, et des lagunes qui s'étendent sur un si long espace de cette côte. Comme direction générale, il vient battre à peu près perpendiculairement contre le centre de l'île, vers Tamatave et les environs, pour se partager en deux branches se dirigeant l'une vers le Nord et le cap d'Ambre, l'autre vers le Sud et Fort-Dauphin; cette dernière devant se continuer le long de la côte Sud dans la direction du cap Sainte-Marie. Le contre-courant de l'Ouest, c'est-à-dire le courant tiède de la côte orientale d'Afrique, se dirige au Sud-Ouest, sous le nom de *courant de Mozambique*, entre Madagascar et le continent africain, rase le bord sous-marin du grand banc des Aiguilles, et s'épanche dans l'Océan antarctique, après avoir mêlé une partie de ses lames au remous de l'Atlantique méridional.

A l'endroit où il est le plus rétréci, c'est-à-dire vers le cap Saint-André, le courant de Mozambique est presque aussi rapide que le Gulf-Stream et se déplace avec une vitesse de 7 kilomètres à l'heure.

Ces deux courants se rejoignent donc aux extrémités mêmes du grand axe de l'île, au cap d'Ambre et au-delà du cap Sainte-Marie, et c'est là, évidemment, la cause du mouvement continuel de l'Océan dans ces deux parages.

II

DES VENTS.

On dit ordinairement que les vents soufflent à Madagascar d'une manière très régulière. La mousson du Nord-Est règne de novembre en avril pendant six mois de l'année ; pendant les six autres mois d'avril à novembre, c'est la mousson du Sud-Ouest.

Cette régularité théorique n'est pas absolue, et la direction des vents obéissant aussi à la configuration des côtes, à celle du pays, à l'influence des courants marins, varie avec les divers points observés, surtout entre l'Est et l'Ouest de l'île.

A l'Est « le grand courant aérien qui souffle toujours du Sud-Est au Nord-Est, remarque M. Grandidier dans son mémoire du 30 avril 1894 sur le sol et le climat de l'île, se divise en trois branches devant la barrière que lui présente Madagascar : l'une longe la côte Nord-Est, l'autre suit la côte Sud-Est, toutes deux ayant la même direction que les deux branches formées par le courant marin équatorial, et la troisième gravit la chaîne côtière. »

Cette thèse est-elle complètement exacte ?

J'ai sous les yeux les tables météorologiques publiées par le Directeur de l'Observatoire de Tananarive, pour quelques-unes des villes de la côte, pendant les deux années 1891 et 1892, et leur observation attentive nous amène aux conclusions suivantes :

1° Les directions ordinaires du vent à Tamatave sont en effet de l'Est et du Sud ;

2° A mesure qu'on s'éloigne de ce point central vers Fort-Dauphin, les vents soufflent davantage de l'Est et du Nord-Est ;

3° A mesure au contraire qu'on remonte vers le Nord, ils viennent de l'Est et du Sud-Est. Ainsi par exemple, à Diego-Suarez, le vent a soufflé de l'Est, ou de l'Océan :

616 fois en 1891, 610 en 1892 ;

Et du Sud-Est :

579 fois en 1891, 593 en 1892 ;

Contre à peine une centaine d'observations des autres directions.

On pourrait donc dire en règle générale que la direction des vents se rapproche de celle du grand courant équatorial, résultat du reste facile à prévoir.

Les observations sont plus incomplètes pour la côte occidentale, et ne portent que sur deux endroits : Nosy-Ve au Sud-Ouest et Majunga au Nord-Ouest. Cependant, il semble que les vents soufflent un peu moins souvent de la terre que de l'Océan à Nosy-Ve.

Ainsi, l'on a pour les diverses directions Ouest et Sud-Ouest ou de l'Océan :

326 fois en 1891 et 233 en 1892.

Et pour les directions Est, et plus particulièrement Nord-Est, c'est-à-dire de la terre :

272 fois en 1891 et 174 en 1892.

A Majunga, ce serait l'inverse :

211 fois en 1891 et 233 en 1892 du Nord et de l'Ouest, c'est-à-dire de l'Océan ;

Et de la terre, ou de l'Est et du Sud :

279 fois en 1891 et 306 en 1892.

Ainsi les vents soufflent plutôt du Sud vers l'extrémité méridionale, et du Nord vers l'extrémité septentrionale, résultat contraire à celui de la côte opposée, mais correspondant à la direction du contre-courant marin du canal de Mozambique.

A l'intérieur enfin, si nous nous en tenons aux trois postes de Fianarantsoa, d'Arivonimamo et de Tananarive, ce sont surtout les vents des diverses directions Est : Est et parfois Nord-Est à Fianarantsoa ; Est et surtout Sud-Est à Arivonimamo ; à peu près également Est et Est-Sud-Est à Tananarive.

Ainsi à Tananarive, sur 120,000 observations, on a :

Du S.-S.-E.	3.484	fois en 1891	4.367	en 1892
Du S. E.	11,265	—	11,723	—
De l'E.-S.-E.	30,024	—	28,829	—
De l'Est	37,443	—	29,034	—
De l'E.-N.-E.	8,413	—	15,453	—

Des div. directions Est 90,629 en 1891 et 89,406 en 1892.

Des autres directions, au contraire, on a seulement :

Du Nord,	1090	en 1891 et	2577	en 1892
De l'Ouest,	6924	—	4647	—
Du Sud,	1638	—	661	—

III

FORCE DES VENTS ET CALMES.

La force moyenne des vents de 0, calme à 6, tempête, a été :

à Fort-Dauphin, de 1.9 en 1891 et de 1.5 en 1892
à Tamatave,   — 1.1   —   1.
à Vohemar,   — 2.   —   2.65   —
à Diego-Suarez, — 2.6   —   2.45   —
à Nosy-Ve,   — 1.7   —   1.9   —
à Majunga,   — 3 approximativement 3 approxt.
à Fianarantsoa, — 1.6   —   1.35   —
à Arivonimamo,   — 2.2   —   2.1   —

C'est donc à Diego-Suarez et à Majunga que les vents soufflent d'ordinaire avec le plus de force.

Les moyennes mensuelles les plus élevées à Diego-Suarez ont été 3,4 et 3,3 en juillet et septembre 1891 et 3,3; 3,4 en juin et juillet 1892.

Elles ont été encore plus élevées à Majunga où elles ont atteint jusqu'à 3,9 en juillet pour l'année 1891. On peut s'imaginer quelles tempêtes longues et fréquentes une telle moyenne laisse supposer.

Au contraire les tempêtes doivent être beaucoup plus rares à Fianarantsoa, Nosy-Ve et Tamatave.

A Tananarive, où les observations sont rigoureuses et très nombreuses, la force moyenne du vent a été de 1,1 en 1891, et de 1,4 en 1892; sa force maximum de 3 ou 46 kilomètres à l'heure, en 1891, et de 4,2 le 1er mars 1892, c'est-à-dire

63 kilomètres à l'heure. La vitesse minima 0,0 le
15 octobre 1891 et 0,6 ou 2 kilomètres 5, neuf
autres jours de l'année.

Enfin sa vitesse totale en kilomètres, du 1ᵉʳ janvier au 31 décembre 1891, a été de 147.813 kilomètres ou 422 kilomètres par jour ou 17,5 par heure,
et en 1892 de 163.525 kilomètres 500, c'est-à-dire
de 442, 25 par jour et 18 kilomètres 40 par heure.

Les temps de calme se répartissent aussi d'une
façon fort inégale.

Les tables nous donnent les résultats suivants :

	En 1891.		En 1892.	
	Calmes.	Observations.	Calmes.	Observations.
à Fort-Dauphin,	129	sur 749	47	sur 718
à Tamatave,	168	— 1085	201	— 1098
à Vohemar,	5	— 725	4	— 773
à Diego-Suarez,	1	— 730	0	— 832
à Nosy-Ve,	20	— 730	31	— 732
à Majunga,	0	—	0 pour les 9 1ᵉʳˢ mois.	
à Fianarantsoa,	40	— 1034	76	— 974
à Tananarive,	9303	120.000	5169	120.000

D'où cette règle que les calmes beaucoup plus
nombreux vers le Sud, vont en diminuant à mesure qu'on se dirige vers le Nord. Ils cessent
même complètement d'exister à Majunga et Diego-
Suarez. Tamatave fait cependant exception à cette
règle, pour les calmes comme pour tout le reste,
car c'est là qu'ils sont le plus nombreux.

Je n'ai rien dit des Comores, de Sainte-Marie,
ni de Nosy-Be, parce que nous n'avons pas d'observations suivies. Sainte-Marie doit beaucoup

ressembler à Vohemar. Quant à Nosy-Be, si l'on s'en rapporte aux quelques observations communiquées pour les huit derniers mois de 1891, il n'y a pas de calme comme à Diego-Suarez, ou Majunga ; la vitesse des vents est généralement faible, n'atteignant 1,5 qu'en décembre et 1 qu'en août et septembre, pour rester le reste du temps entre 0,5 et 0,2 ; leur direction enfin y est tantôt Ouest, tantôt Est, à peu près également, jamais Nord et une fois seulement Sud.

IV

CYCLONES.

A l'étude des vents se rattache tout naturellement celle des raz de marée et des cyclones.

Les premiers sont fréquents et produisent des ravages assez considérables, sur la côte Est, par exemple à Tamatave, où ils dévastent les plantations du rivage, endommagent les habitations et provoquent des sinistres en mer.

Mais ce sont surtout les cyclones qui sont terribles.

Quoique moins exposée à cet épouvantable phénomène que les Mascareignes, Madagascar n'en est cependant pas exempt comme on se plaisait à le répéter, oubliant trop facilement les leçons du passé. Les deux cyclones de janvier 1893 et du 6 février 1894, ravageant, le premier, tout le centre de l'île, et le second détruisant presque complètement la ville d'Antsirana, jetant *l'Eure* à la côte, et bouleversant la colonie de Diego-Suarez, ne l'ont que trop prouvé.

Je ne dirai rien du premier qui renversa cependant un grand nombre de maisons et d'édifices, jusqu'à Tananarive, dans l'Imerina et dans l'Ankaratra. Mais je vais transcrire sur le second quelques notes extraites d'une lettre que M. l'abbé Foliguet écrivait du lieu de la catastrophe et qui nous feront assister à cette épouvantable scène. « Rien ne faisait supposer l'approche d'une pareille catastrophe, dit-il. La journée du dimanche avait inspiré ailleurs quelques inquiétudes; mais ici, il était tellement admis que nous étions en dehors de la zone visitée par les cyclones, que personne n'y porta la moindre attention.

Le coucher du soleil avait, lui aussi, offert des particularités restées inaperçues. L'horizon était chargé de gros nuages noirs et, à travers une profonde échancrure, on pouvait voir comme les reflets d'un immense incendie.

A minuit, le vent souffle déjà avec violence, accompagné de petits grains intermittents; à deux heures, les feuilles de tôle commençaient à s'ébranler sur les toits; mais loin de songer à un cyclone tout le monde se croyait aux prises avec une de ces bourrasques si fréquentes à Diego-Suarez, un peu plus forte qu'à l'ordinaire.

A quatre heures du matin, le lundi 5 février, toute illusion était devenue impossible, il fallait se rendre à l'effrayante réalité : le cyclone était déclaré. Ma maison oscillait comme agitée par un violent tremblement de terre ; sur le toit, les tôles vibraient avec un bruit effrayant ; bientôt les deux varangues sont découvertes, et, au travers de la charpente éventrée, pendent des débris, qui, sous l'effort de la tempête, font bélier, et viennent battre avec fracas mes pauvres murs ; de grosses poutres, projetées contre les portes, se brisent avec un bruit de tonnerre ; la pluie augmente, et déjà l'eau pénètre de tous côtés.

C'est alors que, malgré le déchaînement de la tempête, je crois entendre la voix du canon. Une fois encore, deux fois, le même bruit se répète ; je pense aux navires mouillés sur rade, *le Hugon*, *l'Eure, la Corrèze*, le paquebot des Messageries Maritimes. Sans doute, c'est le signal d'alarme donné par l'un de ces navires, entraîné vers la côte par la violence des courants.

Le baromètre descend, descend toujours avec une rapidité effrayante. Cinq minutes suffisent pour faire incliner l'aiguille de deux et trois degrés. La tempête marche donc directement sur nous. Les rafales, de plus en plus fréquentes, augmentent d'intensité et je m'attends d'un moment à l'autre à me trouver sous des ruines. Je songe alors à aller chercher un refuge dans la case du domestique ; plus basse, plus légère, elle semble offrir plus de sécurité.

Mais comment parcourir la faible distance qui m'en sépare? La violence du vent suffirait à me

jeter contre terre, et de tous côtés pleuvent toutes sortes de débris arrachés aux maisons voisines.
Tandis que j'étais là, indécis sur le meilleur parti
à prendre, j'entends un fracas horrible, immédiatement suivi d'une secousse qui ébranle toute
la maison. Hélas! c'est la pauvre église, qui, entraînée par le poids du clocher, vient de s'effon-
drer tout d'une pièce, écrasant, broyant tout sous
le poids de sa lourde toiture de zinc. Je me demande avec anxiété si ce ne sera pas bientôt mon
tour; car le baromètre baisse toujours et annonce
que le cyclone s'avance de plus en plus.

Enfin, à six heures, le calme se fait, le vent cesse
presque complètement. C'est la courte accalmie
qui se produit d'ordinaire au milieu des cyclones.
J'en profite pour courir vers l'église, et retirer
du milieu des ruines le saint sacrement, les vases
sacrés et les rares objets échappés à la destruction.

Quel spectacle navrant! L'église n'est plus qu'un
monceau de ruines informes, il ne reste plus rien que
les planches déchiquetées et les poutres à moitié
brisées qui jonchent le sol. L'horloge intacte marque
cinq heures moins cinq, donnant la minute exacte
de la catastrophe. L'autel a été emporté, à soixante
mètres plus loin, dans la rue qui passe devant
l'hôpital; le tabernacle est à terre, défoncé par
deux grosses poutres et le ciboire est ouvert. La
statue de la sainte Vierge est intacte...

Mais voici que le vent a tourné et déjà le cyclone commence à souffler de nouveau avec rage.

Je me renferme dans l'intérieur de la maison, et il faut encore passer par les angoisses de la première heure. Seulement, le baromètre, qui accentue de plus en plus un mouvement de hausse, me rassure et, à huit heures et demie, il est remonté à 755 millimètres. La tourmente est finie.

Pendant la seconde partie du cyclone, la pluie tombait serrée et torrentielle; elle pénètre par dessous les tôles soulevées par le vent, et il pleut à l'intérieur de la maison presque autant que dehors... »

V

DES PLUIES.

Madagascar étant dans la zone intertropicale, il semble qu'il devrait y avoir les deux saisons classiques, de la pluie, de novembre en avril, et de la sécheresse d'avril à novembre, suivant que la mousson souffle du N.-E. ou du S.-E. Il en est généralement ainsi. Mais il y a des exceptions bien tranchées qui tiennent à la nature des vents et à la conformation des terrains.

On peut, sous le rapport de la distribution des pluies, partager Madagascar en trois zones, d'étendue tout à fait inégale :

1° Le Sud-Ouest, entre Fort-Dauphin et le Mangoky, où il pleut très rarement.

2° Le versant oriental de la chaîne côtière, où il pleut presque chaque jour.

3° Le reste de l'île, où les deux saisons sont très tranchées.

1° Au Sud-Ouest, la quantité de pluie recueillie pendant l'année est très faible : 418 ᵐ/ₘ 5 en 1891 et 277 ᵐ/ₘ 7 en 1892 à Nosy-Ve. Pendant cette dernière année, il n'y a eu que 30 jours de pluie. Il pleut beaucoup moins encore chez les Mahafaly et les Antondroy, quelquefois pas du tout pendant une année entière, au témoignage de M. Grandidier. En sorte que ces pauvres gens passent parfois des années « sans récolter même du maïs ou du sorgho qui forment la base de leur nourriture et qu'ils plantent régulièrement à chaque année à l'époque à laquelle ils ont l'espoir trop souvent déçu de voir tomber de l'eau » (1).

Les vents, en effet, qui soufflent dans ces régions, viennent le plus ordinairement du S.-O. par conséquent d'une région plus froide : ils n'ont donc pas de trop plein de vapeur d'eau à déposer ; ou du N.-E. c'est-à-dire de la terre, où ils ont été desséchés.

2° Sur le versant oriental, les vents au contraire, arrivant chargés de vapeur d'eau de l'Océan Indien et, quand il s'agit du Sud, des régions plus chaudes du N.-E., viennent se briser contre les gradins successifs de la première chaîne côtière, et là, en se refroidissant, ils déposent leur trop plein d'eau : d'où une quantité énorme de pluie sur les divers points de la côte.

(1) *Mémoire*, p. 7.

Telle est du moins la théorie de M. Grandidier, et elle est justifiée par l'expérience.

Ainsi la quantité de pluie tombée a été :

De 1,631 ᵐ/ₘ à Fort-Dauphin en 1891 et de 920 ᵐ/ₘ 2 en 1892.

De 3,274 ᵐ/ₘ 9 à Tamatave en 1891 et de 3,583 ᵐ/ₘ 9 en 1892.

De 1,589 ᵐ/ₘ 53 à Vohemar en 1891 et de 1,760 ᵐ/ₘ en 1892.

De 952 ᵐ/ₘ à Diego-Suarez en 1891 et de 693 ᵐ/ₘ 1 en 1892.

De plus, à Vohemar, il y a eu en 1892, 164 jours de pluie, presque la moitié de l'année.

164 également à Tamatave.

92 seulement à Fort-Dauphin, et 60 à Diego-Suarez.

C'est donc vers le centre de la côte orientale qu'il pleut le plus. Mais il n'y a guère de pays au monde, où il tombe autant d'eau qu'à Tamatave et dans les environs, il y en a peu aussi où il pleuve plus souvent.

3° Partout ailleurs dans l'île, au Nord, à l'Ouest, et sur les hauts plateaux de l'intérieur, il y a les deux saisons bien tranchées, des pluies et de la sécheresse.

La saison des pluies, ou saison chaude, dure de novembre à mars ou avril. Mais alors ce sont de véritables trombes, ordinairement sous forme d'orages, qui se dissipent rapidement pour se reformer quelques heures après. Dans l'intérieur de l'île, le tonnerre retentit épouvanta-

ble (1) répercuté dans les montagnes, la foudre
éclate en maints endroits, et l'eau, parfois mélangée de grêle, au commencement et vers la fin de
la saison, tombe par torrents, surtout en février.
Elle durera même parfois plusieurs jours sans dis-
continuer.

Alors, toutes les rivières débordent et se répandent dans les plaines environnantes qui deviennent
d'immenses lacs temporaires.

Pour Tananarive, la quantité moyenne d'eau
tombée en 1891, d'après quatre pluviomètres situés
à peu près aux quatre points cardinaux de la capitale, a été : de 1,140 $^m/_m$ en 1891, et de 995 $^m/_m$
en 1892; mais le pluviomètre Est, donnait, pour le
7 mars 1891, 90 $^m/_m$ 70 et 107 $^m/_m$ 80, le 2 février
1892.

Le nombre des jours pluvieux était de 90 en 1891
et de 91 en 1892, c'est-à-dire l'espace de trois mois.

A Fianarantsoa, on a eu approximativement
900 $^m/_m$ en 1891 et 1,160 $^m/_m$ 55 en 1892, avec 62
jours de pluie pour cette dernière année.

A Arivonimamo :

1,283 $^m/_m$ 35 en 1891, et 1,160 $^m/_m$ 55 en 1892,
avec 62 jours de pluie.

A Majunga :

2063 $^m/_m$ 60 pour une seule année. C'est donc
l'endroit où il pleut le plus après Tamatave, et il
y est tombé, pendant le seul mois de février 1892, la
quantité énorme de 946 $^m/_m$ 9, de deux tiers plus que

(1) Il y a aussi de magnifiques éclairs sans tonnerre.

n'importe pendant quel mois, même à Tamatave.

Seulement, il n'y est pas tombé une goutte d'eau pendant les cinq mois de mai, juin, juillet, août et septembre.

C'est à peu près la même chose à Fianarant-soa, Arivonimamo, Tananarive. Il pleut moins à Fort-Dauphin, et à Diego-Suarez, où les jours de pluie sont répartis, quoique d'une façon inégale, pendant tous les mois de l'année.

Heureusement que pendant ces longs mois de sécheresse une rosée abondante vient rafraîchir le sol 146 fois en 1891 et 95 en 1892.

VI

NÉBULOSITÉ.

En dehors des temps de pluie, même pendant la saison chaude, le ciel de Madagascar est magni-fique, laissant bien loin derrière lui « le ciel bleu de la Provence », et l'horizon s'étend à perte de vue, azuré et splendidement éclairé par un soleil qui dore et embellit toutes choses, même des landes nues et désolées, ou des ruines abandonnées.

Rien n'est beau, rien n'est grand, comme cette lumière abondante, comme ces horizons sans li-mite, et volontiers l'on resterait ainsi, des heures entières, à regarder devant soi, dans une contem-plation muette, ces espaces qui tout naturellement vous-rappellent l'infini.

Les nuits sont peut-être encore plus belles que les jours. Pures et limpides, elles laissent voir un ciel parsemé de milliers d'étoiles, brillantes comme des flambeaux et au milieu desquelles se promène une lune radieuse qui répand les flots de sa douce lumière.

Ce n'est pas à dire cependant qu'il n'y ait jamais aucun nuage au ciel pendant l'époque de la sécheresse. Les tables de la nébulosité donneraient aussitôt un résultat contraire.

Sans vouloir entrer dans de longs détails, on peut dire que c'est sur la côte Ouest où cette nébulosité est le plus faible. Sa moyenne annuelle a été de 1,4 — on compte de 0 (beau) à 10 (couvert) — à Nosy-Ve, avec la moyenne mensuelle minima de 0,3 en novembre et la moyenne mensuelle maxima de 3,7 en janvier. Les chiffres, du reste très incomplets de Majunga, seraient 2,7 comme moyenne annuelle, 0,8 comme minimum mensuel en avril, et 7,6 comme maximum mensuel en décembre. C'est donc un ciel presque constamment découvert au S.-O.; très souvent voilé pendant la saison des pluies au N.-O.

Les moyennes de la côte orientale, où il pleut beaucoup plus, doivent être et sont en effet plus élevées. Elles sont de 3,5 en 1891 et 3,65 en 1892 à Fort-Dauphin, avec 1,1 comme chiffre le plus faible en mai 1891 et 7 comme chiffre le plus fort en mars 1892; de 3,4 en 1891 et 3,9 en 1892 à Tamatave avec 2,1 en août 1891 et 6,4 en mars 1891, comme chiffres extrêmes; de 2,8 en 1891 et

2,65 en 1892, à Vohemar. Seulement là, la nébulosité a été sensiblement la même pendant tous
les mois de 1891, et les écarts assez faibles pendant
1892. Le ciel de Vohemar est ainsi plus découvert
que ceux de Fort-Dauphin et de Tamatave.

Celui de Diego-Suarez au contraire leur ressemble sensiblement, et sa nébulosité moyenne a
été de 3,3 en 1891 et de 4 en 1892 avec des écarts
allant de 1,1, la moyenne mensuelle minima en
août 1891, à 6,75 moyenne mensuelle maxima en
janvier 1872, chiffre du reste exceptionnel et le
plus élevé que nous ayons jusqu'ici rencontré.

Il y a plus de variété sur les plateaux. Tandis
en effet que le ciel de Fianarantsoa, avec sa moyenne
de 1,9 en 1891 et 0,2 en juillet 1891 comme minimum et 3,1 en mars de la même année comme
maximum, est presque constamment découvert
ne le cédant guère sous ce rapport à Nosy-Ve, la
moyenne annuelle d'Arivonimamo (6,1 en 1891 et
5,0 en 1892) est la plus élevée que nous ayons
rencontrée jusqu'ici, de même que les points
extrêmes, 2,9 en juin et juillet pour les minima et
9,5 en avril 1891 pour les maxima.

Celle de Tananarive suit de près Arivonimamo
qu'elle a même dépassé en 1892.

Elle a été de 5,5 en 1891 et 5,8 en 1892, ses
chiffres les plus faibles ne descendant au-dessous de 4 que dans le seul mois de juin 1891
(3,7), mais se tenant toujours au-dessus pendant
1892 et s'élevant à 7,9 en janvier 1891; et à 8,1
en février et en décembre 1892.

Le minimum de clarté solaire 0^h,0^m a eu lieu les 13 et 14 mars et le 18 septembre 1891 et le 14 février 1892, le maximum au contraire, le 21 novembre 1891 à 12^{h}12^m et le 24 octobre 1892 à 11^{h}6^m.

Enfin l'héliographe brûleur a donné comme nombre d'heures de clarté solaire, 2,3 11^h,35^m ou 6^h,20^m par jour ; l'héliographe photographique. 2683^h,30^m ou 7^h,21^m par jour en 1891 ; et en 1892 le premier 2544^h,38 ou 6^h,58^m et le second 2705^h,45^m ou 7^h,20 par jour.

VII

HYGROMÉTRIE.

On a souvent divisé le climat de Madagascar en climat très chaud et sec : ce serait celui du Sud-Ouest ; en climat chaud et humide : celui de la côte orientale ; enfin en climat tempéré, sec et humide : ce serait celui des hauts plateaux. Il en est de cette classification comme de toutes les autres. Elle a du vrai, mais il faut bien se garder d'en exagérer la signification.

Sur la côte orientale, dans sa partie méridionale, à partir de Tamatave ou même de la baie d'Antongil, le climat est très humide, et les données hygrométriques très élevées. Le maxima en est peut-être à Tamatave 83,8 en 1891, 84 en 1892 avec 77 comme maximum en février 1891 et 99

comme maximum en février 1892, mais sans qu'il
y ait une différence bien tranchée entre cette ville
et, par exemple, Fort-Dauphin où les moyennes
ont été de 78,6 en 1891, et de 84 en 1892.

En se dirigeant vers le Nord, au contraire, vers
Vohemar et Diego-Suarez, l'air devient relativement beaucoup plus sec. A Diego-Suarez, par exemple, on n'a plus que 67,5 en 1891 et 70,5 en 1892.

Il va sans dire que les maxima hygrométriques
correspondent aux grandes pluies de la saison
d'hivernage, mais avec des irrégularités plus ou
moins grandes, surtout dans la partie Sud, Tamatave et Fort-Dauphin.

Si maintenant, nous passons à la côte Ouest,
les observations nous donnent :

1° Pour Nosy-Ve, la moyenne de 72,4 en 1891,
et 72,5 en 1892, les moyennes mensuelles oscil-
lant entre 69 en mars, et 76 en juin et juillet 1891 :
résultat doublement surprenant, car, premièrement, l'air est beaucoup moins sec à Nosy-Ve où il
ne pleut que fort peu, qu'à Vohemar ou Diego-
Suarez où il tombe incomparablement plus d'eau;
et, secondement, nous avons la plus grande humidité de l'air, précisément pour les mois de sécheresse, et la plus faible pour le dernier mois d'hivernage. Cette espèce d'anomalie ne se maintient
pas en 1892.

2° Pour Majunga, en réunissant les observations incomplètes de 1891 et 1892, on arrive à la
moyenne de 66,25 avec les chiffres de 58 et 59 en
juillet et août, et de 83 en février.

Ici donc, l'état hygrométrique de l'air suit exactement la distribution des saisons.

La même remarque s'applique, d'après le Dr Lacaze, à Mevatanana, mais les chiffres précis font défaut.

Enfin sur les hauts plateaux, tandis que la moyenne hygrométrique de Fianarantsoa est très élevée : 79,8 en 1891; et en 1892, 80,4 à 9 h., 73,1 à 16 h., avec les minima de 77 en novembre 1891, et le maxima de 86 en juillet de la même année : celle d'Arivonimamo, au contraire, est la plus faible de tout Madagascar. Elle a été de 66,3 en 1891 et de 69,7 en 1892, avec le minimum de 56 en septembre, et le maximum de 83 en décembre 1892.

L'humidité relative moyenne de Tananarive, enfin, a été de : 72,0, en 1891; et de 70,4, en 1892.

Le maximum absolu, c'est-à-dire 100, a été atteint les 11 mars, 7 et 3 mai; 16, 2ᵉ et 3 juillet; 1, 12, 16, 23 et 24 août et 8 octobre, précisément pendant la saison sèche; et le minimum (28) le 17 novembre 1891.

En 1892 le maximum absolu a été atteint les 1, 23 et 25 mai; 5, 12, et 18 juin et le 24 juillet; et le minimum (14) le 23 août à 16 h.

Comme on le voit, sauf à l'Ouest, où l'humidité relative s'accorde avec les saisons, augmentant pendant la saison pluvieuse, et diminuant avec les sécheresses, il est difficile d'établir aucune règle pour les autres endroits. Mais en tout cas, cet état hygrométrique de l'air parfois assez élevé, même en Imerina, n'incommode pas d'habitude, et l'on ne s'en aperçoit même pas, sauf les jours où l'humidité devient excessive.

VIII

TEMPÉRATURE.

Pour étudier la température, surtout au point de vue du travail et de son influence sur les Européens, nous diviserons Madagascar en deux zones, les terres basses et les terres hautes, par une ligne de démarcation imaginaire, que l'on pourrait fixer à 500 mètres d'altitude. Au-dessous de cette ligne, les Blancs ne peuvent guère supporter le travail en plein soleil; ils le peuvent au-dessus. A un autre point de vue, il fait moins chaud sur la côte orientale, où les brises de l'Océan, ou, si l'on préfère, les vents de l'Est, viennent régulièrement rafraîchir la température ; plus chaud sur la côte occidentale où ces brises n'existent pas, et où le courant tiède du canal de Mozambique doit être au contraire une autre cause d'élévation de température.

Enfin, toutes choses égales d'ailleurs, il fera évidemment moins chaud à Fort-Dauphin qu'à Diego-Suarez, uniquement à cause de la latitude, Fort-Dauphin étant en dehors de la zone torride à 25° 1′ 36″, et Diego-Suarez au contraire, étant en plein dans cette zone à 12° 13′ 35″. La même remarque s'appliquera plus ou moins aux autres endroits qui s'échelonnent entre ces deux points extrêmes.

Ces remarques générales posées, nous avons, pour descendre dans quelques détails rapides :

1° A Fort-Dauphin : moyenne annuelle, 23°,7 en 1891 et 23°,66 en 1892; maxima, 27°,1 en 1891 et 28°,85 en 1892; minima, 18°,2 en 1891, et 18°,84 en 1892.

2° A Tamatave : 24°,0 en 1891 et en 1892 comme moyenne; 28°,6 en 1891 et 28°,1 en 1892, comme maxima; et 19°,6 en 1891, 20°,2 en 1892 comme minima.

Les limites absolues ont été pour cette dernière année de 33°,6 le 19 mars comme maximum; et de 15° le 27 juillet, comme minimum.

Il n'y a donc pas de chaleurs excessives, mais elles sont continuelles, le thermomètre ne descendant jamais au-dessous de 15°.

3° Nous montons encore à Vohemar où nous avons 26°,0 comme moyenne, avec les maxima de 28°,6 en 1891 et 31°,6 pour février; de 29°,21 en 1892, et 31°,30 pour février : et les minima de 21°,1 en 1891 et 18°,8 en août; 23°,01 en 1892 et 20°,6 en septembre.

4° Enfin à Diego-Suarez, la moyenne est de 27°, 4; le maximum de 30°,9 en 1891 avec 33°,6 pour février, de 30°,50 en 1891 avec 34° pour décembre.

Ainsi la température monte régulièrement sur la

côte, depuis Fort-Dauphin jusqu'à Diego-Suarez.

La côte occidentale est, nous l'avons déjà dit, à latitude égale, beaucoup plus chaude que la côte orientale.

Ainsi à Nosy-Ve, on a comme moyenne annuelle 26°,3 en 1891, et 26°,96 en 1892.

Comme maximum : 30°,4 en 1891 avec 32°,6 en janvier, 32°,8 en février et mars; et 30°,75 en 1892 avec 33°,5 en janvier et 33°,7 en février.

Les moyennes de Majunga sont encore plus élevées. La moyenne annuelle, en réunissant les observations incomplètes de 1891 et 1892 serait en effet de 29°,07 (de 1°,67 supérieure à celle de Diego-Suarez); le maximum, 31°,36, avec une moyenne mensuelle de 33°,1 en novembre.

Et le minimum de 23°,9, avec la moyenne de 21°,8, la plus faible de toutes en août.

Quant à Mevatanama, ou à Suberbieville, à 180 kilomètres dans l'intérieur le long de l'Ikopa, sans avoir d'observations suivies, le docteur La-caze donne les résultats suivants :

Saison des pluies	maximum (moyenne).........	38°
	moyenne à 13 h...............	34°
	moyenne à 3 h	24°
	minimum (moyenne)..........	22°
Saison sèche	maximum (moyenne)..........	34°
	moyenne à 13 h...............	30°
	moyenne à 3 h .... 18° à	20°
	minimum (moyenne)..........	16°

On comprendra aisément, à la lecture de ces

chiffres, que les blancs ne puissent supporter le travail au soleil par de telles températures.

Mais la chaleur devient beaucoup plus faible et facilement supportable sur les hauts plateaux.

Ainsi, 1° à Fianarantsoa nous avons pour 1892 (1) 19° de moyenne, avec un maximum de 22°,32 qui monte à 27°,2 au mois de janvier ; et un minimum de 15°,98 qui descend à 12°,3 au mois de juin.

2° A Arivonimamo, les chiffres sont sensiblement les mêmes, avec plus d'écart entre les minima et les maxima.

3° Enfin à Tananarive, à l'observatoire (1402ᵐ d'altitude), la moyenne générale pour 17 années, a été de 18°,0, moyenne à peu près constante pour chaque année.

Le maximum absolu a été de 29°,2 le 26 octobre 1891, et le minimum, de 5°,7 le 11 août 1871.

Et pour 1892 : le maximum a été de 28°,2 le 30 novembre et le minimum, de 6°,5 le 7 septembre.

Pour cette même année 1892, la moyenne des maxima a été de 23°,5 et la moyenne des minima, de 12°,7.

Ambositra, point plus élevé, à peu près à moitié chemin entre Tananarive et Fianarantsoa, exactement par 20° 31′ 25″ lat. Sud et 2ʰ 59ᵐ 25ˢ Est, est encore moins chaud, et réputé le meilleur climat de Madagascar. Il serait bon d'avoir sur lui des données exactes, car ce sera bientôt un des centres

(1) Les observations sont incomplètes en 1891.

miniers les plus importants de toute l'île. Malheureusement les observations suivies nous font défaut.
M. Guinard, qui a habité assez longtemps ces régions, donne les variations suivantes, comme règle générale pour les environs;

de + 4° à + 20° en hiver;
de + 10° à + 28° en été.

Et à Ambatofanghana, par plein Ouest et à 60 kilomètres d'Ambositra, à une altitude de 1700 mètres,
centre de très riches minerais de cuivre qu'il avait
commencé à exploiter, il donne, pour toute l'année,
les variations extrêmes de + 2° à + 26°.

« Le climat y est relativement très froid, ajoute-
t-il... On y a fréquemment de la gelée blanche, et
les petites flaques d'eau sont constamment prises
de glace sur leurs bords pendant les mois frais, de
mai à septembre. »

Il est évident par conséquent que l'Européen
peut facilement se livrer au travail extérieur sur
ces hauts plateaux, avec plus ou moins de précautions, suivant l'altitude, la saison et l'heure du
jour.

Car il ne faut pas l'oublier, même sur les hauts
plateaux, pendant la saison des pluies, le soleil est
très chaud, ses rayons vous tombant, pendant deux
ou trois mois, perpendiculairement sur la tête.

On en jugera par les chiffres suivants de l'Observatoire :

La température moyenne de l'actinomètre à
boule blanche, pour l'année 1891, a été de 24°3,
(maximum 42°,2, minimum 7°,6); et la moyenne

de l'actinomètre à boule noire de 34°,2 (maximum 63°,2, minimum 9°) (1).

Malheur donc à l'Européen qui s'exposerait sans être suffisamment couvert, à ces températures de plus de 60° et 63°. Il pourrait lui en coûter la vie, tellement les congestions solaires deviennent faciles. Du reste, il est alors presque impossible de travailler dehors, depuis 10ʰ du matin jusqu'à 3ʰ du soir, tellement sont ardents les rayons du soleil, réfléchis par un sol brûlé, et je me souviens de telle promenade faite vers 1ʰ ou 2ʰ où, malgré un épais parasol, j'étais littéralement épuisé.

IX

PRESSIONS BAROMÉTRIQUES.

Ce qui frappe à première vue, dans les observations du baromètre, c'est une grande uniformité. Sauf quelques rares dépressions atmosphériques, en dehors de toute règle, ses oscillations ne varient ordinairement que de quelques millimètres ; aussi bien sur les côtes qu'à l'intérieur. Cela est si vrai, que les appareils enregistreurs de l'Observatoire décrivent parfois pendant de longues semaines, par exemple en septembre 1892, presque une ligne droite ; la colonne des chiffres qui se répètent dans les observations des appareils à lec-

---

(1) L'écart des deux maxima montre clairement combien le vêtement blanc est préférable au vêtement foncé dans ces pays tropicaux.

ture, ne sont que la répétition du même nombre.

Une autre remarque, que l'on devait du reste prévoir, c'est que le baromètre suit assez régulièrement la distribution des saisons, plus élevé pendant les mois de sécheresse, plus bas pendant l'époque des pluies.

Le relevé des diverses stations secondaires sera donc moins important que pour les autres phénomènes déjà étudiés. C'est pourquoi je ne m'y arrêterai que très peu.

1° A Fort-Dauphin, en 1891, les limites extrêmes sont $760^m/_m81$ en janvier, et $769^m/_m99$ en juillet 1891, $759^m/_m$ en janvier et $767^m/_m30$ en juillet 1892.

2° A Tamatave, $760^m/_m$ en février, et $768^m/_m28$ en août 1891; et, en 1892, $756^m/_m30$ en février, et $767^m/_m24$ en juillet, avec des écarts plus marqués entre les diverses moyennes mensuelles et moins de régularité qu'ailleurs.

3° A Vohemar, $762^m/_m22$ en janvier et $769^m/_m89$ en août 1891; et, en 1892, $760^m/_m$ en février et $769^m/_m$ en juillet.

Les moyennes sont donc plus élevées que celles de Tamatave.

4° Elles sont encore plus élevées à Diego-Suarez, où nous avons $761^m/_m54$ en février, $770^m/_m77$ en juillet, août et septembre 1891; $755^m/_m36$ en février et $756^m/_m4$ en janvier 1892.

5° C'est cependant Nosy-Ve, dont le climat est beaucoup plus sec, qui nous donne les plus fortes moyennes ; c'est-à-dire, pour l'année 1891, 765^m/$_m$27 en janvier et 774^m/$_m$02 en août ; et pour l'année 1892, 767^m/$_m$ en janvier, 775^n/$_m$ en juillet.

6° Les observations manquent pour Majunga.

7° A Fianarantsoa, nous aurons évidemment des moyennes beaucoup plus faibles, à cause de la différence si considérable d'altitude ; et aussi, ce qui est plus remarquable, des amplitudes de variation moindres, mais toujours la même régularité.

L'année 1891 nous donne en effet 660^m/$_m$20 en mars (janvier et février manquent) et 666^m/$_m$13 en août.

8° Les moyennes d'Arivonimamo oscillent pour 1891, entre 647^m/$_m$99 en janvier et 651^m/$_m$16 en août.

Et pour 1892 : entre 645^m/$_m$64 en février, 650^m/$_m$80 en juillet.

9° Enfin à Tananarive, la pression barométrique moyenne a été de 650^m/$_m$54 en 1891, de 650^m/$_m$02 en 1892 ; le maximum de 656^m/$_m$21 le 9 juillet 1891 ; de 653^m/$_m$35 le 20 juillet 1892 à 9^h ; et le minimum de 664^m/$_m$34 le 6 février 1891 et de 637^m/$_m$78 le 29 février 1892.

Enfin, en considérant les moyennes de 17 années, on obtient comme moyenne barométrique totale : 650^m/$_m$41.

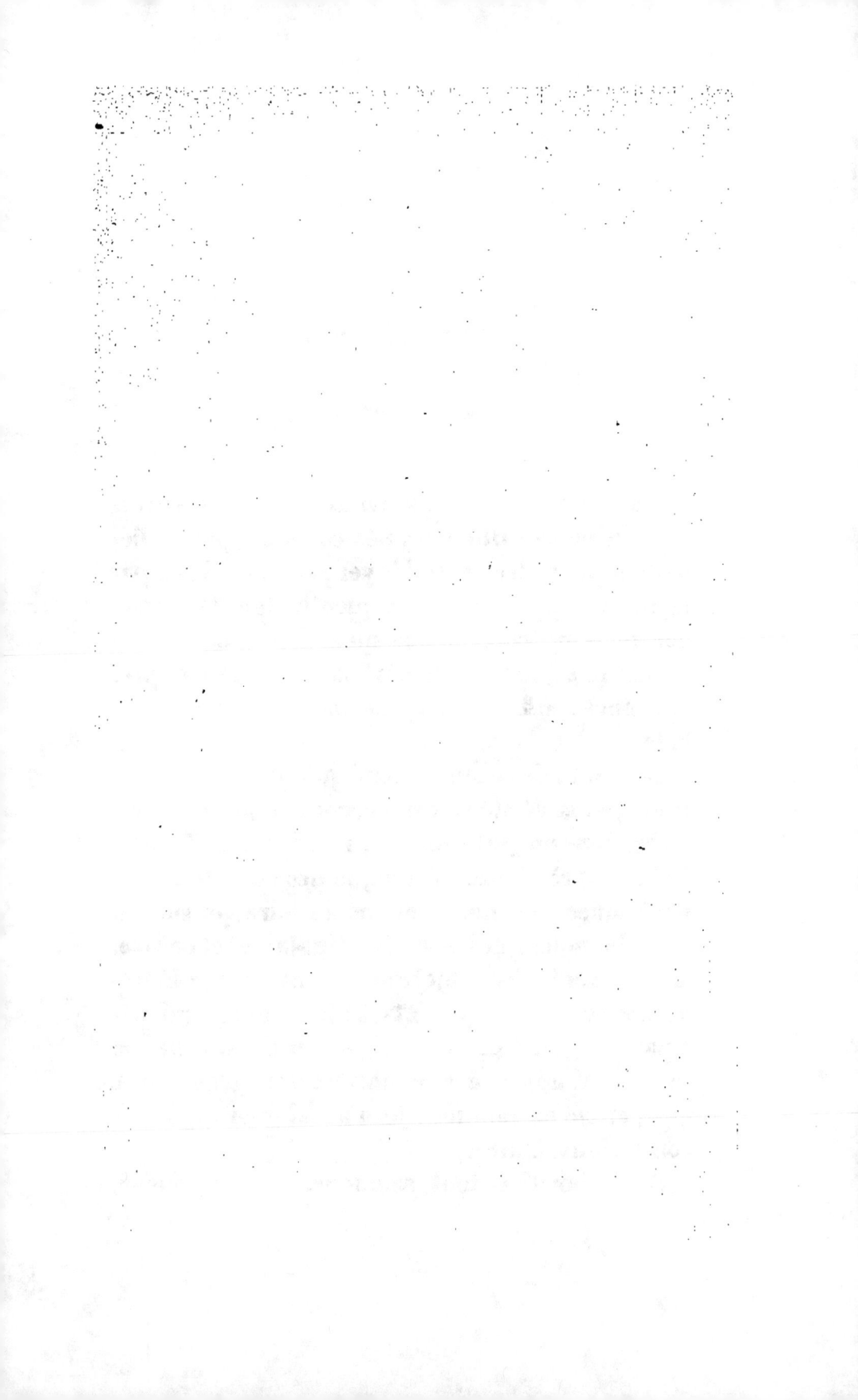

CHAPITRE VI

SALUBRITÉ

Madagascar a bien mauvaise réputation sous le rapport de la salubrité. Ses côtes en particulier passent pour être un vrai foyer pestilentiel ; et, par une de ces oppositions si fréquentes dans les choses que nous ne connaissons qu'à demi, on aime à vanter le séjour des hauts plateaux à peu près indemnes, affirme-t-on, de toute affection morbide.

Ce sont là des exagérations qu'il importe de détruire, et la vérité se trouve, comme presque toujours, dans un juste milieu, relativement facile à établir, après l'étude si longue des conditions climatériques que nous venons de faire, et surtout après les notes que les Drs Villette, Jaillet et Lacaze, ont consacrées à ce sujet dans l'*Annuaire de Madagascar pour* 1894 (p. 127-155). Je les suivrai pas à pas, et, guidé par ce que j'ai vu moi-même, ou ce que j'ai appris des nombreux immigrants avec qui j'ai été en relation, je n'aurai guère que des conclusions à tirer.

Et d'abord à tout seigneur, tout honneur.

6.

Puisque nous sommes à Madagascar, parlons d'abord de la *fièvre*, le fameux général « Tazo » de Radama I.

Il vit encore, le vieux grognard, et son empire s'étend même de plus en plus. Non content de la « Grande terre », il s'est même implanté, il y a quelques vingt ans, à Maurice et à Bourbon, et y a fait de nombreux ravages.

Or, comme à Bourbon, il n'y a pas de marais, mais uniquement un massif montagneux, il faut en finir du coup avec cette légende que la fièvre ne règne que sur le bord des lagunes de l'Océan Indien, ou dans les endroits marécageux. Elle existe partout, plus ou moins persistante, plus ou moins pénible, rarement dangereuse, mais réelle.

« Il est certain, en effet, dit le D' Jaillet, que les effluves paludiques se jouent des situations topographiques, et exercent leurs ravages aussi bien dans les plaines que dans les montagnes et les forêts, dans les endroits secs aussi bien que dans les lieux humides (1) »; davantage cependant sur les côtes que dans l'intérieur, le long des fleuves ou dans le voisinage des rivières, que sur les plateaux élevés. Mais on les retrouve partout même aux endroits les plus sains, à Tananarive, à Arivonimamo, à Fianarantsoa, à Ambositra, réputé cependant pour la salubrité de son climat.

C'est surtout pendant la saison des pluies que

_____

(1) *Annuaire de Madagascar pour* 1894, p. 132.

la fièvre sévit le plus généralement, à savoir, de décembre à la fin d'avril sur la côte Est de Madagascar; un peu plus longtemps même, à l'intérieur.

Il y a une première recrudescence au commencement des pluies, et une autre plus grande encore, aussitôt qu'elles sont finies.

Au commencement des pluies, en effet, « en raison des alternatives de dessèchement et d'arrosement du sol, les foyers d'infections se propagent, l'air se vicie et les fièvres d'accès se manifestent (1) » beaucoup plus nombreuses. Un peu plus tard, c'est-à-dire en janvier; février et mars, tous les marais se remplissent et deviennent d'immenses lacs, tous les fleuves débordent, toutes les rizières sont entièrement recouvertes, et les miasmes délétères qui engendrent la malaria, se trouvent ainsi noyés, sous l'immense couche d'eau qui couvre toutes les parties basses du sol. Ils ne peuvent donc ni se produire, ni se propager aussi facilement.

Mais quand ces amas d'eau commencent à disparaître avec la cessation des pluies, et que les fleuves rentrent dans leur lit, mettant ainsi à découvert de vastes étendues; quand les lacs se rétrécissent ou se changent en marais, et que des flaques d'eau existent en maints endroits, croupissantes et corrompues; quand les rizières enfin sont moissonnées et desséchées, les boues et les

_____

(1) Dr Jaillet, p. 132.

vases, mises alors à découvert, produisent sous l'influence des rayons d'un soleil ardent et continuel, qui précipite la décomposition de toutes les matières organiques qu'elles contiennent, des vapeurs délétères se répandant un peu partout, même aux endroits où il n'y a pas de marais, et devenant de fréquents générateurs de la fièvre.

Il ne saurait en être autrement; et longtemps, c'est-à-dire tant que de vastes travaux d'endiguement, d'irrigation, de drainage, ou des changements de culture n'auront pas été accomplis, il en sera de même.

Du reste, ces accès de fièvre frappent à peu près tout le monde, les indigènes aussi bien, et souvent plus que les blancs.

A peu près tous ceux qui arrivent pour la première fois dans le pays, bien plus, tous ceux qui changent de contrée, qui vont par exemple de la côte à l'intérieur, ou inversement, doivent payer leur tribut à la fièvre.

Et cette fièvre, une fois qu'on a eu le bonheur d'en goûter, vous suit souvent jusqu'en France, s'attache à vous, parfois pendant toute la vie. Il y a plus, je connais une petite fille, née en France, de parents qui habitaient Madagascar, et qui a hérité des accès de fièvre.

Il est donc bien certain que la fièvre paludéenne est générale; c'est elle qui occasionne les trois quarts des maladies à Madagascar sur la côte Est, davantage même à l'intérieur et à l'Ouest.

Elle peut se présenter sous deux formes, sous celle *d'accès francs*, ou celle de *fièvre larvée*. La première est quotidienne ou tierce, avec trois stades bien marqués chez les nouveaux arrivés, de *frisson initial* plus ou moins long, avec claquement de dents et crampe des jambes, de *chaleur excessive* et de *transpiration profuse ;* avec les deux dernières seulement, au moins en règle générale, chez les acclimatés, et alors la fièvre s'annonce par un accablement général, par des douleurs vagues dans les articulations, bientôt suivies de douleurs de reins exaspérantes, surtout sur les côtes. L'intermittence n'existe plus, et tel individu est atteint d'un accès qui ne revient que plusieurs mois après.

Ces accès sont peut-être plus fréquents à l'Ouest, dans la vallée du Boina, que sur les rivages de l'Océan Indien. « Un travail forcé au soleil, dit le Dr Lacaze, une veille prolongée au bureau, une griserie, une nuit de débauche, se paient, immédiatement et invariablement, d'un accès de fièvre (1). » Mais d'après le Dr Villette, ces accès sont relativement rares sur les hauts plateaux, tout au moins chez les personnes qui ont une bonne hygiène, et ne se produisent en général que chez ceux qui s'exposent au soleil, ou qui ont de fortes fatigues à supporter (2).

Du reste, les cas d'accès francs sont bien moins nombreux que ceux de fièvre larvée, laquelle se

(1) *Loc. cit.*, p. 152.
(2) *Loc. cit.*, p. 142.

présente sous tous les aspects imaginables : accès syncopal sur les côtes, forme pulmonaire avec dyspérie intense ou crise d'asthme, forme paraplégique, formes entériques depuis les simples diarrhées bilieuses jusqu'aux accès cholériques graves, formes cérébrales, convulsions épileptiques, tétaniques ou comateuses; formes rénales, depuis de simples hématuries jusqu'aux accès graves ictéro-hémorrhagiques, etc. Il n'y a cependant pas beaucoup d'accès pernicieux proprement dits. Ainsi pendant une pratique de quatre ans à Tamatave, le Dr Jaillet n'en a constaté qu'une dizaine de cas bien caractérisés (1).

Mais ils sont souvent mortels, et emportent les personnes les plus fortes.

C'est ainsi qu'un missionnaire, encore jeune et très vigoureux, le P. Simon Poulange, fut frappé à Tamatave, en se rendant de Tananarive à Maurice, et emporté en fort peu de temps. Il mourait ainsi sur cette terre malgache, comme il l'avait demandé à son divin Maître. Peu de temps après mourait un autre Français, le Corse Arnaldi, qui avait tout bravé sur les plateaux, sans jamais être arrêté, mais qu'un accès de tétanos terrassa bien vite à Tamatave.

C'est la même chose dans le Boina, où le Dr Lacaze note par ordre de fréquence : les fièvres intermittentes à type quotidien, atypiques, tierces, pernicieuses, la remittente bilieuse, la bilieuse

(1) *Loc. cit.*, p. 132.

hématurique (rare), les névralgies palustres, le paludisme chronique (assez fréquent) (1).

Enfin, sur les hauts plateaux, la fièvre larvée se présente ordinairement sous forme de névralgie, de maux de tête, d'embarras gastriques fébriles ou non, de diarrhées ou dysenteries souvent bénignes, de fièvre légère, mais continue, durant trois ou quatre jours et atteignant quelquefois une semaine au plus, de fièvres intermittentes, parfois avec embarras gastriques pouvant faire croire à la fièvre typhoïde. Cette dernière forme est dangereuse; c'est la seule, car les autres sont ordinairement bénignes.

Le traitement de la fièvre est facile, et à peu près partout le même : un vomitif le soir, suivi d'une purgation saline le matin, suffisent souvent pour la prévenir aussitôt qu'on en ressent les premiers prodromes : troubles gastro-intestinaux, inappétence, sensibilité du creux épigastrique. parfois vomissements ou diarrhées bilieuses. Ce remède réussit presque infailliblement, si l'on y joint, pendant quelques jours, de faibles doses de quinine, et l'usage d'un peu de vin de quinquina arsénical.

Si un premier accès s'est déclaré, ou si la fièvre larvée est bien prononcée, on la traitera de la même façon : vomitifs, purgation, quinine.

Le remède, ordinaire et presque toujours efficace, est une dose de quinine de 0,50 centig. que

(1) *Loc. cit.*, p. 148.

l'on fera bien de faire précéder d'une potion d'antipyrine, de teinture de racine d'aconit, et de sirop de morphine, et que l'on devra continuer trois ou quatre jours après que l'accès a disparu.

Il est encore plus important cependant, de prévenir la fièvre que d'avoir à s'en débarrasser; on y arrive assez facilement, surtout avant d'être débilité, par des soins hygiéniques d'abord. Une nourriture saine et bien réglée, avec un peu de vin, pris modérément ou coupé d'eau, et même quelques boissons alcooliques pures, *mais en petite quantité*, un peu de glace, ou des apéritifs pour exciter l'appétit que l'on perd si facilement à Madagascar, des légumes autant que possible, de l'eau bouillie partout où elle paraîtrait moins saine; une habitation spacieuse, aérée, sans humidité, élevée le plus possible au-dessus du sol, et non couverte de tôle, exposée enfin de façon à éviter les vents du N.-E. sur la côte orientale, ceux au contraire du S.-E. et du N.-O. sur la côte occidentale, et environnée de quelques arbres, d'eucalyptus surtout; des habits bien choisis, les vêtements blancs et le casque, la ceinture et même le gilet de flanelle contre les différences de température, voilà les premières précautions à prendre. Au contraire toute marche au soleil, toute chasse au marais ou excursion sous forêts, tout voyage entrepris à jeun, toute sortie pendant la nuit, le froid, l'humidité, surtout la boisson et l'inconduite, devront être constamment évités.

Avec cela on fera bien de prendre habituellement du vin de quinquina et de la quinine à dose préventive, 25 centigrammes tous les deux jours sur les côtes, de 15 à 20 à l'intérieur, avant de se mettre en marche.

Le D\ Villette conseille, au lieu du sulfate de quinine qui se dissout difficilement et fatigue l'estomac, de prendre le bromhydrate ou le chlorhydrate, plus facilement absorbables, ou bien quelqu'un des succédanés ou dérivés de la quinine.

Cette pratique de prendre de la quinine préventive « paraît, dit le D\ Lacaze, au-dessus des discussions dont elle était l'objet, il y a quelque temps. » Et le D\ Villette est encore plus affirmatif.

Presque tout le monde le fait, et le flacon de quinine paraît le matin, sur bien des tables, à côté de la salière ou du sucrier. Grâce à lui, des hommes peuvent vivre là-bas des vingt ans et plus, bien portants, sans fièvre ou à peu près, et capables d'un travail long, pénible et continu.

Un exemple frappant en est le vieux curé missionnaire de Tamatave, l'ancien préfet apostolique des petites îles, le vénéré Père Lacomme, qui, depuis bientôt trente ans, n'a pas quitté le climat, réputé si malsain, de Nosy-Be, de Mayotte, de Sainte-Marie, de Tamatave, et qui est aussi actif aujourd'hui qu'il l'était aux premiers jours.

A la fièvre paludéenne se rattachent deux affections assez fréquentes, l'une qui la précède, l'autre qui en est ordinairement la conséquence, l'hyper-

trophie de la rate, commune sur la côte Est, surtout dans la zone la plus insalubre, depuis la baie
d'Antongil jusqu'à Mahanoro, et l'anémie, beaucoup plus générale et beaucoup plus à craindre.

L'hypertrophie de la rate, ou *splénite*, n'est pas
particulière aux Européens qui font un séjour
prolongé dans l'Océan Indien ; les Malgaches eux-
mêmes en sont atteints, et ils l'appellent dans leur
langue, d'un mot composé qui veut dire « *œuf de
la fièvre* » (1). Des soins appropriés et rapides
doivent être pris avec la plus grande fidélité.

L'anémie est bien plus redoutable et surtout se
rencontre partout. « C'est, dit le Dr Jaillet, le premier effet de l'impaludisme ; elle est la conséquence forcée de l'infection miasmatique. Les Européens, après plusieurs accès de fièvre, ne tardent
pas à en être atteints. Ils se voient plongés dans une
indifférence presque complète, une dépression
graduelle de l'intelligence et du système muscu-
laire. Si la médication arsénicale et ferrugineuse
ne stimule pas ces organes débilités, l'évacuation
sur l'île de la Réunion, ou sur l'Europe, devient
indispensable (2). »

Elle est encore plus fréquente dans le Boina où
on l'appelle souvent, quoique improprement, *anémie tropicale*. « Tous les Européens, sans exception,
qui font du Boina leur séjour constant, en ressentent les effets », affirme le Dr Lacaze (3).

(1) Dr Jaillet, p. 136.
(2) Dr Jaillet, p. 136.
(3) Dr Lacaze, p. 149.

« Elle frappe rapidement l'Européen qui arrive dans la région. La majorité sont impaludés et anémiés, d'une façon plus ou moins marquée, dans les trois mois de leur arrivée. »

Ici cependant, comme partout, gardons-nous d'exagérer. J'ai vu bien des personnes, même des femmes, qui ont bien résisté à ce climat, et qui, après un séjour de plusieurs années, ne demandent pas mieux que d'y retourner.

Sur les hauts plateaux, comme dans les plaines, on retrouve l'anémie, ce produit naturel de la fièvre et du climat énervant des tropiques; et, avec l'anémie, je ne sais quelle usure, qui vous enlève une partie de vos forces, diminue votre énergie, va parfois jusqu'à engourdir vos facultés. Mais on peut s'en préserver, au moins en partie, par les soins dont nous avons parlé plus haut, et tel missionnaire, après vingt et trente ans de séjour en Imerina, se porte encore admirablement.

Avec la fièvre, les étrangers ont à redouter à Madagascar, les cas d'insolation qui sont facilement mortels. Ces cas ne sont pas nombreux toutefois, même sur les côtes, mais ils se présentent jusque dans le plateau central et peuvent arriver par les yeux comme par la nuque. C'est pourquoi le casque colonial est de rigueur, et par le grand soleil, des lunettes noires sont au moins utiles.

Les autres maladies sont communes aux étrangers et aux indigènes, ou plutôt bien plus fréquentes chez ces derniers, à cause de leur mauvaise alimentation, de leur malpropreté et de leur manque de soins.

Il y a la *variole,* qui serait encore plus terrible si les malades n'étaient impitoyablement chassés de leurs villages et isolés sur les montagnes. La vaccination en effet, n'est connue et pratiquée que dans quelques rares endroits où il y a des Européens, médecins ou missionnaires. Sur mille Malgaches, il n'y en a pas un qui soit vacciné. C'est ignorance plutôt que répugnance, car chaque fois qu'ils en trouvent l'occasion, ils se prêtent volontiers à cette opération préventive.

La syphilis, dont j'ai parlé ailleurs, fait aussi d'horribles ravages; la lèpre, moins fréquente sur les côtes, beaucoup plus à l'intérieur, est une suite nécessaire, de l'inconduite d'abord, ensuite de la malpropreté et de l'alimentation. Peu contagieuse, elle est presque toujours héréditaire et un enfant né de parents lépreux, le deviendra tôt ou tard.

On a les lépreux en grande horreur : la loi les exclut de tout commerce avec les autres hommes; mais on n'a rien fait pour leur venir en aide, on se contente de les proscrire! Seules, la mission catholique d'abord, la mission luthérienne longtemps après, ont fondé des léproseries.

Les autres maladies de la peau sont aussi très nombreuses, surtout chez les Malgaches : la gale, en particulier la gale boutonneuse ou *grosse gale malgache*, *l'ecthyma impétigineux* ou *bouton malgache, l'ulcère de Madagascar,* et une foule d'autres, produites par le manque de propreté. Elles ne résistent pas à une médication sérieuse. Les ulcérations sont rares, et les plaies guérissent assez facilement, même chez l'Européen un peu débilité.

La dysenterie est peu fréquente et bénigne, même dans la région plus chaude du Boina. Elle n'est pas endémique à Madagascar. Les diarrhées sont saisonnières sur la côte Est, et coïncident toujours avec les premières pluies de la saison chaude. La fièvre typhoïde est assez rare sur les hauts plateaux, et M. Lacaze en a constaté un seul cas à Mevatanana.

Les maladies des voies respiratoires sont relativement peu nombreuses, incomparablement moins qu'en France, de même que les rhumes, l'irritation de la gorge, le coryza, etc. Dans le Boina, la tuberculose est cependant « assez fréquente chez l'indigène sous forme de tuberculose pulmonaire. Elle frappe assez fréquemment l'Européen immigré, et sa marche est alors plus rapide qu'en Europe. Dans le cas d'un Européen déjà tuberculeux à son arrivée, l'évolution est généralement précipitée (1) ». Elle est moins fréquente sur la côte Est. On l'observe cependant chez certains colons étrangers, et alors elle se développe avec une rapidité foudroyante.

Les Malgaches, qui en sont atteints, viennent

(1) *Loc. cit.,* p. 149.

généralement de Tananarive où ils en ont con-
tracté les germes (1). Dans l'Imerina, les cas en
deviennent chaque jour plus nombreux, sans cependant faire encore de grands ravages.

Les affections pulmonaires sont accidentelles et
assez fréquentes aux époques de grande venti-
lation, sous forme de bronchites, broncho-pneu-
monie et de pneumonie franche. Les pleurésies
sont très rares et ne s'observent que sur des sujets menacés de tuberculose.

Les rhumatismes et les rhumatismes goutteux
sont fréquents sur la côte Est. Ce sont la plupart
du temps le résultat de la négligence des colons,
autant que celui de l'humidité très grande du
climat.

Telles sont les principales maladies de Madagascar. La liste n'en est pas extrêmement nombreuse, bien inférieure en tout cas à celle des
diverses affections qui, à tout instant, menacent
ou empoisonnent notre vie en Europe.

En outre, de ces maladies, beaucoup ne sont
qu'une exception et ne sont pas très à redouter;
beaucoup ne frappent qu'une catégorie de gens
dans des situations déterminées, comme la syphilis, la lèpre, et les diverses maladies de la
peau; quelques-unes peuvent sûrement être pré-
venues, comme la variole.

Restent surtout, en définitive, la fièvre et l'anémie qui en est la suite. Nous avons vu qu'on

(1) *Loc. cit.*, p. 135.

peut éviter la première, ou s'en débarrasser rapidement. La seconde est peut-être plus difficile à combattre.

Mais, somme toute, le climat de Madagascar est relativement sain. Et, avec quelques précautions, l'usage de la quinine préventive, une nourriture saine, une bonne hygiène et, surtout, la garde de tout excès et une vie très réglée, on peut vivre de longues années, presque sans fièvre.

Madagascar est donc très habitable, et son climat est meilleur que celui de la plupart de nos autres colonies, l'Indo-Chine bien entendu, le Tonkin, la Côte d'Afrique, meilleur que celui de l'Algérie ou de la campagne romaine, à peine plus fiévreux que certains cantons de la Basse-Bretagne ou du Centre de la France. Cela est vrai surtout des hauts plateaux, un peu moins, de l'Est ou du Boina.

En tous cas, même la considération de la fièvre ne doit sérieusement arrêter aucun immigrant. J'oserai seulement leur conseiller, après le Dr Jaillet, surtout à ceux qui veulent s'établir sur les côtes, de ne pas venir au commencement de la saison des pluies, mais d'attendre de préférence la saison sèche, c'est-à-dire mai ou juin, afin de pouvoir plus facilement s'acclimater.

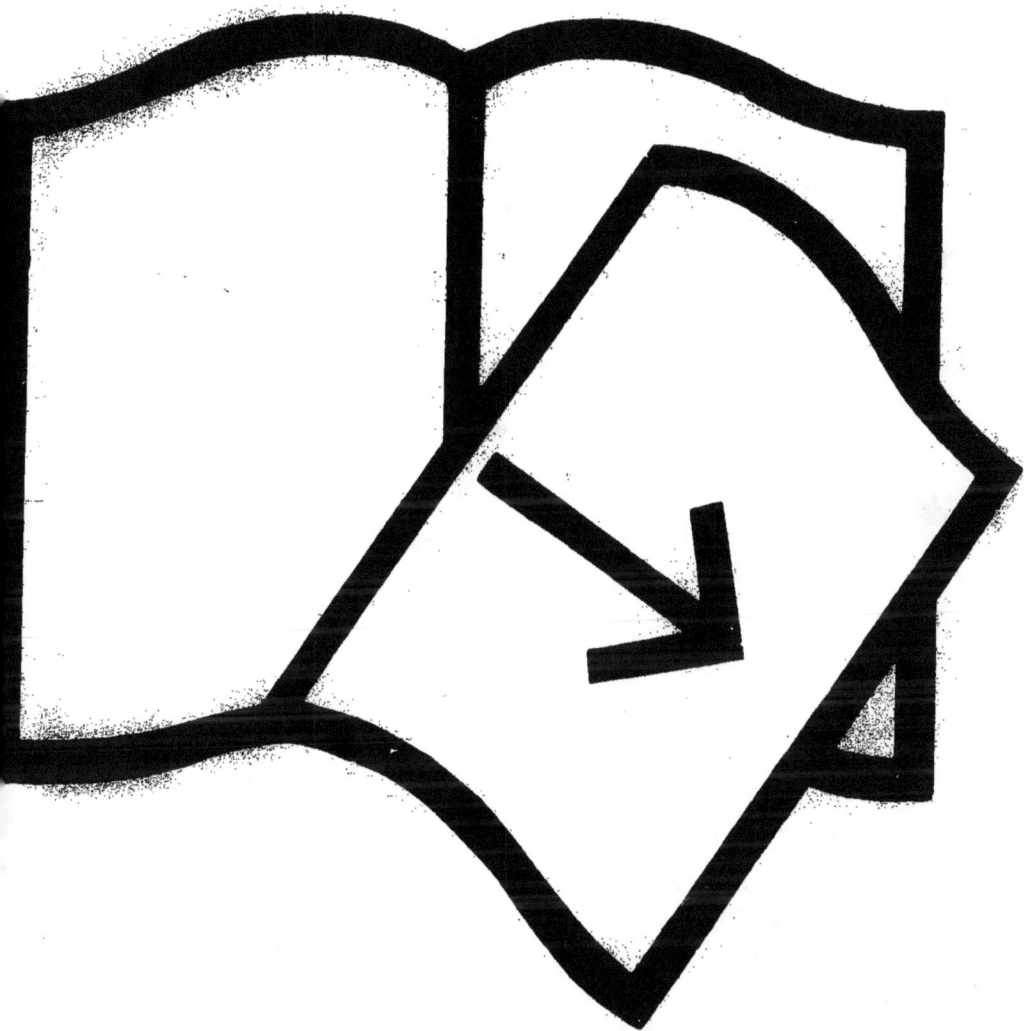

Documents manquants (pages, cahiers...)

NF Z 43-120-13

CHAPITRE VII

GÉOLOGIE ET MINÉRALOGIE (1)

Nous avons terminé ce que l'on pourrait appeler la description externe de Madagascar, orographie, hydrographie, côtes, climat, etc.

Nous allons maintenant pénétrer plus avant, et étudier ses richesses naturelles : mines, production du sol, forêts, flore, faune, puis le mouvement commercial et enfin les divers peuples qui l'habitent, leur nombre, leurs qualités, leurs défauts, leur avenir.

Nous commencerons, tout naturellement, par un aperçu géologique de la constitution du sol,

(1) Ce chapitre est dû à l'obligeance de M. Guinard, ingénieur en chef de l'exploitation Suberbie, autrefois ingénieur du gouvernement Malgache, et qui, en cette qualité, put étudier les richesses minéralogiques d'une grande partie du sol de Madagascar. Il devait publier lui-même le résultat de ses recherches. Hélas ! la mort est venue l'arracher presque subitement aux regrets de tous ceux qui l'ont connu, alors que le plus bel avenir s'ouvrait devant lui. Et il m'est vraiment pénible de n'avoir ici que des regrets à exprimer, au lieu des remerciements que je lui devais pour l'extrême obligeance avec laquelle il mit toutes ses notes à ma disposition, et me donna la carte géologique publiée dans ce volume, la première qui paraisse sur ce sujet.

nécessaire pour reconnaître les richesses minéralogiques de la grande île.

I

GÉOLOGIE.

Nous avons dit ailleurs qu'une grande arête
longitudinale, composée de deux lignes principales et contigûes, règne du Nord au Sud de
l'île. C'est l'ossature principale du massif primitif,
formé de gneiss, micaschiste et granit.

Plus rapproché de la côte Est que de la côte
Ouest, ce massif s'étend néanmoins assez avant à
l'Ouest, et va jusqu'au confluent des deux fleuves
Ikopa et Betsiboka. Sa terminaison, au Sud de Fia-
norantsoa, n'est pas connue jusqu'à présent.

Du côté Est, et près de la côte, court une bande
de tertiaire, de 30 à 50 kilomètres de largeur
environ, coupée en certains points, entre Mahanoro et Tamatave, par des accidents basaltiques,
qui sont orientés presque Est-Ouest. Ces accidents se prolongent jusque dans l'intérieur; ou,
du moins, on les retrouve coupant transversale-
ment les grandes lignes d'arête, allant jusqu'au
centre, et formant ainsi les bassins fluviaux. Ils
ont aussi contribué au soulèvement du plus haut
massif de l'île, celui de l'Ankaratra, dont le sommet le plus élevé au Sud-Est, le Tsiafajavona, a

2,632 mètres. L'altitude moyenne de l'arête centrale est de 1,500 mètres. Elle s'abaisse au Nord et au Sud.

Certains de ses contreforts détachés au Sud de Tananarive, du côté d'Ambotofanghana, arrivent à des altitudes de 1,700 à 2,000 et 2,100 mètres pour deux ou trois pitons.

Les bassins formés par les lignes d'arêtes et les accidents basaltiques transversaux, ont été, plusieurs du moins, lacustres, pendant une longue période; puis des mouvements plus récents, d'époque quaternaire, corrélatifs à des éruptions volcaniques dont la ligne des cônes se tient aussi Est-Ouest, dans tout le Sud de Tananarive, ont donné naissance à de grandes failles, par où se sont vidés ces lacs. Elles forment actuellement le lit torrentueux des fleuves de ces bassins, mais seulement sur la longueur de la coupure, soit à travers les lignes d'arête principale. Ces bassins lacustres étaient surtout celui de l'Onive et celui du Mangoro, qui, réunis ensemble, viennent déboucher à la côte Est, à Mahanoro. Également celui où coule le Mananjary, un peu au Nord de Fianarantsoa.

A la côte Est, le relief de l'île ne s'est formé que très lentement, au cours des époques géologiques passées, pour nous apparaître tel qu'il est.

Je crois fortement que les cours d'eau se précipitaient directement aux mers triasiques, jurassiques, tertiaires, sans être trop barrés dans leur cours par des accidents transversaux.

Néanmoins sur le cours du Betsiboka, dans la partie occupée par les terrains sédimentaires, il y a eu deux principaux soulèvements basaltiques, barrant le fleuve et formant des bassins lacustres, qui ont été successivement crevés, mais en laissant des traces très nettes de leur existence.

D'une façon générale, à la côte Ouest, c'est-à-dire sur le versant Ouest du massif principal, les formations sédimentaires ont encore une très grande importance. Je vais les passer en revue :

Au Sud de Tananarive, un bassin silurien, découpant un golfe profond dans le relief des terrains primitifs, allant du Tsiribihina à un affluent du Matsiaka, sur une longueur N.-S. de 60 kilomètres environ, buttant au primitif à l'Est, et plongeant à l'Ouest où des sédiments supérieurs le recouvrent. Formation puissante de calcaires cristallisés, azoïques, où se trouvent, crevant leur masse, de beaux filons de minerai de cuivre, malachite et azurite en surface, et cuivre panaché en profondeur.

Dans l'ordre de succession géologique, on trouve au Nord-Ouest, un grand bassin houiller comprenant les deux étages, houiller proprement dit et permien (1).

D'autres pointements de houiller sont signalés à la côte Ouest, plus au Sud, vers le cap Saint-André et près de Tulear. Je ne les ai pas visités. Le bassin houiller du Nord est stérile comme

(1) Voir *Industrie minérale* 1889, t. II.

houille. Cela peut peut être expliqué par la
forme de la pointe Nord de l'île, c'est-à-dire la
très faible surface du primitif émergé à cette
pointe, à l'époque de formation houillère, surtout
sur le versant Ouest, dont les érosions ont fourni
les éléments de cette formation, et par conséquent
par la faible importance que devait avoir le règne végétal sur ce versant si restreint, et l'impossibilité de fournir en quantité suffisante les
éléments végétaux pour la formation des bancs
de houille. Mais, il se pourrait qu'au Sud, où le
relief montagneux du primitif émergé à cette
époque, était beaucoup plus étendu, les éléments
végétaux pour la formation de la houille, occupant de bien plus grands espaces, aient pu contribuer à la formation de bancs exploitables dar
ces régions houillères signalées. Mais cela n'est
qu'une hypothèse non vérifiée jusqu'à présent
par des explorations.

Enfin toute la série des roches sédimentaires,
depuis le tertiaire supérieur jusqu'au trias, en
stratifications très étendues, très belles, et que
j'ai pu parfaitement étudier, depuis Majunga jusqu'à Suberbieville, au confluent de l'Ikopa et de
Betsiboka.

Cette formation sédimentaire existe sur toute la
côte Ouest. Le permien limité au Sud, à la pointe
de la baie de Raminetoka par un puissant accident basaltique, est continué par le jurassique
qui s'étend au Sud environ jusqu'à la ligne de
crête de la rive droite du bassin du Mahajambo.

Les sédiments supérieurs apparaissent, ensuite
le long de la côte, jusque vers le cap Saint-André où le houiller se montre à nouveau. Je n'ai
pas de renseignements très précis sur les formations sédimentaires.

Telles sont les données principales de la formation géologique apparente de nos jours à Madagascar.

Elles sont très sommaires, mais il serait trop
long d'étudier ici le relief de l'île aux diverses
époques géologiques passées, et, ce que nous avons
dit, suffira pour comprendre ce que nous avons
à dire des richesses minéralogiques et minières
de ce pays, de ce qui a été tenté, de ce qui a
échoué par des circonstances fatales, dépendant
de l'état politique actuel de ce pays, et non
de la pauvreté des gisements et des entreprises
qui n'ont pu se maintenir jusqu'à ce jour.

II

MINES.

Nous rappellerons d'abord, qu'avant **1886**, une
loi du royaume interdisait sous peine de vingt
ans de fers, non seulement l'exploitation, mais
encore et simplement, la recherche des minerais,
quels qu'ils fussent. Le sol et le sous-sol étaient
considérés comme appartenant à la couronne :
nul ne pouvait prétendre y toucher. Aussi, avant

1886, la connaissance des gisements minéraux, et même des gisements aurifères, était-elle très faible.

Néanmoins, la valeur de l'or était très connue des Malgaches, et, même avant le commencement de la dernière guerre, en 1883, les alluvions de l'Ouest particulièrement étaient traités par des moyens rudimentaires, et déjà un peu d'or s'expédiait par la côte.

Pendant la guerre, c'est-à-dire de 1883 à 1886, le gouvernement malgache lui-même, fit exploiter les alluvions de Tsiazompaniry (aujourd'hui Ampasiry).

Un Malgache très intelligent, Rainianjanoro, issu de famille d'esclaves libérés, dirigeait ces exploitations, dont les produits servaient au gouvernement malgache à payer les armes et munitions que les Anglais lui fournissaient.

Après la guerre, en 1886, le gouvernement malgache, soit sous la pression du traité passé avec la France, soit plutôt par la nécessité de se créer des ressources, leva l'interdit absolu jeté précédemment sur l'exploitation des minerais divers.

Il fut toujours défendu de rechercher les minerais sans autorisation spéciale du gouvernement, mais on put obtenir, et ce droit de recherche, et aussi le droit d'exploitation à la suite. C'est ainsi qu'en décembre 1886, M. Léon Suberbie, établi déjà depuis plus de douze ans à Madagascar, et qui, avant 1883, avait pu avoir des indications sur les gisements aurifères de l'Ouest, obtint le

premier à Madagascar une concession minière.
C'est celle qu'il a encore aujourd'hui, dite des
mines d'or de la côte Nord-Ouest de Madagascar,
entre les fleuves Mahajamba et Manjaray, et traversée en son milieu, par le fleuve Betsiboka avec
son affluent aussi puissant que lui, l'Ikopa.

La ligne des filons de quartz aurifères, dont les
affleurements érosés principalement pendant la
période quaternaire, ont fourni les alluvions diverses exploitées aujourd'hui, forme une bande très
large à peu près parallèle à la côte Ouest. Ces filons souvent contemporains des soulèvements basaltiques, sont des soulèvements de diorites quartzi-
fères, très acides.

La série entière des diorites de contact, se trouve
dans la région, jusqu'aux plus basiques, les chlo-
ritoschistes, de couleur vert sombre.

Mais les diorites acides sont plus nombreuses;
plus nombreux et plus riches encore, je crois, les
filons de quartz aurifère qui sont de la même
époque.

La ligne aurifère de l'Ouest ne doit guère se pro-
longer au Nord, au delà du fleuve Mahajambo;
dans le Sud, elle se poursuit fort loin; elle est
connue sur le fleuve Manambolo, près d'Ankavandra, et également sur le Tsiribihina, dans la région où il se divise en deux branches, le Mahajilo
et le Betsiriry; puis, dit-on, la ligne aurifère, plus
au Sud encore, s'épanouit, devient plus large, et
vient se rejoindre plus bas que Fianarantsoa, à la
ligne aurifère de l'Est, dont nous parlerons plus

loin; mais, jusqu'à ce jour, il été très difficile de
pénétrer dans ces régions, où les tribus Sakalaves,
pour la plupart indépendantes, ont le nom de
Hova en horreur, et où tout blanc venant de l'intérieur chez eux, leur semble devoir être un allié
des Hova, et menacer leur indépendance.

Néanmoins, les difficultés ne sont pas insurmontables pour accéder actuellement dans ces régions,
et elles le deviendront de moins en moins dans la
suite.

Ce qui est bien connu, en pleine exploitation et
fort riche, c'est toute la concession Léon Suberbie.
Tous les types d'alluvions s'y trouvent, depuis les
entraînements superficiels contemporains jusqu'aux puissantes formations alluvionnaires, de
30 à 40 mètres de hauteur, et parfois plus, au-dessus du niveau actuel des cours d'eau ; gisements
formés de bancs sableux plus ou moins remplis
de quartz roulé, mais toujours de désagrégation
facile, et dont la teneur en or varie aux environs
de 1 franc par mètre cube de sable lavé. Cette teneur moyenne est fort belle, quand elle s'applique
en même temps à des masses de millions de mètres cubes, et lorsque, comme presque partout à
Madagascar, et à l'Ouest en particulier, l'eau
abonde en toute saison, et que l'on peut avoir des
fleuves et rivières entières à sa disposition. Je ne sache pas qu'il faille jamais, dans cette région, arriver à faire 20 kilomètres de canalisation pour
amener de l'eau au point aurifère à exploiter,
sous une pression de 50 à 60 mètres au moins. Cette

distance, qui paraît considérable, est en réalité très faible; en Amérique, certaines canalisations, créés dans le même but, ont dépassé 200 kilomètres de longueur.

Les fleuves, à la côte Ouest, sont généralement navigables assez avant dans l'intérieur, et, plus particulièrement, le Betsiboka se remonte en chaloupe à vapeur jusqu'à 200 kilomètres dans l'intérieur, en pleine région aurifère. Il est ainsi assez facile d'amener jusqu'au point d'emploi, ou très près du moins, le matériel dont on a besoin. Une installation de ce genre a été créée par M. Suberbie pour exploiter les alluvions d'Ampasiry, et fonctionne avec une pression d'eau de 65 mètres, avec canalisation en tuyaux de 2 kilomètres, un canal d'adduction à l'air libre, et un barrage en tête de ce canal, dans la vallée haute, où court la petite rivière qui fournit les eaux.

D'autres gisements alluvionnaires sont simplement exploités au moyen de petits sluices ou de berceaux, et pour la plus grande partie simplement à la battée. Les conditions politiques que nous subissons, ne permettent pas de développer beaucoup les grands moyens pratiques et réellement producteurs du travail des alluvions.

C'est ainsi que l'exploitation des sables aurifères très riches du lit du Betsiboka, dont la largeur moyenne est de un kilomètre, au moyen de dragues et de suceuses actionnées électriquement, a déjà été étudiée, mais n'a pu être organisée. Le courant étant pris par la drague se déplacerait sur un conducteur posé le long du rivage, et apporte-rait la force créée par les chutes du fleuve lui-même en amont, et recueillie par des turbines et dynamos.

En plus des alluvions, les filons aurifères con-nus sont nombreux, et certains sont en exploitation.

Dans la concession, l'exploitation est pour le moment concentrée au filon du Mandrozia. Le filon est connu en affleurements au haut de mon-tagne, sur 7 ou 8 kilomètres de longueur; il a une largeur moyenne de 4 mètres environ, et la hauteur d'étage exploitable jusqu'au niveau de la vallée de la rivière Mandrozia est de 100 mètres.

Toute cette hauteur pourra être exploitée sans avoir à s'inquiéter des eaux d'épuisement.

La teneur de ce filon est de plus de 2 grammes à la tonne, teneur très rémunératrice.

Le filon est relié à l'usine par un chemin de fer à voie de 60 centimètres, d'une longueur de près de 5 kilomètres, et où circule une petite locomotive conduisant les trains de wagons. Le minerai est ainsi amené à l'usine qui, actuellement, ne compte que 10 pilons ou boccards. Le minerai, concassé d'abord, passe ensuite dans des trémies, et à des distributeurs mécaniques qui règlent le débit dans les mortiers. Pulvérisé ensuite dans les mortiers, il laisse son or, soit sur les feuilles amalgamées qui garnissent les parois des mortiers, soit sur les grandes tables amalgamées où il passe entraîné par le courant d'eau, à sa sortie des mortiers. De là les tailings, ou minerai pulvérisé stérile, sont entraînés par le courant d'eau au fleuve.

La force est fournie par deux turbines Hercule pouvant donner 120 chevaux de force. L'usine pourra donc être augmentée, ainsi qu'il en est projeté. Les ateliers de réparation prennent également la force qui leur est nécessaire à l'arbre des turbines.

Tel est l'ensemble des travaux créés depuis 1886, dans la concession de M. Suberbie. L'effort a été considérable, et si l'on n'avait pas eu à lutter, principalement depuis 1890, contre les agissements du gouvernement malgache, beaucoup d'autres installations auraient été menées à bonne fin.

La deuxième tentative d'exploitation des mines a été faite en 1889. C'est à la fin de 1888 que M. Guinard, après avoir visité les gisements aurifères et cuivreux du Sud, put passer un contrat avec le gouvernement malgache, pour exploiter ces gisements au compte du gouvernement lui-même. La région aurifère est la suivante : elle part de Behenjy, à 30 kilomètres environ au Sud de Tananarive, et descend jusqu'au Sud de Fianarantsoa, où elle se noue à l'Ouest à la ligne aurifère dont il a été parlé précédemment. Comme largeur, cette région s'étend du versant Ouest des grandes lignes montagneuses de l'Est, de l'arête rocheuse principale de Madagascar, jusqu'au massif de l'Ankaratra, soit sur 80 kilomètres environ.

Cela n'est pas absolu, car il existe, plus à l'Ouest, des prolongements de cette bande aurifère, comme dans le Valolofotsy et le Mandridrano au Nord-Ouest, et dans le Bemazembina à l'Ouest, au milieu de la longueur de cette bande.

Il se peut que la zone aurifère s'élargisse beaucoup et que, tout en se venant souder à l'Est avec la précédente, elle se continue droit au Sud. Mais c'est là sa forme générale, et les renseignements nous manquent ou, du moins, sont peu précis sur ce prolongement.

Cette région fut tout entière prospectée, de très nombreux postes créés et l'exploitation faite principalement au sluice. Il ne fallait guère songer, étant données la distance à la mer et la difficulté des communications, à installer des outils d'abattage des alluvions. Le centre de toutes ces exploitations aurifères était à Ialatsara, près d'Ambositra, mais plus Nord, et un agent français sous les ordres de M. Guinard y était installé. Tous les postes étaient conduits par des Malgaches, sous la surveillance de cet agent.

En même temps, à Ambatofanghana, par plein Ouest d'Ambositra et à 60 kilomètres, près de la rivière Ivato, affluent du Mania, nom porté près de ses sources par le Tsiribihina, fleuve de la côte Ouest, des gisements de minerai de cuivre étaient mis en exploitation. Ambatofanghana est à l'altitude de 1.700 mètres, et le climat y est relativement très froid. Les variations extrêmes du thermomètre au cours de l'année sont de + 2 à + 26.

On y a fréquemment de la gelée blanche et les petites flaques d'eau sont constamment prises de glace, sur leurs bords, pendant les mois frais de mai et septembre.

Le minerai de cuivre fut découvert, il y a douze ans environ, par un Malgache, nommé Rainimiaraka, qui devint à la suite gouverneur de cette région. Ce minerai est formé aux affleurements de malachite et d'azurite, d'une teneur de 17 à 18 % en métal. En profondeur, soit à partir de 18 mètres environ, le minerai se transformant n'était plus oxydé, mais bien sulfuré, et passait au cuivre panaché dont la teneur en métal était de près de 30 %. Cette teneur est évidemment énorme, et n'existe pas dans les gisements exploités jusqu'à ce jour. Mais en admettant qu'elle arrivât à baisser de moitié, le gisement serait néanmoins fort beau. Les affleurements étaient connus en plusieurs points sur une longueur de 8 kilomètres. Une poussée de micaschistes avait séparé le gisement en deux parties. Ce minerai venait en filon, au milieu de calcaires du terrain silurien, et ces calcaires fort beaux, d'allure cristalline, cassure de marbre, fournissaient une chaux grasse excellente. Elle fut utilisée après préparation, c'est-à-dire avec mélange d'argile et cuisson pour la rendre hydraulique, pour la construction de travaux entrepris en ces points. La route reliant les points en exploitation à l'emplacement choisi pour l'usine était faite. Un barrage fut commencé qui devait avoir 15 mètres de hauteur et emmagasiner toute l'eau nécessaire au fonctionnement, en saison sèche, des turbines actionnant les machines à air des Fours-Jaket. Tous les renseignements avaient été pris pour la commande de ces fours, et la demande faite au gouvernement malgache pour l'achat de tout ce matériel. C'était vers la fin de 1891. De ce moment tout périclita. La situation politique avec la France était devenue fort tendue ; puis il fallait dépenser des sommes pour fonder une usine, et les Malgaches ne voulaient guère admettre que l'on ne pût tout faire avec les propres ressources du pays ; enfin, et c'est là la grande raison, cela eût amené dans le Sud un personnel français assez considérable, et ce n'était pas au moment où le gouvernement malgache avait décidé de nous éliminer de l'île, qu'il convenait de faire venir de nouveaux Français, qui de plus, auraient été attachés officiellement au gouvernement malgache. Il fut décidé de laisser tomber ces exploitations, et sans que rien d'officiel n'ait été dit, les ordres furent, en dessous, donnés en conséquence. Le personnel ouvrier fondit entre les mains de M. Guinard qui ne put obtenir que de vaines promesses, et jamais la reprise de cette affaire. Il dut partir. En même temps les gisements aurifères furent abandonnés à un pillage savamment organisé, de complicité avec de très grands fonctionnaires de Tananarive, et la situation devint telle, qu'à la fin de 1892, M. Guinard quitta le service du gouvernement malgache.

Depuis cette époque ces gisements n'ont pas été repris. Seuls les voleurs d'or continuent, avec des moyens rudimentaires de lavage, à travailler dans la région.

L'or a été reconnu également au Nord de Tananarive et jusqu'aux environs de Mandritsara, au Nord du lac Alaotra. Mais ces gisements sont peu connus; aucun blanc ne les a sérieusement prospectés, seuls les indigènes y travaillent un peu.

Le minerai de cuivre est connu en d'autres points très nombreux, mais nulle part on n'a essayé de créer une exploitation comme il a été fait à Ambatofanghana. A l'Ouest, près du Betsiboka, on trouve assez fréquemment le cuivre à l'état natif, et de beaux gisements existeraient à la baie de Bombetoka.

Tels sont les principaux efforts faits à Madagascar pour l'utilisation des gisements minéraux; tels sont aussi, du même coup, les gisements les mieux étudiés. Beaucoup d'autres existent certainement qui pourront plus tard être mis en exploitation car « on peut dire d'une façon générale que l'or existe partout à Madagascar », comme s'exprimait M. Guinard dans une conférence faite, dans le courant de l'année 1894, à la Chambre de Commerce de Saint-Étienne.

Le fer existe aussi presque partout sous forme de particules de fer oligiste, d'hématite principalement, et de minerais magnétiques.

Les Malgaches en exploitent pour leur usage, simplement en le brûlant avec du charbon de bois dans des trous creusés en terre. Mais, malgré l'abondance et la richesse de ce minerai, le manque de houille sera une très grande difficulté pour son exploitation.

Il y a des lignites dans le Manavava, à divers

endroits sur la concession Suberbie, et vraisemblablement ailleurs; de la tourbe en un très grand
nombre de points, en particulier dans la plaine
du Mangoro et de son affluent l'Onive, dans celle
de l'Andrantsay à l'Ouest de Betafo, et celle de
l'Ikopa, près de Tananarive; du kaolin, un peu au
Sud de Tananarive, à côté du Behenjy et dans
d'autres points à l'Ouest; des calcaires à chaux et
des calcaires azoïques dans le bassin silurien d'Ambatofanghana à l'Ouest d'Ambositra et au Nord
de Tananarive, et des calcaires de divers âges,
depuis le trias jusqu'au tertiaire, à partir de Suberbieville jusqu'à la mer, etc.; du gypse de trias
près d'Amparihibe; du plomb, avec traces d'argent, en beaucoup d'endroits du plateau central,
vers l'Ankaratra, et les Malgaches l'exploitent en
petit pour le vendre aux Européens; quelques
autres minerais en faible quantité, du zinc, du
manganèse, de l'antimoine etc. M. Guinard a rencontré un fragment de minerai de nikel: il y en
aurait donc à Madagascar, quoiqu'on ait toujours
dit le contraire. Le Père Campenon m'avait auparavant affirmé la même chose. Il n'y a pas de
minerai d'étain connu.

Il y a du cristal de roche et, paraît-il, de splendides blocs dans l'Antsihanaka, en particulier près
du lac Alaotra, et peut-être plus au Sud, sur le versant oriental.

On a rencontré aussi, en fait de pierres précieuses des fragments de rubis, de topaze émeraude,
de saphir dans les sables des alluvions aurifères,

c'est-à-dire au sud de Tananarive, dans le bassin
de l'Onive et celui de la Mania, et à l'Ouest dans le
bassin de l'Ikopa. On ne connaît pas de diamants.

Signalons enfin des sources d'eau thermales : à
Ranomafana, sur la route de Tamatave à Tananarive ; un autre à Ranomafana, près de Mananjary ;
à six milles au Sud-Ouest du lac Itasy, à l'angle
Sud-Est du marais Ifanja ; dans le lit de l'Ikopa à
45 milles au Nord-Ouest de Tananarive, au pied
de la montagne d'Ankadivato à Valalafotsy, et
quelques milles plus bas dans le même fleuve ; à
Andranomafana à la naissance du mont Vavavato,
dans la vallée de Betafo, où à un certain endroit
la source d'eau chaude est extrêmement abondante ; surtout à Antsirabe et à Ramainandro, et,
vraisemblablement, en beaucoup d'autres endroits.

Celles de Betafo, de Ramainandro et d'Antsirabe
ont été analysées à diverses reprises. Voici les résultats obtenus par les soins de l'Académie de médecine de Paris.

I. — Eaux d'Antsirabe.

Pour un litre :

Silice... 0.216
Carbonate de chaux 0.240
Carbonate de magnésie 0.035
Carbonate alcalin 1.756
Sulfate de soude.............................. 0.253
Chlorure
Bromure } de sodium..................... 1.500
Iodure

4.200

Acide carbonique.......................... 1.244
Contiennent des hyposulfites et sont probablement sulfureuses.
Rappellent Bourbon l'Archambault.
D'autres analyses les rapprochaient de Vichy. Il y a plusieurs
sources.

II. — Eaux de Betafo.

Silice..................................... 0.026
Carbonate de chaux........................ 0.038
Carbonate de magnésie 0.005
Sulfate de soude 0.189
Chlorure de sodium 0.030
_____
0.288
Acide carbonique.......................... 0.066
Contiennent aussi des hyposulfites, et devaient être sulfureuses.

III. — Eaux de Ramainandro.

Silice..................................... 0.160
Carbonate de chaux........................ 0.184
Carbonate de magnésie 0.075
Carbonate de fer.......................... traces
Alcalins.................................. 0.504
Sulfate de soude 0.277
Chlorure de sodium........................ 1.500
_____
2.700
Acide sulfhydrique........................ 0.007
Acide carbonique.......................... 0.187
Présentent une grande analogie avec Aix-la-Chapelle.

Telles sont donc les principales richesses minéralogiques de Madagascar.

Or, si on veut bien se rappeler que les explorations géologiques et minéralogiques y sont toutes récentes, puisque jusqu'après la guerre elles étaient rigoureusement interdites, qu'elles sont très difficiles et à cause de l'absence de coupe visible et, surtout, par suite du mauvais vouloir in-

vincible du gouvernement et des indigènes, comme
aussi du manque de sécurité à peu près universel,
et que, par suite, une très faible partie du sol de
la grande île a pu être explorée, on conviendra
que les éléments abondent pour que ce pays puisse
trouver en son sous-sol un bel avenir industriel.
Mais cet avenir ne pourra s'ouvrir devant lui, que
lorsque son administration politique aura été
radicalement renouvelée. Alors, mais alors seulement, des concessions seront accordées dans de
bonnes conditions. Alors, mais alors seulement,
les capitaux de France pourront s'y aventurer, les
travailleurs pourront être recrutés, et les moyens
de communication établis pour l'installation des
moyens nécessaires d'exploitation et l'écoulement
des produits. « Jusqu'à ce moment, il n'y a, nous
pouvons l'affirmer, conclut M. Guinard, et il était
payé pour le savoir, rien de sérieux à y tenter ».

Une mission scientifique fut envoyée en 1891,
elle était dirigée par M. Daléas, ingénieur des
mines, accompagné de MM. Delhorbe et Bourda-
riat, et elle avait pour but d'étudier les ressources
de Madagascar au point de vue industriel, agricole et commercial. Une année fut consacrée à ces
études. Les conclusions en furent favorables, mais,
en présence de la situation politique, il fut décidé
de remettre à l'époque où la liberté et la sécurité
du travail seraient assurées, la mise en œuvre des
richesses naturelles que les études de la mission
avaient permis de reconnaître.

CHAPITRE VIII

DU SOL. — SA FERTILITÉ. — SES PRODUC-TIONS. — SON EXPLOITATION

I

DU SOL ET DE SA FERTILITÉ.

Je causais un jour avec M. Guinard des richesses minières de Madagascar, et lui manifestais mon espoir que là serait l'avenir de l'île. — « Vous vous trompez, me répondit-il tout à coup, et avec une certaine vivacité. Ce n'est pas le sous-sol qui sera la richesse de l'île, mais son sol même ; et, longtemps après que ses mines, en particulier ses mines d'or, auront été épuisées, l'île de Madagascar sera une colonie très productive par ses récoltes et l'élevage des bestiaux ». — Ces paroles me frappèrent, car M. Guinard avait étudié le sol de Madagascar au point de vue de l'agriculture, au-tant, sinon davantage qu'au point de vue minier.

C'est à ce point de vue que nous allons le con-sidérer maintenant.

J'avoue ne pas le faire sans un grand embarras, et je sais toute la difficulté du sujet.

D'un côté, en effet, Madagascar est si grand qu'il y a un peu de tout dans ce petit continent, des zones riches et fertiles et d'autres qui parais-sent arides; des contrées largement arrosées par des pluies fréquentes et abondantes, et d'autres désolées par une sécheresse extrême; des terres basses et propres à toutes les cultures intertropicales, et des plateaux élevés, où la température devient modérée, et qui semblent devoir se prêter à nos cultures européennes. Il est donc impossible de rien dire de précis et de déterminé, à moins d'entrer dans des détails et des énumérations qui fatigueraient, sans grand intérêt.

En second lieu, l'île n'est pas connue, et comme nous avons eu souvent l'occasion de le dire, son exploration n'est commencée que depuis peu. Il n'y a pas de statistiques officielles, ni d'études approfondies sur ses productions. Bien plus, il n'y a même pas eu d'exploitation régulière, d'essais sérieux et poursuivis de colonisation, par suite point de résultats acquis ou d'échecs constatés, dans des circonstances favorables, qui permettent de baser une opinion.

Jusqu'ici, le pays a été fermé et tout y est à créer, et presque tout à étudier, au point de vue agricole. Jusqu'ici donc, l'opinion de chacun n'est guère faite que d'impressions personnelles, de petits faits isolés, et des avis de ceux qui ont parcouru l'île et l'ont habitée.

Si encore ces avis et ces opinions concordaient, ce serait là au moins une grande garantie de vérité. Mais, nulle part, on ne trouverait plus d'oppositions, plus d'affirmations différentes, plus de contradictions.

Pour le prince Henri d'Orléans, qui visitait

naguère Madagascar, et rendait compte de son voyage dans un très brillant article du 1ᵉʳ octobre 1894 de *la Revue de Paris*, « bien que le sol du plateau central paraisse au premier abord aride dans la région inhabitée, *la fertilité est partout à l'état latent* »; et il quittait l'île « convaincu de la richesse et de l'avenir de son plateau central, c'est-à-dire d'une région plus grande que la moitié de la France et ne portant à peine que 3 millions d'habitants ».

Et le jeune écrivain apportait à l'appui de son opinion l'avis du fameux explorateur allemand, le docteur Wolf, qui a laissé là-bas, comme partout où il a passé, le meilleur souvenir pour son impartialité et son indépendance d'appréciations, et qui « après un séjour de deux mois à Madagascar, ayant trouvé pleine satisfaction à ses pressentiments enthousiastes pour la contrée, n'avait pas craint d'écrire à un de ses amis prêt à se fixer dans le Caméron, de tout abandonner pour venir s'établir dans l'île africaine. »

Pour M. Grandidier, au contraire, « bien que certainement, il y ait çà et là des *îlôts* ou des *filons* de bonne terre, dus principalement à la décomposition de roches volcaniques, et que les fonds des anciens lacs et des nombreux vallons marécageux soient propres à la culture du riz, les terres dans leur ensemble sont arides dans toute la partie de l'île où les conditions hygrométriques sont plus ou moins favorables », tandis que « dans l'Ouest, et surtout le Sud, où le sol silico-calcaire

serait meilleur pour la végétation, la rareté des
pluies oppose aux plantations de grandes et sérieuses difficultés (1). »

Le Père de la Vaissière dans le chapitre I de
Vingt ans à Madagascar est moins pessimiste. Il
divise l'île en trois zones.

1° La zone maritime, assez étendue à l'Ouest,
beaucoup plus étroite à l'Est, qui paraît être fertile
et susceptible de nourrir de riches exploitations.

2° Une « région moyenne comprenant les points
de l'intérieur situés entre 400 et 1200 mètres d'altitude au-dessus du niveau de la mer. Cette zone
est peu exploitée. Les habitants s'y trouvent en
petit nombre. Et cependant c'est sans contredit la
partie de l'île la plus favorable à toutes sortes de
cultures. »

3° Enfin la « zone centrale, qui constitue la partie principale de l'île » déboisée, dénudée, aride,
sauf dans les vallées et au penchant des collines;
c'est à cette partie que s'appliquent surtout les observations de M. Grandidier, et c'est d'elle cependant que le prince d'Orléans faisait prévoir un
brillant avenir.

J'ai beaucoup d'autres témoignages ou écrits ou
parlés, par exemple celui de M. Paul Brée qui termine ainsi une très longue lettre dont je me suis
servi et me servirai encore souvent au cours de ce

(1) Mémoire sur « le sol et le climat de l'île de Madagascar au
point de vue de l'agriculture », lu devant l'Académie des Sciences,
à la séance du 30 avril 1894, et reproduit ensuite en une petite
brochure dont l'apparition fit une certaine impression.

travail : « Nous sommes quelques uns qui avons
bon courage, et si, d'une façon ou d'une autre,
une catastrophe ne venait pas paralyser nos efforts d'ici deux ans, si nous avions le temps, après
avoir fait école, de récolter, la question de savoir
si l'on peut faire quelque chose dans l'agriculture
à Madagascar serait résolue, et personne ne pourrait la mettre en doute. » Par exemple de M. Guinard, dont j'ai déjà cité le jugement, et qui fait
fond, malgré la nature du sol assez dur et formé
de « sédiments quaternaires argileux », sur les
« éléments basiques qui y interviennent et le modifient, le voisinage des soulèvements basaltiques,
les régions volcaniques, les grands bassins calcaires où le terrain semble plus léger, » surtout sur
l'eau si abondante et permettant d'irriguer à peu
près partout, et sur la température et les rayons du
soleil qui produisent des merveilles là où il y a
tant soit peu de fond et d'eau; et de plusieurs
autres, penchant généralement vers une manière
de voir plus optimiste que celle de M. Grandidier.

Je ne peux pas les citer tous; je ne veux surtout
pas citer ceux dont l'enthousiasme de commande
ou d'entraînement suppose qu'ils n'ont su rien observer, et qui font plus de tort par leurs dithyram-
bes à la cause de Madagascar que les détracteurs
déclarés, par exemple M. Reaux (Francis) quand
il écrit : « le sol de Madagascar est d'une fertilité
inouïe. La végétation s'y déploie avec une richesse
et une exubérance incroyables... C'est vraiment
la terre promise. »

Mais je ne puis m'empêcher de transcrire les appréciations qu'un homme haut placé, de grand sens et de grand jugement, qui a su enfin décider le gouvernement français à agir à Madagascar, notre Résident général à Tananarive, M. Larrouy, écrivait au gouverneur de Bourbon le 27 juin dernier. Jamais lettre plus claire, plus nette, plus franche, ne fut publiquement écrite par un administrateur si bien placé pour être renseigné, à un autre administrateur, et, par-dessus sa tête, à l'opinion publique.

« L'agriculture, dans la grande île africaine, est à l'état naissant, les résultats obtenus jusqu'à ce jour, s'ils ne sont pas négligeables, ne sont pas néanmoins assez certains pour être utilisés sans réserve. Aussi, bien que *le pays paraisse offrir aux planteurs les plus grandes ressources*, ceux-ci ne devront pas oublier en venant ici, qu'ils en seront réduits à essayer et à étudier par eux-mêmes les conditions de leur installation.

Néanmoins je n'hésite pas à croire que c'est de la culture du sol que sortira la richesse future de Madagascar. »

Et plus loin : « toutes plantes (essayées sur la côte Est) poussent et prospèrent; les difficultés rencontrées par les planteurs sont dues à des causes accidentelles qu'il est possible de vaincre dès maintenant, ou qui disparaîtront un jour ».

« Enfin il ne faut pas oublier l'élevage des bestiaux, qui paraît susceptible d'un grand avenir *dans tout Madagascar.* »

Et l'éminent administrateur conclut : « ainsi que vous pouvez en juger par ce rapide exposé, le champ d'action est des plus vastes et des plus variés.

« Malheureusement, *si le sol et le climat de cette île offrent des conditions aussi favorables à notre expansion coloniale*, il n'en est pas de même de l'état politique. »

Évidemment, ce sera là aussi ma conclusion. Je n'ai du reste aucune difficulté à l'accepter, car c'était déjà ce que je pensais moi-même avant de l'avoir vu si bien exprimé, par un homme d'une telle valeur et d'une telle situation.

Il me faut cependant dire un mot de l'opinion de M. Grandidier si vivement combattue par le prince d'Orléans, et si souvent citée contre Madagascar. Ce ne sera pas très difficile, car j'ai l'honneur de connaître M. Grandidier, à qui je dois tant pour la préparation et la composition de mon ouvrage, et je l'ai entendu plus d'une fois m'exprimer ses propres idées.

Il est incontestable que son mémoire sur le « Sol et le climat de Madagascar » est plutôt pessimiste. L'illustre savant en convient lui-même. Et il y a bien des raisons à cela.

M. Grandidier a trop vu, trop voyagé, trop étudié pour avoir l'enthousiasme facile ; de plus, il allait à Madagascar après avoir parcouru l'Inde, où la main de l'homme a créé des merveilles pour la mise en œuvre d'un pays naturellement assez peu fertile, et il voyait l'impossibilité d'obtenir

les mêmes résultats à Madagascar, par suite de la
pénurie d'habitants, et encore plus par suite de
leur paresse.

Après l'Inde, il avait parcouru les plantations du
Brésil et rencontré dans ces régions bénies, de
telles couches d'humus végétal, une telle fertilité
du sol, que les colons ne pouvaient se débarrasser
des mauvaises herbes, des plantes et des arbres
qui encombraient leurs plantations, et il arrivait
à Madagascar par le Sud, c'est-à-dire une région
désolée, sans eau, sans végétation, sans arbres,
sans habitants presque, symbole de la stérilité, de
la pauvreté et de l'abandon.

On comprend que la première impression fût
défavorable, et elle a persisté.

Une autre raison, c'est l'entraînement irréfléchi,
l'enthousiasme de tant d'autres, qui risquaient
d'égarer l'opinion publique, de provoquer des
excès malheureux, d'entraîner à une expédition
hâtive ou mal préparée, ou même à une annexion
que M. Grandidier eût considéré comme déplo-
rable. Contre cet entraînement et cet emballement
il voulut réagir, et peut-être exagéra-t-il légèrement en sens inverse.

Cependant, et c'est ici la remarque la plus importante que je veuille faire sur son opinion, il
ne faut pas s'exagérer ce qu'il a dit et écrit.

Sans vouloir discuter ou critiquer chaque terme,
chaque expression, chaque détail, M. Grandidier
en somme dit trois choses principales :

1° Que la terre de Madagascar a été appauvrie

par le déboisement, le ravinement des montagnes, et l'entraînement des matières solubles et utiles à la végétation, par suite de ce déboisement et sous l'action des pluies; d'où nécessité de reboiser.

2° Le sol de Madagascar est généralement dur et compact; d'où nécessité d'un travail sérieux de défrichement, d'assolement et de culture, qui nécessitera beaucoup de bras.

3° Ce sol est relativement pauvre, au moins dans son ensemble; d'où nécessité de l'amender par des engrais riches et abondants.

Or, tout cela est absolument vrai, et aucun des témoins cités plus haut, ne s'inscrirait en faux contre cette triple affirmation. Tout au plus, peut-il y avoir des divergences sur la plus ou moins grande facilité d'obtenir ce reboisement, ce travail, et les engrais nécessaires.

S'il s'agissait d'engrais chimiques, les difficultés pourraient être grandes en effet. On ne peut encore les fabriquer sur place, et le transport en rendrait le prix trop élevé, s'il fallait les importer.

Mais, outre les phosphates que l'on obtiendrait facilement par la calcination des os et bien d'autres détritus que l'on pourrait utiliser de cette manière, je crois avec mon correspondant de Vatomandry que, « dans un pays où les bœufs maigres valent 20 francs l'un, on ne peut pas ne pas réussir, même dans les plus mauvaises terres, en les amendant à l'aide d'un troupeau dont l'achat n'est pas en somme un sacrifice. »

D'autant plus qu'il y aurait là une source de

revenus considérables par la viande de boucherie
qu'ils procureraient, par la préparation et l'exportation des peaux de bœufs qui sont déjà une source
importante de commerce, concurremment avec
l'exportation des bœufs eux-mêmes, par la laine
que pourrait donner une autre race de moutons
qu'il faudrait introduire et acclimater dans l'île, etc.

Car toutes les bêtes de nos fermes : bœufs, chevaux, moutons, ânes, mulets, porcs ; toutes les
volailles de nos basses-cours : poules, dindons,
oies, canards, pintades, etc., réussissent à Madagascar, et réussiraient encore bien mieux, si des
mains intelligentes s'en occupaient, pour les multiplier et les améliorer. On n'a qu'à se rappeler ce
qu'ont obtenu les Américains dans le Far-West, et
les Anglais en Australie, pour comprendre de quelles richesses immenses, un élevage méthodique
et raisonné pourrait être la source à Madagascar.

Seulement, il ne faudra pas, comme en Algérie, laisser les troupeaux errer à l'aventure pour
recueillir leur nourriture, et se désintéresser en
quelque sorte de l'élevage. Il faudra au contraire
les parquer avec soin, recueillir leur fumier, et
s'en servir pour l'amendement de son terrain,
parce que ce sera là le premier service qu'un planteur sérieux demandera à ses troupeaux.

Voilà donc une question, celle de l'amendement
du terrain par les engrais, résolue, au moins pro-
visoirement, et pour un long temps, en attendant
que de nouveaux besoins créent de nouveaux
moyens.

Vient en second lieu, celle du travail. Jusqu'ici elle n'a présenté de sérieuses difficultés que pour la *régularité* dans ce travail. On trouve des ouvriers et à bon compte : ainsi M. Rigault donne un peu plus de 4 fr. par mois, nourriture comprise, à ceux de sa plantation de cafés d'Ivato, et M. Paul Brée n'a jamais manqué de bras à Vatomandry. Ce n'est pas la même chose pour tous, et tel planteur n'a pu faire sa coupe de cannes, ou tel autre travail pressant, faute de bras. Mais cela peut tenir parfois à son imprévoyance, n'ayant pas eu le soin de retenir un « commandeur » à l'époque suffisante ; plus souvent à la malveillance du gouverneur hova, qui a fait dire à vos hommes de vous quitter, et ils vous quitteront tous. Cependant la paresse et l'inconstance native y sont aussi pour quelque chose, et l'on ne peut nier qu'il n'y ait là une difficulté sérieuse.

Mais d'abord, elle n'existe pas partout, car il y a des peuples travailleurs à Madagascar : et puis, il dépend du planteur d'en diminuer les effets. Qu'il soit sérieux, qu'il soit prévoyant, qu'il soit inflexiblement juste, qu'il soit à la fois bon et ferme, et pour lui, après quelque temps d'épreuves et de difficultés, se réalisera ce que m'écrivait M. Brée.

« Quand on est arrivé à ce degré d'entraînement, que l'on parle malgache couramment, que les coutumes locales n'ont plus de secrets pour vous, tout vous devient facile ; les terres vous sont données pour rien, les commandeurs ou contremaîtres sont assez faciles à recruter, le malgache vous prend pour arbitre dans ses procès, il a confiance que vous le soutiendrez contre le Hova. »

Il dépend donc, pour le présent, du planteur, de trouver le nombre de bras nécessaires à son entreprise, à condition toutefois de ne pas entreprendre ces genres d'exploitation qui exigent un trop grand nombre d'ouvriers, plusieurs centaines, à un moment donné, car il y a assez d'habitants à Madagascar pour fournir la main-d'œuvre aux premiers colons qui iront s'y installer.

Plus tard, il en faudra davantage, mais la population aura augmenté, et il en sera venu du dehors. Puis surtout, sous l'influence de nouveaux besoins, de nouvelles habitudes, d'un changement profond dans les mœurs, les goûts et les coutumes de ce peuple, changement qu'amène inévitablement l'installation des étrangers dans le pays, son éducation se fera : il deviendra travailleur et les bras se multiplieront tout naturellement, à mesure du besoin et de la demande de nouveaux ouvriers.

Cette seconde difficulté peut donc être résolue comme la précédente.

Reste la première, la plus grave, parce qu'elle est la plus générale de toutes.

Il faut reboiser Madagascar afin d'en changer les conditions climatériques, d'en modifier le sol, et tout d'abord, d'en arrêter le dépérissement en retenant les terres végétales, les matières solubles et utiles à l'agriculture.

Ici le gouvernement devra intervenir.

Des lois devront être faites et, surtout, observées, pour arrêter la destruction des forêts d'abord ; pour interdire ensuite aux Malgaches de mettre le feu annuellement aux herbes sèches des montagnes et détruire ici toute possibilité de reboisement, pour encourager et, au besoin, entreprendre lui-même la plantation de nouvelles forêts.

Mais les particuliers aussi devront agir, d'abord en ne contrariant point, en aucune façon, l'ensemencement naturel qui se ferait de lui-même, au milieu des hautes herbes qui d'ordinaire bordent les forêts, et l'on verrait alors ces forêts s'étendre à nouveau, faisant tache d'huile et gagnant peu à peu.

Ils devront agir aussi par des plantations méthodiques, en choisissant soit des essences à croissance rapide dont ils tireraient des planches et autres bois de construction, soit le mimosa fourrager de la Réunion qui améliore le sol, fournit du bois à brûler et permet l'élevage, et par conséquent fournit des engrais.

En attendant on prendrait les terrains les meilleurs, soit les terrains d'alluvion aux bords des fleuves et des rivières, soit certaines vallées où les détritus se sont amoncelés depuis longtemps, ou même la terre rouge argileuse, pourvu que le tuf ou l'argile compacte ne se trouve pas trop près de la surface.

Et c'est ainsi, de quelque côté qu'on la considère, que la question de l'avenir de l'agriculture à

Madagascar se présente satisfaisante et pleine de promesses.

II

DE LA COLONISATION.

Je crois donc à la future colonisation de Madagascar; mais à condition cependant que les colons soient gens sérieux, gens du métier, et qu'ils disposent d'un certain capital.

« En résumé, disait un jour M. Grandidier à un jeune colon qui voulait aller essayer d'une plantation de café à Madagascar, il y a chance de réussir, dans cette branche de l'agriculture, pourvu qu'une longue pratique permette le choix judicieux du terrain de la plantation. »

On peut évidemment appliquer cette remarque à toute autre exploitation et dire hardiment « On réussira pourvu que l'on soit du métier. »

« Je dirai mieux, continue mon correspondant de Vatomandry, si Madagascar a donné tant de mécomptes, c'est que les négociants n'ont eu de cesse qu'ils ne soient devenus planteurs, et les planteurs qu'ils ne deviennent négociants. »

Cette seule remarque expliquerait déjà bien des échecs.

J'estime donc que pour réussir dans une exploitation agricole quelconque à Madagascar il faut:

1° Avoir des connaissances spéciales et techniques, car il faudra tout créer là-bas, choisir son terrain d'abord, le mettre en œuvre, trouver le meilleur genre d'exploitation, tout surveiller, tout diriger soi-même, partant tout connaître. Les Malgaches pourront vous comprendre et vous aider, vous donner parfois d'utiles renseignements pratiques, sur le climat, les coutumes, les usages locaux, et certains autres petits détails, mais, pour la grande culture, la seule qui soit pratique pour un colon, ils devront tout apprendre de vous, heureux quand ils sauront vous comprendre et exécuter vos ordres.

M. Brée, quand il se décida à aller à Madagascar, suivit d'abord les cours de l'Institut agronomique, puis alla passer un an à Hambourg ou en Angleterre, et un an dans l'Amérique.

Je ne dis pas qu'il soit indispensable d'en faire autant pour tout le monde, mais au moins faudrait-il avoir suivi un cours d'agriculture sérieux.

2° Il faut une certaine avance d'argent.

« Il va de soi, écrit sagement M. Larrouy, que pour tirer parti de ces ressources (les ressources agricoles de Madagascar), des capitaux sont nécessaires. Il m'est difficile de vous en fixer le chiffre, tout dépendant de l'importance de l'exploitation en vue.

« J'estime cependant que, pour faire face aux frais qu'entraînent les essais et les insuccès inévitables au début, dans un pays aussi peu connu que celui-ci, les premiers planteurs devront s'assurer des ressources pécuniaires relativement considérables.

Lorsque des résultats concluants auront été ainsi obtenus, les colons possédant un modeste pécule pourront venir et le faire fructifier sans trop de risques. »

M. Brée est plus explicite :

« Quant à venir ici, m'écrit-il, sans avoir au moins 500 francs à dépenser par mois, et croire que l'on peut entreprendre une culture de longue haleine, c'est absolument impossible, et encore je ne cite là qu'un bien strict minimum.

« Il faut au moins de 30.000 à 50.000 francs de capital pour être son maître, ou se résigner à s'employer...

« Car, à Madagascar, plus que partout ailleurs, il n'y a rien à faire pour le petit cultivateur. Il faut être grand, ou n'être rien.

« L'indigène, en effet, fera la petite culture aussi bien que vous, et à bien meilleur compte, et vous ne pourrez soutenir la concurrence. Tout au plus, quelques maraîchers pourraient-ils s'établir dans le voisinage des villes, et encore ce ne serait pas pour longtemps, car les Malgaches auront vite fait d'apprendre leurs procédés et leurs méthodes de culture.

« Quant aux 100.000 francs votés par la Chambre « pour favoriser la colonisation à Madagascar » et qui chaque année sont inscrits sans difficulté dans le budget, tant qu'ils ne serviront qu'à fournir des passages gratuits ou à rapatrier des gens sans le sou, ils nuiront plutôt qu'ils ne serviront à l'œuvre entreprise. »

Il n'y aurait que deux moyens pratiques d'en tirer parti.

Le premier pourrait prêter à bien des abus et surtout à bien des récriminations; mais, bien pratiqué, après enquête et examen sérieux, sans autre but que celui des résultats à obtenir à Madagascar, il pourrait produire de très bons effets.

« On pourrait en faire deux bourses de 50.000 francs chacune pour envoyer deux agriculteurs recommandables à Madagascar; on les prendrait à Bourbon, si on le voulait; on leur donnerait 10.000 francs par an, pendant cinq ans, à la condition qu'ils travaillassent.

« Au bout de dix ans, il y aurait vingt plantations sérieuses à Madagascar, possédées par des Français ou des créoles, n'employant que des Français ou des créoles comme contre-maîtres, et, l'exemple aidant et le succès des vingt premiers servant de stimulant, le courant serait ainsi créé. Ce serait de la colonisation par sélection et non par dégorgement d'un trop-plein de population, lisez : invasion de meurt-de-faim et de mauvais sujets. »

Que si l'on ne voulait pas de ce système, à cause des abus et surtout des soupçons qu'il entraînerait, qu'on fasse alors de ce crédit de 100.000 francs une série de primes pour récompenser les résultats déjà obtenus; ou bien qu'on les emploie à quelques travaux pressants d'utilité agricole, reboisement, endiguement, routes ou autres; mais à tout prix qu'on cesse de favoriser une immigration de gens qui ne peuvent réussir et qu'il faudra sous peu rapatrier aux frais de la Résidence Générale, désillusionnés, ruinés, et répandant partout le soupçon et l'inquiétude sur l'avenir de Madagascar.

3° Il faut enfin que les futurs colons soient des gens honnêtes, travailleurs, persévérants.

Car les difficultés ne manqueront pas au commencement, et elles attendent nombreuses et considérables surtout les premiers venus.

Il y a l'ignorance de la langue et l'acclimatation dans un pays tout différend du nôtre; il y a la méfiance des indigènes, qui, pillés et pressurés souvent par les Vahaza, et aussi par instinct de race, ne tiennent pas à voir s'installer au milieu d'eux un homme sur les qualités morales et les desseins duquel ils ne sont pas fixés; il y a la résistance sourde, mais continuelle et très efficace, du gouverneur hova, qui trouvera toujours moyen de vous entraver, et dans la location de vos terres et dans leur exploitation; il y a les défauts des indigènes, pillards, menteurs, paresseux, voleurs, etc., de qui, par suite, vous devez toujours vous méfier et sur lesquels vous ne pourrez jamais complètement compter.

« Puis l'installation elle-même est très difficile. Il faut tout faire soi-même, depuis sa case jusqu'à ses pépinières et s'approvisionner de tout, le riz lui-même manquant dans certaines saisons... C'est l'installation en plein désert. Les transports se font de port à port, par occasion seulement, et il n'y a qu'à Tamatave où l'on ait chance de trouver la moitié de ce que l'on désire. Il faut penser à tout, depuis le bouton de chaussure qu'il faut demander en France, jusqu'aux planches qu'il faut faire dans les forêts, sans oublier les commandes à Maurice et à Bourbon (1). »

Puis il y a les mécomptes, les accidents, les malheurs, etc., qui peuvent tout détruire, et vous ruiner en un jour.

On comprend quelle dose d'indomptable courage, et surtout de persévérance, il faut pour lutter contre de telles difficultés.

« Mais n'est-ce pas la même chose dans tous les pays? Ce qui est supportable pour un Anglais au fond de la Guyane ne peut-il pas l'être pour nous dans un pays relativement sain? »

Le malheur est que nous ne sommes pas encore redevenus complètement colonisateurs en France.

« Les enfants dont on désespère, on les envoie aux colonies, où certains font quelquefois merveille; ceux qui promettent, sont précieusement gardés en France, où ils arrivent à ne rien faire.

« Pendant ce temps l'Angleterre envoie ses cadets de famille un peu partout et les Indes se peuplent, le Cap s'émancipe, et sous la poussée des intelligences qu'elle a disséminées au loin, la moisson s'achève et l'empire s'étend.

« Puis, si un Français a 50.000 fr. de fortune, ira-t-il les mettre dans une entreprise coloniale?

(1) M. Paul Brée.

On le traiterait de fou. Il vivra en petit rentier.
L'Anglais lui, s'il a 50,000 francs, s'en servira
pour en gagner dix fois plus. »

Le Français des colonies, c'est exactement la
même chose. A-t-il amassé un commencement de
fortune, il n'a de cesse, qu'il ne soit rentré pour
la dépenser en France, et il abandonne pour
cela les plus belles espérances, une fortune as-
surée.

M. Brée parle d'un Français par lui rencontré
en Amérique, qui ayant mis toute sa jeunesse à
amasser une première mise de fonds, songeait à
retourner en France, quand il rencontra un
homme de cœur qui lui fit honte et ranima le feu
sacré qui couvait en lui. Plus tard, dit M. Brée,
« il était à la tête de la plus belle plantation de
cafés que j'aie jamais vue ; et s'il n'est pas million-
naire aujourd'hui, c'est qu'il serait mort depuis. »

On récrimine contre nos lois, contre le partage
des biens, on se plaint de la dépopulation de notre pays. On a raison. Il est certain qu'avec la liberté de tester, beaucoup plus de jeunes gens seraient poussés à se créer une position au dehors ;
il est encore plus vrai qu'avec un excédent de population, des colons plus nombreux s'embarque-
raient pour nos colonies, et il y a là un mal in-
commensurable qui sera, s'il ne s'arrête, la ruine
de notre pays.

Mais, mieux vaut encore agir que de se plaindre. Et en attendant que le Gouvernement modifie
certaines lois, et que l'amélioration de nos mœurs

relève notre natalité, faisons ce qui est en notre
pouvoir.

Pour moi, je suis convaincu, — et c'est une vérité
que peuvent toucher du doigt ceux qui sont en contact avec la jeunesse — il y a en France, actuellement, beaucoup de jeunes gens ayant une petite
aisance, voulant travailler et arriver à quelque
chose, et n'en ayant pas les moyens.

Or, ce sont précisément ceux-là qu'il faut à Madagascar. Offrez-leur de sérieuses espérances là-
bas, et je vous assure qu'ils iront par centaines
d'abord, par milliers ensuite.

Nous ne sommes pas colonisateurs!

Est-ce bien sûr? Nous l'avons été autrefois, et
d'admirables colonisateurs. Témoins, Bourbon,
Maurice, les Antilles, le Canada. Nous le redevien-
drons sûrement; nous le redevenons chaque jour.
Il y avait une éducation de l'esprit public à faire:
elle se fait continuellement depuis quinze ans; et il
ne faut pas être grand observateur pour constater
combien nos appréciations et nos jugements ont
changé à cet égard. Nous avions 3,000 émigrants
par an, il y a vingt ans; nous en avons 60,000 aujourd'hui. Comparez seulement le ton de la presse
et celui de la discussion à la tribune, à propos de
l'expédition de Madagascar, avec ce qui fut dit et
écrit en 1882, 1883, 1884, 1885, sur Tunis, le
Tonkin et la même île africaine, et vous pourrez
juger du chemin parcouru. Nous ne sommes pas
colonisateurs! mais trouvez-moi sur terre un pays
qui, en si peu de temps, ait su obtenir d'une nou-

velle acquisition, les mêmes résultats que nous
avons obtenus en Tunisie, les ports de Bizerte et
de Tunis creusés, des chemins de fer construits,
d'immenses propriétés créées, notre commerce
éliminant peu à peu le commerce étranger, plus
de 100 millions engagés dans des plantations et
rapportant de forts intérêts, l'huile d'olive de Tunis acquérant une marque comparable à celle de
Nice et se répandant sur tous les marchés d'Europe,
notre influence gagnant partout dans la Régence
qui devient rapidement une terre française, et
tout cela, *sans avances aucunes de la mère-patrie*.
Quand de tels résultats ont été obtenus, en moins de
douze ans, c'est se calomnier que d'aller répétant
que nous ne sommes pas colonisateurs. Nous l'a-
vons été pour Tunis. Nous le serons également
pour Madagascar et nous y obtiendrons les mêmes
résultats.

III

PRINCIPALES PRODUCTIONS.

Il nous reste maintenant, pour terminer ce chapitre, à signaler les diverses productions de Madagascar, celles qui sont originaires de l'île et
celles qui y ont été, ou qui pourraient y être introduites avec succès.

La principale est le *riz*. Flacourt en parle
déjà, avec un visible intérêt, dans son si intéres-

sant ouvrage : *Histoire de la grande île de Mada-gascar.*

« Il y a plusieurs espèces de riz, dit-il, l'un qui se nomme *Varemanghe* et l'autre *Vatomandre.*

« Le Varemanghe se divise en quatre sortes, dont de deux sortes l'un est barbu et l'autre ne l'est pas, et des deux sortes le riz est fort blanc. Des deux autres sortes le riz est couvert d'une petite pellicule rouge qui le rend rougeâtre étant cuit, et ce riz est un peu suret ainsi que le seigle en France, et l'un est barbu et l'autre ne l'est point.

« Le Vatomandre est une espèce de riz qui ne vient qu'en hiver et qui est plus menu que l'autre et a un goût de suret (1)... »

On distingue surtout aujourd'hui le riz blanc et le riz rouge. C'est le premier qui est le plus répandu et le plus estimé.

Ils se vendent l'un et l'autre par mesure d'à peu près 16 kigr. ou 40 livres anglaises.

En Imerina, le prix en est à Tananarive de 1 fr. 85 à 3 fr. 75 le riz blanc, suivant la saison; de 1 fr. 25 à 1 fr. 50 le riz rouge; de 0, 60 à 1 fr. le riz non décortiqué.

Chez les Betsileo, où il est plus abondant, on peut en avoir un hectolitre pour 2 francs.

Après la récolte, le riz non décortiqué est conservé dans de grands trous ou silos appelés « *la-vabary* » et situés sous le sol même de la case. Il peut ainsi se conserver pendant un an.

(1) **Flacourt**, ch. 35, p. 114.

On le cultive encore aujourd'hui en beaucoup
d'endroits, c'est-à-dire près des forêts de la côte
Est, de la même manière que le décrit Flacourt
en parlant des « Zaffihibrahim ou fils d'Abraham »
qui habitaient en face de l'île Sainte-Marie.

« Lorsque les bois sont brûlés, raconte notre
vieil auteur, toute la terre est couverte de cendres,
lesquelles se détrempent par la pluie, et au bout
de quelque temps ils sèment le riz d'une façon
étrange ; c'est que toutes les femmes et filles d'un
village assistent au plantage d'un champ et marchent de front ayant un bâton pointu à la main
dont elles font un trou en terre sans se baisser,
jettent deux grains dans ce trou, et couvrent le
trou avec le pied en le bouchant de terre, et le
tout en cadence ; en sorte que toutes ensemble
font la même chose en un instant, et font cette
action en dansant et en chantant. Cela se fait si
promptement et si adroitement que rien plus. »

En d'autres endroits, « on le plantait grain à
grain, et on le recueillait espy à espy. Mais
du côté d'Anossy (Fort-Dauphin), il se plante d'une
autre façon, et les terres se labourent avec les
pieds des bœufs, c'est dans les lieux marécageux
qu'ils appellent *horracs* où les bœufs enfoncent
presque au ventre, pour renverser les herbes, et
quand elles sont pourries, on sème par la bourbe
le riz qui y vient à merveille (1). »

Il existe de tout cela des traces encore très visi-

(1) Flacourt, ch. XXXV, p. 113.

bles, car on change fort peu à Madagascar, excepté cependant chez les Hova et les Betsileo qui
sèment et cultivent d'une manière toute différente.

Chez eux, en effet, le riz est d'abord semé dans
de véritables pépinières préparées avec grand
soin et fortement fumées; puis, aussitôt qu'il commence à lever, on hâte sa croissance en le sou-
mettant alternativement à l'action de l'humidité
et du soleil, c'est-à-dire en amenant l'eau ou en
l'en chassant.

Pendant ce temps, on prépare la terre (le *ta-
nibari*, champ de riz) pour le recevoir, en la
retournant fortement avec l'angady ou bêche à
main, afin qu'elle soit ainsi bien aérée; en la fu-
mant ensuite, et écrasant les mottes, ce qui se
faisait auparavant partout, ce qui se fait encore
aujourd'hui en beaucoup de régions, au moyen
d'un troupeau de bœufs piétinant la terre, inondée
et déjà en partie ramollie. On repique alors le
riz grain à grain, en ayant soin de choisir un
temps humide, et on le maintient sous l'eau jusque vers la moisson.

Quand le riz est mûr, on le coupe avec un long
couteau en guise de faucille, on le lie en gerbes
assez petites pour être embrassées avec les deux
mains, et on le bat sur une aire ouverte et commune, tout près du village, en le frappant contre
une pierre debout, le « *vatobary* ».

Dans l'intérieur de l'île, on a véritablement
créé de très belles rizières, soit en drainant et en

irriguant, par des canaux artificiels, de larges
plaines marécageuses, comme celle de Betsimi-
tatatra, à l'Ouest de la capitale, aujourd'hui le
centre de la production du riz dans l'Imerina ; soit
en amenant l'eau, souvent de plusieurs kilomètres
de distance, jusqu'au sommet des montagnes, pour
arroser de là successivement les rizières qui s'éta-
gent en gradins sur les flancs de ces montagnes,
jusqu'au fond de la vallée.

Sur les côtes, et en particulier à l'Est, la culture
du riz a beaucoup diminué, soit à cause de la
paresse des habitants, soit aussi par suite de la
conquête hova, des exactions et des injustices des
gouverneurs. Le pays, qui en exportait jadis de
grandes quantités à Maurice et à Bourbon, en
produit à peine assez pour sa subsistance. Il va
sans dire qu'une culture plus intelligente et plus
perfectionnée, ramènerait la prospérité d'autrefois. Même dans l'intérieur, il n'y a pas le dixième
des terres propres à cette culture qui soit mis en
œuvre.

Après le riz le *manioc*.
Il vient partout sur les plateaux de l'intérieur,
et beaucoup mieux sur la côte orientale. J'en ai
vu des champs splendides formant un véritable
fourré le long de la route de Tamatave, avant
d'atteindre les premiers échelons du grand plateau central. Il croît sur le versant des montagnes
et réclame une terre bien remuée et profonde. Il
lui faut deux ou trois ans pour être en plein rap-

port; mais, outre le produit qu'on en retire (les indigènes s'en servent pour leur alimentation et celle de leurs bêtes; il serait aussi facile d'en tirer du tapioca, et je m'étonne qu'on ne l'ait pas encore tenté), la culture en serait doublement avantageuse, parce qu'elle amènerait le défoncement et la mise en œuvre du sol.

Je dirai à peu près la même chose de la *patate*, qui vient partout très grosse, sert aux mêmes usages et réclame moins de soins.

La *pomme de terre* s'est si bien acclimatée sur les plateaux de l'intérieur, en particulier dans l'Ankaratra, qu'elle y vient presque à l'état sauvage; on en exporte une assez grande partie vers Tananarive; le reste sert à la nourriture des habitants et à l'élevage. Une pleine mesure coûte à peine quelques sous. Elle est petite, étant fort mal soignée. On se contente en effet de soulever une motte sous laquelle on introduit un tubercule, généralement avec quelques graines de haricots ou de maïs.

Les *haricots* viennent à merveille sur les hauts-plateaux. On les cultive beaucoup sur les côtes Ouest et Sud-Ouest, en particulier l'espèce appelée « pois du Cap ». On en exporte de grandes quantités sur la Réunion et Maurice, tout spécialement de Saint-Augustin.

Flacourt nomme encore plusieurs espèces *d'ignames* et d'autres racines plus ou moins amères, et pouvant aussi servir à l'alimentation des habitants.

Enfin, il faudrait énumérer à peu près tous les légumes d'Europe, introduits surtout par la mission catholique et cultivés aujourd'hui presque partout dans les environs de Tananarive, de Diego-Suarez, etc. : des choux de toutes sortes et très beaux; des poireaux, des asperges, des artichauts, carottes, navets, raves, petits pois, haricots, épinards, salades, etc., etc.

Le *maïs* réussit dans tout Madagascar, et est cultivé un peu partout en petites quantités; mais c'est le long du littoral que son rendement est le plus fort.

L'*arachide*, au contraire, croît surtout dans l'intérieur. On ne la cultive cependant pas, car ses fruits, appelés aussi *pistaches de terre,* ne sont utilisés que par les indigènes qui les mangent grillés légèrement.

Parmi les arbres fruitiers, il faut citer le *bananier,* très répandu et donnant d'excellents fruits sur la côte. Il viendrait à peu près partout, même sur les plateaux.

L'*anana,* qui réussit surtout dans l'intérieur et donne des fruits savoureux et délicieux, en particulier aux environs de la capitale.

Le *jacquier* et le *papayer,* qui ne viennent guère que sur la côte.

Le *goyavier* et le *grenadier,* qui abondent dans toute l'île.

Les *tamariniers* sont très communs sur la côte Ouest où ils forment d'immenses bosquets. Les Sakalaves en retirent de l'alcool. Les peuplades du

S.-O. en font cuire la graine avec de la cendre pour lui enlever son amertume, et c'est là parfois le fond de leur nourriture.

Le *pêcher* introduit dans l'île, il y a une cinquantaine d'années, pullule sur les hauts plateaux, presque à l'état sauvage. Comme il n'est point greffé, les fruits en sont inférieurs à ceux de France, mais il serait facile de les améliorer.

Le *leschi* est spécial à la côte, mais le *figuier* s'est bien acclimaté dans l'intérieur et, abrité contre le vent, il donne d'excellents fruits.

L'*indigotier* pousse à l'état sauvage dans presque toute l'île, mais seuls, les indigènes s'en servent pour teindre leurs lamba.

Il y a de belles plantations de *cocotiers* sur la côte N.-O. près d'Anorotsanga. Les fruits sont transportés à Nosy-Be, où l'on en extrait l'huile et les fibres. Un cocotier rapporte, au bout de cinq à six ans, de 5 à 6 francs par an, et les dépenses de plantation et d'entretien ne s'élèvent à ce moment qu'à 70 ou 80 centimes.

L'*oranger* et le *citronnier* se rencontrent partout, sauvages sur les côtes, cultivés à l'intérieur. Jusqu'ici personne, sauf les indigènes, ne s'en est occupé, et les résultats sont médiocres. Il faut excepter les environs de Maromby, non loin d'Andevoranto, où j'ai mangé de grosses oranges à pelure verte et très mince, aussi bonnes que toutes celles que j'aie vues ailleurs. On en avait une pleine corbeille pour 60 centimes. Des essais commencés pour extraire l'acide citrique du citron n'ont pas été continués. On les reprendra sûrement un jour.

Le *manguier*, introduit de la Réunion, est aujourd'hui un arbre indigène — en certains endroits un arbre sacré, — surtout dans le voisinage des côtes, où il devient splendide. Il réussit aussi à l'intérieur où il peut former de belles allées et donner d'assez bons fruits.

Le *mûrier*, importé il y a cinquante ans par M. Laborde, est devenu commun dans toute l'île, surtout dans l'intérieur où il réussit merveilleusement. Il y a tel endroit où l'on peut difficilement s'en débarrasser, car il suffit qu'une branche coupée touche terre, au commencement de la saison des pluies, pour atteindre 3 ou 4 mètres au bout de quelques mois. Les vers à soie importés par le même M. Laborde, sont d'origine chinoise, et la graine s'en est perpétuée depuis, grâce aux indigènes qui en cultivent de très petites quantités.

Elle s'est nécessairement un peu abâtardie. Le cocon est très blanc et la longueur du fil varie de 2,000 à 3,000 mètres. Le prix actuel d'un kilogramme de soie montée en écheveau est de 18 francs à Tananarive. On s'en sert pour faire de très beaux lamba, teints des plus vives couleurs, ou des étoffes avec chaîne en rofia et trame en soie.

M. Iribe avait essayé un établissement de sériciculture à Tananarive, il y a quelques années. Il échoua. La création et le développement de cette industrie me paraissent cependant chose certaine, le jour où un homme sérieux, instruit et disposant de quelques capitaux, voudra s'en occuper.

Un autre arbuste très vivace, l'*embrévatier*, qui vient sur les hauts plateaux, mais surtout vers l'Ouest, nourrit, sans culture et sans soins, un bombycien indigène dont la soie, moins brillante que la nôtre, est incomparablement plus solide et plus durable. On ne la dévide point, mais on la file comme le chanvre ou la laine en France, et c'est avec elle, en particulier, que l'on fait les lamba dont on enveloppe les morts.

Nous n'avons rien dit encore des deux grandes productions de l'agriculture européenne : le *blé* et la *vigne*.

Des essais ont été tentés, en particulier par la mission catholique. Mais ils n'ont pas donné de résultats décisifs. Du reste, ils n'ont pu être faits avec assez de suite, ni dans d'assez bonnes conditions, pour être concluants.

La campagne d'Ambohipo où les Pères essayèrent d'introduire le blé, est composée d'un terrain très ingrat. Le grain s'abâtardissait, et les essais ont été abandonnés. Cependant les indigènes en produisent en petite quantité dans le Nord-Nord-Est de Tananarive, sous le nom de *lafarina* ou de *vary bahaza*, riz des blancs.

On a essayé de la vigne à diverses époques et dans divers endroits. Dans la campagne de la mission catholique, les ceps français ont été atta-

qués par l'oïdium; ailleurs ils semblent réussir,
comme à Ambositra ou chez M. Rigault à Ivato,
et les ceps américains prospèrent partout non
greffés.

Enfin, il y a dans le pays une vigne indigène,
probablement importée autrefois par les Portugais, qui donne de très bons fruits et en très
grande abondance. Ce sera probablement la vigne
de l'avenir.

Il nous reste à parler, pour clore cette longue
énumération, qui est loin cependant d'être complète, de quelques plantes qui paraissent devoir
être le fond des futures exploitations, je veux
dire la canne à sucre, la vanille, le cacaoyer et le
café.

La *canne à sucre* existait à Madagascar du
temps de Flacourt, qui la nomme parmi les productions de l'île. Mais ce n'est qu'en 1842, que
deux premières sucreries furent établies à Mananjary, par un créole de Bourbon associé au gouvernement malgache. Tout alla bien pendant les
deux premières années, mais les travailleurs ac-
cablés par la corvée, se soulevèrent ensuite et
saccagèrent les plantations. Le décret d'expulsion
et la guerre achevèrent de tout ruiner.

Une autre usine fondée vers la même époque
à Mahasoa, près de Tamatave, au compte du
gouvernement malgache, ne donna aucun résultat.

Le Père de la Vaissière parle de plusieurs belles
et riches plantations autour de Tamatave, et de

quelques sucreries dans lesquelles on installa le vieux matériel abandonné de Maurice, et qui malgré tout, donnaient déjà de beaux résultats, quand la dernière guerre vint tout ruiner.

On a recommencé depuis, et voici qu'une nouvelle guerre vient de nouveau tout compromettre.

Les cannes doivent être plantées au moins un an et demi avant la coupe. Elles atteignent jusqu'à 3 mètres de hauteur et deviennent de la grosseur du poignet.

Le même pied peut donner jusqu'à vingt repousses successives. Elles réussissent surtout à l'Est; mais j'en ai vu dans l'intérieur, vers Ambohibeloma, aux meilleurs endroits, des champs réellement très beaux.

Le coût d'une plantation de cannes, sur la côte, en y comprenant le prix de location du terrain, le défrichement, la nourriture et le salaire des hommes, est en moyenne de 150 francs par an et par arpent de 34 ares 19 centiares; un peu plus élevé vers Tamatave, un peu moins en allant vers le Sud, à Vatomandry et Manaujary, où les terrains sont moins chers et les ouvriers plus nombreux. Les baux se font en général pour 25 ans. Le rendement moyen est de 2,000 kilogrammes par arpent, ou, au prix de 30 francs les 100 kilogrammes, de 600 francs.

Cependant, pour que la culture de la canne à sucre devînt rénumératrice, il faudrait renouveler le matériel des sucreries, adopter les nouvelles méthodes par diffusion et supprimer le droit de

10 % à la sortie, droit que l'on a au contraire exagéré en le fixant une fois pour toutes à 2 fr. 50
par 100 livres.

La *vanille* réussit peut-être mieux que la canne
à sucre sur la côte orientale. Commencée un peu
avant la guerre, cette culture ne donna d'abord
que de médiocres résultats, mais elle fut reprise
ensuite sur de meilleures bases et se développa
rapidement.

M. d'Anthoüard comptait déjà en 1890 une
quarantaine de vanilleries, disséminées le long
de la côte depuis Fénérife jusqu'au Mananjary,
surtout entre Vatomandry, Mahanoro et Mahela.
Aux environs de Vatomandry seulement, il y avait
184,000 pieds.

La récolte commence dès la troisième année,
et la quatrième la vanille est en plein rapport. L'arpent produit alors environ 100 kilogrammes. Il
faut à peu près 1250 francs pour planter et en-
tretenir un arpent jusqu'à la première récolte.

« La vanille donnerait de bons résultats, m'é-
crit M. Paul Brée, si tous les mauvais sujets de
Bourbon se faisant passer comme préparateurs
de vanille, les récoltes n'étaient abîmées par ces
prétendus spécialistes. »

C'est là un mal auquel on peut remédier.

Le *cacaoyer* se cultive aussi sur la côte Est et a
été importé de Maurice et de la Réunion. Presque
toutes les plantations possèdent quelques-uns de
ces arbres; mais c'est depuis peu seulement qu'on
en a entrepris la culture en grand. En 1883 il y

avait de 5.000 à 6.000 cacaoyers disséminés un peu partout. Tout fut abandonné. Mais quand les planteurs revinrent, quelle ne fut pas leur surprise de voir que ces cacaoyers, plantés cependant sur de vieilles caféiries, c'est-à-dire sur des terres déjà épuisées, loin d'avoir péri, avaient au contraire, non seulement résisté, mais encore prospéré ! La preuve de leur résistance et de leur vitalité était faite. La conséquence fut un rapide développement de leur culture.

On comptait déjà 150.000 pieds en 1888, plus de vingt plantations commençaient à rapporter en 1890, et la semence, qui avant la guerre valait 2 fr. 50 le fruit, était descendu au-dessous de 0 fr. 50.

Le cacaoyer commence à produire à 3 ans, mais n'est en plein rapport qu'au bout de cinq ans. Chaque pied donne alors à peu près 300 francs. Les conditions et le prix de culture sont ceux du café.

Sans aucun doute le *café* sera la grande culture des exploitations européennes à Madagascar. C'est sur lui qu'ont porté les plus nombreux essais, sur lui aussi que se concentre l'attention. Il nous faut donc l'étudier un peu plus en détail.

Quand on va de Tamatave à Tananarive, on est tout surpris et tout heureux de rencontrer auprès d'un grand nombre de villages, surtout dans la forêt, de splendides pieds de café, couverts suivant la saison de leurs petites fleurs blanches, si jolies et si délicates, ou bien de nombreuses baies vertes rappelant à s'y méprendre, sauf la couleur, celles du houx de nos montagnes de France. Il y a aussi de ces pieds qui réussissent admirablement en Imerina, et je me rappelle en particulier avoir vu à l'Est de la place de Mahamasina, à Tananarive, dans la cour de l'église Saint-Joseph, une allée de caféiers ployant sous son poids de graines. Ils en portaient sûrement chacun plusieurs kilogrammes, et cela était d'autant plus remarquable qu'ils appartenaient à l'espèce de caféiers de Bourbon, la meilleure et la plus délicate. Vers l'Ouest enfin, M. Suberbie m'a parlé de pieds de café, plantés par lui dans son jardin, et produisant dès la seconde année!

Mais ce ne sont là que des essais isolés, dont la situation, l'engraissement du terrain par l'amoncellement des détritus tout naturel près des villages, ou d'autres causes, expliqueraient le succès. Il nous faut donc plutôt considérer les plantations proprement dites.

Celles de la côte Est ont donné beaucoup de mécomptes. On avait choisi le café de Bourbon. Il promettait beaucoup dès l'abord, poussant rapidement et paraissant plein de vigueur. Mais au bout de trois ou quatre ans, il dépérissait peu à peu et ne donnait que de minimes résultats, ou bien il était atteint par l'*hémileia vastatrix* importé de Ceylan, et mourait rapidement.

Peut-être que la température est trop chaude et trop humide, et le sol trop pauvre pour soutenir une végétation naturellement trop rapide; en sorte qu'à Madagascar, aussi bien qu'au Guatémala, il vaudrait mieux choisir une altitude plus élevée, celle comprise entre 500 et 1000 ou même 1200 mètres. Quoi qu'il en soit, les plantations de café de Bourbon qui, avant la guerre, semblaient devoir faire la fortune de la côte Est, ont presque entièrement péri, par suite des causes déjà énoncées, et aussi de l'abandon forcé où elles furent laissées. On ne les a pas reprises.

Mais ayant constaté que de vieux pieds de café Libéria, apportés dans le pays à titre de curiosité et d'essai, avaient résisté au milieu de la mortalité générale causée par l'hémileïa, quelques planteurs d'initiative, parmi lesquels il faut mettre au premier rang mon correspondant de Vatomandry, M. Paul Brée, essayèrent de mettre cette culture en honneur. Tout allait à souhait, et ils étaient pleins d'espoir, quand il leur a fallu tout quitter.

Je dirai la même chose de la grande plantation d'Ivato que M. Rigault a essayé à 15 kilomètres de Tananarive.

Le prince Henri d'Orléans lui consacre quelques lignes vraiment enthousiastes : « Les plants sont de Bourbon ; l'exploitation commencée, il y a quatre ans, a été attaquée par la maladie et a su y résister, grâce au traitement par le sulfate de cuivre, grâce surtout à la température fraîche de la saison hivernale...

« M. Rigault trouve une main-d'œuvre abondante dans les villages des environs. Femmes et enfants sont payés un peu plus de 4 francs par mois, nourriture comprise. Quant à l'engrais, considéré par certains auteurs comme devant coûter si cher, il est

10.

économiquement fourni par deux troupeaux de cinquante bœufs. qui paissent sur des collines laissées en herbage ; deux enfants suffisent à les surveiller. Les phosphates sont achetés sous forme de cendres et os, à raison de quelques sous la tonne : trente mille kilogrammes suffisent par hectare tous les trois ans. La pulpe du café remise sur le sol. lui rend l'azote enlevé... A Ivato, 166.000 pieds de café poussent en plein vent... Les 300 et quelques hectares qui composent la propriété ont été loués à raison de 8.000 francs pour trente ans. Au bout de ce temps, le bail est renouvelable pour un même délai et au même prix (1). »

Je n'ai rien à ajouter à ces détails ; mais l'expérience, qui ne sera définitive que dans deux ou trois ans, ne réussît-elle pas, comme l'espèrent et le prince d'Orléans et M. d'Anthoüard, que ma confiance dans l'avenir du café à Madagascar n'en serait pas ébranlée. Ivato, en effet, est assez mal exposé ; son sol est loin d'être riche et les endroits abondent sur les plateaux, mieux situés et plus fertiles, où l'on aurait obtenu les résultats les plus rémunérateurs si l'on avait pu parvenir à les louer.

D'autres plantations ont été essayées à Suberbieville. Elles paraissent devoir réussir très bien.

Les Malgaches enfin commencent eux-mêmes à cultiver le café, et d'assez grandes quantités en sont apportées un peu de partout sur la place de Tananarive.

(1) *Revue de Paris.* 1re oct. 1894, p. 454-455.

Bref, et pour conclure, il y a des difficultés et jusqu'ici pas de succès bien décisif. Néanmoins, tout le monde compte que l'on réussira. Mais pour cela, il faudrait la tranquillité et la sécurité; il faudrait ensuite que l'achat ou la location des terrains propices fût abordable; il faudrait enfin de l'argent et des hommes entendus. Quant aux débouchés, ils sont assurés, et le café de Madagascar peut être importé en France avec grand avantage puisqu'il ne coûte que de 60 à 80 francs les 100 kilogrammes à Tananarive, 170 à 180 francs à Tamatave et qu'il profiterait d'un dégrèvement de 65 francs à son entrée dans nos ports, sur les grains étrangers.

Quant à son prix de revient, voici les frais de premier établissement et d'entretien d'une caférie de 32 arpents ou 16 hectares 24 ares, qui, commencée en 1879, se liquida complètement dès sa première récolte :

2.000 journées de travail pour défonçage et labourage, établissement des semis, division de la propriété, nettoyage, etc., à 0 fr. 30 la journée..	600 fr.
Nourriture des travailleurs : 1 kilogramme de riz pour 2 journées, soit 1.000 kilogrammes, à 32 francs les 100 kilos.........................	320
Achat de semence : 250 kilogrammes de choix, à 120 francs les 100 kilos......................	300
Achat, transport et montage................	2.500
Construction de maison, hangar, etc.........	2.500
Achat d'outils............................	1.000
Total.....	7.220 fr.

Un pied de café rapporte en moyenne 1 kilo-

gramme par an, il faut près de 2400 pieds par
hectare, en les plantant à la distance de 2 mètres
sur 2ᵐ,50.

J'aurais encore à parler des *girofliers* qui viennent très bien à Sainte-Marie, et réussiraient à
Madagascar, au moins sur la côte orientale, où du
reste on a déjà tenté de les introduire; du *thé*
essayé en plusieurs endroits et qui vient très bien,
mais pour lequel il faut une main-d'œuvre choisie, difficile à trouver à Madagascar; de l'*arrow-
root*, etc.

Mais il faut se borner.

Je terminerai donc par un mot rapide sur les
plantes textiles.

La première serait le *coton*. On le cultivait autrefois à Madagascar; les indigènes en recueillaient
les gousses et en fabriquaient eux-mêmes leurs vêtements. L'introduction et le bas-prix des cotonnades
américaines l'ont fait abandonner. Il pousse cependant très bien, tout spécialement sur les côtes, et
il y en a des pieds venant à l'état sauvage un peu
partout, en particulier vers l'Ouest. Déjà, depuis longtemps, si le pays n'était fermé à toute
entreprise venant du dehors, de grandes plantations de coton se seraient établies, soit pour en
exporter la récolte en France, soit pour le filer
sur place et le vendre aux indigènes, qui en
tisseraient leurs lamba; ou mieux encore pour
établir des filatures, qui avec le peu de coût de la
matière première et de la main-d'œuvre, aurait
vite fait de tuer l'importation américaine. Il y au-

rait à cela une réelle difficulté, c'est la nécessité de trouver des centaines de bras, à un moment donné, pour en faire la récolte. Mais on y arrivera évidemment d'un moyen ou d'un autre.

Je cite en courant la *ramie* qui pousse presque à l'état sauvage, en particulier près de Vatomandry, et qui n'a été abandonnée que faute de machines à décortiquer;

Le *chanvre*, qui est cultivé sur les plateaux de l'intérieur, dans les endroits abrités et y réussit assez bien;

L'*aloès*, dont les indigènes fabriquent divers ouvrages de sparterie, et qui pousse admirablement.

Et bien d'autres.

On le voit donc, les productions de Madagascar sont très abondantes, et quelques-unes de première valeur. Si l'on y ajoute les divers produits des forêts, en particulier le miel, la gomme copal, le caoutchouc, etc., dont je parlerai bientôt, et l'élevage des animaux domestiques et des volailles de toutes sortes, dont je dirai également un mot plus tard, on comprendra que ce mot de M. Guinard, que l'avenir de Madagascar était dans son sol, non dans son sous-sol, n'était pas exagéré, mais qu'il exprimait au contraire la simple vérité. Il ne faut que des colons sérieux et instruits, de l'argent et de la liberté...

Tout cela va venir.

CHAPITRE IX

LA FLORE

« L'île de Madagascar, écrit M. Wallace, possède une faune et une flore d'une extrême richesse. Elle peut rivaliser, pour certains groupes, avec les plus riches contrées intertropicales d'une égale étendue; et même, lorsqu'elle est moins riche qu'elles en espèces, elle les surpasse en intérêt par la singularité, l'isolement et la beauté des formes que la vie y revêt. »

M. Grandidier exprime la même pensée quand il écrit : « La richesse et l'étrangeté de la flore de Madagascar, qui offre une richesse et une variété de types que l'on ne rencontre nulle part ailleurs, ont de tout temps excité l'étonnement et l'admiration des voyageurs. Cette île est, comme on l'a dit, le paradis des botanistes. »

La flore malgache a trois physionomies distinctes. Celle des côtes Est et Nord-Est est la plus riche et a déjà été étudiée par nombre de savants. Celle des côtes Sud et Ouest est moins variée et elle commence aussi à être assez bien connue. Celle enfin de l'intérieur a été en partie révélée

par M. Baron ; elle n'est pas très riche puisqu'elle
se compose principalement de quelques herbes
grossières et de quelques humbles plantes dont les
fleurs dépassent à peine les prairies environnantes ;
mais elle a cette particularité remarquable, déjà
signalée par M. Grandidier dans l'étude de la
faune, que chaque plante a pour ainsi dire son
cantonnement particulier, son domaine propre,
d'où elle ne sort pas, et où elle n'admet guère les
plantes des vallées voisines. Et cela sans qu'on
puisse trop en donner de raisons valables.

« Aucun ouvrage spécial n'a encore été écrit
sur la flore de Madagascar, » disait en 1881
J. G. Baker ; mais en réunissant les divers envois
faits à l'herbier de Kew, et se servant des mono-
graphies et descriptions éparses un peu partout, il
comptait 2,000 fleurs propres à Madagascar déjà
connues en Angleterre. Le nombre total selon lui
devait cependant être beaucoup plus grand, car
il fallait tenir compte de celles recueillies par les
collectionneurs français, et de celles, bien plus
nombreuses, qui n'ont pas encore été découvertes
dans un pays dont l'exploration est à peine commencée.

Le nombre très considérable du genre *fougère*,
beaucoup plus étudié que les fleurs proprement
dites, semblait corroborer cette supposition.

Et en effet, le savant botaniste ne se trompait
pas.

En 1886, après les travaux de Baron et ceux de
M. Baillon, dans le bulletin de la Société Linnéenne

de Paris, le nombre des espèces alors connues montait de 2,000 à 3,000 ; et le nombre des genres particuliers à Madagascar s'élevait de 80 à 110 ou 120. Ces chiffres ont été notablement dépassés depuis ; mais je n'ai aucune donnée pour les résultats ultérieurs auxquels on est arrivé.

Quand on regarde au catalogue des fleurs de Madagascar, tel que nous le possédons actuellement, ce qui frappe de prime abord, c'est la ressemblance du plan général de la flore malgache avec celle des autres régions tropicales de l'ancien continent.

Je ne puis entrer ici dans de longs détails qui ne pourraient intéresser qu'un nombre restreint de lecteurs, et me prendraient trop d'espace. Je citerai simplement, en les développant un peu, les conclusions de Mr. Baker, qui présentent, au moins dans l'état actuel de connaissance de la flore de Madagascar, un résumé général exact de ses principaux caractères. On peut les ramener à six :

1° La flore de la zone intertropicale, à travers toute la terre, est remarquablement homogène, dans ses caractères généraux. Un nombre considérable de ses espèces se retrouvent partout à travers l'ancien monde, et, de plus, beaucoup se retrouvent même dans le nouveau. Or, Madagascar ne fournit aucune exception marquée à cette règle générale. On ne rencontre aucun type de plante largement développé à travers l'île qui ne se retrouve ailleurs, et aucun ne manque que l'on de-

vrait s'attendre *à priori* à y retrouver; au contraire « un point qu'il faut toujours prendre en
considération, pour apprécier les relations générales de la flore de Madagascar, c'est que tous les
genres cosmopolites répandus s'y rencontrent. »

2° Environ un sur neuf des genres de la flore
malgache sont *endémiques*, c'est-à-dire propres
au sol malgache; mais ce sont des genres peu
nombreux, appartenant pour la plupart aux grands
ordres naturels, et alliés de très près aux types
génériques cosmopolites. Il semble qu'il n'y ait
qu'un seul ordre tout à fait particulier à Madagascar, celui des *Chlenacées*. Il comptait, en 1886,
sept genres et dix-sept espèces. Ce sont des buis-
sons ou arbustes, avec des feuilles alternées rigides
et entières, ressemblant à celles du myrte. L'o-
vaire est à trois cellules et les sépales ou folioles
du calice extérieur sont aussi au nombre de trois.
C'est même là un signe qui sert à distinguer cet
ordre de tous ses voisins. Les étamines sont ordinairement en nombre indéterminé. Quelques-uns
de ses genres ont un large calice persistant, en
forme de coupe, qui chez l'un d'eux est charnu.
D'autres, comme les *Rhodolena*, sont des plantes
magnifiques avec un corymbe flasque de fleurs
semblables à celles du Pléroma, de deux ou trois
pouces de diamètre, et des pétales orbiculaires,
très imbriquées et rouges. La *Sarcolœna gran-
diflora* a un calice charnu en forme de cône,
avec des fleurs blanches, larges de deux pouces,
quand elles sont ouvertes.

D'autres genres ont les fleurs plus petites et les portent réunies à l'extrémité de leurs branches, en bouquets épais et en forme de corymbe.

En 1881, sur sept cents genres alors connus, quatre-vingt-un étaient supposés être endémiques.

3° Il y a une très grande affinité entre la flore tropicale de Madagascar et celle des îles plus petites du groupe des Mascareignes, les Seychelles et les Comores. Ainsi par exemple, le genre *Danais*, une plante buissonneuse grimpante alliée du Cinchona, a quatre ou cinq espèces endémiques à Madagascar, une à Maurice et une à Rodriguez. L'*Aphloia*, avec deux ou peut-être trois espèces, croît à Madagascar, à Maurice, à la Réunion, à Rodriguez, aux Seychelles; de même le *Ludia*, qui de plus, a été découvert par sir John Kirk sur le continent africain, en face de Zanzibar.

Le *Radamœa*, ainsi appelé par Bentham du nom du roi Radama, a une espèce à Madagascar et une autre aux Seychelles, etc., etc.

Il y a même des espèces communes à Madagascar et aux petites îles voisines qu'on ne retrouve nulle part ailleurs, par exemple la *Clématis Mauritiana*, le *Tristemma virusaunm*, le *Phyllanthus Casticum*, l'*Eulophia Scripta*, et beaucoup d'autres orchidées.

En particulier, sur 262 fougères connues à Madagascar, 115 se retrouvent à Maurice, et 138 à Bourbon.

4° Il y a également une très grande affinité

entre la flore tropicale de Madagascar et celle du continent africain.

Dans les Rubiacées seulement, il y a dix genres particuliers à l'Afrique tropicale, et tous s'étendent à Madagascar.

Il y a un genre remarquable de Podostémacées appelé *Hydrostachis*, et dont l'une des espèces sert de charme à Madagascar pour les combats de taureaux. Si un homme en effet tient en sa main un bout de cette plante, son animal est sûr d'avoir la victoire. Or, ce genre a six espèces à Madagascar, une à Natal, une au Mozambique, et une au Zambèze. Parmi les Hypéricacés, le genre *Psorospermum*, dont l'une des espèces est très employée à Madagascar comme remède contre la gale et l'eczéma, a six espèces dans l'île, et quatre sur le continent, au Mozambique, dans la région du Nil, dans la haute et basse Guinée.

Un autre genre très curieux est le genre *Xerophyte*, un allié des Narcisses, avec une tige arborescente, des fleurs bleu de ciel et un ovaire inférieur glutineux. Il y en a quatre espèces à Madagascar, dix ou douze à Angola dans l'Abyssinie, à Natal et dans l'Afrique centrale, et environ une demi-douzaine dans les montagnes du centre du Brésil.

La même affinité se poursuit dans un très grand nombre de genres, les cinq genres *Dombeya*, parmi les Sterculiacées, dont la moitié des espèces sont natives de Madagascar et les autres de la Cafrerie, de Natal, l'Abyssinie, la Réunion et Maurice ; l'*Haranga Madagascariensis* qui se trouve à Maurice, au Mozambique, à Angola, dans la Sénégambie ; le *Desmodium Mauritianum*, l'arbre copal ou *Trachylobium Hornemannianum*, le *Dracœna reflexa*, etc.

5° Il y a quelques cas curieux dans lesquels des types asiatiques (c'est-à-dire de l'Asie tropicale et de l'Archipel malais, que l'on ne rencontre pas en Afrique) se retrouvent à Madagascar.

Ainsi sur trente espèces connues des *Nepenthes*, vingt-huit appartiennent à l'Inde et à l'archipel malais, et il y en a une d'endémique aux Seychelles et une à Madagascar ; mais l'ordre n'atteint pas Maurice, la Réunion ou le continent africain. Parmi les Monimiacées, les *Tambourissa* ont une douzaine de genres partagés entre Madagascar et Maurice et un à Java. Le genre *Stephanotis*, qui appartient aux Asclépiadacées, dont l'une des espèces avec ses grappes de fleurs tubulaires blanches couleur de cire, est un des ornements de nos serres, a cinq espèces à Madagascar et cinq dans la Malaisie et le Sud de la Chine.

Le *Strongylodon* des Phaséolés, a quatre espèces, dont une dans la Polynésie, une aux Nouvelles-Hébrides, une à Ceylan et une à Madagascar. Enfin parmi les Lythrariées (ou Lythracées), les *Lagerstromia* ont dix-huit espèces concentrées dans la Birmanie, et, récemment, une dix-neuvième était découverte sur les plateaux du centre de Madagascar.

Il y a encore quelques autres exemples. Ils ne

forment cependant qu'une infime proportion, comparés à la grande masse de la flore de Madagascar, et M. Baker est en droit de conclure que « la flore de la zone intertropicale étant si homogène dans un caractère général, il ne lui paraît ni sûr, ni nécessaire, de supposer une réunion récente de Madagascar avec l'Inde ou la Malaisie, afin d'expliquer ces quelques cas peu nombreux d'affinité. »

6° Il y a de nombreux cas d'affinité entre la flore des plateaux du centre de Madagascar, et celle du Cap et des montagnes de l'Afrique centrale. Beaucoup des genres et des groupes, caractéristiques de la flore du Cap, sont représentés au centre de Madagascar, comme ils le sont en Abyssinie, à Angola, dans la Guinée, au Zambèze, par des espèces étroitement alliées, quoique non absolument identiques, avec celles du terrain d'origine.

Ainsi il y a plus de cinq cents bruyères au Cap. Il y en a une douzaine d'espèces au centre de Madagascar, une *Ericinella* et cinq *Phillipia*.

Les aloës sont représentés dans la grande île par l'aloës *Sahundra* et l'aloës *leptaucolon*.

Les fougères spéciales du Cap, par le *Mohria Caffrorum*, le *Cheilanthes hirta*, le *Pellœa calomelanas*, et le *Pellœa hastata;*

Les Orchidées, par le *Disa* et le *Satyrium*.

De même les *Philica*, les *Anthosperminum*, les *Diclis*, les *Chironia*, etc., etc., ont des représentants à Madagascar.

Il y a même quelques cas curieux, où des espèces caractéristiques d'un climat tempéré, se retrouvent à Madagascar, ou bien où des espèces malgaches réapparaissent au Cap et dans les montagnes de l'Afrique centrale.

La seule violette (*A. Zongia*) et l'unique geranium (*A. Emirnense*) de Madagascar, ne se trouvent ailleurs qu'à 7.000 pieds au-dessus du niveau de la mer, dans le Cameron, et à 10.000 pieds, à Fernando-Po, ou dans les montagnes de l'Abyssinie.

Le seul *Drosera* de Madagascar (*D. Madagascariensis*) réapparaît au Cap et dans la montagne d'Angola et de la Guinée. Enfin, pour ne pas les nommer toutes, le *Caucalis Melanantha* se rencontre seulement au centre de Madagascar, à une hauteur de 9.000 pieds en Abyssinie, de 7.000 ou 8.000 dans le Cameron, de 4.000 à Fernando-Po ; mais il est largement répandu à travers l'Europe et dans les autres parties de la zone tempérée du Nord.

Nous pouvons donc conclure avec M. Baker :

« De même qu'en Europe, il y a une très proche affinité entre la flore des Pyrénées, des Alpes, des Carpathes et des monts de la Grande-Bretagne, avec celle de la Norwège, de la Suède, de la Laponie et, des régions arctiques; ainsi en Afrique, il y a une affinité semblable entre la flore des montagnes et des plateaux du massif central africain et la flore si admirablement riche du Cap. Or, dans cette affinité, Madagascar réclame une part distincte. »

De ces considérations on pourrait tirer plusieurs conclusions ; nous les renverrons à plus tard, nous bornant pour le moment à noter que Madagascar n'a pu être toujours isolée du reste du monde, mais qu'elle a dû, à une époque plus ou moins reculée, être rattachée à l'Afrique, aux îles environnantes et probablement à beaucoup d'autres terres, aujourd'hui disparues.

CHAPITRE X

DES FORÊTS

On a parlé souvent des forêts de Madagascar, de leurs essences si riches et si variées, de leurs produits multiples. Nous ne pouvons donc laisser de côté un tel sujet; nous devons, au contraire, le traiter avec certains développements, et nous efforcer de donner là-dessus quelques renseignements sûrs et précis, de nous former quelques idées nettes et certaines. Nous tâcherons de le faire, grâce surtout aux notes qu'a bien voulu me fournir mon ami M. Jully, l'architecte des Résidences de France à Madagascar, et l'homme qui connaît le mieux ce sujet.

I

DISTRIBUTION DES FORÊTS.

Pour être plus clair, je considérerai d'abord le versant oriental, puis l'ouest et enfin le sud de la grande île, m'étendant surtout sur la première partie, la plus riche en forêts, et celle qui possède les essences les plus utiles.

Versant Oriental.

On peut, en allant de l'est au centre de l'île, la diviser en six zones, que caractérisent leur apparence physique, leurs productions et surtout les espèces d'arbres différentes que l'on y rencontre.

1° *Première zone : la plaine.*

J'en ai décrit, dans un précédent chapitre, l'apparence et la physionomie. Il n'y a pas à y revenir ici, ni à faire connaître les nombreux marais qu'on y trouve, les lagunes qui la bordent, les larges estuaires qui la coupent, les mamelons bas et boisés qui la recouvrent.

Le fond en est de sable, sur les bords, avec quelques terrains d'alluvions, en s'éloignant de la mer. Mais, ces sables eux-mêmes sont fertiles, soit à cause de l'humus qu'ils renferment, ou des débris de coraux qui fournissent à la végétation les carbonates nécessaires.

Parmi les espèces caractéristiques de cette région, il faut citer :

1. Les plantes des marais :

Le *Vakoa*, dont les feuilles desséchées servent aux porteurs pour recouvrir leurs paquets;

Le *Viha*, espèce de bananier sauvage, qui ressemble assez à un immense arum.

2. Les arbres tropicaux :

Surtout *l'oranger*, le *citronnier*, et le *vavaotanka*, espèce de grenadier produisant une calebasse ronde, grosse comme une orange, et pleine d'un suc amer et astringent. Les porteurs se la disputent, et elle est, sinon agréable, au moins fort rafraîchissante.

Puis le *cocotier*, le *manguier*, l'*avocat*, le *leschi*.

Enfin les lianes et arbustes à lait, l'ancienne liane à caoutchouc dont parle Flacourt, et que l'exploitation inintelligente des indigènes a presque fait disparaître.

Tout près de la mer, bordant son rivage, il faut signaler le *filao*, qui en quelques années devient un grand arbre et produit des forêts ressemblant de loin à nos pins de France;

Le *Pandanus* dont l'apparence est celle d'un yucca géant;

Les *Cicas*, si gracieux dans nos serres et qui poussent là-bas à l'état sauvage.

Enfin une petite plante rampante bien humble, mais très utile, la *patate à Durand*, qui pousse facilement, envahit tout et retient le sable du rivage.

Un peu plus loin, réussissent le *cacao*, la *canne à sucre*, le *caféier* et la *vanille*.

2° Zone des Ravinala.

La seconde zone est caractérisée par ses montagnes mamelonnées, distribuées irrégulièrement de tous les côtés, ses nombreux cours d'eau et ses *cuvettes* existant tout naturellement entre ces mamelons.

Le sol en est d'argile, sans granit émergeant; son altitude atteint jusqu'à 400 mètres.

C'est là, et là seulement, que se trouve la *pervenche bleue* de Madagascar (la *pervenche rouge* étant répandue à peu près partout). On y voit aussi :

Le *longozo* qui ressemble beaucoup à notre canna, et encombre les chemins; le *fantaka* ou roseau malgache, espèce de petit bambou, très abondant et qui était autrefois une des divinités malgaches, et entrait dans la composition des ody ou amulettes, etc.

C'est dans cette seconde zone que le *café* réussit le mieux; et tous les voyageurs ont admiré, en passant, les splendides caféiers *d'Ampasimbe*, à une altitude de 300 mètres. C'est là enfin que se trouve le légendaire *Koto-Kely*, petit nain très fort que l'on n'a jamais pu saisir tellement il est robuste. Il se trouve aussi, rapporte-t-on, sur la Côte Ouest, où il arrache l'herbe de dessous les tamariniers. A l'est, il fait parfois le service de la maison.

Mais ce que l'on remarque surtout dans cette seconde zone, et ce qui constitue ses bouquets de bois épars, ce sont trois espèces qui lui sont propres, et qui, toutes les trois, servent à de multiples usages. Ces trois espèces sont :

1° Le *Ravinala*, ou arbre des voyageurs, dont les immenses feuilles, de plusieurs mètres de long, se disposent les unes à côté des autres, en immenses éventails ajourés par le vent et du plus pittoresque effet.

Rien n'est beau à voir comme l'arbre du voyageur aperçu ainsi au loin, se détachant sur un ciel d'une pureté parfaite, gravissant les pentes d'une vallée par petits groupes, le vent se jouant dans son feuillage.

Il est très utile aussi, non seulement par l'eau qu'il conserve au voyageur altéré, mais surtout par son tronc que le malgache emploie dans ses constructions, et par les côtes de ses feuilles dont il se sert pour le clayonnage et le plancher de ses cases.

2° Le *Rofia*, qui présente assez la forme d'un énorme phénix, est surtout utile par la fibre de ses feuilles que les indigènes effilent avant qu'elles ne soient sorties de leurs gaines. Il s'en fait une grande consommation. Elle sert pour leurs tissus de rabana, ou bien est vendue aux Européens pour l'exportation.

Le Rofia préfère les endroits humides et réussit surtout au fond des vallées.

3° Enfin à côté de ces deux palmiers se trouve le *bambou*, qui constitue de délicieux petits massifs, poussant d'abord droit comme un cierge et courbant ensuite sa tête en une gracieuse parabole, comme s'il fléchissait sous son poids. On s'en sert de deux manières, ou bien en l'écrasant et en le tressant en forme de damier pour le revêtement exérieur des cases, ou bien pour porter les paquets.

3° *Grande forêt.* — Comme nous l'avons déjà dit précédemment, la grande forêt s'étend tout le long de la Côte Orientale de Madagascar, sur le versant Est de la première arête faîtière, depuis le nord de la baie d'Antongil, où elle vient toucher au rivage, jusque vers Fort-Dauphin, traversant ainsi le pays des Autankara, celui des Betsimisaraka, des Antaimoro et des Antanosy. Sa longueur est donc à peu près celle de Madagascar, et sa largeur très irrégulière peut atteindre 100 kilomètres par endroits.

Dans sa partie centrale, dont nous nous occupons à ce moment, elle va depuis l'ouest d'Ampasimbe à 400 mètres d'altitude, jusque vers Anamalazaotra (935^m), après avoir atteint 1041 mètres d'élévation. Il faut à peu près deux journées pour la traverser.

Le sol en est très montagneux, les pentes très raides, les gorges très profondes et sillonnées de nombreux torrents, qui y prennent naissance et se dirigent vers l'océan Indien. Le sol est toujours composé d'argile rouge, au travers de laquelle émerge souvent le granit.

C'est là surtout que se rencontrent les fougères arborescentes, splendides parasols de verdure, s'élevant à 10 et 12 mètres de hauteur, et s'épanouissant en larges feuilles de plus de 2 mètres de longueur; c'est là aussi que l'on rencontre les plus belles orchidées.

Cette zone est aussi la patrie des *Makis*, en particulier du *Babakoto*, si célèbre dans les légendes locales, de l'*Amboanala* ou singe hurleur, dont les voyageurs ont tous entendu le cri plain-

tif retentissant, pendant la nuit, comme un gé-
missement, au milieu de ces immenses solitudes,
et du *Tahitsoa*, oiseau bleu, assez gros, et au cri
particulièrement désagréable.

Ses essences caractéristiques et prédominantes
sont les essences rares qui n'existent pas sur les
hauts plateaux, c'est-à-dire l'*ébène*, le *palissandre* à veines noires, et le *bois de rose*, et aussi
des bois ressemblant au bois de teck, toutes les
variétés des *Tèzes-Intsy*, *Nato*, *Rabarabo*, *Andro-
rolo*, etc.

4° *Région comprise entre les deux chaines fai-
tières.*

Cette quatrième région, qui commence au lac
Aloatra au nord et se termine au sud au pays
des Tanala, comprend la vallée du Mangoro (De
500 à 900 kilom. d'altitude sur une longueur
de 200 kilom.), celle du Mananjary et celle de
la rivière Matitanana. On y remarque les monts
Ifahana au nord, au centre le Fody que l'on gravit en allant à Tananarive, et le célèbre plateau
d'Ikongo au sud, chez les Tanala.

Les marécages sont nombreux et nous y re-
trouvons le *longozo* de la seconde zone. Le plus
remarquable des animaux de ce pays est le *Fosa*
qui ressemble un peu à notre renard. Il y a beaucoup de gibier.

Les essences forestières sont les mêmes que
celles de la zone précédente, mais les forêts ne
garnissent plus que les pentes ou les sommets
des montagnes, tout le reste du pays ayant été

dévasté et déboisé par l'incurie des habitants.

5° *Zone de la seconde arête faîtière.*

Après avoir franchi les plateaux de la zone précédente, on remonte, pour gravir les flancs de la seconde arête faîtière, jusqu'à 1.426 mètres d'altitude, à Ankeramadinika. C'est là que se trouve la pente la plus abrupte et la plus longue sur tout le parcours de Tamatave à Tananarive, l'Angavy que précède une vaste plaine marécageuse et fiévreuse. Le granit émerge de tous côtés. Il y a de nombreux torrents, tous affluents du Mangoro; beaucoup de lianes, des fleurs nombreuses, diverses sortes de bambous et de palmiers; des pigeons bleus et des perroquets noirs, pas, ou du moins, peu de makis, des sangliers; quantité de caméléons, de papillons et d'insectes.

Les arbres sont des espèces légères spéciales, bien inférieures à celles des deux zones précédentes, mauvaises pour le travail, ou du moins demandant à être coupées à une saison déterminée. C'est du reste une remarque générale que plus on s'approche du centre de l'île, moins les essences dures et précieuses abondent, pour faire place à d'autres plus légères, d'une venue plus rapide et partant bien moins utiles.

6° *Zone des hauts plateaux.*

Elle comprend la plus grande partie de l'île, en particulier le pays des Hova et celui des Betsileo. L'altitude moyenne constante est de 1300 mètres, et celle des sommets de 1500 et davantage. On y rencontre beaucoup de gibier d'eau, des cailles, des oiseaux de proie : Papanga, Voromahery, Kitsikitsy, etc., et le Tandroka, espèce de Hérisson assez bon à manger. Toujours l'argile rouge avec ossature de granit.

Le pays était jadis couvert de nombreuses petites forêts. Il n'en reste plus aujourd'hui que quelques rares lambeaux, groupes isolés pointant d'ici et de là au sommet des montagnes, et quelques arbres aux alentours ou à l'intérieur de certains villages. Les deux seules espèces à nommer sont l'*Amontana* (littéralement, qui attire la foudre), d'un aspect remarquable avec ses grandes branches, ses larges feuilles et son port majestueux, ressemblant de loin à nos plus beaux hêtres; puis le Hitsikitsika, de 0^m,20 à 0^m,40 de diamètre, bon pour le travail, à condition d'être coupé pendant la saison sèche; enfin deux arbres récents, le pêcher et surtout le lilas qui reboisent très rapidement.

Ouest et Sud.

Le versant occidental de Madagascar qu'habitent les Sakalaves, nous l'avons déjà remarqué, est beaucoup moins abrupt et moins accidenté que le versant oriental. Il se divise naturellement en deux parties.

1° La zone de la côte, ordinairement plate, d'une

altitude moyenne de 50 à 100 mètres, avec de larges voies d'eau souvent profondes. On y trouve beaucoup de gibier d'eau, des pintades et des perdrix.

Les arbres de cette région sont surtout le *tamarinier* relativement abondant et formant de beaux bosquets, divers *lataniers*, trois espèces de *baobabs*, et le *rofia* dans les parties humides. — Il y a, à l'ouest comme à l'est, une ceinture de forêts courant le long de la mer, mais moins épaisse, moins serrée, rappelant au témoignage de M. Gautier, le bush australien, ou les forêts de Clamart et de Meudon.

2° La zone des plateaux, d'une altitude moyenne de 400 mètres, s'élève par de longues pentes douces que limitent des pentes abruptes, avec des pitons pointant çà et là, et les deux chaînes de Bemarana et de Bongo-Lava.

Le pays est très peu habité et a très peu de chemins. — Les arbres s'y présentent par groupes isolés et correspondent aux essences de la troisième zone du versant oriental. La grande forêt de Manerinerina, marquée sur toutes les cartes au N.-O. de l'Imerina, n'existe pas en réalité et se compose seulement de groupes d'arbres isolés, et de brousse. Les animaux de cette partie sont également ceux de la troisième zone de l'Est.

Enfin dans son dernier voyage du Sud, M. Gautier a reconnu une autre forêt, la forêt Antondroy et Mahafaly, située au sud de l'Onilahy et comprenant surtout des arbres épineux aux formes étranges et souvent fantastiques, des *Nopa-*

liers et des *Cactus*, et surtout le précieux arbre à caoutchouc.

II

ARBRES DE MADAGASCAR.

« Le plus grand nombre des arbres de Madagascar, écrivait M. Baker en 1886 dans une note complémentaire à son mémoire de 1881, est tout à fait particulier à cette île, et s'ils venaient à être détruits, on ne pourrait pas les remplacer. »

En fait, ces arbres sont très peu connus. Il y a bien une collection des bois de l'Imerina au musée de la L. M. S. (1) et l'*Antananarivo annual* a consacré plusieurs articles à l'étude des essences des autres provinces. Mais il n'y a pas encore, que je sache, de nomenclature à peu près complète des diverses espèces de bois de la grande île.

En 1892, M. Jully adressait au département une caisse contenant des sections transversales et longitudinales de l'écorce de tous les arbres de la forêt, et, en même temps un herbier des feuilles de ces arbres que l'on devait remettre à M. Grandidier, avec son rapport. De plus il s'occupait activement à recueillir les fleurs et les fruits de ces mêmes arbres, afin que l'on pût arriver à les classer, d'une manière définitive, et à déterminer leurs

(1) London missionary Society ou Société des missionnaires indépendants.

genres et leurs espèces. Les événements l'empêchè-
rent d'achever ce travail, car il aurait fallu pour
cela rester à Madagascar pour l'époque de la flo-
raison, c'est-à-dire novembre et décembre.

En attendant que tout cela soit terminé et qu'un
travail de classement définitif soit enfin accompli ;
en attendant également que le rapport si consciencieux et si étudié de M. Jully sorte enfin des
presses de l'Imprimerie Nationale, je crois utile
de donner ici la liste dressée par lui-même des
80 espèces connues. C'est en somme une page de
son mémoire qu'il a bien voulu me communiquer
et pour laquelle je ne saurais trop le remercier.

Voici donc cette liste avec quelques indications
sommaires sur la nature, la grosseur, l'utilité et
les usages des diverses espèces.

1. *Tsikotrokotroka*, de 0ᵐ,70 à 0ᵐ,80 de diamètre, ne peut être employé dans la construction à cause de son grain trop tendre ; sert à teindre les *lamba* mortuaires, et donne une couleur
rouge brune foncée.

2. *Afotsokona*, de 0ᵐ,50 à 0ᵐ,60 de diamètre, bois blanc, léger, employé aux environs de
la forêt pour faire les chevrons de la toiture ; très
abondant, se rencontre partout ; peut flotter.

3. *Valomena*, de 0ᵐ,30 à 0ᵐ,40 de diamètre,
bois blanc, assez lourd, peut être employé dans
la charpente, son écorce sert à faire des cordes ;
se trouve partout.

4. *Tomengy*, de 0ᵐ,30 à 0ᵐ,40 de diamètre.

bon bois de construction pour chevronage, élastique et résistant.

5. *Tavolo*, de 0ᵐ,50 à 0ᵐ,60 de diamètre, bel arbre pouvant servir à la construction ; grain très fin ; ferait un bois de charronnage.

6. *Vivaona* (Dilobeia Thouarsii), de 0ᵐ,60 à 0ᵐ,70 de diamètre, ressemble beaucoup au faux palissandre ; bois très dur et d'un grain très serré ; couleur brune mouchetée de points plus foncés ; existe surtout dans le sud de la grande forêt ; peut être coupé en toute saison.

7. *Nato*, bois de natte (Imbricaria ou Colophonia Madagascariensis), atteint de 10 à 15 mètres de hauteur, de 0ᵐ,40 à 0ᵐ,60 d'épaisseur ; bois très employé dans les constructions sur la côte, facile à travailler, mais détérioré par les vers en mer ; extrêmement dur, il peut servir de bois de charpente ; mais sa densité en rend le transport difficile. Aussi n'est-il employé dans l'Imerina que pour la teinture ; c'est son écorce qui sert à cet usage et elle donne une teinte rouge. Il produit aussi une résine blanche analogue à celle du *pin*. Il existe peu dans les hautes zones forestières, et ne se trouve guère, à l'état d'arbre, que dans les altitudes inférieures à 900 mètres.

8. *Rangy*, de 0ᵐ,15 à 0ᵐ,25 de diamètre ; bois très dur, fond jaune veiné de noir, se polit bien. Ses faibles dimensions — il ne dépasse jamais 0ᵐ,30 — et son aubier abondant, font que son usage est restreint aux cannes et aux manches d'angady (bêche). Il pourrait servir en ébénisterie comme

pied de table, montant de meubles, etc.; existe au Nord, doit être coupé en saison sèche.

9. *Variha*, de 0^m,40 à 0^m,60 de diamètre, pourrait servir à la construction, mais de qualité médiocre et de peu de durée; abondant.

10. *Manadrevo*, de 0^m,50 à 0^m,60 de diamètre, bois tendre; n'est employé jusqu'à présent que comme médicament; existe partout.

11. *Maintimpototra*, de 0^m,20 à 0^m,30 de diamètre, peut servir pour les constructions légères.

12. *Ambavy*, de 0^m,60 à 1 mètre de diamètre. Bois très tendre et par suite très leger, flotte; est appelé à rendre de grands services pour la fabrication des caisses et meubles légers; pourra remplacer à Tananarive notre bois de sapin; reviendrait à peu près à 60 francs le mètre cube; vient partout.

13. *Angavodiany*, agauria salicifolia, très beau bois de couleur rouge foncée et mouchetée de points rouge clair; grain serré, s'enlevant par éclats; présente quelque analogie avec le merisier et fournit de très belles planches, se vendant 1 fr. 25 l'une; vient d'Ambohidratrimo et doit être coupé en mai et juin. Ses feuilles, réduites en cendre, sont un caustique énergique employé avec succès contre la gale.

14. *Mahasazany*, de 0^m,60 à 0^m,70. Bois de grosse menuiserie, blanc jaune, à grain serré, est une des essences les plus dures; fait de beaux madriers, de 4^m × 0,20 × 0,07, valant environ 3 fr. 75 à Tananarive. Existe partout, mais doit être coupé d'avril à juillet.

15. *Tsindramy*, de 0^m,20 à 0^m,25, espèce de ver-
nonie, arbre résineux dont la sève est odorifé-
rante. Les indigènes s'en servent comme d'encens.
Se trouve partout.

16. *Bodomavo*, de 0^m,30 à 0^m,40, mauvais bois,
sans emploi jusqu'à présent.

17. *Mongy* (Hernandia peltata) de 0^m,25 à 0^m,30.
Bois d'ébénisterie, rouge, à grain serré et très fin,
belle couleur; prend le verni et, étant poli, rappelle l'acajou; on en fait des assiettes et de grandes
cuillères; existe au Sud, et doit être coupé en octobre et novembre.

18. *Vantsilana* (Cussonia Vantsilana), de 0^m,40 à
0^m,50. Bois bleu et léger, sert à la fabrication du
charbon, dont il se fait une grande consommation, tant à Tananarive que sur le bord de la forêt, pour la fabrication du fer. Le prix de ce charbon est environ de 1 fr. 50 les 500 litres.

19. *Amboramenalaingo*, de la famille des ambora (arbre dont le bois résiste au temps et à l'humidité et dont on se sert pour les cercueils des
rois et des princes, pour la voûte et le plafond de
leurs tombeaux) de 0^m,60 à 0^m,70 de diamètre —
excellent bois, très dur, imputrescible, convient
parfaitement pour les demeures et ouvrages de
menuiserie extérieure. Vient du Nord et se vend
à Tananarive environ 90 francs le mètre cube.

20. *Rotra*, connu sous le nom de faux acajou;
de 0^m,20 à 0^m,30, existe à Tananarive dans les jardins; l'écorce est très riche en tanin; le bois a un
aspect rougeâtre. Il est peu employé jusqu'à pré-

sent. Les fruits en sont bons à manger; se trouve
partout.

21. *Trina*, de 0ᵐ,15 à 0ᵐ,20 de diamètre; arbre
à fibres, spongieux, inutilisable; on en fait une
boisson aphrodisiaque.

22. *Sana*, espèce d'Elœocarpus, de 0ᵐ,50 à 0ᵐ,60;
grain serré, dur; bois de charpente de troisième
ordre,

23. *Kaleva*, espèce de Croton, de 0ᵐ,40 à 0ᵐ,50;
bois du même genre que le précédent; peu employé; on en fait des manches de sagaies.

24. *Hazondrano* (Elœodendron sp.); de 0,50 à
0,60; excellent bois à grain fin, léger, peut flotter,
rappelle le charme, élastique et très résistant;
il est employé pour la fabrication des brancards de
filanjana. Vient du Nord; est très recherché et
se vend de 100 à 110 francs le mètre cube.

25. *Maroango*, de 0ᵐ,40 à 0ᵐ,50, peu employé.

26. *Kana*, de 0ᵐ,30 à 0ᵐ,40, peu employé.

27. *Landemy*, de 0ᵐ,15 à 0ᵐ,20, bois de qualité
très inférieure, dont l'écorce très amère a une
vertu purgative et fébrifuge; jouit près des indigènes de la réputation de préserver de la
foudre.

28. *Valanirana* (Nuxia capitata), de 0ᵐ,40 à
0ᵐ,50; excellent bois de charpente, imputrescible,
sert à faire des poteaux d'angles de verandahs.
Existe partout.

29. *Felamborana*, de 0ᵐ,40 à 0ᵐ,50 de diamètre,
bois de charpente peu employé, qualité de second
ordre.

30. *Alakamisy* (jeudi), de $0^m,20$ à $0^m,30$, n'est employé que comme médicament ou pour les sortilèges.

31. *Monta*, de $0^m,30$ à $0^m,40$ de diamètre, bois de charpente de second ordre, peu employé.

32. *Hazoambo*, grand arbre de $0^m,60$ à $0^m,70$ de diamètre, peu employé.

33. *Tanterakala*, de $0^m,10$ à $0^m,15$; on en emploie les grains comme vermifuge pour les enfants. C'est aussi une liane, espèce de bétel, dont on mâche les feuilles pour se noircir les dents.

34. *Tsingila*, de $0^m,20$ à $0^m,30$; arbre décoratif par son feuillage, mais inutilisable à cause de sa texture spongieuse; se trouve partout.

35. *Tsohy*, de $0^m,15$ à $0^m,20$, non employé.

36. *Dontonana* (symphonia), de $0^m,15$ à $0^m,30$, non employé, quoique son bois dur pût peut-être servir pour les constructions.

37. *Tsiariana*, de $0^m,15$ à $0^m,20$, sert à faire des cannes et des manches d'angady, bois rougeâtre, joli quand il est verni, pourrait être employé dans l'ébénisterie. Existe partout.

38. *Marinjo*, de $0^m,40$ à $0^m,50$, non employé, pourrait servir de bois de construction.

39. *Tsimatra*, de $0^m,20$ à $0^m,25$; très dur, d'une grande rigidité, sert à faire les piquets employés par les tisserands.

40. *Havozo* (Ravensara aromatica), de $0^m,30$ à $0^m,40$. Bois mou et sans corps, sert de médicament; très aromatique, il est employé dans la fa-

brication du rhum indigène (taoka); son odeur se
rapproche de celle de l'anis.

41. *Harongana* (Haronga madagascariensis), de
0ᵐ,30 à 0ᵐ,60; on en fait des remèdes pour la
gale et la dysenterie.

42. *Malambovony*, de 0ᵐ,40 à 0ᵐ,50, assez léger,
pouvant servir de bois de charpente de troisième
ordre; pourrait être employé dans les échafaudages.

43. *Amboramangidy*, de 0ᵐ,60 à 0ᵐ,80, excellent bois, jouissant des mêmes qualités et appartenant à la même famille que l'Amboramenalaingo (n° 19).

44. *Hazofiana*, de 0ᵐ,30 à 0ᵐ,40. Bois de charpente de premier ordre, grain fin et dur.

45. *Ramanjavina*, de 0ᵐ,40 à 0ᵐ,50; bois de
charpente peu employé.

46. *Voanana* (Elœocarpus), de 0ᵐ,80 à 1ᵐ,20,
bois blanc, tendre, de bonne qualité, mais qui a
le défaut d'être cassant; sert à fabriquer les vases
à vanner le riz; se trouve partout, surtout au Nord;
doit être coupé à la saison sèche.

47. *Hazontoho* (Myrsine madagascariensis, ou
Ardisia fuscopilosa, Baker), de 0ᵐ,40 à 0ᵐ,50, non
employé.

48. *Anjananjana* (belle taille), de 0ᵐ,20 à 0ᵐ,30,
bois de construction peu employé.

49. *Monty*, de 0ᵐ,60 à 0ᵐ,70; bon bois de charpente de second ordre.

50. *Senasena*, de 0ᵐ,15 à 0ᵐ,20, sert à faire des
remèdes, surtout pour les enfants.

51. *Montafara*, de 0^m,40 à 0^m,50 ; bois de charpente de troisième ordre.

52. *Mankarany*, de 0^m,50 à 0^m,60, non employé.

53. *Kovary*, de 0^m,30 à 0^m,40, bois de construction peu employé.

54. *Hazomby* (bois de fer), 0^m,50 à 0^m,60, bon bois de charpente de second ordre.

55. *Amboratsevoka*, de 0^m,60 à 0^m,80, de la famille des Ambora ; a la même propriété que les deux espèces déjà indiquées (n° 19 et 43), quoique de qualité moindre.

56. *Marantana*, de 0^m,30 à 0^m,50, mauvais bois.

57. *Helatra* (Podocarpus madagascariensis), de 0^m,60 à 0^m,80. Excellent bois, léger, résistant, fait de très belles planches, peut servir pour les parquets et plafonds ; se trouve parfois sur le zoma ; la planche de 2^m,50×0,25×0,02 se vend 0 fr., 80. Il est très abondant et doit être coupé en mai et juin.

58. *Lalona* (Weinmannia sp.), de 0^m,50 à 0^m,70. Il y en a de deux espèces, le lalona rouge et le lalona blanc ; bon bois de charpente, a du nerf, présente le défaut de travailler beaucoup ; peut être coupé en toutes saisons ; existe partout ; densité très grande et par suite d'un transport difficile ; se vend 90 francs le mètre cube.

59. *Ambora beravina*, v. n. 19. La saison pour couper les Ambora est avril et mai.

60. *Varongy* (Calophyllum inophyllum) ; peut atteindre 1 mètre de diam. Il y en a trois espèces, le *Varongy mainty* ou noir, le *V. fotsy*, ou blanc,

et le *V. voara*. Le premier et le dernier sont employés, surtout dans la grosse menuiserie. Le varongy mainty d'un très beau veiné, à fond blanc et
nuancé de noir, est un bois de premier choix pour
l'ébénisterie. Les varongy de charpente sont très
abondants sur le marché à Tananarive. Ils reviennent aux mêmes prix à peu près que le lalona.
Quant au varongy noir, on peut se le procurer facilement, mais il ne doit être coupé qu'en saison
sèche, tandis que les deux autres peuvent être
coupés en toutes saisons. Les varongy existent à peu
près partout. Ils servent aussi à faire les pirogues.

61. *Lovo*, espèce de faux palissandre d'une couleur très foncée, tirant parfois sur le noir; très
bon bois, dur; existe surtout dans le Nord et peut
être coupé en toute saison.

62. *Voamboano* (Dalbergia Baroni), atteint jusqu'à 1ᵐ,50 de diamètre. Bois le plus employé de
tous, très abondant. Il y en a trois variétés : *V.
mainty, V. mavo, V. mena*, noir, jaune et rouge.
Le voamboana noir est le palissandre, certains
plateaux en sont de très belle nuance; le jaune
ressemble au noyer; le rouge est le moins beau
des trois. Leur seul défaut est d'éclater parfois
sous le ciseau. C'est en somme un excellent bois de
menuiserie, surtout pour les parties apparentes. Il
prend cependant mal la couleur. Il peut être coupé
en toute saison.

63. *Hazomena* (Weinmannia). Bois rouge, atteint
les mêmes dimensions que le voamboana; sert
pour la charpente et la menuiserie; très résistant.

il était employé autrefois à faire les angles des maisons ; très lourd ; abonde dans le Sud, et peut être coupé en toute saison. Son prix varie de 110 à 130 francs le mètre cube.

64. *Vandrika* (Craspidospermana verticillatum), de 0^m,40 à 0^m,80 de diamètre. Très beau bois, dont les teintes varient du jaune clair au jaune orangé : prend admirablement la moulure et conserve l'arête vive ; présente quelque analogie avec le buis ; très bon pour le tournage, et peut, par suite de ses couleurs, rendre de grands services dans le lambrissage ; dur à travailler. Très abondant dans le Nord, il peut être coupé de mai à juillet.

65. *Hitsikitsika* (Colea Telfairiæ), de 0^m,20 à 0^m,40. Bon bois pour la charpente, existe partout, peut être coupé pendant la saison sèche.

66. *Harahara*, (Neobaronia phyllanthoïdes). Arbre étrange, sans feuilles, dont les branches sont aplaties. C'est le plus dur de tous les bois. Il est nuancé de noir et brun sur fond jaune, et la disposition des veines est très belle. Le cœur, qui est seul employé, ne dépasse guère 0^m,10 de diamètre ; aussi ne sert-il qu'à la fabrication de cannes, manches de couteaux, etc.; pourrait faire de très beaux placages. Il est très abondant dans la forêt d'Anamalazaotra.

67. *Hazomafana* (bois chaud) (Siospyros), de 0^m,60 à 0^m,80, très beau bois d'ébénisterie, dur, rappelant l'ébène ; présente des variétés de nuances, depuis le noir jusqu'au vert. Abondant dans la forêt du second plateau.

68. *Zahana* (Phyllarthroa Bojeri), bois dur, très résistant, convenant pour le tournage et l'ébénisterie. Abondant partout, n'existe pas en grandes dimensions; doit être coupé pendant la saison sèche.

69. *Nonoka*, même genre et même qualité que le zahana.

70. *Hazomainty* (bois noir). Ébène, grosseur moyenne des billes 0^m,15 à 0^m,20; hauteur de l'arbre de 3 à 5 mètres; existe dans la forêt du second plateau, abondant dès qu'on se rapproche de la côte.

71. *Volomdopona*, bois de rose, de 0^m,20 à 0^m,40, très abondant aux environs du lac Alaotra. Beau bois d'ébénisterie ayant, quand il vient d'être coupé une belle teinte rouge violette; il noircit au contact de l'air, mais on peut le préserver de cette décomposition par une application immédiate de vernis après le riflage.

72. *Famelona*, de 0^m,60 à 0^m,80; excellent bois, blanc jaunâtre, très léger, se travaille facilement et convient à la menuiserie. Abondant; il se trouve sur le marché de Tananarive et vaut environ 1 fr. 25 la planche de 2^m,50 $\times$ 0^m,25 $\times$ 0^m,02. Ne peut-être coupé que pendant les mois de mai et de juin, sous peine de se piquer très facilement.

73. *Sary*, de 0^m,80 à 1^m,00 de diamètre. Le meilleur des bois de charpente; d'un blanc jaune, rappelant le chêne; relativement léger, il peut par suite être débité en grandes pièces; ne

gauchit pas, beaucoup de corps. Il existe partout, mais il ne peut être coupé qu'en mai et juin.

74. *Kairatika*, peut servir à la construction, mais est de qualité inférieure.

75. *Farihazo*, de 0^m,20 à 0^m,30, sorte de palmier; spongieux, léger, assez résistant, mais pourrit vite, convient aux échafaudages par sa légèreté.

76. *Merana*, de 0^m,50 à 0^m,70; très beau bois de charpente, imputrescible; vient du Nord et doit être coupé en saison sèche.

77. *Vintamina*, de 0^m,60 à 0^m,80. Bon bois de menuiserie.

78. *Mango*, de 0^m,40 à 0^m,60 de diamètre; belle couleur rouge, grain serré, rappelle l'acajou; convient à l'ébénisterie. Il vient du Nord et peut être coupé en toute saison.

79. *Lambinana*, de 0^m,40 à 0^m,50. Bois de construction ordinaire.

80. *Fotona*. Beau bois très dur; peu abondant, n'existe que dans les gorges de l'Ankaratra, dans les altitudes élevées.

En dehors de ces bois, existant surtout dans les forêts des hauts plateaux, on trouve à Madagascar le *Bibasy* (Eriobothria japonica), le *Goyavier*, le *Lilas du cap*, etc., dont les propriétés sont connues, et plusieurs autres existant vers les rivages de la mer ou dans les forêts du Sud.

Voici en outre quelques bois dont les préjugés malgaches interdisent l'emploi. Ce sont des arbrisseaux, ou des arbres inutiles pour la construction et qui ne sont pas compris dans la liste ci-dessus.

Dontonana, attire la foudre.

Hazomafana (Dyospiros), écrase les porteurs.

Tambintsy, empêche la postérité dans les familles.

Hazotokana, fait casser la vaisselle.

Aviavy, porte malheur.

Amontana, attire la foudre.

Voara, porte malheur aux vieillards.

Lambinana, réservé aux morts.

Havazo, rend le maître paresseux.

III

PRODUITS DIVERS.

A l'étude de la forêt, se rattache celle d'autres produits très nombreux et encore très peu connus que l'on y rencontre. Pour abréger, nous n'en étudierons que trois plus importants et qui sont l'objet d'un certain commerce d'exportation, la cire, la gomme copal et le caoutchouc.

1. *Cire*. — La cire se trouve dans toutes les forêts; mais surtout vers la côte Est. C'est là qu'elle est le plus exportée, en particulier à Tamatave, Mananjary et les autres ports de *l'Est*. Récoltée sans aucun soin et remplie de matières étrangères, elle est cependant cotée sur les marchés européens au même titre que celle du Sénégal. Mais pour recueillir quelques livres de

cire et de miel, les indigènes détruisent des ruches entières. Aussi ce produit devient-il rare, et l'on peut prévoir le temps où, à moins de mesures protectrices énergiques, il disparaîtra complètement. Déjà il est difficile d'en trouver dans les forêts de la côte Nord-Ouest, et le mouvement d'exportation est considérablement diminué un peu partout.

A Tamatave, les 100 kilog. de cire valaient de 140 à 150 francs en 1890, et les cours des autres ports étaient sensiblement les mêmes. En avril 1892, elle se vendait 2 fr. 20 le kilog. En 1882 alors qu'on commençait à l'exploiter, elle valait 1 franc ou 1 fr. 10 (1).

Le miel verdâtre et de qualité médiocre est consommé sur place. Les Hova s'en servent parfois, en le faisant fermenter et en le distillant, pour préparer une liqueur qu'ils appellent *taokatantely* ou rhum de miel.

2° *Gomme copal.* « Un autre article important d'exportation, dit M. Tacchi dans la lettre, ou plutôt le rapport déjà cité, est la gomme copal.

« Il y en a deux principales qualités dans le N.-E. de l'île, la blanche et la rouge, la première étant de beaucoup supérieure à l'autre. Ce n'est point le dépôt annuel du copalier, comme la gomme que nous voyons sur nos marchés, que l'on exporte, mais les anciens dépôts tombés de l'arbre depuis de longues années et que les natu-

(1) Mr. Tacchi's letter, 21 décembre 1882. M. Foucart, p. 248.

rels déterrent du sol. Quand ils découvrent une forêt de copaliers, ils ne regardent point en haut pour découvrir la gomme, mais se mettent immédiatement à creuser, et j'ai vu, des morceaux de gomme de 8 à 10 livres, trouvés sous des couches de terre de plusieurs pouces d'épaisseur. »

La gomme est achetée aux habitants au prix de 0 fr. 50 la livre.

On n'exploite guère encore que la gomme copal de la côte Est; mais on récolte très bien, quoi qu'en dise Tacchi, la résine qui suinte de presque toutes les parties de l'arbre et surtout des incisions faites à cet effet au tronc. Le copalier vient surtout près de la mer, quelquefois entre les lagunes et l'Océan.

Il y en a aussi beaucoup à l'Ouest; mais, jusqu'à présent, personne ne s'en est occupé.

L'exportation de la gomme copal est très limitée, une quarantaine de mille francs pour toute la côte Est, et à peu près uniquement à destination de l'Angleterre. Les prix tendent à monter. Ainsi les 100 livres se vendaient de 120 à 150 francs au commencement de 1889; et de 150 à 190 en 1891; tandis qu'en 1882 ce n'était que 50 francs.

Les indigènes emploient beaucoup d'autres résines pour faire des vernis diversement colorés. Il y a certainement là des études intéressantes à faire, et probablement des résultats précieux à espérer.

3° *Caoutchouc.* — On sait toute la valeur du caoutchouc, et les immenses débouchés qui lui sont assurés par son emploi de plus en plus répandu.

Il y a donc là, il y aura surtout dans l'avenir, quand l'exploitation en sera méthodiquement faite, une immense source de richesses pour Madagascar.

La plante à caoutchouc se présente sous deux formes, la *liane* et *l'arbre à caoutchouc*.

La liane se rencontre dans toutes les forêts de l'île; mais dans les parties facilement abordables, par exemple dans les environs de Tamatave et des autres ports du Nord-Est, elle commence à devenir très rare.

Et cela pour trois causes.

1° Le mode d'exploitation, les indigènes détruisant complètement la liane rencontrée.

2° La destruction progressive des forêts.

3° L'interdiction portée par les concessionnaires d'exploiter le caoutchouc sur leurs concessions, à moins de le leur céder, à des prix fixés par eux et trop faibles pour être rémunérateurs.

Il est plus abondant et surtout à plus bas prix à l'Ouest, où le commerce est moins actif et les populations plus clairsemées.

C'est ainsi qu'à Mojanga, en 1892 et en 1893, il en a été exporté, chaque année, 85.000 livres, pour Marseille avec option pour Londres.

Il n'y a pas 30 ans que les indigènes ont appris à connaître la valeur du caoutchouc. Seuls quelques enfants s'amusaient autrefois à en recueillir le suc qu'ils coagulaient avec du jus de citron. Aujourd'hui au contraire, c'est l'occupation d'un grand nombre d'indigènes au caractère vagabond et nomade, de parcourir les bois pour recueillir la précieuse gomme.

Par bandes de 5 ou 6, portant une hache, une bouteille d'acide sulfurique ou des citrons, une provision de riz, des marmites, et, depuis quelque temps, un fusil, ils s'enfoncent dans la forêt jusqu'à ce qu'ils aient découvert la précieuse liane. Ils campent alors en cet endroit et se mettent au travail. Les lianes ont jusqu'à 6 pouces de diamètre à la racine, et vont en s'effilant à mesure qu'elles s'élèvent le long des arbres, formant bientôt une seule masse compacte. Les Malgaches grimpent aux arbres et tranchent impitoyablement chaque branche qu'ils peuvent atteindre sans épargner même la racine ; ils les coupent en fragments de deux pieds de long qu'ils placent debout sur un auget en bambou, par où le suc s'écoule dans une marmite en fer de 2 ou 4 gallons de contenance. Quelques gouttes d'acide sulfurique, de jus de citron, ou d'absinthe de commerce, ou simplement du sel marin, de l'extrait au tamarin, ou même de l'eau chaude, changent aussitôt ce suc en un caillot (1) qui devient la boule du commerce, d'un diamètre variable, ayant à l'extérieur une couleur brune foncée, et à l'intérieur une teinte jaune fauve.

Cette boule contient beaucoup d'impuretés, résultat inévitable de son mode d'exploitation, et aussi ajoutées parfois intentionnellement, afin d'en augmenter le poids.

(1) Cf. Tacchi, Rapport cité.

La meilleure qualité est le *caoutchouc à l'acide sulfurique;* c'est aussi le plus cher; il se vend à Mojanga jusqu'à 200 francs les 100 livres anglaises.

Le caoutchouc au citron ou à l'extrait au tamarin, préparé par les Sakalaves, est le plus impur, renfermant beaucoup de terre, de sable, de cailloux. Il se vend un peu plus de 30 piastres ou 150 fr. les 100 livres anglaises.

Le caoutchouc au sel dit de Menabe est un peu plus propre, mais d'apprêt insuffisant à lui enlever toute son humidité. Il perd de son poids lors de son arrivée en Europe, jusqu'à 50 %. Il se paie de 25 à 30 piastres les 100 livres anglaises.

En 1882 son prix n'était guère que de 100 à 125 francs. Dix ans après, à Tamatave, il atteignait 250 francs.

La valeur totale de l'exportation du caoutchouc par les ports de l'Est est de 1.200.000 francs par an. Ses principaux marchés sont, après l'Amérique, Marseille et Londres, mais surtout cette dernière ville où les cours sont plus élevés, le fret étant absolument le même que pour Marseille.

2° *Arbre à caoutchouc.* — J'ai déjà parlé ailleurs de cette découverte toute récente dans les forêts du Sud de l'île, d'un arbre à caoutchouc, dont le suc se coagulait de lui-même à l'air libre, sans sel ni acide. C'est à Vangaindrano, qu'on en vit pour la première fois en 1890, non pas qu'il y en ait dans le voisinage — il vient de plus loin dans l'intérieur — mais parce que les Antaisaka, qui sont les courtiers de ces régions, l'apportèrent naturellement aux traitants établis parmi eux.

Depuis, Fort-Dauphin est devenu le centre de ce nouveau commerce, qui a étouffé à peu près tous les autres, celui des cuirs, des billes équarries, des sacs vides, nattes, tortues, etc. De rapides fortunes ont été réalisées.

Du reste, l'exploitation n'en est pas plus intelligente que celle de la liane, et les boules sont également mélangées de matières étrangères. De même, les arbres à caoutchouc disparaîtraient rapidement si des mesures n'étaient prises pour leur conservation.

Il paraît y en avoir de grandes quantités, et M. Gautier l'a rencontré partout dans le Sud, aussi bien à l'Ouest qu'à l'Est, depuis à peu près Vangaindrano jusque vers Saint-Augustin. L'*Annuaire Malgache* de 1894 signale surtout un centre important et fort riche le long du Mandrara, à l'Ouest de Fort-Dauphin.

Il y a évidemment beaucoup d'autres produits, peut-être très riches dans ces forêts encore inconnues. Signalons seulement en courant :

Les *orchidées* et les *aroïdées*, très abondantes et parfois très belles. Quelques-unes atteignent en Europe un prix élevé, et elles ont été pour plusieurs la source de bénéfices considérables. La plante est prise avec une partie d'humus où elle puise sa nourriture, enveloppée de mousse, et expédiée aussitôt à Anvers.

Rappelons aussi l'*orseille* qui était autrefois, surtout à l'Ouest et au S.-O., l'objet d'un mou-

vement d'échanges considérables, et que de nombreux vaisseaux allaient chercher jusque sur ces
rivages inhospitaliers et sauvages. Mais l'emploi
des couleurs d'aniline en a entièrement détruit la
valeur, et l'a fait complètement abandonner.

CHAPITRE XI

FAUNE

L'étude de la faune de Madagascar présente un intérêt encore plus grand peut-être que celui de sa flore. Les formes curieuses qu'on y rencontre à chaque pas lui donnent une physionomie particulière.

D'un côté, elle a des rapports évidents avec la faune d'Afrique; mais elle en a aussi avec celle de l'Inde, de l'Arabie ou de la Malaisie, voire même avec celle de l'Amérique; surtout elle a des espèces nombreuses qui lui sont propres, ou dont au moins elle paraît être la patrie primitive et le centre de dispersion.

I

MAMMIFÈRES.

Madagascar ne renferme pas moins de 66 espèces de mammifères. Ce serait déjà une preuve qu'elle a autrefois fait partie d'un continent. Mais le caractère de ces animaux est très extraordinaire, et tout à fait différent de l'ensemble de ceux que l'on rencontre maintenant en Afrique, ou en aucune autre partie du monde. Il n'y a en effet à Madagascar aucun des grands mammifères qui sont particuliers au continent africain, l'ours, l'hyène, la panthère, la girafe, l'antilope, l'éléphant, le rhinocéros, ni rien qui leur ressemble.

La première impression serait donc qu'elle n'a jamais été unie à l'Afrique. Mais comme les tigres, les ours, les tapirs, les daims, les écureuils en sont généralement absents, il faudrait aussi conclure qu'elle n'a jamais été unie à l'Asie. Et cependant, ce n'est pas une de ces îles émergées de l'Océan et qui ont toujours été isolées.

Il est vrai que la faune malgache abonde en espèces et en genre particuliers à l'île. C'est le pays par excellence, la patrie des *Lemuriens*, appelés aussi faux-singes ou singes à museau de renard, qui forment dans la série des êtres un ordre à part, et qui, par toute leur organisation, comme l'ont montré MM. Milne Edwards et A. Grandidier dans leur *Histoire des mammifères malgaches*, se rapprochent plus des quadrupèdes que des quadrumanes, malgré leurs quatre mains. Cet ordre étrange des mammifères est pour ainsi dire cantonné dans l'île; on n'en rencontre que quelques représentants égarés en Malaisie, à Ceylan et dans l'Afrique tropicale, et seulement à l'état de genres ou d'espèces isolées, qui ne continuent à exister que grâce à leurs habitudes nocturnes et à leurs retraites sur les arbres, au fond des

épaisses forêts. Ce sont comme les fragments épars
d'un groupe jadis compact et nombreux, tandis
qu'à Madagascar, ils forment dix genres et quarante espèces ou variétés, juste la moitié des espèces connues de mammifères malgaches. Mais à
l'époque eocène, ils habitaient le Nord de l'Amérique et l'Europe, et très probablement tout l'hémisphère boréal.

Parmi eux, il faut citer, outre les nombreux
Lemurs ou Makis, l'*Indris* et les *Propithèques*, les
plus grands des Lémuriens vivants (1); les *Ha-
palemurs*, qui nagent aussi bien qu'ils grimpent
aux arbres; le *Cheiromys Madagascariensis*, ou *Aye-
Aye*, ainsi appelé à cause de son cri, très curieux
par ses habitudes et les superstitions dont il est le
sujet. Il vit dans les grandes forêts de l'Est. C'est
un animal nocturne, allant par paire, mâle et fe-
melle, ne produisant qu'un seul petit à la fois, et
faisant son nid dans les cavités des vieux troncs.

Il se sert de ses dents pour arracher l'écorce
des arbres, à la recherche des insectes qui forment
sa nourriture, et de ses longs doigts filiformes pour
arracher les larves, une fois qu'elles sont découvertes. On affirma à M. Baron que l'Aye-Aye frappe
de ses doigts de devant l'écorce des arbres, et
ensuite, écoute le mouvement de sa proie qui y
est renfermée, s'épargnant ainsi un travail inutile.
Il ne fuit point à la vue de l'homme, car pendant

(1) On a récemment découvert les ossements fossiles d'une espèce éteinte, le *Mégaladopis* qui était trois fois plus grand que
l'Indris (Grandidier).

des siècles, celui-ci ne l'a jamais molesté. Le Malgache croit, en effet, que l'Aye-Aye a le pouvoir
extraordinaire de détruire quiconque cherche
à le prendre ou à lui faire du mal. Il est donc
presque impossible de s'en procurer, si ce n'est
par hasard, ou par les soins de ceux qui connaissent une *amulette* ou *ody* pour se défendre contre
lui. De là sa réputation d'être excessivement rare,
quoique en réalité il soit assez abondant.

Il y a une autre tradition sur son compte qui
lui fait plus d'honneur. Parfois, quand une personne s'endort dans la forêt, le Aye-Aye lui apporte un oreiller; si c'est pour la tête, cette personne deviendra riche; mais si c'est pour les pieds,
elle succombera bientôt au pouvoir fatal du Le-
muridé, ou au moins deviendra ensorcelée.

Après le Aye-Aye, nommons encore les *Chiro-*
gales et les *Microcèbes*, dont quelques-uns ne sont
guère plus gros qu'une souris, et qui emmaga-
sinent, pendant la saison humide, de la graisse
autour de leur queue pour s'en servir à la saison
sèche.

Après les Lémuridés, viennent les *Insectivores*
composés d'une *Musaraigne*, groupe répandu sur
tous les grands continents; de deux genres de *Hé-*
rissons et de six genres d'une famille particulière,
les *Centétidés*, qui n'existent nulle part ailleurs sur
le globe, excepté dans les deux grandes îles de
Cuba et de Haïti, et viennent ainsi ajouter à la
difficulté pour déterminer le berceau de la faune
malgache. Ce sont notamment les *Oryzorictes* et les

Géogales qui sont des genres très caractéristiques. Le seul carnassier malgache qui ait une grande taille, est un chat fort singulier qui est plantigrade comme les ours, tandis que tous les autres félins connus sont digitigrades; c'est le *Cryptoprocta ferox*, qui forme une famille particulière, sans alliés en aucune partie du monde. Avec lui il y a diverses espèces de *Galidiés*, sortes de mangoustes, une *Civette*, une *Genette* et un *Euplère*.

« Ici nous rencontrons pour la première fois, dit M. Wallace, des indications précises d'une origine africaine; car la famille des Civettes est plus abondante sur le continent africain qu'en Asie, et quelques-uns des genres malgaches semblent décidément être les alliés du groupe africain, comme par exemple l'Euplère au Suricata et au Crossarchus. »

Les civettes sont aujourd'hui presque confinées à l'Éthiopie et aux régions orientales, mais elles abondaient en Europe à l'époque miocène.

Les *Rongeurs* se composent de quatre genres de rats particuliers, dont l'un, dit-on, est allié à un genre américain. Parmi les très nombreuses *Chauves-souris*, il y en a une d'un genre tout particulier, avec des pelotes charnues à l'extrémité des doigts.

Citons en dernier lieu un cochon de rivière, d'un genre africain, le *Choiropotamus* ou sanglier à masque, des débris fossiles de deux Hippopotames, l'*Hippopotamus Lemerlei* et l'*Hileptorynchus*, de petite taille, et dont les débris, recueillis

13.

par M. Grandidier, comme beaucoup des espèces
précédentes, abondent dans les sables quaternaires
de la côte S.-O., mélangés à des os de crocodiles
(*Croc. robustus*, Grandidier), de lémuriens gigantesques et de petits carnassiers. Ces fragments
démontrent que Madagascar a possédé autrefois
de grands pachydermes, comme l'Asie et l'Afrique. Il y a aussi des bœufs, des chats et des
chiens errants, échappés à la domesticité et re-
tournés à l'état sauvage.

« En résumé, et pour conclure, en citant M. Wallace, la faune de Madagascar est assez riche en
genres et en espèces de mammifères, quoiqu'ils
appartiennent à un nombre très limité d'ordres et
de familles. Elle est spécialement caractérisée par
son abondance de lémuriens et d'insectivores;
elle possède aussi quelques carnivores de petite
taille; mais la plupart des autres groupes dont
l'Afrique est spécialement riche : singes, lions,
léopards, hyènes, zèbres, girafes, antilopes, éléphants et rhinocéros, et même porcs-épics et écureuils, manquent totalement. Il n'y a pas moins
de quarante familles distinctes de mammifères
terrestres en Afrique, onze seulement de ces familles se retrouvent à Madagascar, qui possède à
son tour *trois* familles propres.

II

ANIMAUX DOMESTIQUES.

Nous plaçant à un autre point de vue, celui de l'utilité économique, il nous faut maintenant dire un mot des animaux domestiques et des oiseaux de basse-cour de Madagascar.

Ce sont à peu près les mêmes que ceux que l'on retrouve presque partout, à quelque différence près, et la plupart, sinon tous, ont été importés à une époque plus ou moins reculée, quelquefois toute récente. Mais ils se sont bien acclimatés et ils constituent la principale richesse des Malgaches.

Bœufs (1). — Les bœufs sont très répandus dans toute l'île, surtout en certains endroits où l'excellence et l'abondance des pâturages facilitent leur reproduction : au Nord, chez les Antankara et dans les environs de Vohemar ; sur la côte Est, entre Mahanoro et Mananjary, ainsi que du côté de Maintirano et de Morondava ; au Sud, vers Fort-Dauphin ; dans le centre, chez les Antsihanaka, dans toute l'Imerina et chez les Betsileo. Ils constituent, avec le riz, la base de la nourriture et du commerce des indigènes. Ces bœufs, différents de nos espèces européennes par la grosse bosse ou loupe graisseuse qu'ils ont entre les épaules, présentent des

(1) Cf. Rapport de M. d'Authoüard, 1890, p. 5.

analogies avec le zébu qui est si répandu dans les
parties méridionales de l'Asie. Petits de taille, leur
poids varie entre 250 et 300 kilogrammes, sur lesquels on compte généralement 120 à 150 kilogramme de viande sans os.

Quelques-uns servent de monture dans l'Imerina et chez les Betsileo. On leur coupe les cornes
et ils galoppent comme des chevaux. C'est ce qui
a donné occasion à Flacourt d'en faire une espèce
à part, distincte du bœuf ordinaire ; et, grâce à
leur bosse parfois très développée, à d'anciens voyageurs, de les prendre pour des chameaux.

Quelques animaux d'origine française, des va-
ches normandes et bretonnes avaient été introduites par M. Laborde, et ce premier essai promettait beaucoup. Le croisement avec la race
indigène donnait en particulier de beaux produits.
Mais depuis, mal soignés et presque abandonnés,
ces animaux d'importation étrangère ont disparu
en grande partie, et aujourd'hui, on n'en rencontre
que quelques rares échantillons.

Les bœufs sont, quelques-uns exportés à la
Réunion et à Maurice, et les autres tués sur place
pour la consommation locale. On sale alors et on
fait sécher les peaux qui sont exportées surtout en
Amérique.

Peut-être consomme-t-on chaque année non
loin de 300,000 bœufs, si l'on s'en rapporte aux
statistiques des douanes. Elles accusent en effet.

Exportation des bœufs vivants sur Maurice et la
    Réunion.................................... 12.000

Exportation des cuirs :

Tamatave	100.000
Mojanga...	90.000
Mananjary..	10.000
Vatomandry...	7.000
Vohemar...	2.000
Anorontsanga..	2.000
Autres ports..	10.000
Bœufs tués suivant l'ancienne coutume, qui interdit de séparer la peau de la viande..........	50.000
Total	183.000
Consommés sur place, plus de...............	100.000

Moutons. — On élève aussi beaucoup de moutons, de l'espèce à large queue, que l'on rencontre en Afrique et en Asie. Ils sont petits et couverts de poil, plutôt que de laine, et ressemblent beaucoup plus à des chèvres qu'à des moutons européens. Leur viande est sèche et peu agréable, et a un goût particulier auquel il faut un certain temps pour s'habituer. On les trouve sur les hauts plateaux, c'est-à-dire dans l'Imerina et chez les Betsileo. Ils sont consommés sur place. Un mouton, à Tananarive, vaut de 3 francs à 3 fr. 50, et sa peau exportée ordinairement par Tamatave, y est cotée à peu près 0 fr. 65 centimes, le même prix que les peaux de chèvre ; et pendant l'année 1887, il a été exporté 44.000 peaux de l'un et l'autre de ces animaux.

Évidemment M. Laborde ne pouvait se désintéresser de l'élevage du mouton, et il devait s'efforcer d'introduire et d'acclimater à Madagascar l'espèce à laine, qui y rendrait de si grands services et pourrait être pour la grande île africaine, la même source de richesses qu'elle a été pour les îles de l'Australie. C'est ce qu'il tenta à Mantasoa ; et il aurait réussi, si les Anglais n'avaient enfin abouti à ruiner son œuvre. M. Rigault a recommencé les mêmes tentatives dans sa propriété d'Ivato. Il mérite toutes nos félicitations et tous nos souhaits de pleine réussite. Déjà tout s'annonce bien ; ses moutons sont forts et vigoureux et ont produit des sujets d'un bel aspect. Mais vînt-il à échouer — et il est bien à craindre que la guerre ne remette une fois de plus tout en cause, — qu'il ne faudrait pas se lasser.

N'oublions pas, en effet, comme le remarque justement le prince d'Orléans, les tâtonnements qui ont précédé, en Australie, l'introduction des mérinos, et rappelons-nous qu'il a fallu des années pour trouver une race propre à cette contrée. La même persévérance et une méthode analogue amèneront, j'en suis convaincu, les mêmes résultats sur les plateaux de Madagascar, « c'est-à-dire la création d'une source de richesses immenses, encore inconnues dans l'île (1). »

Les *chèvres* sont moins nombreuses que les moutons et se rencontrent surtout sur les hauts plateaux où elles réussissent très bien, et sur la côte Ouest, où elles font partie de l'alimentation des Sakalaves.

Les *porcs* sont très nombreux sur le plateau

_____

(1) *Revue de Paris*, 1ᵉʳ octobre 1894, p. 458.

central, mais d'une qualité inférieure, avec une chair molle et huileuse. Ils sont réputés *fady*, c'est-à-dire impurs, chez un grand nombre de tribus, les Sakalaves de l'Ouest, les Antaimoro de l'Est et plusieurs autres. C'était probablement la même chose autrefois chez les Hova, et même encore, jamais un cochon vivant ne doit entrer dans la capitale. Un porc vaut 30 francs à Tamatave.

Il y a déjà un certain nombre de *chevaux* sur le plateau central, surtout aux environs de Tananarive, et les Malgaches commencent à en apprécier la valeur. Il existe même quelques éleveurs, qui en possèdent un certain nombre, dans de grandes plaines, au bord de l'Ikopa. Je les ai vus souvent, et il faut avouer qu'ils ont fort bonne mine. Mais leur élevage est évidemment mal fait; les croisements ne sont pas soignés; la race est mélangée : arabe, normande, australienne, annamite; enfin l'influence du pays se manifeste, dans la reproduction, par un abaissement de la taille. Mais en revanche, ils sont très solides, très résistants, ont le pied très sûr, et peuvent rendre de grands services.

On rencontre aussi quelques *ânes* qui ont toutes les qualités d'endurance et de sobriété des nôtres, et qu'un peu de soins multiplierait rapidement, au grand avantage de tout le monde, en particulier des petits marchands et des petits propriétaires; car ils se sont parfaitement acclimatés.

Il faut en dire autant des *mulets*, appelés à

rendre encore de plus grands services. On le verra pendant la future expédition, et l'on peut espérer que cet exemple encouragera les éleveurs à en produire un grand nombre.

Puisque nous sommes sur ce chapitre des animaux de ferme, disons un mot en finissant de la basse-cour.

Les volailles sont les mêmes à Madagascar qu'en France, par exemple; mais elles y pullulent littéralement, surtout dans le plateau central, et y sont relativement bonnes et à très bon compte : des *poules*, des *oies*, des *canards* (*Vorombahaza*, oiseau des blancs), des *dindons*, des *pigeons*, des *pintades*, etc. Je n'ai vu nulle part de tels troupeaux d'oies ou de canards, comme ceux qu'on rencontre par exemple, dans les rizières, une fois la moisson faite, ou dans les marais des bords de l'Ikopa, aux environs de la capitale. Ils se comptent par centaines, et leurs gardiens vivent, pendant toute une saison, dans de petites huttes en terre et en chaume, alignées sur la chaussée, afin de les surveiller et de les soigner.

On n'a pas encore cependant, en dehors de la consommation locale, tiré aucun autre profit de ces animaux. Et c'est cette circonstance qui explique leur bas prix, vraiment extraordinaire.

Dans l'intérieur, un poulet se vend de 0 fr. 10 à 0 fr. 30 c.; un canard de 0 fr. 40 à 0 fr. 50 c. dans l'Imerina; de 0 fr. 20 à 0 fr. 30 c. chez les Betsileo; une oie grasse, de 1 fr. 25 à 1 fr. 30 vers Tananarive; de 60 à 80 c. chez les Betsileo.

Les dindons, de 0 fr. 50 à 1 fr. 50 c.

Les pigeons, de 0 fr. 25 à 0 fr. 30 c.

La pintade est, surtout à l'état sauvage, excessivement nombreuse.

Notons enfin la présence, dans les étangs et marais, de nombreux canards sauvages.

III

OISEAUX.

Parlons d'abord des espèces disparues.

M. Grandidier, en même temps que son Hippopotame de Lemerle, dont nous avons déjà parlé, a rencontré, dans les sables de la côte S.-O., le squelette de plusieurs espèces d'*Æpyornis*, oiseaux aujourd'hui éteints, dont plusieurs avaient une taille colossale. Les œufs de l'une d'elles qui ont si vivement excité la curiosité des savants, avaient une capacité de plus de huit litres, et un volume correspondant à celui de 6 œufs d'autruche, ou de 148 œufs de poule. Les ossements des nombreuses espèces d'*Æpyornis* et de *Mullerornis* (une douzaine) permettent de classer ces oiseaux dans le groupe des brévipennes. Les innombrables fragments d'œufs, mêlés à des coquilles terrestres subfossiles, recueillis auprès de ces débris d'os, dans les dunes de sable qui longent la côte Sud de Madagascar, ont montré que si ces

oiseaux, pour la plupart gigantesques, et dont
quelques-uns avaient plus de 2 mètres de hauteur, n'existent plus aujourd'hui, ils ont vécu à
une époque peu reculée, puisque ces restes se
retrouvent dans les formations les plus récentes,
dont on suit encore de nos jours le développement continu. Il ressort de l'examen des diverses
parties des squelettes des *Æpyornis Ingens* (Edw.
et Grand.), *Titan* (Audrews) et *Maximus* (Geoffr.
St-Hil.), qu'ils avaient des formes extraordinairement massives, et des pattes d'une grosseur dont
on a peine à se former une idée. Ces caractères
les éloignent des autruches, des nandous, des ca-
soars et des émeus, pour les rapprocher davantage des Dinornis et des Aptéryx. S'ils n'étaient pas
les plus grands des oiseaux, puisque la taille du
Dinornis géant atteint jusqu'à 3 mètres, ils étaient
évidemment les plus gros et les plus massifs. Ces
oiseaux établissent des rapports particuliers entre
Madagascar et la Nouvelle-Zélande.

Quant aux oiseaux aujourd'hui vivants à Madagascar, je ne saurais mieux faire pour en parler, que de citer quelques passages de la conclusion du splendide volume que MM. Milne Edwards
et Grandidier ont consacré à « l'histoire naturelle
des oiseaux » de la grande île africaine.

« Aujourd'hui, disent-ils, le nombre total des
espèces ou races d'oiseaux trouvés à Madagascar
s'élève à 238 qui, dans leur ensemble, donnent
à cette île un caractère particulier... »

« ... Si de ces 238 espèces, nous retranchons

certains échassiers, les oiseaux de rivage, et les oiseaux de mer, tels que les *Charadridés*, les *Ardéidés*, les *Dromatidés*, les *Scolopacidés*, les *Longipennes* et les *Totipalmes*, tous oiseaux de haut vol et pour la plupart cosmopolites, il en reste 170, dont il faut encore déduire 21 dont 3 *canards*, qui ont un habitat très étendu, 6 *rapaces*, 2 *martinets* et 1 *hirondelle*, 3 *ciconidés*, 1 *ibis* et 1 *flamant* et 4 *anadités*, qui sont aussi de haut vol, et auxquels leurs ailes puissantes permettent de traverser le canal de Mozambique, et dont par conséquent la présence à Madagascar n'influe en rien sur la faune de cette île. Sur les 149 espèces ou races restant, 4 ont une aire de dispersion très considérable, 9 sont d'origine africaine, 7 d'origine asiatique ou océanienne et 129 sont propres à l'île, soit plus de la moitié des espèces trouvées à Madagascar. C'est une proportion considérable pour un pays d'une étendue si petite; de ces dernières 19 ont un facies tout spécial; 21 n'ont pas de caractères bien tranchés, 14 sont intermédiaires entre des espèces africaines et des espèces orientales, 21 sont voisines d'espèces africaines, 40 se rapprochent d'espèces asiatiques et 14 rappellent des types océaniens. Nous citerons parmi les genres spéciaux à ce petit coin de terre les *Couas* ou coucous malgaches qui comptent jusqu'à douze espèces différentes. Il ressort de cette étude analytique que la faune ornithologique malgache a un caractère tout particulier, et que, malgré la petite distance qui sépare Madagascar du continent africain, ses affinités sont

beaucoup plus grandes avec l'Extrême-Orient qu'a-
vec l'Afrique, puisque, si on laisse de côté les oiseaux de haut vol, il y a environ deux fois plus
d'espèces voisines des espèces orientales que des
espèces africaines, et qu'en outre, la plupart des
genres caractéristiques de l'Afrique y manquent
complètement.

« On sait que Madagascar comprend trois régions bien distinctes par leur aspect physique, leur
constitution géologique, leur végétation, leur climat : la région de l'Est et du Nord-Est qui est
montagneuse, humide et couverte soit de bois,
soit de plantes herbacées plus ou moins grandes,
suivant les localités; le massif central qui est très
accidenté et nu, presque entièrement dépourvu
d'arbres et d'arbustes, et dont une herbe grossière
cache mal le sol argileux d'un rouge foncé; enfin
la région de l'Ouest et du Sud qui est plate, sèche
et sablonneuse, avec çà et là des arbres et des bois
clairsemés. Le centre de l'île ne contient que peu
d'oiseaux, presque tous de haut vol, principalement des oiseaux de proie, des martinets, des hi-
rondelles, des échassiers et aussi des martins-pê-
cheurs au plumage d'un bleu éclatant et des cardinaux : en effet ces montagnes arides où les
bouquets même de quelques arbres sont rares, ne
peuvent donner asile à beaucoup d'animaux; sous
ce rapport la plus grande partie du massif central
est presque déserte.

« Les deux régions littorales sont au contraire
très peuplées d'animaux de toutes sortes, et si la

plupart de ceux-ci habitent indifféremment l'une ou l'autre, il n'en est pas moins un certain nombre qui sont cantonnés presque exclusivement dans chacune d'elles et qui leur donnent une physionomie particulière : il y en a même qui se tiennent dans des limites encore plus étroites, ne sortant pas d'un district de petite étendue. Aujourd'hui on connaît cinquante espèces propres à la partie orientale et à la région toute pareille et limitrophe du Nord-Ouest, et vingt-trois espèces propres à la région occidentale...

« Il est intéressant de noter qu'un certain nombre d'espèces qui sont d'habitudes sédentaires, éprouvent des modifications sous l'influence des conditions physiques du milieu où elles vivent : en effet, les conditions biologiques sont très différentes dans les deux régions de l'Est et du Nord-Ouest, et cette différence se manifeste chez les individus de l'Ouest par une diminution de taille, et par une tendance à l'albinisme ou une coloration générale plus pâle. Les *Ellisia Madagascariensis* et *filicum*, les *Copsychus albospecularis*, les *Tylas Eduardi*, les *Artamia Annæ*, les *Xenopirostris Pollenii* et *Damii*, les *Lantzia rufa*, les *Cypselus parvus*, et les *Alauda hova*, ont des teintes générales plus colorées ou plus foncées que les *Ellisia Lantzii*, les *Copsychus pica*, les *Tylas Madagascariensis*, les *Artamia lemcocephala*, les *Xenopirostris Lafresnayi*, les *Lantzia rufa*, les *Cypselus parvus* et les *Alauda hova* de l'Ouest, bien que les dispositions de ces teintes, les proportions générales, les livrées dans le jeune âge, les mœurs et le chant, soient les mêmes dans les deux régions. Les œufs même, de certains de ces oiseaux, des *Ellisia Lantzii* et des *Copsychus pica* par exemple, ont une couleur plus claire et moins vive, et sont un peu plus petits que ceux de leurs congénères orientaux. »

IV

REPTILES.

Je ne ferai guère que traduire sur ce sujet quelques pages de M. Wallace, les abrégeant, les modifiant légèrement, y ajoutant parfois un nouveau nom ou de nouvelles espèces, découvertes récemment.

1° *Reptiles*. — Les reptiles présentent cette particularité remarquable, que, relativement peu de groupes africains sont représentés à Madagascar, tandis qu'on y trouve un nombre considérable de formes orientales, ou même américaines.

Ainsi, parmi les serpents, nous ne trouvons dans la famille si nombreuse des *couleuvres*, aucun des types africains; mais par contre, trois genres, les *Herpetodryas*, les *Phylodrias* et les *Hétérodons*, se rencontrent dans les deux Amériques du Nord et du Sud, et là seulement. Les *Psammophides*, à la fois indiens et africains, sont représentés par un genre spécial, les *Mimophis*. Les *Dendrophi-dés*, par les *Ahœtalla*, un genre à la fois africain et américain. Les *Dryophidés,* qui habitent toute la zone tropicale, mais se multiplient surtout dans les régions orientales, par le genre spécial des *Langaha;* les *Pythonidés* des tropiques, par un autre genre particulier, les *Sanzinia*. Au contraire, les *Lycodontidés* et les *Vipères* si communes en Afrique, sont entièrement absentes.

Les *lézards* n'offrent pas de moindres particularités. Les *Zonuridés*, si abondamment développés en Afrique, sont représentés par un genre particulier, les *Cicigna;* les *Scincidés,* par un genre spécial à l'île, qu'a découvert et décrit M. Grandidier, le *Pygomeles*, et par le genre *Euprepes* qui est très répandu partout; les *Sepsidés* africains, par trois genres dont deux sont africains, et le troisième, particulier à Madagascar. Les *Acontiadés,* par une espèce du genre africain Acontias; les *Geckotides* n'ont aucun représentant purement africain, mais ils ont les *Phyllodactyles* qui sont américains et australiens; deux genres des *Hémydactyles* sont répandus dans tous les pays tropicaux, et trois autres, les *Uroplatis,* les *Gecko-lepis* (Geckotiens à écailles desplus curieux, que M. Grandidier a trouvé au Cap Sainte-Marie), et les *Phesuma* sont propres à Madagascar, à la Réunion et aux îles Andaman. Les *Agamidés* qui appartiennent principalement à l'Orient, et n'ont en Afrique qu'un seul genre, l'*Agama*, ont trois genres particuliers à Madagascar; le *Trachelopty-*

cus, le *Chalarodon* et l'*Hoplurus ;* ce dernier ayant des affinités avec certains reptiles de l'Amérique méridionale.

Dans la même classe des reptiles, le genre *Caméléon,* ce type si aberrant dans la série des Sauriens, est représenté à Madagascar par une trentaine d'espèces, très différentes les unes des autres, tandis que, dans le reste de l'Ancien-Monde, on en compte à peine autant, jusqu'à présent du moins. Le plus grand nombre de ces caméléons ont des cornes, ou d'autres remarquables appendices sur leur tête. Madagascar est donc la patrie par excellence des caméléons en général, et tout spécialement de leurs plus curieuses espèces.

On le voit donc, pour les reptiles, Madagascar semble tenir de l'Orient et de l'Amérique, détail curieux et dont il faudra tenir compte.

V

TORTUES, AMPHIBIES, POISSONS.

Les autres groupes ne présentent pas le même intérêt. Les *tortues* sont représentées par deux genres cosmopolites, les *Testudo* et les *Sternotherus ;* par un genre particulier à l'Inde et à Madagascar, le *Pyxis,* et par un genre, voisin d'un genre américain, qu'a découvert et décrit M. Grandidier, le *Dumerilia,* belle et grosse tortue qui habite les rivières de l'Ouest de l'île. Les *amphibies* ne sont pas bien connus. Ils paraissent se réduire aux espèces des genres très répandus en Éthiopie et en Orient, l'*Hylarana*, le *Polypedates*, le *Rappia*, et le *Pyxicephalus*; il y a cependant le genre américain *Dendrobates*, découvert par M. Grandidier et qui mérite spécialement de fixer l'attention. Les rivières et les lacs de l'île ne renferment qu'un petit nombre d'espèces de poissons d'eau douce, dix seulement, tandis que la France dont l'étendue est moindre en a près de trente. Ces poissons ont le facies asiatique ou américain, et non africain.

Mais l'anomalie la plus grande, et la plus difficile à expliquer, est la présence des écrevisses. M. Huxley a remarqué qu'on ne connaît aucun animal qui approche d'une écrevisse, dans tout le Sud de l'Asie et dans tout le continent africain, en particulier au Cap, et dans les rivières de la côte Sud-Est. Et cependant, il y a des genres d'écrevisses à Madagascar, en Australie, à la terre de Van Diemen, à la Nouvelle-Zélande, aux îles Fidji, et dans l'Amérique du Sud. Le genre particulier des *Astacoides* existe à Madagascar, mais on ne trouve de genre semblable nulle part plus près qu'en Australie, où l'on rencontre le genre *Artacopsis*.

Évidemment, les écrevisses ne peuvent traverser les vastes étendues d'océan, qui séparent Madagascar de ces lointaines régions; de plus, dans l'hémisphère boréal, la distribution des écrevisses suit celle des animaux terrestres, et aussi celle des poissons. Or, il n'y a pas de ressemblance entre les animaux, et surtout les poissons de ces pays, et ceux de Madagascar.

14

Il y a là sûrement un fait très curieux et demeuré complètement inexpliqué.

VI

PAPILLONS, COLÉOPTÈRES, INSECTES, COQUILLAGES.

La faune des *lépidoptères* ou *papillons*, n'est pas moins remarquable que celle des autres insectes; elle offre cette particularité, commune aux autres branches de la zoologie, qu'elle s'écarte notablement de celle du continent africain cependant si voisin. Non qu'il n'y ait, entre les deux, des rapports évidents, des genres communs, comme par exemple le *Leptoneura*, propre à Madagascar et au Sud de l'Afrique; mais la présence d'espèces qui leur sont propres, celles par exemple des genres *Hétéropsis* (Satyridœ), *Smerina*, *Godartia*, etc., ou qui n'ont de parenté qu'avec celles de l'Inde, de la Malaisie ou de l'Arabie, est faite pour surprendre, si rien pouvait surprendre en ces matières quand il s'agit de Madagascar.

Quelques-uns de ces papillons se font remarquer par la richesse de leurs couleurs. Il suffit de nommer le *Papilio Antenor* et l'*Urania Riphœus*, dont les ailes ont 10 centimètres d'envergure et sont ornées des plus riches couleurs.

L'étude des 1600 *coléoptères* que l'on connaît aujourd'hui à Madagascar, nous donne des notions intéressantes au point de vue du caractère général de la faune malgache. La plupart sont propres à l'île, par exemple, le genre *Pogonos-*

toma, le genre des *Cicindelidès*, qui toutefois est parent du genre Cnenostoma de l'Amérique du Sud, et le groupe si abondant et si beau des *Polybothris* (Buprestidés); quelques-uns se rapprochent des Lypes indiens, comme le *Megalomma;* d'autres ont le faciès africain, comme l'*Eurimorpha;* d'autres enfin, sont communs à Madagascar et à l'Amérique du Sud, ainsi le *Peridexia,* ou rappellent les formes européennes.

Je ne veux pas poursuivre cette énumération, ni étudier leur parenté avec ceux d'Afrique, de l'Inde ou d'ailleurs. Mais, les considérant tous ensemble, nous arrivons à ce curieux résultat que leurs affinités sont en grande partie avec l'Orient, l'Australie, ou le Sud de l'Amérique; l'élément africain est surtout représenté par les formes du Sud ou de l'Ouest de l'Afrique, plutôt que par celles si abondamment répandues dans les régions de l'Éthiopie.

Il nous reste à dire un mot des *coquilles terrestres*, qui sont si nombreuses à Madagascar et dans les îles environnantes. En somme, et sans vouloir entrer dans aucune énumération, les mêmes traits se retrouvent dans les coquillages que dans les insectes; et ce que nous avons dit de ces derniers s'applique également à eux. Citons parmi les *Hélicidés*, les *Vitrina*, les *Hélix*, les *Columna* (qui sont particuliers à Madagascar et à l'Afrique), les *Buliminus*, les *Cionella*, etc.; ces derniers ne se retrouvent qu'en Orient et dans le Sud de l'Amérique, mais non en Afrique.

Parmi les coquilles à opercules, les *Truncatelles* et les *Cyclostomes* y sont très répandues ; mais elles ne se trouvent pas en Afrique ; les *Cyclophorus* ont quelques représentants en Afrique, mais appartiennent surtout à la Malaisie. Les *Cyclotus* se retrouvent dans l'Amérique du Sud, le Sud Africain et l'Orient ; les *Mégalomastoma*, en Malaisie et dans l'Amérique du Sud ; les *Lithydion* sont propres à Madagascar, à Socotora et au Sud-Ouest de l'Arabie ; les *Otopoma* s'étendent en outre à l'Arabie Occidentale et à la Nouvelle-Irlande ; les *Omphalotropis*, enfin, sont exclusivement orientaux et australiens.

MADAGASCAR DANS LES TEMPS PRÉHISTORIQUES.

De tous les faits très curieux exposés dans ces trois derniers chapitres, nous pouvons, semble-t-il, tirer les conclusions suivantes, qui ne sont évidemment que des hypothèses, mais des hypothèses fort plausibles et éclairant d'un grand jour le passé de Madagascar, en même temps qu'elles expliquent les anomalies signalées.

1° Madagascar possède dans ses productions et ses divers habitants trop de ressemblances avec les divers continents du monde, pour avoir toujours été une île séparée. C'est donc une île *continentale*, c'est-à-dire une île rattachée, dans des temps plus ou moins reculés, à un continent.

2° Ce continent est incontestablement l'Afrique, vers laquelle les Comores et les bancs adjacents semblent encore former les restes d'une route brisée, aujourd'hui submergée.

3° Cette union cependant, de Madagascar au continent africain, nous ramène à une époque très éloignée, alors qu'une mer intérieure s'étendant

14.

de l'Atlantique au golfe de Bengale, divisait l'A-
frique en deux parties : celle du Nord réunie à
l'Europe et à l'Asie, et où se trouvaient tous les
grands mammifères, lions, tigres, éléphants, etc.,
et celle du Sud qui possédait, au moins en très
grande partie, la faune et la flore de Madagascar.
Plus tard cette mer se souleva, et tous ces animaux
se répandirent dans le Sud Africain, mais ne purent pénétrer dans la grande île, qui en était déjà
séparée.

4° Il ne faut pas s'en tenir là.

Non seulement Madagascar était unie au Sud
africain, mais elle s'étendait encore au loin, à
l'Est, vers l'Inde, Ceylan, la Malaisie, ou même au
delà, soit qu'elle formât ainsi, comme le veulent
Geoffroy Saint-Hilaire et Sclater, un quatrième
continent, dont nous retrouverions encore le centre d'ossature dans les pics volcaniques de Maurice
et de Bourbon, et dans la chaîne centrale de Madagascar; soit qu'elle fût simplement, comme le
prétend Wallace, plus vaste qu'aujourd'hui, et se
reliât indirectement à l'Inde, par une chaîne de
terres intermédiaires, dont nous retrouverions les
traces dans les Seychelles et les vastes bancs de
coraux Chagos, Maldives, et autres, qui marquent
la position d'îles anciennes aujourd'hui disparues.

Quoi qu'il en soit, nous avons dans l'un et l'autre
cas :

1° Un pays qui a eu son existence propre et sa
vie indépendante;

2° Un pays rattaché au Sud africain, alors que le

Nord de l'Afrique, séparé du Sud, était uni aux terres boréales;

3° Enfin un pays se reliant, directement, ou tout au moins indirectement, à un vaste ensemble de terres australes qui s'étendait fort loin vers l'Orient.

Et ainsi, se trouvent expliqués, sinon dans tous les détails, au moins dans leur ensemble, et d'une manière satisfaisante, tous les problèmes que suscitent l'étude de la Faune et de la Flore de Madagascar (1).

(1) Grandidier, *Madagascar et ses habitants.*

CHAPITRE XII

DU COMMERCE

Après avoir parlé longuement des diverses productions de l'île, nous avons à étudier son commerce, tant à l'intérieur qu'à l'extérieur. Nous le ferons, après avoir donné sur les monnaies, les mesures et les moyens de communication, quelques notions préliminaires utiles pour mieux comprendre ce qui va suivre.

I

NOTIONS PRÉLIMINAIRES.

Le commerce se fait encore en partie par *échanges* sur diverses parties de la côte Ouest, également vers Vohemar et certains points du Sud. Mais partout ailleurs, les marchandises se paient maintenant en argent; et les échanges diminuent de jour en jour, même aux endroits où ils existaient exclusivement il y a quelques années.

A Tamatave, les monnaies divisionnaires d'argent français ont cours; partout ailleurs on ne reçoit que la pièce de 5 francs de l'union latine, la *piastre*, comme l'on dit improprement là-bas, ou l'*ariary* en langue malgache. Les pièces préférées sont les pièces françaises, surtout à colonne, et celles dont l'exergue est en relief; si même l'exergue est en creux, comme pour les pièces italiennes, on les refuse généralement.

Pour des sommes inférieures à 5 francs, on coupe la piastre, au ciseau à froid et au marteau, en morceaux de plus en plus petits jusqu'à des fractions de centimes. Aussi l'argent ne se compte pas à Madagascar, il se pèse en toute vérité, et chaque marchand, chaque homme qui a à payer ou à être payé, a ses balances avec un système de poids estampillés par le gouvernement.

Ce qu'il y a de curieux, c'est que légalement la piastre coupée pèse 27 grammes, le poids de l'ancienne piastre espagnole, tandis que la piastre entière, indépendamment de l'usure, ne pèse que 25 grammes. C'est donc 2 grammes que l'on perd en acceptant une pièce entière contre de l'argent coupé. Malgré cela, l'amour de la piastre est tel chez les Malgaches, que partout, sauf le long des routes, où ils réclament un change assez élevé (ordinairement 0 fr. 62 1/2), ils sont toujours prêts à vous donner leurs 27 grammes d'argent coupé pour votre pièce de 5 francs.

Voici le tableau et le nom des poids, et par suite des diverses unités de monnaie :

Loso, 1/2 piastre...................... 2 fr. 50
Kirobo, 1/4 de piastre................. 1.25

Sikajy, 1/8 de piastre................... 0.625
Roavoamena, 1/12 (1) de piastre.......... 0.416
Ilavoamena, 1/48 (2) de piastre........... 0.104
Eranambatry, 1/72 (3) de piastre.......... 0.069
Varifitoventy, 1/96 (4) de piastre........ 0.052
Varidimiventy, 1/144 (5) de piastre....... 0.033

En combinant ces poids de diverses façons, on obtient toutes les valeurs intermédiaires, ou leur différence; plus bas, on emploie des grains de riz dont *un* seul représente un variraventy (6), ou 1/720 de la piastre, c'est-à-dire 2/3 de centime.

A plusieurs reprises on s'est occupé de la création d'un système complet de monnaies malgaches, et le Comptoir d'Escompte fut un moment sur le point d'en accepter l'entreprise.

A première vue on le désirerait. Peut-être cependant que pour l'influence française, il vaudrait mieux tout simplement introduire à Madagascar notre propre système monétaire. La piastre française est déjà la monnaie légale; pourquoi donc renoncer à cet avantage? De plus, il est désirable que le système décimal soit accepté pour tout, pour les mesures de volume, les longueurs, les surfaces, les liquides! Pourquoi introduire alors un système monétaire comme celui qu'on proposait, et qui se basait sur le système anglais: 5 francs, 2 fr. 50, 1 fr. 25, 0 fr. 625, etc.? — Qui

---

(1) *Roa*, deux, *voamena*, fruit rouge. — (2) *Ila*, moitié; *voamena*. — (3) Mesure de l'ambatry, graine de l'ambrevade. — (4) *Vary*, riz, *filo*, sept, *venty*, unité. — (5) *Vary*, riz, *dimy*, cinq, *venty*, unité. — (6) *Vary*, *iran* (un), *venty*.

ne voit enfin l'avantage réel que nous avons à posséder un champ si vaste pour la circulation de notre argent monnayé?

Mesures.

Après la monnaie, les autres mesures nous présentent encore une bien plus grande confusion.

Le poids le plus usité est la *livre* anglaise de 453 grammes 59; on commence cependant à employer le *kilogramme*, et les marchandises se vendent aux 100 livres ou aux 50 kilog. Mais souvent, dans l'intérieur, les poids sont jugés par simple estimation, par exemple la charge d'un homme, de 40 à 45 kilogrammes.

La mesure de longueur est le *yard* anglais de 91 centimètres, et surtout la *brasse* ou *refy* de $1^m,80$. Le *mètre* est peu connu, car la mesure anglaise a sur lui l'avantage d'être celle des tissus et surtout des cotonnades. Le refy correspond au plus grand écartement des bras; il a pour sous-multiple le *rehy*, 1/8 du refy, ou $0^m,225$, à peu près le plus grand écartement des doigts de la main.

Les multiples sont le *fahefatra* = 4 brasses = $7^m,20$; le *fahadimy* = 5 brasses = 9 mètres. Sa moitié se nomme *sasapahadimy* (*sasaka*, moitié) = 2 brasses 1/2 = $4^m,50$.

Le yard s'appelle *laonina*, l'aune, un nom français appliqué à une mesure anglaise!

Les terrains se mesurent à l'arpent (34 ares 19 centiares) et à la brasse carrée (3^{mc},24.)

Les mesures de *capacité* sont le *fatra* ou *famarana* pour le commerce de détail des grains; il correspond à 430 ou 450 centilitres. — Pour les ventes plus importantes, en particulier du riz, on se sert du *vary* (riz), qui vaut environ 6 décalitres et a pour sous-multiples :

le Tapapaheniny,	= 1/12 du vary =	1/2 décalitre
le Fahenimbary,	= 1/6 du vary =	1 —
le Fahatelombary,	= 1/3 du vary =	2 —
le Tapabary,	= 1/2 du vary =	3 —
le Roatokombary,	= 2/3 du vary =	4 —

Transports.

A Madagascar, nous l'avons déjà dit, dès qu'il s'agit de pénétrer dans l'intérieur de l'île, tout doit être transporté à dos d'hommes. Il n'y a ni voitures, ni charrettes, ni bêtes de sommes, quelques bœufs seulement, auxquels on coupe la queue, les oreilles et les cornes, dans certaines parties de l'île, et ici et là quelques pirogues, sur les lagunes, le long de la côte Est, sur les lacs ou quelques-unes des rivières de l'intérieur.

En dehors de là, il n'y a que les porteurs.

Pour les voyageurs on se sert du « *filanjana* ». Le filanjana est assez difficile à décrire. Qu'on se figure deux longs brancards en bois, d'un peu plus de 3 mètres de longueur et de 0^m,05 de côté, reliés entr'eux, à 0^m,90 de l'avant et à 1^m,30 de l'arrière, par des traverses en fer rond; deux tiges de fer recourbées, rivées en-dessous des brancards et se relevant par derrière pour former dossier, supportant une toile tendue qui sert de siège; enfin une barre de bois retenue par deux cordes ou courroies, servant d'étrier pour reposer les pieds, c'est le filanjana.

Quatre hommes le portent sur la même épaule. Ils marchent, deux à deux, au pas, en tenant le brancard par la main, et l'un d'eux, de sa main libre, serrant fortement le poignet de son compagnon.

Ils arrivent ainsi tous les quatre presque à faire corps, se soutiennent mutuellement, et il est rare qu'il y ait des accidents.

Tous les 150 ou 200 pas, ils changent les brancards d'épaule, s'ils ne sont que 4; s'ils sont 6, 8, 10 ou 12, ils se relayent alors, mais toujours sans s'arrêter. Ils font de 5 à 6 kilomètres par heure et de 45 à 60 kilomètres par jour.

On est vraiment très bien en filanjana, et l'on fatigue très peu, incomparablement moins qu'en voiture ou en chemin de fer. On serait en effet harrassé s'il fallait supporter 7 ou 8 jours consécutifs de voiture, comme on supporte 7 ou 8 jours de filanjana, pour aller de Tamatave à Tananarive.

Pour les marchandises, si elles peuvent se diviser en paquets d'à peu près 20 kilogr. ou un peu moins, le porteur les enveloppe de feuilles de *racoa* pour les préserver de la pluie, les fixe solidement aux deux extrémités d'un gros bambou long de 1ᵐ,50, et les porte sur l'épaule.

Si la charge est plus lourde et indivisible, on la fixe au milieu d'un bambou long alors de 2ᵐ,50, et deux porteurs en supportent les extrémités, toujours en changeant souvent d'épaule.

Parfois il y a 4, 6, 8, 10 ou 12 hommes pour le même paquet qui n'avance cependant que très lentement, les écrasant de son poids trop considérable.

Le porteur de paquets qui accompagne le voyageur et parcourt la route aussi vite que lui, ne prend que de 20 à 25 kilogr. Celui qui n'a que des marchandises et met de 10 à 25 jours pour aller de Tamatave à Tananarive, est chargé ordinairement de 40 à 45 kilogr., parfois davantage.

Ces porteurs voyagent par troupes, sous la conduite d'un commandant qui les recrute et, jusqu'à un certain point, répond du convoi. Il est évident que la pluie qui tombe, l'eau des rivières qui débordent, celle qui remplit le fond des pirogues où l'on jette les paquets pour traverser les larges cours d'eau, et maints autres accidents doivent détériorer plus ou moins les marchandises.

Il n'y a guère aucun recours possible contre ces accidents.

Mais il y a peu de vols, les porteurs étant généralement fidèles.

Ce système de convois a de multiples inconvénients.

Le premier est le risque que courent les marchandises de se détériorer. On a beau employer des caisses scellées et à double fond, il y aura toujours des mécomptes avec des hommes inintelligents et maladroits.

Un autre inconvénient est la difficulté de recruter des porteurs, par exemple, à l'époque de la fête du Bain, au mois de novembre, ou quand il y a presse; et beaucoup de négociants arrivent ainsi à manquer les plus belles ventes, ou bien à s'encombrer de marchandises, juste quand la bonne occasion est passée.

Enfin le prix élevé des transports majore considérablement le coût des marchandises, à peu près de 40 à 50 centimes par kilogr. et en y comprenant les aléas du voyage de 0,50 à 0,60, ou de 500 à 600 fr. par tonne, près de dix fois le taux du fret de Marseille à Tamatave, chiffre considérable quand il porte sur des marchandises lourdes et à bon marché, la toile, le vin, la farine, etc., etc.

Les convois suivent trois chemins différents pour pénétrer de la côte à l'intérieur.

Celui de Tamatave à Tananarive par Andevoranto, celui de Mahanoro à Tananarive et celui de Mananjary à Fianarantsoa. C'est le premier qui est le plus fréquenté. Il est impossible d'évaluer exactement son trafic; M. Foucard, en comptant le nombre des porteurs qui arrivent journellement à Tamatave et à Tananarive, arrive au chiffre de 4,400 tonnes par an ou 1,200 kilogr. par jour.

Partant du nombre total des porteurs, qui est de 7,000 environ, et supposant la durée moyenne du

parcours de douze jours, le lieutenant colonel Ro-
card admettait le chiffre plus élevé de 5,000 à
6,000 tonnes par an, et 8,000 ou 9,000 kilogr.
par jour.

Un ingénieur italien, M. Cortesse, qui allait sur
place étudier l'établissement d'un chemin de fer
en 1887, acceptait comme base de ses calculs
25 tonnes par jour, soit annuellement 9125; et,
en y ajoutant les produits expédiés de Tamatave
vers le Sud, ou ceux qui en reviennent, le trafic
annuel de Tamatave serait de 12,000 à 13,000
tonnes. Ces chiffres sont sûrement exagérés. Pre-
nons pour le moment ceux de M. Foucard, comme
s'approchant le plus de la vérité.

Je ne dirai rien ici de la ligne télégraphique
qui relie Tamatave à la capitale, avec bureaux
intermédiaires à Tanimandry, Beforona et Moramanga. Cette ligne est plutôt administrative que
commerciale, et ne peut rendre de grands services, tant qu'elle n'aura pas été reliée aux câbles
sous-marins de Maurice, ou de la côte Mozambique. Vraisemblablement même elle n'en rendra
jamais, car elle sera supplantée par la ligne de
Majunga dont l'établissement suivra le corps expéditionnaire et qui sera immédiatement rattachée
à celle de Mozambique.

Le service postal créé et administré par la Résidence française est bien fait et correspond à tous
les besoins actuels.

Trois lignes de bateaux desservent Madagascar:
1° La ligne de la côte occidentale d'Afrique des

Messageries Maritimes, partant le 12 de chaque mois de Marseille et touchant à Port-Saïd, Suez, Obock, Aden, Zanzibar, Mayotte, Nosy-Be, Diego-Suarez, Sainte-Marie, Tamatave (le 7 ou le 8 du mois suivant), la Réunion et Maurice. — De la Réunion ses paquebots poussent à Mahé, où ils correspondent avec la ligne d'Australie; puis ils repartent avec la malle, et les passagers d'Europe, pour la Réunion, Tamatave et la côte d'Afrique, en sens inverse. La ligne d'Australie part de Marseille le 3 de chaque mois. Il y a donc ainsi une double communication mensuelle entre Tamatave et la France. — De plus, une petite annexe des Messageries Maritimes, le *Mpanjaka*, ayant son point d'attache à Nosy-Be, dessert la côte Ouest jusqu'à Saint-Augustin, une fois par mois (aller et retour). Il n'y a que Fort-Dauphin qui, jusqu'ici, est complètement abandonné par les paquebots français. — Des négociations sont engagées entre l'État et les Messageries Maritimes pour changer et améliorer ce service.

Le prix du transport des voyageurs, de Marseille à Tamatave, est de 1450 fr. en 1re; de 915 en 2me, et de 450 en 3me.

Le fret, par mètre cube ou par tonne, est de 60 fr. et de 48 fr. pour certaines marchandises. Il y a un tarif spécial pour les petits colis.

2° Les navires de la Compagnie Havraise Péninsulaire, partant du Havre et faisant escale à Pauillac et à Marseille, arrivent à Tamatave tous les 45 jours. Leur fret est de 45 fr. seulement, 15 francs meilleur marché que celui des Messageries Maritimes, mais leur trajet est plus lent.

3° Les bateaux de la Compagnie anglaise Castle Mail, venant du Cap à Port-Louis, touchent à Tamatave qu'ils mettent ainsi en relation avec le Transvaal, Port-Natal, le Cap et Maurice.

Enfin il y a un certain nombre de vaisseaux marchands, à vapeur ou voiliers, venant d'Amérique, d'Allemagne, d'Angleterre, etc., qui visitent irrégulièrement les divers points de la côte ; et un certain nombre de côtiers, chalands ou autres, qui font le trafic local.

Le Comptoir National d'Escompte est la seule banque existant à Madagascar. Il a deux agences, à Tamatave et à Tananarive. Il fait toutes les opérations de banque ordinaires et rend au commerce les plus importants services.

Nous étudions ailleurs (1) les douanes, au point de vue de leur organisation et de leur administration. Nous n'avons à les considérer ici que sous le rapport des droits dont elles grèvent les marchandises.

Ces droits se paient *ad valorem*, du point de départ, ou de la facture, et sont de 10 % tant à l'entrée qu'à la sortie. Toutefois, à l'exportation, il existe quelques exceptions.

(1) *Madagascar et les Hova*. Delagrave.

II

COMMERCE INTÉRIEUR DE L'ILE.

Il est assez actif, surtout sur les hauts plateaux du centre; il se compose de tous les produits locaux que les Malgaches vendent ou échangent entr'eux; et des objets européens ou américains, qui pénètrent de plus en plus partout où les étrangers s'établissent.

Il n'y a pas de magasins ou même de boutiques proprement dites, sauf à Tamatave, Tananarive, Fort-Dauphin, et quelques autres endroits, où les négociants étrangers se sont établis et ont été ensuite imités par des marchands indigènes. Presque toutes les transactions se font aux *marchés*, d'ailleurs très fréquentés, qui se tiennent à jours fixes, à côté des villages, quelquefois loin de toute habitation, à la rencontre de deux ou plusieurs sentiers.

Ils se nomment du nom du jour de la semaine où ils se tiennent : *alatsinainy*, lundi; *talata*, mardi; *alarobia*, mercredi; *alakamisy*, jeudi; *zoma*, vendredi (c'est celui de Tananarive); *sabotsy*, samedi. Il n'y en a plus le dimanche, depuis l'établissement officiel du christianisme.

On y vient de fort loin, et tel marché d'une localité insignifiante, ou même en plein désert, réunit 1,500, 2,000, 5,000 personnes qui, amoncelées en groupes animés, toutes drapées de leurs blancs lamba, parlant, gesticulant, ou bien venant en file à l'indienne par les sentiers des montagnes environnantes, leurs marchandises invariablement chargées sur la tête, produisent le plus pittoresque effet. Le zoma de Tananarive est visité par près de 50,000 personnes, et l'on s'y rend parfois de 50 kilomètres à la ronde.

Ces marchés se tiennent le matin, de 7 heures du matin jusque dans l'après-midi, mais les affaires se traitent surtout vers 10 heures.

On y cause beaucoup et de tout ; c'est là que les parents et les amis se rencontrent, s'entretiennent de leurs intérêts, se demandent de leurs nouvelles, traitent de leurs affaires les plus diverses, querelles, raccommodements, procès, mariages, etc. Et même au cours d'une vente, que de digressions, que de commérages, de récits variés, personne cependant ne perdant de vue la négociation en train, et tous faisant assaut d'habileté pour se tromper mutuellement !

On trouve de tout dans ces marchés : les choses nécessaires à la vie : riz, manioc, viande, œufs, volailles, bœufs, brèdes, poissons, sel, etc.;

Les produits de l'industrie locale : portes, fenêtres, nattes, sobika, lamba de soie, chapeaux, objets en corne;

Les objets importés : cotonnades, indiennes, objets de toilette, fil, aiguilles, cotons, verroterie, etc.;

Des remèdes, des amulettes, des cigarres, du

15.

fer, des angady ou bêches, des ustensiles en fer-
blanterie, etc.;

En un mot, tout ce dont un Malgache peut avoir
besoin, tout ce qui peut se vendre ou s'acheter,
jusqu'aux esclaves.

Quant à donner un chiffre, même approximatif
des affaires qui s'y concluent, c'est absolument
impossible; toutes les données manquent pour
cela, et l'on ne sait même pas le nombre de ces
marchés. Tout ce que je puis dire, c'est que dans
l'intérieur, au moins dans l'Imerina, ils sont très
nombreux, et qu'il n'y a pas d'endroits où l'on
ne puisse se procurer, dans le voisinage, tout ce qui
vous est nécessaire, au moins deux ou trois fois par
semaine.

Ce commerce est cependant relativement faible,
et de tous points inférieur aux ressources naturelles de l'île, à son étendue et au nombre de sa
population.

Mais les Malgaches ont besoin de peu de choses
et surtout sont extrêmement pauvres, d'où ils ne
peuvent acheter que très peu.

Quant aux prix ordinaires des marchandises
couramment vendues, en voici un aperçu pour la
place de Tananarive.

Ils sont plus ou moins les mêmes dans tout l'intérieur, un peu plus faibles sur les côtes, pour
les objets importés, et plus élevés pour les objets
d'exportation.

Toiles écrues petite largeur, kelilambana, de 2 à 3 piastres,
10 à 15 fr., les 40 yards.

Toiles écrues, grande largeur, belambana, de 3 à 4 piastres les 40 yards.

Toiles blanches apprêtées, de 6 fr. 50 à 20 fr. les 24 yards.

Shirting, de 18 fr. 75 à 20 fr. la pièce.

Rabannes de couleur, de 10 à 15 piastres le 100.

Bœufs maigres, de 5 à 8 piastres.

Bœufs gras, de 10 à 15 piastres.

Peaux de bœuf séchées, de 8 à 10 fr. les 100 livres.

Moutons gras, de 2 fr. 50 à 5 fr.

Moutons maigres, de 1 fr. à 2 fr.

Peaux de moutons, de 8 à 11 pour 1 piastre.

Les oies valent de 0 fr. 90 à 1 fr. 25.

Les poulets gras, de 0 fr. 60 à 1 fr. 25.

»   »   maigres, de 0 fr. 30 à 0 fr. 50.

Les dindes grasses, de 2 fr. 50 à 3 fr.

»   »   maigres de 1 fr. à 1 fr. 50.

Le saindoux se vend de 35 à 40 fr., les 100 livres.

Les porcs valent de 15 fr. à 30 fr. les plus beaux, et les plus gras, jusqu'à 45 fr.

Le riz blanc d'Imerina, de 1 fr. 85 à 3 fr. 75 la mesure (40 livres).

Le riz rouge, de 1 fr. 25 à 1 fr. 50.

Le riz non décortiqué, de 0 fr. 60 à 1 fr.

Le café décortiqué, de 65 fr. à 100 fr. les 100 livres.

La cire, de 65 à 85 fr. les 100 livres.

Le fer se vend en barre de 2 k. 500 à 3 k., de 0 fr. 40 à 0 fr. 60.

Les lamba en soie, teints de diverses couleurs, se vendent de 6 à 20 piastres.

La dentelle de soie, de 0 fr. 40 à 2 fr. 50 le mètre, suivant le dessin et la largeur.

Le sel, de 20 à 25 fr. les 100 livres.

Le pétrole, de 12 fr. 50 à 18 fr. 75 le bidon.

Le rhum indigène, de 0 fr. 40 à 0 fr. 80 le litre.

Celui de Maurice, de 1 fr. 45 à 1 fr. 65.

Mais ces deux derniers articles, en contrebande seulement.

III

COMMERCE EXTÉRIEUR.

Le commerce de Madagascar avec l'étranger est relativement peu considérable.

Et dans l'état du pays, il ne saurait en être autrement.

Si en effet les richesses de l'île sont très grandes, comme nous l'avons déjà vu, en revanche, elles ne sont pas mises en œuvre; le pays, pris dans son ensemble, est encore fermé aux blancs, et ses ressources inexploitées.

D'où, naturellement, le chiffre des exportations est très bas.

Est aussi très bas, comme conséquence naturelle, celui des importations. Je ne dirai pas pour l'expliquer que les Malgaches n'ont presque pas de besoins, et savent se contenter de peu. Cela n'est vrai qu'en partie. Plus exactement, ils se contentent de peu parce qu'ils ne peuvent acheter beaucoup; mais ils ne demanderaient pas mieux que de se procurer une quantité d'objets, s'ils avaient de quoi les payer. Mais comment pourraient-ils le faire?

La circulation monétaire est très faible, et l'épargne est très restreinte à Madagascar. Ils ne peuvent donc acheter que les objets strictement nécessaires.

De plus, il suffit d'une mauvaise année, d'une mauvaise récolte, d'un impôt extraordinaire, pour les ruiner.

A ces causes s'en ajoute une autre tout accidentelle, mais qui a eu une réelle importance. Les importations s'accumulèrent en 1889-90-91.

Tamatave se trouva encombrée, de nombreuses faillites s'ensuivirent, et des marchandises subirent un tel avilissement de prix « qu'on aurait eu intérêt, m'a-t-il été raconté, à les réexpédier en Europe ». De là, de nombreuses plaintes, et diminution forcée dans les importations, les années suivantes.

Voici, du reste, ce que dit de l'état du commerce actuel de Madagascar un homme tout particulièment compétent, M. Larrouy, dans sa célèbre lettre du 27 juin dernier au gouverneur de Bourbon. Ce passage est à citer en entier.

« D'une façon générale, dit-il, le commerce est en décroissance dans toute l'île. Pour des raisons qui tiennent presque toutes à la situation politique, les affaires souffrent d'un marasme réel.

« Dans la région centrale de la côte Est, depuis Fenerife jusqu'à Mananjary, le nombre des commerçants étant hors de proportion avec les affaires qui s'y traitent, il s'ensuit un avilissement des marchandises d'importation et un renchérissement des produits, qui amènent des déconfitures fréquentes. Plus au Sud, vers Fort-Dauphin, les transactions sur le caoutchouc qui, à une époque, avaient fait concevoir les plus belles espérances, et provoqué un mouvement d'immigration des colons vers cette région, ont notablement diminué et sont devenues peu rémunératrices. Dans le nord de Fénérife, les propriétaires de concessions monopolisent le commerce, d'accord avec les autorités locales, et créent de sérieuses difficultés aux traitants.

Sur la côte Ouest, le commerce se ressent du brigandage qui sévit dans l'intérieur. Dans ces régions, les Indiens et les Arabes sont maîtres du commerce, et les grandes maisons peuvent seules soutenir la concurrence.

Nosy-Ve et l'Extrême-Sud font seuls exception à cette règle. Dans ces parages, les créoles de la Réunion et de Maurice sont assez nombreux, mais les populations indigènes sont encore trop farouches pour qu'on puisse prévoir, avant longtemps, un accroissement du mouvement commercial qui permettrait à de nouveaux colons de s'installer dans le pays.

Le commerce dans l'Imerina et le Betsileo souffre moins que partout ailleurs. Il est vrai de dire que les négociants européens y sont rares. On n'y compte en effet que quelques représentants des principales maisons de Tamatave. Plusieurs petits négociants fixés autrefois à Tananarive, ont dû partir ; les Hova, dont les aptitudes commerciales sont singulièrement développées, leur faisaient une concurrence sérieuse. »

Une autre question se pose aussitôt. Ce mouvement commercial va-t-il en diminuant, ou au contraire en augmentant? M. Larrouy dit que « d'une façon générale, le commerce est actuellement en décroissance dans l'île. »

Nous acceptons son affirmation qui doit sûrement être exacte; mais comme les raisons qu'il en donne datent surtout de ces deux ou trois dernières années, ou même de moins longtemps, cette diminution générale ne peut porter que sur cette durée de temps, ou un temps moins long.

Il y aura donc intérêt à élargir un peu la question et à l'étendre aux douze ou treize dernières années, les seules pour lesquelles nous ayons quelques données.

Le Père de La Vaissière, à la fin de son volume, *Vingt ans à Madagascar*, p. 330-331, donne deux tableaux des exportations et des importations de Madagascar pour l'année 1881. Les voici :

1° Exportation commerciale sur la côte Est :

Riz.	375.000
Café	500.000
Rafia.	125.000
Peaux, cuirs salés	1.250.000
Caoutchoucs.	1.125.000
Saindoux.	100.000
Bœufs.	1.325.000
Rabannes.	175.000
Gomme copal.	525.000
Cire	160.000
Sucre	200.000
Porcs vivants	15.000
Porcs et bœufs salés	30.000

Sacs vides (4.000.000)............... 700.000
Vanille.......................... 20.000
Divers.......................... 125.000

                              Total... 6.900.000

2° Importations sur la même côte :

Toiles américaines................ 2.500.000
Tissus.......................... 3.000.000
Drogueries...................... 100.000
Rhum à 23°...................... 850.000
Sel............................. 300.000
Farine.......................... 125.000
Vin 250.000
Mercerie........................ 150.000
Quincaillerie, machinerie........... 500.000
Parfumerie 30.000
Bijouterie, horlogerie.............. 25.000
Instruments de musique............. 10.000
Soieries........................ 25.000
Verroterie 30.000
Jouets et bimbeloterie.............. 15.000
Poterie et faïencerie 100.000
Chaussures 75.000
Comestibles, légumes 300.000
Divers.......................... 125.000

                              Total.... 8.510.000

Cela fait, pour tout le mouvement commercial, un total de 15.410.000 fr. ou 15 millions et demi.

Ce chiffre me paraît exact, et donne une idée approximativement vraie pour l'année 1881 et les quatre ou cinq années précédentes, car le P. de

La Vaissière avait demandé ce relevé du commerce à un négociant de Tamatave qui le fit avec le plus grand soin.

M. d'Authoüard, dans son remarquable rapport commercial de 1890, donne pour l'année suivante le chiffre beaucoup plus élevé de 23.285.735, se décomposant de la manière suivante : importations, 11.762.237 fr. 50 centimes ; exportations, 11.524.497 fr. 50 centimes.

Sans doute l'approche de la guerre put faire monter le nombre des affaires, bien des négociants réalisant tout ce qu'ils pouvaient vendre, et d'autres faisant des provisions plus abondantes en vue d'une occupation de Tamatave. J'ai cependant peine à croire que ce chiffre ne soit pas exagéré.

Les affaires presque nulles pendant la guerre, furent ensuite de 4.331.190,53 en 1886 ;

De 5.971.989,53 en 1887 et enfin en 1890 de 6.475.017,98.

Et en ajoutant les quatre ports de Vohemar, Vatomandry, Mananjary et Majunga, nous arrivons à la somme de 9.338.613,39.

Pour le 1er semestre de 1893, nous avons 4.067.177,72 ou, approximativement, 8.000.000 pour toute l'année.

Et pour les quatre ports de Vohemar, Fenerive, Tamatave et Vatomandry : 4.676.531.12.

En résumé donc, le mouvement commercial des ports de l'Est irait en progressant lentement, depuis la guerre. Il serait cependant en apparence loin d'avoir atteint ce qu'il était avant cette époque.

Mais en est-il réellement ainsi?

Les chiffres de ces dernières années sont basés sur les données de la douane et partant trop faibles, peut-être de moitié. Ceux d'avant la guerre, au contraire, sont dus à des calculs particuliers où l'on n'avait aucun intérêt à les minorer. Ils doivent donc sensiblement s'approcher de la vérité. Et ainsi, nous arrivons à une conclusion différente de ce que l'on affirme d'habitude, mais qui me paraît la vraie, c'est que le commerce d'aujourd'hui est sensiblement ce qu'il était avant la guerre.

C'est évidemment à Tamatave qu'existe le plus grand mouvement commercial. Le total de ses importations et de ses exportations est deux fois plus élevé que celui des cinq autres ports soumis au contrôle du Comptoir; et il doit comprendre au moins le tiers de tout le commerce de Madagascar.

C'est là que se trouve le centre de presque toutes les grandes maisons qui opèrent dans l'île, tout au moins dans la côte orientale et dans le centre; là qu'abordent les grands vaisseaux, et d'où les marchandises sont distribuées sur la plupart des autres marchés; là enfin qu'aboutissent la plus grande partie des objets d'exportation.

Les grandes maisons de Tamatave ont en effet des succursales ou des agences qui, elles-mêmes,

ont des sous-agences ou des représentants partout
où il y a espoir de vendre ou d'acheter; et c'est
par leur intermédiaire, comme par autant de
canaux, que se distribuent les toiles, les cotonnades, le rhum, en un mot toutes les marchandises
venues d'*Andafy*, d'au-delà des mers; et par elles
également que remontent, s'amoncelant peu à
peu, mesure par mesure, brin par brin, le café, le
rofia, les peaux, les boules de caoutchouc, toutes
les matières d'exportation.

Le port qui fait le plus d'affaires, après Tamatave, est Mananjary, parce que c'est lui qui
dessert le pays des Betsileo.

Ainsi, on a eu pour l'année 1888 : 820.129,95.

Pour l'année 1889 : 1.113.026,94.

Pour l'année 1890 : 1.237.523,00.

Je n'ai malheureusement pas les chiffres des
années suivantes; seulement le mouvement as-
censionnel se poursuit, tout au moins jusqu'en
1893.

Pour Vatomandry, on a les chiffres suivants en
1888 : 553.760,15; et en 1890 : 425.714,61.

C'est donc une diminution de 128.045,54 ou
23, 1 %; mais le commerce a repris, car on a pour
le premier semestre de 1893 un chiffre de :
358.642, soit pour l'année entière 717.284.

Pour Fénérife, nous n'avons pour toutes données que les seuls résultats des six premiers mois
de 1893 qui sont de : 121.701.

Nous sommes mieux renseignés sur Vohemar.
L'année 1887 a donné 150.325.

L'année 1888 : 220.150.

L'année 1889 : 216.520.

Enfin 1890 : 290.459.

Et le premier semestre de 1893 :

Importations 3.391,50; exportations 125.619,90.

Ainsi l'on peut dire que le commerce de Vohemar, presque tout d'exportation, surtout des bœufs, reste à peu près stationnaire, inclinant plutôt à la baisse.

A Majunga, c'est la baisse en plein. On peut en juger par les chiffres suivants :

4 juin — 31 décembre 1887, 515.302,30.

1 janv. — 31 décembre 1888, 582.327,30.

1 janv. — 31 décembre 1889, 548.842,20.

Cependant il y a un écart très considérable pour 1890 où l'on obtient.

Importations	409.224,40
Exportations	500.674,40
Total	909.898,80

Le rapport commercial de M. d'Authouard ne nous dit absolument rien des autres points, pour lesquels, par suite, nous sommes réduits à des hypothèses.

Nous devons cependant signaler Fort-Dauphin. Avant 1891 le commerce y était presque nul, mais il reçut alors une subite et vive impulsion, par suite de la découverte d'un nouvel arbre à caoutchouc.

D'énormes fortunes furent alors réalisées.

Ainsi, un traitant français, ruiné ou à peu près, mais qui eut la bonne fortune de se trouver sur place, gagnait presque du coup 130.000 piastres ou 650.000 francs. Il achetait le précieux produit une piastre et le revendait trente. Depuis, presque toutes les maisons de Tamatave, ont voulu avoir un représentant à Fort-Dauphin ou dans les environs, et les boules de caoutchouc, plus ou moins mélangées de gravier, se vendent 1 fr. la livre, mais elles se revendent 1 fr. 50 à Tamatave. Il y a donc encore une marge suffisante pour de beaux profits. Après la première fièvre du commencement, il y eut l'année dernière un arrêt, à cause des guerres entre les tribus indépendantes du Sud; depuis, les affaires semblaient reprendre, lorsque les difficultés avec la France sont de nouveau venues paralyser le commerce, et probablement le suspendre, à moins que nous n'occupions Fort-Dauphin, et chassions totalement les Hova du Sud. Ce serait dans ce cas un nouvel essor d'assuré au commerce du caoutchouc.

C'est du reste presque tout le commerce de Fort-Dauphin, à part quelques objets de consommation, surtout toiles et rhum, qui constituent la plus grande partie de l'importation. Le mouvement total d'importation et d'exportation a dû atteindre durant ces trois dernières années au moins trois millions par an, et il est appelé à augmenter rapidement après la conquête.

Il se fait aussi un certain commerce, surtout de caoutchouc, de tortues, de pois du Cap (de

1.500 à 2.000 tonneaux par an), de maïs et
d'éponges, sur la côte Sud-Ouest. Le centre de ce
commerce est à Nosy-Ve. L'importation comprend
à peu près les mêmes articles que partout ailleurs :
tuiles, chaux, poudre, fusils, faïences, marmites,
etc. L'annexe des Messageries Maritimes, le Mpanjaka touche chaque mois à Nosy-Ve.

Ce qu'il y a de remarquable, c'est qu'à partir
de Saint-Augustin vers le Sud, le commerce est
presque exclusivement entre les mains des créoles
de Maurice ou de Bourbon, quoique depuis près
d'un an, de nombreux commerçants indiens se
soient installés à Tulear.

Au Nord de Saint-Augustin, ce sont les Indiens et
les Arabes au contraire, qui monopolisent presque
tout le commerce.

Cela est également vrai, quoique à un degré
inférieur, pour Majunga, et toute la Côte Nord-
Ouest et Nord de Madagascar, même pour nos
possessions de Nosy-Be et de Diégo-Suarez. Au
moins tout le commerce de détail y est-il entre
les mains des Arabes et des Indiens. Ces derniers, auxquels s'ajoutent parfois quelques Chinois occupent aussi toute la côte orientale, où ils
font la plus grande partie du petit commerce et
il n'y a guère que les Hova qui puissent lutter
avec eux.

S'il s'agit maintenant de répartir par nationalité
les transactions, soit d'importation, soit d'exportation avec Madagascar, les nations qui font le
plus d'affaires avec la grande île sont l'Angleterre

et ses colonies, Maurice, les Seychelles, les Indes anglaises, les États-Unis d'Amérique, la France, l'Allemagne.

Il est cependant bien difficile de donner aucun chiffre précis, parce que les relevés, commencés sur ce sujet en 1886 et 1887, ne portent que sur les six ports soumis au Comptoir d'Escompte, et n'indiquent d'ordinaire que l'importation ; surtout, ils n'ont pas été continués.

Quant au mouvement des navires, plus facile à constater, on ne peut guère rien en conclure ; les Messageries Maritimes, par exemple, acceptant le fret anglais aussi bien que le fret français (le prix du fret est identiquement le même pour Londres et pour Marseille).

D'après les statistiques, la France tient le premier rang sur l'ensemble des importations et des exportations, l'Angleterre vient tout de suite après, chacune ayant un peu plus de trois millions, puis l'Amérique avec deux millions et demi et l'Allemagne avec un demi-million. A Tamatave la prédominance française serait encore bien plus accentuée puisque notre commerce dépasserait de près de 200,000 francs celui de l'Amérique (2.310.110,15 contre 2.138.767,70) et de 800.000 fr. celui de l'Angleterre, tandis qu'à Majunga nous aurions presque la totalité du mouvement du port, 796.161,45 contre 113.737,45 à divers.

Dans les trois autres ports, au contraire, de Vohemar, Vatomadry et Mananjanry, le transit français est presque nul en comparaison du transit anglais :

0 à Vohemar contre 290.459; 46.384,50 à Vatomandry contre 330.371,92; 22.297,60 à Mananjary contre 966.323, 30, c'est-à-dire que seul
à peu près, le pavillon anglais paraît dans ces
ports; mais il ne faut pas oublier ce que nous
avons remarqué plus haut. Les Messageries Maritimes touchent à Tamatave et à Majunga ce qui
explique la prédominance du pavillon français.
mais elles sont indifféremment chargées de marchandises françaises ou anglaises, d'où l'on ne
peut rien conclure en faveur de notre commerce,
de la présence de notre pavillon. Elles ne paraissent pas au contraire à Vohemar, Vatomandry et
Mananjary; bien plus, les côtiers qui desservent
ces rades, battent pavillon anglais, même quand
ils sont affrétés par des maisons françaises, d'où
naturellement très peu de vaisseaux signalés
comme français.

On ne peut donc rien conclure de la considération des pavillons, si ce n'est peut-être pour l'A-
mérique. Celle-ci en effet, envoie chaque année
3 ou 4 voiliers de 1.000 à 1.200 tonnes qui vont
apporter des toiles de coton et tissus divers, et
qui s'en retournent chargés surtout de peaux de
bœufs.

Il faut donc chercher ailleurs des données pour
déterminer le commerce de chaque nation.

D'après le rapport commercial de Mr d'Anthoüard, en 1887, on avait pour Tamatave :

PAVILLONS.	IMPORTATIONS.	EXPORTATIONS.
Angleterre......	726.018,15	1.387.330,50
Amérique.......	666.500,20	1.504.315,90
France	528.610,45	1.116.595,85
Allemagne......	344.468,20	830.115,85
Maurice	217.299,05	367.667,45
Indes Anglaises..	215.069,10	216.069,10

C'est-à-dire en résumé :

Importation française 528.610,45 contre une importation étrangère de 2.197.452,85. Exportation 1.116.595,85 contre 4.439.590,20. En 1886 on n'avait pas de distinction pour les exportations, mais à l'importation on avait :

Importation française, 793.701,12.
— étrangère, 2.439.799,26.

ou 24 1/2 en notre faveur; donc une proportion un peu plus grande pour le commerce français qu'en 1887, où la même proportion n'était guère que de 20 % à l'importation et de 24 % à l'exportation.

A Mananjary nous n'avons rien pour les exportations, mais les importations se répartissent entre l'Amérique et l'Angleterre.

Somme toute et sans vouloir entrer dans de plus longs détails, on s'accorde à donner la proportionnalité suivante :

France et Réunion........................ 20 %

16

Angleterre, Maurice, Seychelles, Indes An-
    glaises.. 45 %
Amérique.. 22 »
Allemagne.. 10 »
Divers (Italie, Suisse, Australie).......... 3 »

Ainsi nous venons au troisième rang seulement ; mais ce qu'il y a de rassurant, c'est que notre commerce va constamment, quoique lentement, en progressant. Nul doute que ce mouvement ne s'accentue rapidement quand notre prédominance politique aura été imposée, et l'ordre rétabli à l'ombre de notre drapeau, dans la grande île africaine.

Il faudra cependant que nos fabricants, surtout de toiles et de cotonnades, s'astreignent à produire à meilleur marché, car ce sont surtout les toiles d'Amérique et d'Angleterre et le rhum de Maurice qui donnent la prédominance aux Anglais et aux Américains dans l'importation.

Les tissus forment en effet la grosse part de l'importation. Ainsi en 1890, à Tamatave, sur 4.091.600, 21, d'importation, ils entrent pour 2.725.779, 31, soit plus des deux tiers de la valeur totale.

Or, sur ces articles, l'Amérique et l'Angleterre se disputent presque exclusivement l'importation des toiles écrues, celles d'Amérique étant les plus estimées et figurant dans ce chiffre de 2.067.285, 20, pour les deux tiers.

L'importation des boissons vient après les tissus, pour la somme de 610.830 21, dont 411.560, 20, c'est-à-dire plus des deux tiers, pour le rhum de

Maurice qui s'expédie en bordelaises de 220 litres au prix de 50 à 70 la barrique, et pénètre partout sans autre concurrent que le « taoka » indigène ou produit de la distillation toute rudimentaire du jus de canne à sucre, car le rhum de Bourbon est de qualité trop supérieure et partant trop cher pour se vendre à Madagascar.

Vient ensuite le vin, en grande partie du Midi et du S.-O. de la France avec 107. 222, 38, dont 7.189,65 de vins fins.

Puis les alcools et liqueurs, surtout françaises ; le vermouth, l'absinthe, les eaux-de-vie communes, l'amer-picon, le whisky, pour 75.306,91 ; enfin la bière allemande ou anglaise pour 16.640,72.

L'importation des liqueurs a presque doublé de 1887 à 1890.

Il me reste pour finir à dire un mot des articles d'exportation.

Je l'ai fait équivalemment en parlant des productions des mines et de l'élevage. Pour ne pas me répéter, je me bornerai donc à donner les trois tableaux suivants :

1° *Exportation de Tamatave en 1890.*

Bœufs vivants	7.2 %	169.550,00
Caoutchouc	42.9 %	1.011.349,97
Cire	9.9 %	235.224,50
Cuirs (peaux de bœufs)	24.1 %	588.467,15
Rofia	6.1 %	145.062,20
Sucre	2.6 %	61.446,17

Gomme copal...........	1.3 %	32.540,45
Crin végétal............	11.0 %	27.112,10
Cornes de bœufs........	0.7 %	17.561,33
Peaux de moutons......	0.6 %	16.105,45
Rabannes ordinaires..... ⎫		17.557,55
— de couleur .... ⎬ 1.5 %		12.748,55
— fines.......... ⎭		5.025,00
Café.................		2.034,60
Vanille...............		1.320,00
Total		**2.453.948,77**

2° *Exportation de Vatomandry.*

Rofia	51.6 %	75.314,50
Peaux de bœufs.........	18.7 %	27.237,10
Cire	12.1 %	17.606,25
Caoutchouc............	7.8 %	11.442,20
Sucre.................	3.8 %	5.598,60
Sacs vides.............	2.9 %	4.300,00
Rabannes	1.5 %	2.160,00
Divers	1.6 %	
Total		**145.656,21**

3° *Exportation de Mananjary.*

Caoutchouc............	35.6 %	167.154,90
Cire	35.1 %	164.399,55
Sacs vides.............	14.1 %	66.340,00
Cuirs (peaux de bœufs, moutons)............	13.7 %	64.298,55
Haricots..............	1.0 %	4.799,30
Divers	0.5 %	
Total		**468.964,90**

Ajoutons enfin que l'exportation de l'or, qui trouve moyen de ne guère payer de frais de douane, et par suite, ne paraît pas sur les statistiques officielles, est considérable. Le prince Henri d'Orléans l'estime à 300 kilos par mois ou à un million de francs (1). Je crois ce chiffre exagéré, mais je ne doute pas qu'elle n'atteigne au moins six millions par an ; elle est destinée à décupler le jour où l'on aura un gouvernement pour rétablir l'ordre, et la liberté de mettre en œuvre les mines dont le pays abonde.

En un mot, et pour finir, le commerce a un grand avenir à Madagascar, au moins le grand commerce d'importation. A nos fabricants et à nos négociants de se hâter afin de profiter de l'occasion qui va s'offrir.

(1) *Revue de Paris* (octobre 1894, p. 459).

SECONDE PARTIE

LES HABITANTS DE MADAGASCAR

CHAPITRE XIII

LES HABITANTS DE MADAGASCAR
DIVERSES TRIBUS

On peut diviser aujourd'hui la population de Madagascar, au point de vue politique, en trois parties.

I. Les *Hova* et les tribus qui leur sont soumises, c'est-à-dire :

1° Les *Antsihanaka* au Nord des Hova ;

2° Les *Bezanozano* à l'Est ;

3° Les *Betsileo* au Sud.

Ces trois peuples, ainsi que les Hova, habitant l'intérieur de l'île, et leur pays ne confinant pas à la mer. Puis :

4° Les *Betsimisaraka* à l'Est ;

5° Les *Antaimoro* au Sud-Est ;

6° Les *Antankara* au Nord.

II. Les populations partiellement soumises. Ce sont principalement :

1° Les *Sakalaves* qui occupent, sous des noms divers, presque toute la partie occidentale de l'île ;

2° Les *Antanosy* au Sud-Est ;

3° Une partie des *Tanala* au Sud-Ouest des Betsileo, mais dans l'intérieur ;

4° Les *Bara* au Nord des Tanala.

III. Les populations entièrement indépendantes. Telles sont :

1° Les *Tanala d'Ikongo* ;

2° Les *Antanosy* émigrés ;

3° Les *Antandroy* au Sud ;

4° Les *Mahafaly* au Sud-Ouest ;

5° Les *Masikora* au Nord des Mahafaly, en pénétrant dans l'intérieur.

La partie de l'île entièrement soumise aux Hova comprend donc une très grande partie du Centre, toute la côte orientale et presque tout le Nord.

C'est sinon la portion de l'île absolument la plus riche, au moins la plus peuplée et la mieux cultivée. C'est là que se trouvent les villes les plus populeuses : Tananarive (100,000 habitants), Fianarantsoa (10,000), Tamatave (7,000 à 8,000) ; et autour de Tananarive le long de l'Ikopa : Ambohitramanjaka (15,000 à 20,000 habitants) ; Fenoarivo et quelques autres grosses bourgades (1). Partout

---

(1) On pourrait encore citer dans l'Imerina : Ambohimanga, la ville sainte des Hova : Ambohimalaza, la ville des marchands de toile ; Ambohidratrimo, Ambohibeloma, Betafo, Ambositra ; Moramanga, chez les Bezanozano ; Ambohimanga, chez les Tanala, Ihosy, chez les Bara. Et sur la côte en faisant le tour à partir du N. E. : Vohemar, Fenerive, Foulpointe, Andevoranto, Befo-

ailleurs, ce ne sont ordinairement que des villages plus ou moins considérables, quelquefois très petits.

Les habitants de cette partie forment environ les sept huitièmes de la population totale. Il y a peut-être un peu plus de **1,000,000** d'âmes dans l'Imerina, et **2** ou **3** millions soumis aux Hova; en tout, près de **4,000,000.**

Les populations semi-indépendantes ou absolument libres, ne doivent guère dépasser **500,000** à **600,000**; certainement n'atteignent pas un million.

Ces chiffres sont évidemment très vagues et il est impossible d'avoir des renseignements certains; ils sont cependant donnés communément par les auteurs les plus sérieux : M. Grandidier, le Père de la Vaissière, M. Le Myre de Vilers et M. Guinard.

La population totale varierait donc entre **5** à **6** millions au maximum, ce qui donne une densité de **8 1/2** à **10** personnes par kilomètre carré, tandis que la France en a **71.**

Il y a donc de la place pour d'autres habitants dans cette grande île qui est en somme un petit continent. Les déserts que l'on y rencontre sont très nombreux. On marche parfois une journée entière sans rencontrer ni maison ni vestige humain d'aucune sorte.

Par exemple, M. Grandidier raconte « qu'il dut dormir sept nuits consécutives en plein désert (1) »,

rona (dans l'intérieur), Vatomandry, Ambohipeno, Fort-Dauphin, Nosy-Vé, Morondava, Mojanga, Marovoay et Anorotsanga.

(1) Madagascar, p. 21.

dans la région comprise entre Manja et Modongy. Ces déserts ne sont pas arides, et ne manquent ni d'eau, ni de végétation, mais seulement d'habitants. Ils comprennent une très large bande entre la côte occidentale habitée par les Sakalaves et les tribus du centre : Antsibanaka, Hova, Betsileo; puis une seconde bande au N. E. des Mahafaly. Cette bande déserte peut parfois atteindre le tiers de la largeur de l'île.

Il ne faudrait pas croire que la nomenclature des diverses tribus données plus haut soit complète, ou que sous un même nom il n'y ait qu'un seul peuple, uni sous un seul gouvernement, ou même ayant les mêmes habitudes et les mêmes usages. Il n'en est rien. Outre celles déjà nommées, il y a beaucoup d'autres tribus à Madagascar, moins importantes ou moins connues ; et chaque tribu, à peu d'exceptions près, se subdivise comme à l'infini, en petites castes ou familles, en peuplades, ou villages, suivant le cas, ayant chacun à sa tête des chefs, souvent parents, presque toujours ennemis, et reconnaissant à peine nominalement, parfois ne reconnaissant pas du tout, un chef souverain.

Cela est vrai, au moins dans tous les pays où les Hova n'ont pas établi leur autorité. Et cela était vrai partout autrefois.

Toutes ces tribus et toutes ces castes étaient presque continuellement en lutte les unes contre les autres, non pas des luttes sanglantes et durables, mais ordinairement des incursions nocturnes et à l'improviste, l'attaque à main armée, ou mieux la surprise d'un village, « le tout pour se piller et s'entrevoler des bestiaux », comme s'exprime notre vieil historien Flacourt, ou pour faire des esclaves. L'assaillant était toujours le vainqueur, mais à son tour il était surpris le lendemain par le vaincu d'hier, pillé et rançonné à son tour.

Tous donc faisaient un peu ce que font les Bara ou les autres fahavalo d'aujourd'hui, avec cette différence toutefois, qu'au lieu d'attaquer des gens paisibles, inoffensifs et désarmés, ils s'en prenaient à des hommes armés comme eux, et toujours disposés, à l'occasion, à leur rendre la pareille.

C'était donc une division, un émiettement à l'infini, et par suite, la confusion, le désordre, le manque de sécurité et l'impossibilité de toute amélioration, de toute civilisation, de tout progrès.

Il n'en était pas tout à fait ainsi cependant chez les Sakalaves, dont les rois réunissaient sous une autorité commune un certain nombre de tribus. Mais la division pénétra bientôt parmi eux et avec elle les mêmes luttes, le même émiettement, la même impuissance que partout ailleurs.

Une telle organisation, ou plus exactement une telle désorganisation, n'eut pas de grands inconvénients tant que les Hova furent confinés dans le centre de l'île, divisés eux-mêmes, sans cesse en lutte les uns contre les autres. Chaque tribu put conserver sans peine une autonomie que personne n'avait même la pensée de vouloir détruire.

Mais il en fut tout autrement dès qu'Andriana-nipoinimerina eut fondé le royaume Hova et soumis toute l'Imerina à son sceptre. Rien ne lui fut plus facile que de soumettre des tribus sans cohésion, sans chef, sans union d'aucune sorte. « Il faut que cette terre m'appartienne, avait-il dit le jour de son installation; la mer doit être la limite de mon royaume. »

Il ne put l'atteindre, mais son fils Radama acheva son œuvre; lui-même avait soumis presque tous les peuples de l'intérieur.

Ses guerres du reste, et plus encore celles de son fils, ne furent ordinairement qu'une marche triomphale au milieu de cette multitude de tribus incapables de leur opposer aucune résistance. Beaucoup même devançaient leurs désirs et venaient d'elles-mêmes s'offrir à leur domination, et Radama Ier en mourant, grâce à son armée forte d'une vingtaine de mille hommes, grâce à ses fusils et à ses canons, vieilles armes souvent en mauvais état, mais qui valaient toujours mieux que les sagaies de ses adversaires; grâce aux conseils des Anglais et surtout à ses qualités personnelles, se vit le maître de presque la moitié de l'île. Sa femme Ranavalona I augmenta encore son empire, et la monarchie hova atteignit les limites qu'elle possède encore aujourd'hui.

Je ne traiterai ici que sommairement des Hova, me réservant d'en parler longuement dans un ouvrage à part (1); mais il nous faut passer en revue,

(1) Cf. *Madagascar et les Hova*, vol. in-8, chez Delagrave.

plus ou moins complètement, suivant leur importance, et aussi, suivant les renseignements que
nous possédons, les diverses tribus qui leur sont
soumises, ou qui ont su garder leur indépendance.

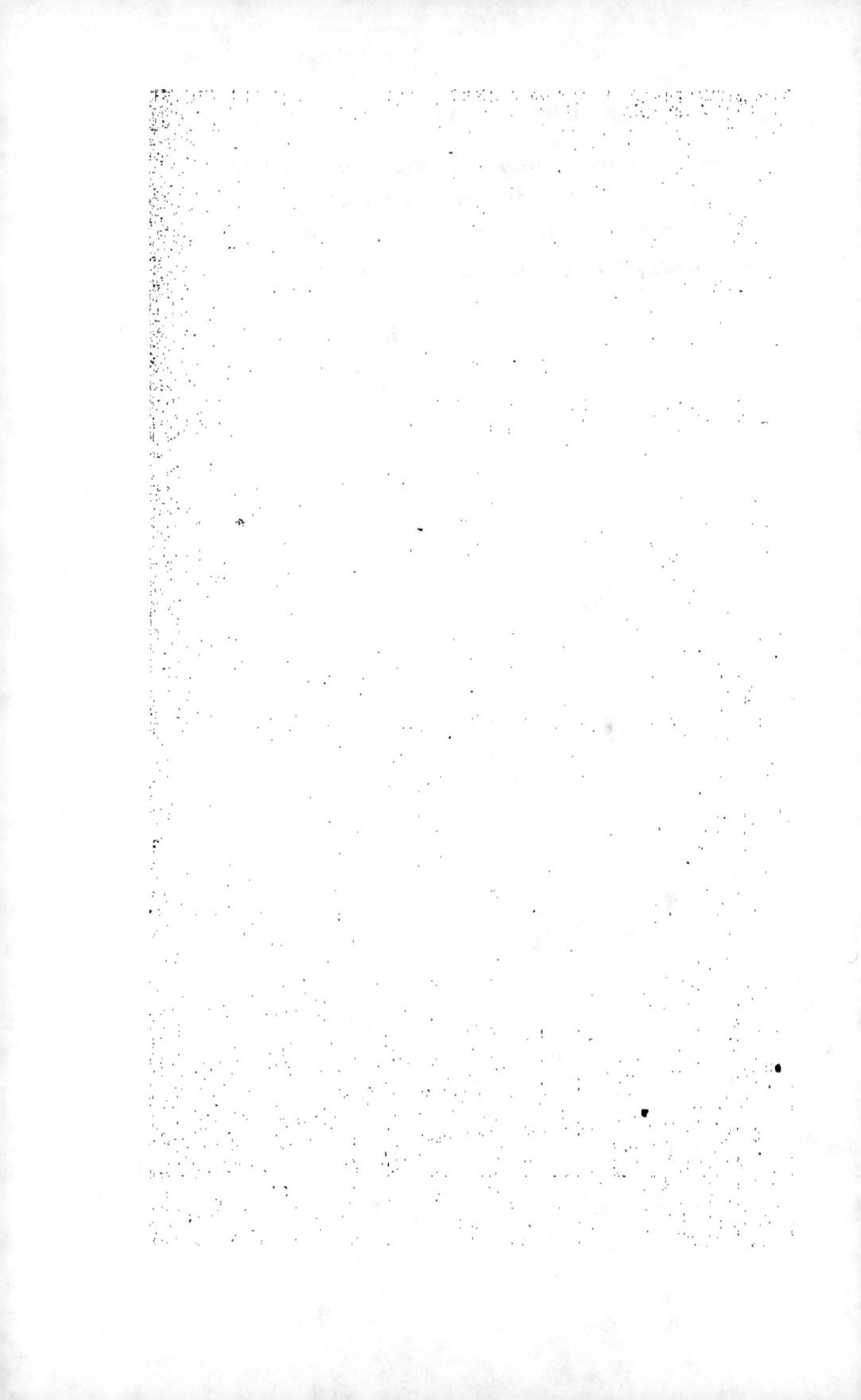

CHAPITRE XIV

LES HOVA

Entre les diverses tribus ou peuplades qui habitent Madagascar, il en existe une plus intelligente, plus disciplinée, plus puissante que les autres; qui a su établir sa domination effective sur plus de la moitié du territoire de la grande île, et par des postes ou des forts habilement distribués, tenir en échec l'autre moitié; qui, pendant un siècle, a constamment lutté contre notre influence, et aussi contre l'influence anglaise, s'appuyant tantôt sur la France, tantôt, et plus ordinairement, sur l'Angleterre, mais bien résolue à ne se donner ni à l'une ni à l'autre, et, si possible, à les user l'une par l'autre, afin d'arriver à sauvegarder son indépendance; notre adversaire déclarée et en apparence déterminée d'aujourd'hui, qui sera notre subordonnée et notre auxiliaire de demain, je veux dire la tribu des *Hova*. Nous devons essayer de la faire rapidement connaître, en disant un mot de son histoire, de ses qualités et de ses mœurs, de son organisation et de son gouvernement.

I

COUP D'ŒIL HISTORIQUE.

Les Hova sont évidemment de race malaise ; ils en ont tous les traits et tous les caractères. Leurs cheveux plats, leur barbe peu fournie, leur teint olivâtre, la bouche grande, les lèvres un peu fortes mais bien différentes de celles du nègre africain, le nez droit et court mais un peu aplati, les pommettes saillantes, les yeux légèrement bridés, l'élégance de leur taille et de leurs formes, sans parler de leurs mœurs, de leurs coutumes, de leur langue, tout rappelle la race malaise.

Les derniers venus dans la grande île, il y a peut-être une dizaine de siècles, ils abordèrent sur la côte orientale.

D'abord mal reçus des premiers habitants, ou tout au moins devenus rapidement odieux, ils eurent de rudes combats à soutenir, furent vaincus, massacrés et poussés vers l'intérieur du pays. Réfugiés sur les hauts plateaux, en nombre très restreint — ils n'étaient pas alors cent hommes en état de porter les armes, suivant la tradition sakalave — ils ne songèrent qu'à passer inaperçus, qu'à se fortifier et à se multiplier.

On n'en entend absolument plus parler jusque vers le milieu du seizième siècle. Ils constituaient alors un tout petit royaume, composé de leur capitale Merimanjaka (Merina-Pmanjaka, roi, royaume d'Imerina) et de quelques petits hameaux environnants. Mais, à partir de ce moment, ils s'en vont se développant, s'agrandissant, s'emparant des villes voisines : Alasora, Ambohitrabiby, Ambohidratrimo, Ambohimanga, Tananarive, et peu à peu ils arrivent à faire de l'Imerina un seul royaume.

Un de leurs premiers rois, Andriamanelo, emprunte à ses voisins de l'Est, et peut-être, par leur intermédiaire, aux Arabes, alors très puissants sur les côtes de Madagascar, l'usage du fer, de la hache, des sagaies, des pirogues. Son fils Ralambo (le Sanglier), en reçoit leurs superstitions, le culte des idoles, et la polygamie, contribuant ainsi puissamment à la démoralisation de son peuple, mais en même temps contribuant, plus qu'aucun de ses prédécesseurs, à étendre les États paternels.

L'œuvre si bien commencée, si constamment poursuivie, et menée à si bonne fin sous Andriamasinavalona (le Saint Roi), qui s'établit définitivement à Tananarive vers le milieu du dix-septième siècle, fut ensuite compromise, pour de longues années, par sa faiblesse et son imprudence. Il eut le tort, en effet, de diviser son royaume entre quatre de ses enfants, et ce fut là la source de divisions, de querelles, de guerres intestines, de brigandages et de misères, qui mirent en péril, pendant plus de cent ans, l'existence même de

l'empire hova. Et, fait remarquable, les Sakalaves, alors unis sous un seul chef, vinrent plus
d'une fois en Imerina, appelés par quelqu'un de
ses petits souverains, attaquer, piller et essayer
de conquérir ces mêmes Hova, qui, aujourd'hui,
devenus les plus forts, grâce à leur union, ont sub-
jugué en partie ces mêmes Sakalaves affaiblis
par leurs divisions et leur manque d'organisation.

Mais voici le grand Andrianampoinimerina
(1787-1810) qui, de nouveau, par une suite de
combats heureux que favorisaient singulièrement
une adroite politique, réunit toute l'Imerina sous
son sceptre, et aussitôt se met à conquérir et à
soumettre les peuplades voisines. « Il faut que
cette terre m'appartienne, avait-il dit, le jour de
son couronnement ; la mer doit être la limite de
mon royaume. » Parole étrange et d'une ambition enfantine en apparence, dans la bouche d'un
roitelet d'Ambohimanga, qui n'occupait pas encore le tiers de l'Imerina, et n'avait pas peut-être
300,000 sujets! Parole prophétique cependant,
qu'il devait réaliser en grande partie, laissant à
son fils Radama I, la tâche, devenue désormais
facile, de l'accomplir complètement.

En peu de temps, presque sans coup férir, par
des négociations habilement conduites, par des
présents adroitement distribués ou des avantages
plus adroitement promis, il devient le maître des
Antsihanaka au Nord, des Bezanozano à l'Est et
des Betsileo au Sud, et il prend pied dans le Me-

nabe et le Boina chez les Sakalaves. Déjà son empire — sans parler des Sakalaves — avait plus de 100 lieues de long sur 40 de large, et était quatre fois plus grand que celui d'Andriamasinavalona, dix fois plus étendu que celui de Ralambo.

Mais surtout, il organisa admirablement ces territoires conquis et leur donna des lois très sages et une administration remarquable, tendant toujours à resserrer leur union et à en faire un empire durable. Il encouragea aussi vivement le commerce, l'industrie, et surtout la culture de la terre. Il fit accomplir enfin de grands travaux d'utilité publique, en particulier les grandes digues de l'Ikopa, travail extraordinaire pour l'époque, et qui donna à l'Imerina ses plus riches rizières. Et il mourut laissant à son fils Radama les instructions les plus sages et les conseils les plus propres à l'aider à bien gouverner.

Radama I (1810-1828) eut vite fait de comprimer les révoltes qu'occasionna la mort de son père, chez les Bezanozano et chez les Betsileo; puis il soumit les Betsimisaraka, les Antankara, et Fort-Dauphin. Sa femme, la sanglante Ravanalona I, qui lui succéda et régna jusqu'en 1861, ne fit pas de nouvelles conquêtes, mais elle contribua puissamment par sa cruauté même et ses innombrables exécutions, à accroître le pouvoir royal et à resserrer les liens qui réunissaient, sous son sceptre redouté, tant de populations différentes.

Mais dès les premières années de ce siècle, la

France et l'Angleterre avaient pris pied et avaient inauguré leur longue lutte d'influence à Madagascar, la France prétendant bien être la maîtresse, et l'Angleterre voulant, à force d'intrigues, arriver à la supplanter.

Radama I favorisa l'Angleterre, et entra même en lutte avec la France. Ranavalona I se déclara contre l'une et contre l'autre, et ferma son royaume à tous les étrangers.

M. Jean Laborde, qu'elle avait gardé cependant pour lui faire des canons, de la poudre et des fusils, et qui avait su se créer à Tananarive, par son talent et l'ensemble de ses qualités d'esprit et de cœur, une situation prépondérante, fut sur le point de nous donner Madagascar; et ce ne fut point sa faute si l'île ne nous appartient pas depuis 1856. Mais du moins en fit-il ouvrir les portes dès l'avènement de son ami et élève Radama II, et favorisa-t-il de toute son influence l'établissement de la mission catholique.

Cependant Radama II assassiné, le parti anglais reprend complètement le dessus. Seule, la mission catholique soutient la lutte au milieu de toutes les tracasseries, de toutes les difficultés, de toutes les épreuves; travaillant, souffrant, et cependant avançant toujours. On s'occupa très peu d'elle à Paris; un moment on parut même vouloir l'abandonner complètement quand, en 1871, on lui retrancha la faible allocation de 20.000 francs que lui avait donnée l'empereur; et les protestants anglais et luthériens eurent beau jeu de détruire ses écoles, de pourchasser ses élèves, de faire frapper ses missionnaires. Mais la force des choses fut plus forte que le mauvais vouloir des hommes. Les missionnaires anglais, voulant aller trop vite, amenèrent la guerre de 1883-1885, qui se termina par le traité du 17 décembre de cette dernière année.

Je n'ai pas à raconter cette guerre, ni à analyser ce traité, ni à raconter les efforts de nos résidents pour en tirer parti. Ils ont complètement échoué, parce qu'il était impossible de réussir. Le traité n'était pas né viable. Il reposait dès le commencement sur une équivoque, les Hova ne voulant pas de notre protectorat, et nous, prétendant bien au contraire, avoir le droit de le leur imposer. Aussi, à peine cette équivoque dissipée par l'accord franco-anglais de 1890, qui reconnaissait « notre protectorat avec toutes ses conséquences », les rapports devinrent tellement tendus, que tout le monde put prévoir une rupture prochaine.

Elle est arrivée, la guerre a été déclarée, et les opérations vont commencer. Elles ne seront ni longues, ni difficiles. Mais que fera-t-on ensuite, et quel parti tirer des Hova?

Pour répondre à cette question, il faut les étudier de plus près.

II

QUALITÉS ET DÉFAUTS DES HOVA.

D'une manière générale, le Hova a beaucoup d'aptitudes physiques et fort peu de qualités morales.

Il est sociable cependant, hospitalier, d'un naturel bienveillant, s'occupant de ses enfants, de ses parents, prêt à rendre service à ses voisins ou à ses proches, surtout s'ils sont de la même famille ou de la même tribu, à soigner ses malades avec amour et sollicitude, à moins toutefois qu'il ne s'agisse de la lèpre ou de la petite vérole, car ils sont alors impitoyablement bannis de la société, et relégués sur les montagnes.

D'un naturel doux et pacifique, il évite ordinairement les querelles, ne s'emporte jamais, ne frappe pas même les animaux. En fait, il est incapable de violentes passions aussi bien que de profonds attachements.

Il aime beaucoup à parler et il ne le fait pas mal; à tenir des « Kabary » ou assemblées en public, non pas pour chercher la vérité ou prendre un parti qui est toujours pris d'avance, mais pour le plaisir de discourir et de se faire écouter. Il est également musicien; mais surtout, il est commerçant habile, supérieur en ce genre au Chinois ou au Vahaza. Il travaille aussi très bien de ses mains, et il est capable de reproduire n'importe quel objet qu'il aura sous les yeux; mais il n'invente rien. En un mot, il est bon ouvrier, ayant les deux qualités nécessaires à cela, c'est-à-dire une vue parfaite et une grande sûreté de main, mais il n'est pas artiste.

Adroit, pratique, « débrouillard », désireux de s'instruire, devinant d'instinct tout ce qui peut lui être utile, et capable d'efforts pour l'obtenir, résistant et dur à la fatigue, peu sensible à la douleur, soumis et résigné à tout ce qui lui arrive, respectueux de l'autorité, et toujours disposé à obéir, discipliné et accoutumé à toutes les hiérarchies sociales; respectueux enfin des souvenirs du passé, ayant un véritable culte pour ses ancêtres, et une fidélité inviolable à toutes leurs prescriptions et à toutes leurs coutumes, tandis qu'il ne tient presque aucun compte des lois nouvelles édictées sous une influence étrangère, tel est le Hova.

On le voit, les dispositions naturelles ne manquent pas, et il y a surtout toutes celles qui peuvent contribuer à la grandeur et à la prospérité d'une nation. Mais que d'ombres aussi à ce tableau!

D'abord il est paresseux, ne faisant à peu près rien de toute l'année, quoiqu'il puisse travailler au besoin, et le fasse avec constance et énergie quand la nécessité le demande; puis, il est avare et servile adorateur de l'argent, dont il possède au reste très peu. Son usure va jusqu'à prêter aux taux les plus fantastiques, 100, 150, 200 %! Son amour du vol dépasse toutes les limites, et c'est avec orgueil qu'on se raconte les bons tours que l'on a pu jouer aux Vahaza, par exemple, en leur vendant de la limaille de cuivre pour de la poudre d'or; et rien n'est curieux comme de contempler les tours de force qu'ils font aux marchés pour se tromper les uns les autres. Il est menteur à la perfection, avec bonhomie et candeur; il est fourbe, cauteleux, en dessous, sans franchise et sans caractère, orgueilleux et vaniteux.

Il est surtout ivrogne, et la loi contre l'usage du rhum, — on se la rappelle quelquefois contre quelque pauvre diable de la capitale, — est complètement oubliée pour les riches et en dehors de Tananarive. Il y en a qui « ne désaoûlent pas de toute l'année », comme l'hôtelier breton de Francisque Sarcey, et ils vendront tout, jusqu'à la dernière chemise de leurs enfants, pour acheter une bouteille de rhum, qu'ils avaleront presque d'un trait.

A cet amour du rhum, se joint une effrayante immoralité. Autrefois la polygamie existait ainsi que le divorce. Un homme prenait autant de femmes qu'il pouvait en nourrir, et les renvoyait quand cela lui faisait plaisir. De même ses femmes le quittaient quand elles le désiraient.

Des lois nouvelles, édictées sous l'influence anglaise, ont bien proscrit la polygamie et réglementé le divorce. En pratique, il n'y a presque rien de changé, et on trouve toujours moyen de s'arranger avec la loi. Les jeunes filles ne sont jamais conservées, et les futurs époux vivent toujours ensemble longtemps avant leur union; les enfants eux-mêmes sont corrompus dès l'âge le plus tendre. Bref, il n'y a pas de mœurs, pas de retenue, et une jeune fille peut avoir trois ou quatre enfants, que cela ne l'empêchera nullement de se marier; tout au contraire, car on sera sûr alors de sa fécondité.

Aussi, quels tristes fruits ce dévergondage effrayant a-t-il produits! La vie n'est pas tarie dans sa source chez les Hova, car ils ont beaucoup d'enfants, mais elle est profondément viciée, et la syphilis atteint jusqu'à 80 % de la population.

Et c'est ainsi que, par de funestes habitudes, par la paresse surtout, l'ivrognerie et l'inconduite, le Hova a perverti tant de qualités natives que Dieu lui avait prodiguées, et qui auraient pu en faire une race remarquable.

C'est un peuple perdu s'il ne se corrige, et déjà les signes de décrépitude sont nombreux, surtout dans la noblesse et la famille royale.

Espérons que notre civilisation, l'éducation, et surtout, l'influence de la religion, sans laquelle on n'obtiendrait rien, arriveront à relever son niveau moral, à mettre en œuvre et perfectionner ses qualités, à corriger ses défauts, en un mot à faire son éducation morale.

III

ORGANISATION SOCIALE.

La véritable unité sociale, chez les Hova, le véritable fondement de l'État malgache, dans le sens le plus étroit du mot, c'est la famille, qui existe forte et puissante, fondée non pas sur la sainteté du mariage, qui n'existe pas, mais sur la tradition et le respect de la puissance paternelle. Tous les membres d'une même famille, frères, sœurs, cousins, enfants adoptés, enfants nés avant le mariage, d'un autre père ou d'une autre mère, vivent ensemble, jouissant ensemble des biens communs, et concourant, chacun pour sa part, à les faire prospérer.

De-plus, chaque famille forme comme un petit État, avec ses lois ou ses coutumes propres, transmises oralement, et fidèlement observées. Le père, ou à son défaut le frère aîné, ou tout autre désigné par l'usage pour être le chef de la famille, y est tout-puissant. C'est lui qui règle tout pendant sa vie, et il dispose de ses biens comme il le veut à sa mort. Surtout il peut exclure du tombeau ou chasser du sein même de la famille, tout membre indigne. Ce sont là les deux plus grands châtiments à Madagascar, ceux devant lesquels aucun coupable ne reste insensible, et qui, presque toujours, suffisent pour ramener les plus endurcis.

Chaque famille malgache a son tombeau, dans

lequel, sur de larges dalles superposées des deux côtés, se trouve la place de chacun. Or, ce serait un malheur irréparable que de ne pas occuper cette place, et on fera tout pour y apporter le cadavre même des endroits les plus éloignés. Mais quel malheur autrement grand d'en être exclu pour son indignité!

Quel malheur également que la malédiction paternelle, qui vous marque au front, vous et toute votre postérité, d'un stigmate ineffaçable, absolument comme dans la Bible, du temps des Patriarches.

En voici un exemple frappant:

Un homme du nom de Ramazava avait deux fils. L'un se fit mendiant et l'autre voleur. Le premier resta pauvre et le second devint riche; mais à la fin, il fut pris et condamné à mort.

Or, avant l'exécution, son père, en présence de la famille, demande la parole et maudit tous ceux de sa descendance qui ne se conformeront pas à la loi qu'il va leur imposer:

« Fils et petit-fils de cet enfant voleur, s'écrie-t-il, et vous tous qui naîtrez d'eux, vous mendierez de porte en porte jusqu'aux dernières générations. »

Aujourd'hui ces mendiants sont nombreux et riches et forment une caste puissante. Et cependant, par crainte de cette malédiction, ils sortent deux fois par an de leur pays et s'en vont de porte en porte, jusque dans la capitale, demander l'aumône, sur un air et avec des paroles à eux réservés. Je les ai vus et entendus moi-même, et leur ai donné un bout d'argent.

La *caste* n'est que le développement naturel de la famille, c'est-à-dire l'ensemble de plusieurs familles issues d'un père commun, mort depuis de longues années. Jusqu'à Radama Ier, c'était elle qui constituait les diverses unités dont la réunion composait l'État Hova, et c'était à la caste qu'on réclamait l'impôt et la corvée.

Elle aussi, a ses chefs, ses usages, ses lois particulières, transmises par la tradition et toujours fidèlement suivies. A chaque caste revient une part de territoire qui ne saurait être aliénée, ni vendue, aux membres d'une autre caste, sauf pour la seule ville de Tananarive, où chaque caste habite cependant un quartier déterminé, mais où le terrain peut être acheté indistinctement par tout Malgache.

Il y a des castes nobles, les *Andriana*, et d'autres roturières ou *Hova*.

Les premières sont au nombre de sept, en y comprenant celle composée des princes de la famille royale, et c'est parmi les trois premières que l'on prend les possesseurs des fiefs territoriaux ou des *Menakely*, les *Tompomenakely*. —Les autres sont, ou bien des marchands, ou bien de simples artisans.

C'est cependant d'une simple caste « Hova », qu'est sortie la famille aujourd'hui si puissante du premier ministre, à des Hova aussi qu'appartiennent la plupart des fonctionnaires, ministres ou gouverneurs.

Les *esclaves* sont très nombreux en Imerina. Il y a probablement deux esclaves contre un homme libre; et les trois quarts d'entre eux sont des Betsileo, emmenés captifs à la suite de la conquête de leurs pays.

Il y a deux sortes d'esclaves :

1° *Les esclaves noirs* de la couronne ou *tsimandoa*, venus autrefois à la suite des Hova. Ce sont les courriers de la reine, ses gardes, ses serviteurs. Leur situation leur donne beaucoup d'influence, et c'est en grande partie par leurs rapports que le premier ministre connaît ce qui se passe dans les provinces les plus reculées.

2° *Les esclaves des particuliers*, qui se partagent en prisonniers de guerre, et en esclaves pour dettes.

L'esclavage est aussi doux que possible à Madagascar. L'esclave, s'il vit dans la maison de son maître, est traité comme un membre de la famille. Sinon, il a sa maison et son champ à lui, et il ne doit à son maître que quelques corvées, d'ordinaire assez légères, ou une part de ses bénéfices s'il exerce un métier, par exemple s'il est porteur. En retour, il est exempt de la corvée, autrement lourde, que tout Malgache doit au souverain, et du service militaire.

Mais deux abus viennent singulièrement aggraver sa situation. D'abord, les enfants, par le seul fait de leur naissance, sont esclaves et appartiennent au maître de la mère; ensuite un esclave peut être exposé au marché et vendu, tout

comme du bétail, sans tenir aucun compte des
liens ou nécessités de famille, sans craindre de
séparer la femme de son mari, les enfants d'avec
leur mère.

Évidemment, cela doit disparaître et au plus tôt.

IV

DU GOUVERNEMENT.

Le pouvoir est entièrement despotique, et l'esprit de servilité le plus absolu règne dans toute la
population.

La royauté n'est pas précisément héréditaire,
quoiqu'elle ne sorte jamais de la même famille.

Jusqu'à la mort de Radama II, en 1863, c'était
le prince précédent qui désignait son successeur.
Depuis, c'est la volonté du premier ministre qui
l'impose au peuple. Et ce successeur a toujours
été une reine, qui par le fait même, devenait la
femme du ministre qui l'avait choisie.

La reine est évidemment de la première noblesse et son ministre est « Hova » ou plébéien. Par
là se concilient dans la même autorité et les nobles
et le peuple : celui-ci fournissant le premier ministre et ceux-là la reine; ou, plus exactement,
celui-ci prenant tout le pouvoir et ceux-là n'en
gardant que l'apparence.

Ce système hybride est dû à l'influence des Anglais qui y voyaient leur intérêt. Car ils espéraient

bien avoir dans leurs mains le premier ministre qu'ils avaient élevé si haut; en outre, c'était en partie une imitation de leur constitution.

Mais cet état de choses entraîne à Madagascar deux conséquences dont ils doivent porter toute la responsabilité : la première, c'est que la reine ne doit pas avoir d'enfant, car cet enfant, étant le fils d'un « Hova », serait Hova lui-même, et par suite ne pourrait régner. Donc on les étouffera à leur naissance. On raconte ainsi, sous le couvert, que la reine actuelle a déjà eu trois ou quatre enfants.

La seconde, c'est le mécontentement sourd et caché, mais durable et profond, de la noblesse contre le premier ministre.

Les souverains de Madagascar sont sensés descendre des dieux, et il n'y a pas un demi-siècle, Ranavalona I s'appelait, tout comme l'empereur de Chine « *la Souveraine du ciel et de la terre.* » Depuis l'introduction officielle du christianisme, elle n'est plus que la « Souveraine de toute la terre. »

Mais cela, elle prétend bien l'être, et son peuple a gardé pour elle un respect à demi idolâtrique et une tranquille confiance dans ses décisions.

Cependant, ce n'est que pour l'apparence. En réalité, la reine n'est qu'un paravent destiné à couvrir son premier ministre, qu'un jouet ou une poupée entre ses mains, et c'est lui qui est tout, qui fait tout, juge, détermine et administre tout; d'un mot, c'est lui qui règne, et c'est sa volonté qui est la loi.

Sans doute, il parle toujours au nom de la reine,

et en public se proclame son esclave. Mais personne n'est dupe de ses paroles. Comme le faisaient autrefois les anciens rois, il consulte le peuple à de rares intervalles et pour des occasions solennelles, par exemple, en 1881 pour la promulgation des lois. — « N'est-ce pas cela, peuple? » — Et tout le peuple de répondre : « — C'est cela. » — Répondrait-il autrement que ce serait la même chose.

On ne l'aime pas, mais on le craint, et tout le monde tremble devant lui. Il sait tout, il devine tout, il prévient tous les complots.

Depuis 1881, sous l'influence des missionnaires et en particulier du trop célèbre Parrett, le Raparretty de là-bas, dont les conseils sont encore en ce moment prépondérants à Tananarive, des ministères ont été créés, de l'intérieur, de la guerre, de la justice, des travaux publics, des finances, de la législation, de l'instruction publique. Mais ces ministres ne sont que des aides ou secrétaires, au sens le plus restreint du mot. Ils n'ont pas ce que nous appellerions voix consultative; pas même cette influence que donnent le travail et la connaissance particulière d'une branche d'administration.

Il faut dire la même chose des juges suprêmes ou *andriambaventy*, au nombre de 70, ou des juges inférieurs appelés *Vadintany*. Ils ne font qu'étudier la cause, et c'est le premier ministre qui leur inspire la sentence.

Ce qu'il fait directement à la capitale, il le fait dans les provinces par ses gouverneurs.

Créés en 1878 pour diminuer et annihiler la noblesse et pour étendre le protestantisme ou religion d'État, ces gouverneurs ont fidèlement travaillé à l'un et à l'autre but. Ils sont en effet presque exclusivement choisis parmi les élèves des écoles protestantes, et mettent tout naturellement leur influence au service de leurs maîtres, qui du reste ne négligent pas de les suivre, de les surveiller, de les récompenser ou de les briser.

Ils sont tout-puissants, ils rendent la justice, imposent les corvées, font les mariages, en un mot administrent tout et connaissent de tout. Surtout ils pressurent, pillent et volent.

A Madagascar, aucun officier d'aucune administration n'est payé. Souvent même, ils ont dû acheter à la capitale, et fort cher, la place de 1er ou 2e ou 3e gouverneur. Ainsi en 1891 deux familles désirant obtenir, si je ne me trompe, la charge de gouverneur des établissements pénitenciers et agricoles du premier ministre, près de Tamatave, l'une donna 10,000, l'autre 12,000 piastres. Il faut donc rentrer dans ses fonds. On le fait en vendant tout, son influence, ses arrêts, ses services, et quand cela ne suffit pas, en se faisant donner ce que l'on trouve à sa convenance.

Avez-vous une belle villa qui plaise au premier ministre? Il vous fera dire que la reine trouve votre villa très belle. On sait ce que cela veut dire et on s'empresse de la lui offrir.

Dans les provinces, le gouverneur trouve-t-il votre plantation de cannes, de café ou de coton remarquable? vous recevrez la même invitation et vous n'aurez qu'à y faire la même réponse. Personne ne saura jamais ce que le gouverneur de Maevatanana a volé de poudre d'or à M. Suberbie. Il est vrai qu'il en a donné une partie au premier ministre.

Les *impôts* sont très faibles.

En voici l'énumération à peu près complète.

1. Le *hasina,* c'est-à-dire un bout d'argent offert à la reine à son avénement, à la fête du bain, et à quelques autres solennités extraordinaires. C'est un signe de soumission ou de respect plutôt qu'un impôt.

2. Un impôt d'environ 0 fr. 03 à la mort du souverain, pour ses funérailles.

3. La cote personnelle, inférieure à 0 fr. 01.

4. Un impôt annuel en espèce, d'environ 3 mesures de riz par famille (à peu près 3 décalitres).

5. Joignez à cela les amendes; le revenu des douanes qui pourrait être considérable. — Le droit en est de 10 % à l'entrée et à la sortie. Mais presque tout s'arrête en route, et ce qui arrive est destiné à couvrir la dette due au Comptoir d'escompte; — de temps en temps un impôt extraordinaire, par exemple celui de la piastre en 1892, renouvelé l'année d'après et changé en emprunt forcé, et qui fit tant crier le peuple malgache; enfin quelques usages locaux assez curieux, par exemple le suivant : la fortune des femmes mourant sans enfants revient au souverain.

Tous ces impôts sont légers, et ils seraient faciles

à supporter, même par un peuple pauvre comme le peuple malgache, s'il n'y en avait pas un autre autrement lourd, autrement odieux, autrement vexatoire et occasionnant d'étranges injustices, je veux dire la *corvée.*

Je ne reviens pas sur les corvées que les esclaves doivent à leurs maîtres. Elles ne sont pas excessives, et tant que l'esclavage ne sera pas aboli, elles sont nécessaires.

Mais les hommes libres eux-mêmes doivent d'innombrables corvées au seigneur, au gouverneur, au premier ministre, à la reine, qui peuvent exiger, de tous et pour toutes choses, tout ce qui leur plaira.

C'est par corvée qu'on bâtit leur maison, celles de leurs enfants, de leurs parents, de leurs serviteurs; — par corvée qu'on leur apporte l'eau, le bois, le riz, la viande; — par corvée qu'on répare les chemins; — par corvée qu'on les accompagne dans leurs voyages pour les porter eux-mêmes, avec leurs bagages et leurs provisions, ou simplement pour leur faire honneur; — par corvée surtout qu'on monte de Tamatave à Tananarive, en se relayant de village à village, tout ce qu'il leur a plu de commander *an-dafy*, au delà des mers.

Cette dernière corvée surtout est écrasante. Que j'en ai rencontré de ces pauvres malheureux, par ces chemins horribles de la forêt, pliant littéralement et succombant sous des caisses pesant des centaines de kilos. Ils étaient de 10 à 20, conduits,

comme un troupeau, par un aide-de-camp qui les
piquait de sa lance, montant par exemple un
énorme corps de pompe sur les pentes de l'An-
gavo, mettant des heures entières à faire une centaine de mètres, épuisés, haletants, brisés et cependant obligés toujours d'avancer. L'officier qui
les conduisait en était lui-même indigné. Et pour
tout cela, comme en général pour toute corvée, ils
ne reçoivent même pas la poignée de riz nécessaire à leur nourriture.

C'est une corvée aussi que les divers emplois
d'écrivain, de secrétaire, d'aide-de-camp, etc. Et
alors, c'est toute leur vie, tout leur travail qu'on
leur prend, sans aucune compensation. Ils s'en
tireront facilement, s'ils sont haut placés, en vendant leur influence ; mais s'ils ne sont que des subalternes, ce sera la misère pour eux, leur femme
et leurs enfants.

C'est la même chose aussi pour tout bon ouvrier,
un ciseleur remarquable, un maçon ou un menui-
sier habile. Un aide-de-camp viendra les féliciter
au nom de la reine, et leur déclarera que dorénavant ils ne travailleront que pour elle.

Auparavant, ils gagnaient de l'argent et étaient
à l'aise, dorénavant ils mourront de faim.

Le *service militaire* aussi est une corvée, car les
soldats ne sont ni payés, ni logés, ni habillés. —
De par la loi tout homme libre et valide est soldat
pour cinq ans. Mais la levée des hommes se fait
assez irrégulièrement, quand le premier ministre

le décrète. C'est alors à qui se fera exempter, et comme le nombre d'hommes que doit fournir chaque village est fixé, on prend les vieillards ou les infirmes pour remplacer ceux qui échappent. La formation ne vaut guère mieux que le recrutement. Deux jours d'exercice par mois; quelques jours sous la tente pour des exercices de tir ou autres, tous les deux ou trois ans, c'est à peu près tout. — De plus, les officiers ne sont pas capables. Quelques-uns ont été formés en Europe, mais on les a laissés de côté; et les trois écoles fondées à Tananarive par Graves, Shervington et Lavoisot, devaient nécessairement être superficielles. Enfin les Hova sont naturellement trop lâches pour former de bons soldats.

Que dire enfin des *lois malgaches,* de celles surtout que, sous l'influence des Anglais, et surtout de Parrett qui les a codifiées et imprimées, le gouvernement hova a promulguées et fait adopter par le peuple en assemblée plénière depuis 1869 à 1881?

Elles ne sont pas toutes mauvaises, d'aucunes même sont excellentes, celles par exemple sur l'unité et l'indissolubilité (relative) du mariage, l'observation du dimanche, l'abolition de l'idolâtrie, l'éducation, etc. Mais : 1° elles ne sont pas faites pour les Malgaches, trop compliquées, trop nombreuses, trop au-dessus et en dehors de leurs mœurs, de leurs coutumes, de leur civilisation. Tout comme l'administration qu'on a voulu leur donner, elles sont trop calquées sur les lois an-

glaises et ne répondent nullement aux besoins des
Hova. C'est un habit neuf, mais trop grand et gê-
nant pour un peuple primitif. — 2° Elles ne sont
ni connues ni respectées, ni observées. Ce qui
domine et règle tout, ce qui décide de tout, c'est
d'abord la volonté du premier ministre et celle
du gouverneur, et puis les anciennes coutumes,
les anciennes prescriptions des ancêtres.

Tout le reste, ces lois, ces ordonnances, ce par-
lement, ces ministres, cette armée de gouverneurs,
— ce sont d'abord des sangsues pour sucer le
meilleur des revenus de ce pauvre peuple, — et
puis, des enseignes pour les pays étrangers à qui
l'on vante à satiété les progrès, le degré de civilisation, l'habileté administrative des Hova.

Au fond, je veux le répéter pour me résumer et
clore ce chapitre sur l'organisation des Hova, il
n'y a que l'omnipotence du premier ministre, —
une noblesse abaissée, — un peuple opprimé et
épuisé, — une anarchie effrayante qui va chaque
jour grandissant, — un mécontentement et un
malaise universels, — un état contre nature.

Et, vienne le jour où la France, maîtresse là-
haut, aura tout remis en place, supprimé les abus,
et rendu à ce peuple les institutions qui lui conviennent, en même temps qu'elle lui assurera la
justice et une sage protection, son joug, que l'on
semble tant redouter, sera béni de tous.

CHAPITRE XV

PEUPLES ENTIÈREMENT SOUMIS AUX HOVA

I

LES ANTSIHANAKA.

A une distance de 40 à 50 kilomètres en face de l'île Sainte-Marie, dont il est séparé par une épaisse forêt, se trouve le plus considérable des lacs de Madagascar, le lac Aloatra. Autour de ce lac, en en exceptant toutefois la rive orientale qui appartient aux Betsimisaraka, sur les montagnes et les vallées marécageuses, formées par les derniers contreforts de la seconde arête faitière, dans un pays très mouvementé et très accidenté, se trouve une peuplade assez semblable aux Betsimisaraka et qui lui est sûrement parente, ce sont les *Antsihanaka* ou « peuples du lac. »

Ils s'étendent en latitude depuis le pays des Antankara au Nord, jusqu'à l'Imerina au Sud, approximativement du 16° au 18° parallèle, et, en longitude, entre la région des Sakalaves à l'Ouest et celle des Betsimisaraka à l'Est, plus ou moins du 45° 30' au 46° 50'.

Leur pays est couvert d'immenses pâturages et de rizières très faciles à cultiver. Il y a beaucoup de poissons dans le lac et les rivières qui le remplissent.

Il y aurait aussi, assure-t-on, de riches minerais. Le climat est assez malsain, à cause des marais nombreux que l'on rencontre dans le pays; il est cependant agréable, plus chaud que sur le plateau central et plus tolérable que sur la côte. C'est du reste un pays encore peu connu, étant trop en dehors des voies de communication pour avoir été suffisamment exploré. De même, ses habitants ont très peu de contact et des rapports très limités avec les étrangers.

Les Antsihanaka ressemblent beaucoup aux Betsimisaraka. Ils ont le teint moins foncé, les traits assez réguliers, les membres bien faits et toute leur conformation bien prise. Ils ont aussi les qualités et les défauts de leurs voisins. Comme eux ils sont insouciants, turbulents, mous et paresseux. Leurs mœurs et coutumes ressemblent beaucoup à celles des autres Malgaches. Leur nombre ne doit guère dépasser 200,000.

Indépendants jusqu'au commencement de ce siècle, ils avaient pour capitale une ville encore assez populeuse, Ambatondrazaka, au Sud du lac et à une altitude de 836 mètres. Ils obéissaient à des chefs particuliers, qui comme partout ailleurs dans l'île, devaient avoir une autorité illimitée et se faire continuellement la guerre.

Ils furent le premier peuple vaincu et conquis

par Andrianampoinimerina, mais ce fut plutôt une guerre de superstition ou de supercherie que de combats. Il y eut, racontent les légendes, un défi des plus curieux entre le chef Tohana, pour les Antsihanaka, et le magicien Rasohalatra, un Tsihanaka émigré, devenu le gardien du dieu Ramahavalo, pour les Hova. Pendant une demi-journée, Tohana lança la foudre sur son rival qui n'en fut pas incommodé, et dont la case même ne fut pas incendiée. A son tour, Rasohalatra demande à son dieu Ramahavalo, de remplir de serpents la case de Tohana, ce qui fut accompli à l'instant. Épouvanté et poursuivi de tous côtés par les reptiles, ce nouveau Laocoon, malgré les encouragements ironiques de son adversaire, dut s'avouer vaincu, et confesser la supériorité du dieu des Hova sur celui des Antsihanaka, c'est-à-dire pratiquement la supériorité des Hova sur son propre peuple.

Andrianampoinimerina croyait-il à cette intervention efficace de son idole? Au moins il feignit d'y croire, et il ordonna à Rasohalatra d'avoir à prendre tous les lundis une des portions du bœuf réservé d'ordinaire au roi, afin d'en nourrir les serpents de l'idole.

Mais surtout il en profita. Les Antsihanaka devinrent ses sujets et depuis lors ils n'ont jamais essayé de se soulever. Aujourd'hui leur administration première a entièrement disparu et a été remplacée par deux gouverneurs qui habitent, l'un à Ambatondrasaka, l'ancienne capitale, et l'autre à Amparafaravola, à l'Ouest du lac.

Les Antsihanaka ne doivent pas le service militaire. En retour, ils sont chargés de porter les paquets de la reine et en particulier les munitions. Ils sont également constitués gardiens des innombrables troupeaux de bœufs, dont certains de 1000, 5000, 10,000 têtes, et planteurs des champs de cannes à sucre, que les Hova possèdent dans leur territoire.

Ils se livrent enfin à la culture facile de quelques rizières, et à la pêche des anguilles et des crevettes dont ils font un certain commerce avec les Hova.

Dans un village appelé Ankoroko, au Sud du lac, habite une petite tribu qui ne fusionne guère avec les Antsihanaka. Ils vivent dans des cases en jonc, disposées de telle sorte qu'elles peuvent surnager quand le lac déborde, et s'élever avec le niveau de l'eau.

On a ainsi l'aspect fort curieux d'un vrai village flottant pendant plusieurs mois. Ils sont du reste perdus au milieu des zozoro; il n'y a point de chemin pour arriver chez eux, et les personnes qui vous conduisent, ont beaucoup de peine à y parvenir. Ces pauvres gens sont à demi-sauvages, hospitaliers cependant, mais superstitieux à l'excès. Leur unique occupation semble être la pêche.

II

LES BEZANOZANO.

De chez les Antsihanaka, en descendant vers le Sud, entre les deux mêmes lignes de forêts, ou si l'on préfère, entre les deux arêtes faîtières de l'île, sur les rives du Mangoro, le plus grand des fleuves de la côte orientale, nous arrivons chez les Bezanozano (nombreux rejetons) ou Tankay (pays brûlé), parce que probablement ils occupent la place de forêts incendiées.

Leur pays est un vaste plateau d'une altitude moyenne de 850 à 900 mètres, s'étendant entre l'Imerina à l'Ouest et le pays des Betsimisaraka à l'Est, sur une trentaine de kilomètres de large, depuis la région des Antsihanaka vers le 18e, jusqu'au pays des Tanala, au Sud du 20e parallèle, sur une longueur de plus de 200 kilomètres.

Située en grande partie sur l'emplacement d'un ancien lac aujourd'hui desséché, cette contrée ne manque pas d'une certaine fertilité. La chaîne littorale, qui la borne à l'Est, s'élève seulement d'une centaine de mètres, mais le grand massif central se dresse à l'Ouest comme une immense montagne de granit de 400 à 500 mètres.

Le Mangoro la parcourt du Nord au Sud et il reçoit de nombreux tributaires de droite et de gauche, de telle sorte que la vallée principale se ramifie en une foule de petites vallées transversales.

Le sol, quoique semblable au sol argileux du reste de l'île, est cependant recouvert presque partout d'une légère couche d'humus noir qui ferait croire à une très grande richesse végétale. Cela est surtout visible autour de Moramanga, leur capitale, que l'on rencontre en allant de Tamatave à Tananarive. Aussi est-ce là que l'Anglais Bonnard, l'ancien secrétaire de l'évêque anglican Kestell-Kornich, a placé sa plantation de caféiers. — Elle réussirait s'il pouvait la défendre du pillage et du maraudage. Mais souvent la récolte est faite par d'autres que par lui; parfois on arrache ou l'on coupe les pieds, et son cheval même lui fut volé, en sorte qu'il ne lui resta plus qu'un âne.

Plus forts et plus noirs que les Hova et les Betsimisaraka, les Bezanozano semblent tenir, par leurs mœurs et leurs usages, des Antsihanaka, et des Tanala, quoiqu'ils dérivent plus vraisemblablement d'une branche de Betsimisaraka émigrés vers l'Ouest. Il n'y a guère, en effet, que le Sud de leur pays d'habité, tandis que le Nord est presque désert. Ils n'ont d'autre industrie que le tissage des nattes ou *rabana*, qu'ils font avec les fibres de la feuille du rofia. Ils fournissent aussi de nombreux porteurs pour le transport des marchandises de la côte dans l'intérieur de l'île. Et leur vigueur et leur solidité sont vraiment admirables, surtout par les chemins escarpés et glissants qui marquent la traversée de la première forêt et de la première arête faîtière. Ils sont cependant peu travailleurs.

Ils furent soumis par Andrianampoinimerina

aussitôt après les Antsihanaka, et n'opposèrent pas de résistance. Comme leurs voisins du Nord, ils ont entièrement perdu toute idée d'indépendance et d'autonomie et ils n'ont jamais songé à se révolter.

Ils sont régis par deux gouverneurs hova, vivant, le premier à Moramanga, et le second à Belanona Anosibe.

Moramanga est une ville de 2,000 à 3,000 habitants, composée d'une seule rue, très longue et très large, aux maisons en roseau ou en ravinala, couvertes de chaume. — Il y a un *rova* très étendu et environné d'une palissade en bois, quelques soldats, et une station télégraphique, la troisième qui existe entre Tamatave et Tananarive.

C'est là que je rencontrais pour la première fois, en octobre 1891, les Pères Roblet et Colin, en expédition depuis près d'un mois pour continuer, l'un sa carte de l'Imerina au 1/100,000 et l'autre, la détermination précise de l'altitude de son observatoire à Tananarive.

III

LES BETSILEO.

Les Betsileo sont, après les Hova, la tribu la plus importante, la plus nombreuse, la plus intelligente; et, après les Antaimoro, la plus intéressante de l'île.

Leur nombre doit varier entre 500,000 et 600,000.

Les Pères Abinal et de La Vaissière les connaissaient parfaitement. Aussi, ne pourrais-je mieux faire que de leur emprunter le portrait qu'ils en ont tracé.

« Le Betsileo, disent-ils, a généralement le visage plus noir que le Hova, ses lèvres sont plus épaisses, son nez plus aplati, son front plus bas ; tout l'ensemble de ses traits accuse, en un mot, plus de grossièreté que chez son vainqueur de l'Imerina. Mais il a en revanche une stature plus haute et des membres plus forts, mieux proportionnés. Hommes et femmes portaient autrefois la chevelure artistement tressée. Cet usage tend à disparaître aujourd'hui chez les hommes. Les femmes cependant l'ont encore retenu, et possèdent, jusqu'à la perfection, le talent de donner à leurs cheveux toute espèce de formes.

« Le caractère du Betsileo se ressent de son tempérament peu nerveux et souvent lymphatique. Quoique grand et robuste, il est moins énergique au travail que le Hova, moins capable d'efforts vigoureux. Mais aussi il est plus doux, plus calme, et n'est point porté aux mêmes spéculations véreuses. Le vrai bonheur pour lui consiste à vivre au milieu de ses propriétés, entouré d'une nombreuse famille qui le vénère, occupé à planter ses rizières, ses champs de maïs ou de manioc, et à se livrer tout entier au soin de ses nombreux troupeaux de bœufs. Bien que, sous le rapport de la moralité, les Betsileo ne soient pas de beaucoup supérieurs aux Malgaches des autres tribus, ils sont un peu moins voleurs et paraissent en général plus probes que le Hova. Aussi ne tolèrent-ils pas une injustice, et se montrent-ils d'un entêtement incroyable dans leurs procès.....

« Comme intelligence, le Betsileo semble suivre de fort près le Hova. On le remarque facilement dans les écoles où ses enfants arrivent souvent à l'emporter sur leurs émules de l'Imerina. Ce qui ne les empêchera pas plus tard, en raison de leur simplicité, de devenir les victimes de la rouerie des commerçants hova. »

Une autre qualité du Betsileo, d'autant plus remarquable qu'on la retrouve exclusivement chez lui, c'est un goût rudimentaire, mais réel, pour les manifestations artistiques. Le Hova peut très bien imiter même un travail délicat et difficile; mais il n'invente pas, et il ne soupçonne pas le beau. Le Betsileo, au contraire, a des notions innées, confuses peut-être, mais véritables de ce qui constitue l'art. C'est là le témoignage de M. Jully, compétent entre tous sous ce rapport. Lui-même a relevé des motifs de décoration, rappelant quelque chose du style grec, dans certains de leurs tombeaux, dans les piliers surmontés de têtes de bœufs qui environnent ces tombeaux, dans leurs portes, etc., quelquefois dans leurs tissus, leurs bracelets, etc., partout dans les anciens lamba. Cette décoration se compose essentiellement de triangles, de losanges, de lignes brisées entrelacées et produisant très bon effet.

Avant la conquête des Hova, c'est-à-dire avant

le commencement du dix-neuvième siècle, les Betsileo habitaient exclusivement dans des villes construites au sommet des montagnes et d'un très difficile accès. On n'y arrivait d'ordinaire que d'un seul côté, tous les autres étant à pic, et une triple enceinte de fossés profonds entourant la ville et la montagne; précautions bien nécessaires, à raison des guerres continuelles que les Betsileo se faisaient entre eux, ou qu'ils soutenaient de la part des Bara, leurs voisins. Ces villes sont aujourd'hui presque toutes abandonnées par les habitants du pays, qui préfèrent se loger dans des fermes, généralement éparses au milieu des plaines, et entourées d'épais massifs de *cactus* épineux, vraiment impénétrables.

Les Hova se sont établis en grand nombre au milieu des Betsileo, qu'ils envahissent peu à peu, et qu'ils dépouillent de leurs plus belles possessions.

Nulle part dans toute l'île de Madagascar, leur administration est aussi oppressive, aussi arbitraire, moins conforme aux règles de la justice, et aucune autre tribu n'est exploitée comme ces malheureux Betsileo. Non seulement on leur a enlevé toutes leurs armes, les livrant ainsi sans défense aux incursions des barbares, qui pillent et saccagent à plaisir des villages entiers, emmenant bestiaux, femmes et enfants, et ravageant tout sur leur passage, mais les Hova eux-mêmes font encore plus de mal que les Bara.

Sous les prétextes les plus frivoles, ils dépossèdent les inoffensifs Betsileo de leurs terres, se les approprient et les font cultiver par des esclaves venus de l'Imerina. Ou bien c'est par le commerce et l'usure qu'ils les ruinent et leur enlèvent tout ce qu'ils possèdent.

Un malheureux Betsileo achète deux fois, trois fois, dix fois sa valeur ce qu'un Ambohimalaza vient lui apporter en fait de toiles et de bibelots, et ne peut le payer; ou bien, pour une cause quelconque, funérailles, impôts, etc., il a dû emprunter à des taux fantastiques quelques piastres à son voisin hova, et il ne peut les rendre. Alors, on vend sa maison, son champ, tous ses biens à l'encan, le créancier les achète, et le Betsileo est ruiné.

Il n'est pas lâche cependant, et ne semble pas fait non plus pour la servitude.

Peu de peuples à Madagascar ont lutté comme lui pour leur indépendance.

Il fut conquis deux fois par Andrianampoinimerina d'abord, puis par son fils Radama I, qui, pour les punir de s'être révoltés, brûla leurs villes, saccagea leur pays, tua leurs soldats et fit une multitude de prisonniers.

Depuis, les Betsileo sont complètement soumis, et n'ont plus songé à se révolter. Au reste, leur pays est fortement occupé par les Hova et exclusivement gouverné par eux.

Il se partage administrativement en deux parties. Au Nord du Matsiatra il est assimilé à l'Imerina et relève du gouvernement de Tananarive; au Sud, il est partagé entre sept sous-gouverneurs qui dépendent du gouverneur de Fianarantsoa. Ce sont ceux :

1° D'Ambositra, à l'extrémité Nord, à peu près à moitié chemin entre Fianarantsoa et Tananarive ;

2° D'Ambohinamboarina, en descendant vers le Sud, dans la direction de Fianarantsoa ;

3° De Fanzakana, au N.-O.; et, plus loin encore, dans la même direction,

4° Celui d'Ikalamavony ;

5° Celui d'Ambohimandroso au Sud-Ouest, et plus loin,

6° Celui d'Ambohimanana ;

7° Enfin celui d'Ambalava.

Le peuple Betsileo cependant garde une grande vénération, un respect quasi idolâtre, pour les descendants de ses anciens rois, dont le nombre est considérable. A leur mort, en particulier, rien n'égale les honneurs qu'on leur rend.

Fianarantsoa, leur capitale, est située par le 21°, 27' de latitude Sud, et le 44°, 47' de longitude Est, et à une altitude de 1,200 mètres. C'est une ville d'une dizaine de mille d'habitants. Un sous-résident français y est établi, toujours le même, depuis le commencement de notre occupation, le Dr Besson, homme très énergique, très entreprenant, très intelligent, bien connu par son voyage chez les Tanala d'Ikongo et sa mission à Fort-Dauphin, chez les Antanosy.

Il connaît parfaitement le pays et a su non seulement se faire accepter, mais réellement se faire aimer des indigènes et se créer une grande situation.

Le pays des Betsileo est contigu à l'Imerina, dont il est comme la continuation au Sud. Il est borné à l'ouest par le Menabe, au Sud et au Sud-Ouest par le pays des Bara, et à l'Est par le district et la forêt des Tanala qui le séparent de la côte orientale. Il occupe entre le 20°parallèle et environ le 22°, 20′ une grande partie du massif central de l'île. Il a 250 kilomètres de long, 150 dans sa plus grande largeur sous le 20ᵉ parallèle, et seulement 50 sous le 22°, à peu de distance de son extrémité méridionale. Il s'appuie sur le versant occidental de la grande arête faîtière, et s'étend au Sud du grand massif de l'Ankaratra. De grandes collines parallèles, orientées du N.-N.-O au S.-S.-E. alternent avec des montagnes isolées et de riches vallées.

Mouvementé, accidenté, admirablement arrosé, comme l'Imerina, il pourrait communiquer avec le canal de Mozambique par le Betsiriry au Nord, et encore mieux, au Centre et au Sud, par le Mangoky, dont les divers affluents s'épanouissent à travers ses vallées.

Fianarantsoa est reliée par deux chemins de porteurs avec Mangatsiaotra sur l'océan Indien, et à l'Ouest, avec Ambakabe et Ambondro.

Ce pays est sûrement de grand avenir, car Ambositra est le centre de très riches mines que M. Guinard avait commencé à exploiter pour le compte du gouvernement malgache et qui ne peuvent manquer d'être bientôt reprises; de plus, le climat est très bon, le meilleur peut-être de toute l'île; ses habitants enfin offrent beaucoup de ressources, naturellement soumis, dociles, assez travailleurs et relativement honnêtes.

Il suffira de les arracher au joug qui les écrase, de leur assurer un peu de sécurité et la tranquille possession de leurs biens, pour qu'aussitôt ils acceptent notre autorité et s'attachent sincèrement à nous.

IV

BETSIMISARAKA.

Ce nom est bien connu parmi nous; et nos marins, nos voyageurs, nos négociants, nos colons de France, de Maurice ou de la Réunion n'ont cessé d'être en relation avec ce peuple depuis plus de 300 ans. Tout ce qui se rapporte à eux nous offre donc un intérêt particulier.

Les Betsimisaraka occupent le versant oriental de Madagascar, les vallées courtes et fertiles qui s'appuient sur la première arête faîtière et descendent vers l'océan Indien, depuis le Nord de la baie d'Antongil, vers le 15° de latitude Sud, jusqu'au pays des Antaimoro, vers le 20°, sur une étendue approximative de cinq degrés ou plus de 550 kilomètres, et une largeur moyenne de près d'un demi-degré.

C'est peut-être la partie la plus riche de Madagascar, au moins une des parties les plus fertiles. Abondamment arrosée et par ses rivières nombreuses et par les pluies qui y sont beaucoup plus fréquentes qu'en aucune autre partie de l'île; d'une altitude variant depuis 700 à 800 mètres jusqu'au niveau de la mer; couverte des plus riches forêts dans sa partie occidentale, de plaines de sable et de lagunes, sur le bord de l'Océan, elle peut donner en abondance tous les produits tropicaux, canne à sucre, vanille, café, cacao, etc. Elle est moins chaude que les contrées de l'Ouest, et devient plus saine et plus tempérée à mesure qu'on s'élève vers les montagnes. Traversée par les principaux chemins de pénétration vers l'intérieur : la route de Tamatave à Tananarive, celle de Mahanoro au même endroit, celle de Mananjary à Fianarantsoa, en outre par une ligne de sentiers qui relient entre elles les diverses villes de la côte, elle n'attend qu'un peu d'ordre, des capitaux et des travailleurs, pour devenir vraiment productive.

Le nom de *Betsimisaraka* veut dire : beaucoup qui ne se séparent pas. Hélas! ce n'est qu'une triste antonymie. Car s'ils sont nombreux (800,000, d'après M. Davidson), il s'en faut qu'ils soient unis. Ce n'est qu'un ensemble de peuplades, jadis indépendantes les unes des autres et continuellement en guerre les unes contre les autres, et maintenant, complètement soumises aux Hova.

Leur physionomie diffère peu de celle des autres peuples de la côte orientale. Leur teint est luisant et d'un noir plus foncé ; leur visage plutôt arrondi qu'oblong se termine par un front assez avancé. Leurs cheveux sont épais, mais non crépus, le nez est écrasé, ils sont d'ordinaire grands et bien faits et leur apparence est plutôt agréable.

Ils sont généralement probes, tranchant ainsi notablement sur la plupart des autres tribus.

Leur aspect seul inspire dès l'abord la confiance, et l'on se reprocherait à leur égard le moindre acte de brutalité.

Avec un peu de fermeté, et surtout de la justice, on peut obtenir beaucoup de leur part. Ils sont naturellement doux et ressentent facilement de la sympathie pour les Blancs, pour les Français en particulier, dont le caractère franc et ouvert s'harmonise mieux avec le leur. Il n'y a qu'une chose qui les irrite, et cela est entièrement à leur honneur, ce sont les injustices par trop criantes. Si l'Européen, par conséquent, a eu à se plaindre d'eux sur la route de Tamatave à Tananarive, on peut être sûr qu'il les avait poussés à bout par ses exigences, ses menaces, ou des voies de fait que rien ne justifiait. Soumis aux Hova, ils les haïssent de tout leur cœur, non pas tant pour en avoir été vaincus que pour leurs trahisons, leurs mauvais traitements et leur fourberie.

Ils aiment leurs enfants, et si parfois ils s'en débarrassent à leur naissance, comme à peu près tous les Malgaches, ce n'est jamais qu'à contre-cœur et pour obéir aux croyances superstitieuses de leurs ancêtres.

« Lorsqu'un jeune homme doit s'absenter pour un voyage, raconte le Père Abinal (1), le moment de la séparation ne manque pas d'avoir quelque chose de solennel : c'est la cérémonie du *fafirano* ou bénédiction. Les parents font à celui qui va les quitter leurs dernières recommandations; ils appellent sur sa tête la protection de la divinité, et lui souhaitent toutes sortes de bonheurs qu'ils ont soin d'énumérer. Enfin, en confirmation de leur bénédiction, ils l'arrosent d'une sorte d'eau lustrale. Il peut partir; un jour il reviendra grand et heureux! »

Malheureusement ces qualités natives sont paralysées par des vices profonds; la paresse, l'ivrognerie, la débauche.

Les Betsimisaraka sont extrêmement paresseux, et essentiellement rebelles à toute idée de culture ou d'industrie. Les plus vaillants s'adonnent à la pêche et font des marins assez habiles; ceux de Sainte-Marie en particulier aiment beaucoup à prendre des engagements comme marins sur les navires soit de commerce, soit surtout de l'État, où ils font de fort bons matelots; quelques-uns exercent certains métiers, comme celui de forgeron; mais le travail de la terre leur est odieux, et ils préfèrent vivre dans la misère plutôt que d'acquérir un peu de bien-être par de légers efforts (2). Quelques bananiers qui poussent tout seuls autour de leurs maisons, quelques rares champs

(1) *Vingt ans à Madagascar*, p. 48.
(2) S. M. Martineau. *Madagascar en* 1894, p. 209.

de manioc d'une végétation luxuriante, quelques
caféiers à l'entour de leurs cases et dont ils vendent le profit aux Européens, un peu de riz, voilà
tout ce qu'il leur faut. Même l'argent ne peut obtenir aucun effort suivi.

Dans la conférence si brillante et si sérieuse, que
M. Jully faisait dernièrement à la Société de Géographie, il nous racontait que, même en alignant
des piastres, les unes à la suite des autres, — sont-
ils de la même race que les Hova? — il ne pouvait
obtenir des Betsimisaraka de se charger du transport des bois dont il avait besoin pour construire
l'hôpital de Tamatave. Une seule chose faisait
impression sur eux, et obtenait parfois un effort
de leur part : l'offre d'un peu de poudre et de
plomb.

Cependant les Betsimiseraka sont encore plus
ivrognes que paresseux, buvant du rhum en quantité, tant qu'il y en a, tous, hommes, femmes, enfants. M. Jully nous parlait d'un enfant de trois ans,
buvant à même du rhum dans un vase, et ne cessant d'en réclamer encore!

Le Père Colin dans ses voyages a vu des mères
en offrir par-dessus leurs épaules à l'enfant qu'elles
portent sur leur dos, comme on lui donnerait chez
nous un bol de lait; et il a noté des cas de folie
alcoolique ou de delirium tremens. Moi-même,
quand je quittais Tamatave en 1892, je couchais
dans une case un peu plus propre que les autres
dans un village de la côte, entre Andevoranto et
Tananarive. Or, le fils aîné de la maison n'ôtait la

bouteille de rhum de sa bouche que pour dire quelques paroles, et recommencer à boire.

C'est bien pire encore dans les fêtes, funérailles, mariages, circoncision des enfants, transfert des morts, etc., qu'ils célèbrent par des orgies sans nom. Tout le monde s'enivre alors et se livre aux plus honteux excès. Que peuvent être les pauvres êtres conçus au milieu de ces scènes d'ivrognerie et de débauche? Ils naissent tous rachitiques, sans force, sans santé, et la race s'en va dépérissant et diminuant avec un effroyable rapidité. La petite vérole exerce également chez eux de grands ravages et fait chaque année de nombreuses victimes. Ajoutez à tout cela la fièvre, plus fréquente et plus dangereuse dans le pays des Betsimisaraka qu'ailleurs, et une foule d'autres maladies occasionnées par leur malpropreté et leur manque de soin; et vous aurez une idée de leur misérable état.

C'est un des exemples les plus frappants de la rapidité avec laquelle l'ivrognerie et l'inconduite peuvent ruiner un peuple. Sans doute le joug hova se fait dûrement sentir, et les multiples corvées auxquelles ces malheureux sont soumis ont pu contribuer à les éloigner de leurs anciennes villes devenues aujourd'hui des « batteries » hova. Mais le pays n'est guère plus habité vers les montagnes, loin des Hova, que sur le bord de la mer, et la population décroît chaque jour. Pourra-t-on même jamais y porter remède?

Plusieurs fois, on a essayé d'évangéliser les Bet-

simisaraka. Je ne parle pas des protestants qui se
sont établis plus ou moins dans les principaux
centres, mais qui n'ont absolument aucune influence, et n'exercent aucune action. Mais les missionnaires catholiques eux-mêmes ont à peu près
complètement échoué.

C'est à Andevoranto que succombait, le 8 décembre 1832, le glorieux M. de Solages, en route
pour Tananarive. En 1870, les Pères Jésuites voulurent y fonder un poste de mission. Ils n'y réus-
sirent pas et durent l'abandonner. C'est trop un
lieu de passage, d'ivrognerie et de plaisirs coupa-
bles, pour en espérer quelque chose de sérieux.

La mission de Sainte-Marie, commencée en 1850,
avait d'abord donné quelques résultats, surtout
pendant l'administration de M. Delagrange, et
permettait d'espérer beaucoup plus pour l'avenir.
Mais les difficultés survinrent, et les espérances
ne se sont pas réalisées.

Il ne reste guère aujourd'hui que le poste de
Tamatave confié à un homme que tous aiment et
vénèrent pour sa bonté, sa charité, son tact,
son dévouement, le saint Père Lacomme, l'ancien
Préfet apostolique des petites îles. Les frères des
Écoles Chrétiennes et les sœurs de Saint-Joseph de
Cluny dirigent deux écoles florissantes, l'une
pour les garçons, et l'autre pour les filles; un
hôpital a été fondé qui sera dirigé par les mêmes
sœurs.

Bref, rien n'est négligé pour arriver à fonder
une mission sérieuse. Y réussira-t-on?

Il se fait du bien parmi les blancs et leurs enfants; un peu aussi, parmi les indigènes, mais pas en proportion des efforts dépensés. Ils sont trop ivrognes, trop indifférents et les exemples des colons trop mauvais.

Pour régénérer ce pauvre peuple, il faudrait commencer par proscrire l'importation et la vente du rhum sur toute la côte orientale. Maurice y perdrait, et quelques négociants aussi; mais la France s'honorerait en le faisant. Et grâce à cela et à quelques autres mesures sages et prudentes, grâce surtout au concours des missionnaires, toujours si puissants pour diminuer le mal, corriger les vices les plus invétérés, enseigner et faire pratiquer la vertu, pourrait-on peut-être espérer quelque résultat. Mais si l'on ne fait rien, si l'œuvre de dépravation continue, qu'on le sache bien, c'en est fait des Betsimisaraka comme des Indiens d'Amérique.

C'est Pronis, l'agent de la société de l'Orient, qui le premier, au nom de la France, planta notre drapeau à Madagascar, en prenant possession, à la fin de 1643, de l'île Sainte-Marie et de la baie de Tintingue; puis, l'année suivante, de Fenerife et de Mananara.

Peu après, il s'établit plus au Sud, à Sainte-Luce et à Fort-Dauphin. On sait toutes les vicissitudes et la triste fin de ce premier établissement.

Au commencement du dix-huitième siècle, l'attention de la France fut de nouveau attirée vers

Madagascar, et ce fut encore au pays des Bet-simisaraka qu'on songea. L'ingénieur de Cossi-gny y fut envoyé en 1733 pour explorer la baie d'Antongil ; en 1746, Mahé de la Bourdonnaye. gouverneur de Bourbon, alla de nouveau étudier le pays, et ce fut encore dans la baie d'Antongil qu'il refit ses provisions et répara ses vaisseaux désemparés.

En 1750, puis de nouveau en 1754, la reine Bety. donna, avec le consentement des chefs du pays, l'île de Sainte-Marie à la France ; en 1758 le gou-verneur de l'île de France, Dumas, réserva par un décret, pour le compte du roi, le privilège du commerce sur toute la côte, des établissements se fondèrent, et en 1767 le gouvernement français fit de Foulepointe, le centre de ses opérations.

Un homme nous aida beaucoup alors dans toutes ces entreprises commerciales, un soldat d'aventu-res, Labigorne, caporal de la compagnie des Indes, en garnison à Maurice. Il épousa la reine Bety, fit reconnaître son autorité sur tout le littoral de Madagascar, à partir de Tamatave jusqu'à la baie d'Antongil, et sut si bien se faire accepter, qu'il servait d'arbitre suprême aux chefs des di-verses tribus et organisait des échanges entre elles. Malheureusement son œuvre ne lui sur-vécut pas.

Après lui, dans les mêmes parages, mais un peu plus au Nord, vers le fond de la baie d'An-tongil, le comte hongrois, Maurice Benyowski, fonda en 1774, au nom et pour le compte de la

France, un établissement célèbre auquel il eut le
talent de rallier la plupart des tribus environnantes. Il bâtit une ville française, Louisbourg,
perça des routes, construisit des forts et établit
des points de défense sur la côte orientale de l'île,
à Ngontsy, dans l'île Marosy, à Fenerife, à Foulepointe, à Tamatave, à Mananara, et à Antsiraka.
Mais la jalousie des gouverneurs de Bourbon,
puis l'hostilité à main armée de la métropole, et
aussi le caractère aventureux de Benyowski, eurent vite fait de détruire cette œuvre brillante
mais éphémère. Les Betsimisaraka se redonnèrent
aux chefs Malutes, dont le pouvoir se maintint
avec des alternatives diverses, jusqu'au jour où
Radama I, attirant à Tananarive leurs chefs malheureux, les eût fait traîtreusement assassiner.

Aujourd'hui, ils sont complètement soumis et
ne songent plus à secouer le joug. Ils en sont du
reste complètement incapables, et les Hova occupent fortement leur pays par 14 postes échelonnés
le long de la côte, et qui sont :

1. Tamatave, la résidence du gouverneur général, et la capitale de la province, et en allant
du Nord au Sud ;

2. Marvantsetra, au N.-O. de la baie d'Antongil ;

3. Vohijanahary, ou Soavinarivo, au Sud du
Mananana ;

4. Ivongo ou Soamianina, en face de Sainte-Marie ;

5. Vohimasina, près de Fenerife, et non loin
de là, Mahambo ;

6. Mahavelana, près de Foulepointe ;

7. Manjakandrianombana, tout près de Tamatave ;

8. Andevoranto et Tanimandry sur les deux rives de l'Iaroka ;

9. Betsizaraina sur le Mangoro, et non loin de Mahanoro ;

10. Fanivelona, à 60 kilomètres plus au Sud ;

11. Antanandava, près de Mahela ;

12. Tsiatosika, sur le Mananjary, à quelque distance de Masindrano.

Tous ces postes, sauf deux, Manjakandrianombana et Fanivelona, sont les résidences d'autant de sous-gouverneurs dépendant de celui de Tamatave.

La plupart de ces villes ou villages, surtout Andevoranto, Tanimandry, Mahanoro, Mananjary, et plus que tout autre, Tamatave, sont peu à peu envahis par l'élément étranger. Des colons ont essayé plusieurs entreprises de plantations diverses, surtout autour de Mahanoro. Beaucoup ont échoué, mais certaines présentent toutes les garanties de succès ; et le nom de la France est mieux connu, plus familier, plus aimé chez les Betsimisaraka, que n'importe en quelle autre partie de l'île.

V

LES ANTAIMORO.

Les Antaimoro sont peut-être, de toutes les populations de l'île, la plus intéressante et celle qui, par ses qualités naturelles, est appelée au plus brillant avenir.

Ils peu sont connus, mais M. Jully qui les a vus à l'œuvre pendant de longues années, a bien voulu mettre à mon service ses observations et c'est surtout grâce à lui, grâce aussi aux études très intéressantes et très savantes de M. Ferand sur les tribus musulmanes à Madagascar, que j'ai pu réunir les détails suivants :

Le nom d'Antaimoro est une dénomination générique sous laquelle on peut ranger les trois tribus des Antaimoro proprement dits, des Antambahoaka (1) et des Antaifasy. Il y a plus : très vraisemblablement les Antanosy de Fort-Dauphin, les voisins immédiats des Antaifasy, appartiennent à la même race. Au contraire les Antaisaka qui habitent entre les Antaimoro et les Antaifasy, paraissent être d'une race différente ; ce sont vraisemblablement les ancêtres des Sakalaves de l'Ouest, dont leur pays serait le berceau.

Quoi qu'il en soit, le pays des Antaimoro, sans parler des Antanosy dont nous traiterons au chapitre suivant, s'étend le long de l'Océan Indien depuis le 20° de lat. Sud, jusqu'à Farafangana (22° 49') pour les Antaimoro proprement dits, et jusqu'au Sud du 24° en y comprenant les Antaifasy. Leur territoire a donc près de 500 kilomètres de longueur, sur une profondeur relativement faible,

(1) On range ordinairement les Antambahoaka parmi les Betsimisaraka. Il semble que c'est un tort, et qu'ils appartiennent à la même race que les Antaimoro.

et ressemble assez pour l'aspect, pour la configuration et pour les produits, à celui des Betsimisaraka. Comme eux, ils occupent le versant oriental de la première chaîne faîtière et confinent aux forêts, qui les séparent, à l'ouest, des Antanala, et de vastes régions inexplorées.

Ils sont limités par les mêmes Betsimisaraka au Nord, et par les Antanosy au Sud.

Deux chemins de pénétration vers l'intérieur, traversent leur pays. Le plus important est celui du Nord qui part de Mananjary, longe quelque temps le fleuve de ce nom, jusqu'à Andakana, où il se partage en deux, l'un remontant droit au Nord vers l'Imerina et Tananarive, l'autre se dirigeant à l'Ouest vers Fianarantsoa. Le second part de Mangatsiaotra et se dirige également vers Fianarantsoa avec une bifurcation sur Ihosy et le pays des Bara.

« Quant à l'Antaimoro, c'est une brute », m'écrivait un correspondant de Mahanoro, qui en avait eu un grand nombre à son service. Il faut cependant leur reconnaître de sérieuses qualités qui tranchent complètement avec les vices communs aux autres Malgaches. Je les ramène à trois.

1° Ils sont *travailleurs*. Cela tout le monde le leur accorde. C'est auprès d'eux surtout que les colons de la côte Est, de Tamatave et d'ailleurs, vont recruter leurs ouvriers. Ils émigraient il y a peu de temps jusqu'à Diego-Suarez et le Boina, et ce n'est que depuis l'année dernière que, sur une défense du gouverneur hova, ils refusent de se

rendre dans notre petite colonie de Diégo. Ils vont
par groupes, conduits et gouvernés par un chef,
à qui l'on doit s'adresser pour le recrutement et
le salaire. L'engagement est de quelques mois, et
une fois leur temps fini, ils ont hâte de retourner
auprès de leurs femmes et de leurs enfants, emportant avec un soin jaloux les quelques piastres
d'argent qu'ils ont pu gagner. A Diégo-Suarez,
maintes fois on leur a offert de leur donner un
billet à ordre sur Tamatave ou Mahanoro; ils n'ont
jamais accepté, au risque de se faire voler et tuer
par les brigands qui infectent la longue route
depuis Diégo jusqu'à leur pays, parce que, ce
qu'ils veulent, c'est de l'argent sonnant. Une fois
engagés, ils travaillent avec ardeur et fidélité,
âpres au gain, courageux et solides. En un mot
ce sont des ouvriers émigrants, les Auvergnats de
la côte Est de Madagascar.

2° Ils sont également sobres. Sans doute ils
acceptent volontiers un verre de rhum si on leur
en donne, comme me le racontait un des négociants les plus sérieux de Tamatave, M. Bonnet, et
M. Jully en a vu plusieurs ivres. Mais ce sont des
exceptions, et il n'y a pas chez les Antaimoro, de ces
orgies qui dégradent et ruinent les Betsimisaraka.

Du reste, il ne dépensent jamais leur propre argent à acheter du rhum, car ils y tiennent trop;
donc, un peu par tempérament, beaucoup par
avarice, les Antaimoro restent sobres malgré les
nombreux exemples qui abondent autour d'eux.

3° Ce qui est également très remarquable, à la

sobriété s'ajoute la *moralité*. Sans doute l'Antaimoro vit avant son mariage avec la femme qu'il
veut épouser. C'est un abus invétéré que rien ne
peut excuser et qu'il sera difficile d'extirper. Mais,
à cela près, sa conduite, en particulier celle de la
femme, est irréprochable. Les jeunes filles sont
respectées jusqu'à cette union ; les femmes mariées
restent fidèles à leurs maris, même quand ceux-ci
les quittent pendant de longs mois, pour leur campagne de travail ; enfin chaque homme n'a qu'une
seule femme. Ces trois coutumes sont entièrement
passées en usage chez eux, tellement que, si une
femme par exemple s'oubliait en l'absence de son
mari, celui-ci serait inévitablement averti par ses
parents, et, de sa sagaie, tuerait la coupable.

Sur ce point donc, comme sur bien d'autres, les
Antaimoro sont très supérieurs aux autres peuplades de Madagascar.

C'est ainsi un peuple d'avenir, car il a les trois
qualités qui font les races fortes, vigoureuses et
nombreuses. Il aime le travail, donc il s'enrichira ;
il est sobre, donc il sera fort et vigoureux ; la famille est conservée, et ses mœurs sont pures, donc
il donnera naissance à de nouvelles générations
saines, bien constituées et de plus en plus nombreuses.

Leurs défauts eux-mêmes pourraient leur servir. Insolents, orgueilleux, pleins de morgue et
de mépris pour leurs voisins, ils répugnent en
particulier à s'allier avec les Betsimisaraka.

« Quant à ce qu'il peut être chez lui, m'écrit le

correspondant que je citais plus haut, je l'ignore ; mais je suppose qu'il n'y a pas de pire bandit. La meilleure preuve, c'est que tout dernièrement des maisons de commerce ont dû fermer précipitamment des postes situés dans ce pays ». La preuve ne me paraît pas convaincante ; je préférerais m'en rapporter à cet autre témoignage du même témoin.

« Les Antaimoro se comportent en général assez bien, en traversant et en vivant dans les pays qui ne sont pas le leur. Le procès malgache se terminant toujours par une amende, il a peur que loin de sa famille, personne ne puisse payer pour lui, et que, de ce fait, on ne le fasse esclave. »

Contrairement à ce qui se fait dans tout le reste de l'île où le pouvoir est si tyrannique, les Antaimoro sont gouvernés par des chefs électifs. Les Hova leur ont laissé leurs chefs indigènes, mais ils les tiennent dans une dépendance très étroite et s'en servent fort habilement pour maintenir et étendre leur domination.

Le peuple antaimoro, cependant, n'accepte qu'avec peine la domination hova et serait tout près à secouer le joug. Mais leurs vainqueurs tiennent la côte par l'occupation de Vangaindrano, le chef-lieu de la province hova des Antaimoro et la résidence du Gouverneur général, de Vohipeno, Farafangana et Ankarana. Ils perçoivent les droits de douane, s'infiltrent peu à peu dans le pays par le commerce et l'immigration, assistent aux querelles intestines des tribus, probablement les encouragent, en tous cas en profitent pour acheter les prisonniers, envoyés ensuite comme esclaves dans l'Imerina. Livrés à eux-mêmes, les Antaimoro ne recouvreront jamais leur indépendance.

Il y a plusieurs usages intéressants à noter chez les Antaimoro.

La viande de porc est absolument interdite chez eux, comme elle l'était du reste autrefois à peu près universellement chez toutes les tribus de Madagascar; et il suffit parfois d'avoir de la graisse pour ne pouvoir traverser certains endroits. Le chien est également impur ou *fady*, et il est défendu de le toucher. Cela va si loin « qu'un *Antaifasy*, auquel vous aurez ordonné de laver un chien, laissera plutôt un mois de gage que d'exécuter votre ordre; il ne dira rien, mais le lendemain matin vous ne le verrez plus (1). »

Ils pratiquent fidèlement la circoncision et cette cérémonie a lieu au mois de novembre. Ils reconnaissent aussi l'existence de Dieu, à qui ils donnent le nom de Zanahary, Créateur. Ce qui frappe le plus chez eux, ce sont les vestiges arabes et les traces de coutumes musulmanes. Je ne parle plus de la circoncision d'origine arabe, ni du privilège récemment perdu, qu'avaient les seuls chefs d'égorger les bêtes; mais toutes leurs légendes, souvent vagues, incertaines, contradictoires, se rencontrent dans cette préoccupation, inconsciente peut-être, mais unique et invariable, de faire remonter leur origine à une immigration

(1) Correspondant déjà cité.

arabe. « Lorsque les Zanak, Andriana Raminia et Ravahinia furent vaincus par le roturier Maho-mado (le hova Mahomet!) dégoûtés d'habiter l'en-droit qui avait été témoin de leur défaite, ils quit-tèrent La Mecque où ils residaient, pour venir à Madagascar (1). »

De plus, leurs pratiques superstitieuses, de la vie domestique et sociale — et Dieu sait si elles sont nombreuses, — sont toutes pénétrées d'ara-bisme.

De même les formules arabes abondent dans leur langue et font partie du langage courant; par exemple : « si Dieu le veut », en parlant des événements futurs, ou bien l'expression fataliste si connue : « C'était écrit », ou même la formule de foi musulmane : « Il n'y a de Dieu qu'Allah et mahomet est son prophète. » L'écriture arabe est encore en usage et M. Ferand a retrouvé un manuscrit en cette langue, donnant le compte rendu d'une ambassade envoyée à Andrianam-poinimerina, — ils étaient donc déjà en relation avec les Hova, — par laquelle ils s'engageaient à lui payer tribut et lui envoyaient des présents.

Enfin ils restent attachés à l'arabe comme on le fait à une langue maternelle. M. Férand s'é-tant mis un jour à parler arabe dans une case Antaimoro, fut immédiatement admis comme un ami, presque comme un des leurs.

Tous ces faits, et bien d'autres que l'on pour-

(1) M. Ferand, p. 4.

rait citer, montrent le bien fondé de la conclusion qui se dégage invinciblement de l'étude de
M. Ferand, c'est-à-dire le fait d'une origine
arabe.

C'est tout ce que je veux en déduire pour le
moment.

Le prosélytisme protestant n'a rien fondé encore
chez les Antaimoro. Ils ne vont pas au temple,
pas plus à Tamatave que dans leur propre pays.
L'absence de ces trois vices qui sont ailleurs le
plus grand obstacle à l'extension du catholicisme :
la paresse, l'ivrognerie et l'immoralité, sembleraient indiquer le pays des Antaimoro comme le
centre tout désigné d'une florissante mission, et
par ses dispositions natives ces hommes semblent
devoir être de très sérieux catholiques. Cependant, pour des raisons à moi inconnues, par
suite du manque d'ouvriers, ou, peut-être, à
cause d'obstacles provenant de leur origine ou
d'ailleurs, rien n'a été tenté de ce côté. C'est
d'autant plus regrettable que le fanatisme arabe
a entièrement disparu de chez eux, amorti et
éteint par le temps. De plus ils n'auraient, m'a-
t-on affirmé, aucune difficulté à aller à l'Église
catholique; ils iraient au contraire volontiers,
s'il y en avait dans leur pays et parfois ils y vont
quand ils sont à Tamatave.

VI

ANKARANA.

Toute la partie septentrionale de Madagascar, au Nord du Boina, depuis le pays des Antsibanaka et celui des Betsimisaraka, c'est-à-dire en partant de l'Ouest, depuis la rivière Sambirano (13° 42') dans la baie de Passandava, jusque vers le cap Est (15° 15'), s'appelle l'*Ankarana* (où il y a des coraux).

C'est une région accidentée, offrant une succession de coteaux, plus ou moins abrupts et rocheux, aux flancs dénudés ou recouverts de quelques mauvaises graminées, mais entre lesquels se trouvent des vallées assez larges, qui seraient naturellement fertiles si elles étaient cultivées, quelques maigres paturages, des lambeaux de forêts et pour ainsi dire aucune culture.

La grande chaîne faltière vient mourir dans l'Océan au N.-E. vers le 13° de latitude méridionale, entre Vohemar et Port-Louquez. Mais à une cinquantaine de kilomètres plus au Nord, s'épanouit le massif isolé des monts d'Ambre, dont le pic le plus élevé, appelé aussi la montagne d'Ambre, s'élève à 1360 mètres de hauteur.

L'Ankarana est bien arrosé, mieux encore peut-être que le reste de l'île.

Ses côtes sont admirablement découpées et

parsemées tout autour d'un très grand nombre
d'îles, surtout à partir du 13° latitude S. au N.-E.
et encore plus au Nord-Ouest où elles se comptent par centaines. On distingue surtout Nosy-Mitsio
du groupe des îles Mino; Nosy-Be, Nosy-Faly et
Nosy-Komba, qui furent cédées à la France en
1840.

Le climat de l'Ankarana est relativement sain,
surtout au Nord de Vohemar, et les Européens
établis à Nosy-Be, à Diégo-Suarez et aux environs,
ont pu assez facilement s'y acclimater.

Les productions naturelles y seraient assez peu
nombreuses; c'est surtout le pays des grands
troupeaux de bœufs, et il s'en exporte chaque
année une très grande quantité, par Vohemar,
sur Maurice et la Réunion. Un grand nombre
aussi prenaient la route des établissements de la
graineterie française près de Diégo-Suarez, avant
que ces établissements ne fussent fermés.

Comme nous l'avons dit ailleurs, on ne peut
compter sur les mines de charbon de la baie de
Passandava, parce qu'elles sont inexploitables.
Mais, à défaut de charbon, il y a dans le pays d'autres mines qui ne demandent qu'à être connues
et exploitées; il y a surtout de larges terrains fertiles et susceptibles de toute sorte de produits,
aussitôt qu'on voudra les cultiver.

Inutile d'insister sur la situation exceptionnelle
de l'Ankarana, au Nord de Madagascar entre le
canal de Mozambique et l'Océan Indien, tout près
de la côte d'Afrique et sur la route des Indes. Il

était donc de la première importance de s'en assurer la propriété exclusive et c'est ce qui explique la prise de possession successive des petites îles du N.-O. en 1840, et puis enfin, en 1885, de Diégo-Suarez.

Mais cette contrée, qui a certainement de l'avenir, est déserte; y a-t-il même *un* habitant par kilomètre carré?

Elle est évidemment inculte aussi et les habitants produisent même très peu de riz, se contentant, pour leurs besoins, des poissons dont leurs rivières abondent, et des produits que leur assurent leurs nombreux troupeaux de bœufs.

Ces habitants, sont connus sous le nom d'*Antankarana*, que l'on écrit d'ordinaire *Antankara*.

On peut les considérer comme une variété des Sakalaves. Aussi braves qu'eux, ils sont un peu plus laborieux et offrent plus de ressources. Ils ont surtout plus de sympathie pour la France et plus de tendances à se soumettre à notre domination ou à s'allier avec nous. C'est leur dernier roi Tsimiharo, mort en 1882, après plus de quarante ans de règne, qui, de concert avec Tsiomeko, reine des Sakalaves, nous céda Nosy-Be en 1840, et mit le reste de ses États sous notre protection. Il confia aussi son fils à la Mission Catholique, imité en cela par beaucoup de ses sujets. Évidemment, c'était surtout pour échapper au joug des Hova qui depuis 1820 s'emparaient peu à peu de son royaume, mais même ce sentiment l'honore et il

20

ne doit pas nous faire oublier le bienfait reçu, pas plus du reste que la négligence que nous avons mise à en profiter.

Les Antankara sont surtout habiles dans la construction et le maniement des pirogues de toutes sortes, dont l'usage est pour eux une véritable nécessité, à cause des nombreuses îles qu'ils habitent, et des relations qu'ils ont avec leurs voisins.

La mer, généralement tranquille, qui baigne leurs côtes, leur permet d'en avoir d'un genre particulier qui sont également connues des Sakalaves du Boina. C'est le *lakañara*, pirogue palanquin, formée de plusieurs pièces, à forme très effilée, et dont la vitesse et l'élégance l'emportent de beaucoup sur les autres. Rien n'égale l'intrépidité des Antankara dans leurs frêles embarcations, qu'ils dirigent avec une adresse remarquable, comme un bon cavalier fait son cheval. Rien aussi de plus solennel, en ce genre, qu'une flotille de ces pirogues, lorsqu'ils accompagnent leur chef dans ses excursions. La nacelle du roi, la plus grande et la plus belle de toutes, s'avance majestueusement la première, et règle la marche, toutes les autres suivant en ordre (1).

Au physique les Antankara ont les cheveux laineux, les lèvres épaisses et le nez épaté. Ils n'ont aucune industrie. Leurs usages sont à peu près ceux des Sakalaves, leurs croyances et leurs pratiques superstitieuses aussi.

(1) *Vingt ans à Madagascar*, p. 47.

Ils ont aujourd'hui perdu toute indépendance, sauf au N.-O. où le roi Tsialana, réfugié sur les îles françaises de Nosy-Faly ou Nosy-Mitsio, affecte à l'égard des Hova une certaine indépendance, descendant de temps en temps sur le continent pour percevoir les droits de douane et les impôts. Les Hova le laissent faire, parce qu'il n'est nullement à craindre. Quant à eux, ils sont solidement établis à Ambohimarina et à Vohemar. Ils possèdent aussi d'autres postes, à Iharana, Anonibe ou Ambohitsara, Mandritsara, Maritandrano, Befandriana et Soavinandriana, tous sur la côte orientale.

Diégo-Suarez occupe le Nord du pays des Antankara.

CHAPITRE XVI

PEUPLADES SEMI-INDÉPENDANTES

I

SAKALAVES.

Les Sakalaves étaient, il n'y a pas longtemps, le peuple le plus puissant de Madagascar, et aujourd'hui encore ils en occupent une portion beaucoup plus étendue que n'importe quelle autre tribu.

A un autre point de vue, la plupart d'entre eux s'étaient mis nominalement, dès 1840, sous la protection de la France, et l'opinion publique s'était prise à les considérer comme des alliés qui pourraient être un jour de puissants auxiliaires pour la conquête, voire pour la colonisation de Madagascar. Pendant la dernière guerre enfin, Pennequin trouva dans leur pays des auxiliaires dont il sut tirer un grand parti, et la concession de M. Suberbie, la seule qui ait donné jusqu'ici des résultats, est située en plein pays sakalave.

Toutes ces raisons, et surtout l'expédition déjà commencée et qui traversera tout le Boina,

20.

comme aussi l'avenir réservé à la route de l'Ouest, nous font un devoir d'étudier plus en détail cette tribu.

Ce ne sera pas très difficile, car mon plan n'est pas d'entrer ici dans des détails d'histoire ou d'ethnographie, comme le fait le capitaine Guillain dans ses « Documents sur l'histoire, la géographie et le commerce de la partie occidentale de Madagascar. » Je me contenterai simplement de quelques aperçus généraux sur leur pays, leur race, leur origine, leur état actuel, me servant pour cela de trois auteurs qui, à des titres divers, ont bien étudié les Sakalaves : M. Grandidier, *passim;* le P. de La Vaissière, *vingt ans à Madagascar;* et M. Martineau, *Madagascar en 1894;* et complétant ou modifiant leur récit par quelques renseignements particuliers.

Le pays.

Le nom de Sakalave vient, d'après M. Grandidier, de *Saka*, nom d'une petite région de l'Est de Madagascar, habitée primitivement par leurs ancêtres, et de *lava*, long, à cause de la longueur très considérable de leur territoire actuel. Ce territoire comprend en effet la plus grande partie de la région occidentale de Madagascar, depuis la rivière Sambirano, sur la côte orientale de la baie de Passandava, ou depuis le cap Ankify au N.-E. de la même baie, jusqu'au Sud de la ri-

vière de Saint-Augustin, c'est-à-dire depuis 13°42′
(rivière Sambirano) ou même 13°31′45″ (cap Ankify) jusqu'au delà du 23°3° de lat. Sud, sur une
étendue de 10 degrés géographiques, ou près de
1100 kilomètres. C'est un peu plus que la plus
grande diagonale de la France, celle menée de
la pointe Corsen (N.-O.) au port de Saint-Louis
au delà de Nice et qui n'a que 1082 kilomètres.
Cette région varie beaucoup en profondeur et
atteint parfois quelques centaines de kilomètres;
mais la partie occidentale, sauf le long des fleuves,
n'est qu'un désert inhabité, et les limites qui la
séparent des hauts plateaux de l'Antsihanaka, de
l'Imerina, du pays des Betsileo, de celui des Bara,
et de celui des Tanala, sont absolument indécises.

Cette immense étendue de terrain ne comprend guère plus de 500,000 habitants. Si on la
considère dans son ensemble, elle présente des caractères bien différents, suivant la partie que l'on
étudie.

Le littoral du N.-O., depuis l'extrémité Nord
jusque vers le cap Saint-André, est plat, à une
assez grande distance à l'intérieur, sauf cependant
l'espace compris entre la baie de Passandava et
celle de Narinda, qui est parsemé de collines et de
mamelons boisés et peu élevés; le sol y est sec
et sablonneux et la végétation peu abondante,
mais les côtes en sont admirablement découpées
et offrent un ensemble de baies, de golfes, de
rivières remarquables. J'en ai parlé ailleurs. Au
sud du cap Saint-André les cours d'eau sont moins

nombreux, mais d'ordinaire plus considérables.
La côte est beaucoup moins découpée, parfois
même très unie, et ne présente guère d'abri ; le
littoral est plat et peu accidenté, les collines et
les terres hautes étant loin de la mer. L'intérieur
encore peu connu, sauf la partie comprise entre
l'Ikopa et le Betsiboka, paraît se composer de
petites chaînes de montagnes parallèles du Nord
au Sud, — nous avons nommé ailleurs les monts
Bemanara — et, entre ces montagnes, de vastes
plateaux ordinairement déserts.

La race.

Mais ces Sakalaves qui habitent un si vaste pays,
riche et dont on pourrait tirer si grand parti, qui
sont-ils ?

Le P. de La Vaissière en donne un portrait
moral remarquable que voici :

« De toutes les tribus de Madagascar, dit-il, la
plus guerrière, sans contredit, c'est la tribu des
Sakalaves. Dès que le jeune Sakalave a 12 ou 13
ans, on l'arme d'un fusil et de plusieurs sagaies.
Il porte un ceinturon autour de ses reins, et à
ce ceinturon se trouvent accrochés, entre autres
objets, une épinglette pour le fusil, un sachet de
balles, une corne de bœuf pleine de poudre. Le
voilà soldat, mais soldat sakalave, c'est-à-dire
armé pour la chasse, pour les embûches dressées
aux autres tribus, pour le pillage, surtout au pays

des Hova ; car le Hova, voici l'objectif de tout guerrier Sakalave, son ennemi par excellence ; aussi
dans ses imprécations le Sakalave jure-t-il d'abord
par le caïman, ensuite par une maladie terrible, et
enfin par les Hova. Cette dernière imprécation, la
plus violente, ne sera proférée que dans le pa-
roxysme de la colère.

« Bien qu'ennemi juré du Hova, le Sakalave
néanmoins, marche rarement contre lui en ba-
taille rangée. Il ne peut se soumettre à une discipline : ce qu'il lui faut, c'est la guerre d'embus-
cades. Toujours prêt pour une campagne de ce
genre, il affronte la mort sans sourciller, et se
montre vraiment habile, surtout s'il est excité par
l'appât du butin. »

A la baie de Baly, un jeune guerrier sakalave
se présente un jour chez le Père missionnaire,
affublé d'une vieille défroque d'officier anglais.
« Où as-tu pris ce brillant costume? » lui dit le
Père. L'histoire n'en était pas compliquée. Il s'é-
tait mis en embuscade sur le passage d'un corps
hova, mais ne voyant que des soldats mal habillés, il attend le chef placé à l'arrière-garde de
la troupe, le vise, tire, le tue et le dépouille
après que les soldats ont tous pris la fuite.

On aurait donc tort de nier les qualités guer-
rières du Sakalave. Cette tribu est néanmoins af-
fectée de vices profondément enracinés, qui ne
lui feront accepter que très difficilement les bienfaits de la civilisation.

Le Sakalave est paresseux à l'excès, surtout pour

le travail de la terre. Bien qu'en général il ne soit pas cruel, certains faits cependant semblent prouver, que si la superstition, l'intérêt ou la vengeance l'exigent, il sera inexorable. Dans ce cas, les blancs eux-mêmes ne sont pas à l'abri de ses coups.

Comme tous les autres peuples de Madagascar, les Sakalaves ont pour leurs souverains un culte qui tient de l'adoration. Ils leur donnent le nom de Dieu, Zanahary, et se prosternent devant eux; il y a des expressions particulières pour parler d'eux et les saluer. Personne ne peut manger à leur table, ou plutôt sur leur natte, car, pas plus que leurs sujets, les rois n'usent de table. Mais personne ne leur obéit, et leur autorité n'est que nominale. Si, en effet, un roi voulait exiger la soumission, ses sujets passeraient chez le chef ou roi voisin, qui serait heureux de les recevoir. Dans la guerre, le roi doit être le premier au feu. Il a plusieurs fusils que des serviteurs lui chargent, et il ne fait que les décharger. Et si deux princes Sakalaves se font la guerre, les soldats se garderont de tirer sur le roi du camp ennemi. Quelquefois les deux rois s'attaquent. Le combat général se change alors en un combat singulier, et les soldats, n'osant intervenir, restent specta-teurs haletants et respectueux.

Les Sakalaves sont superstitieux à l'excès. Non seulement ils ont toutes sortes d'amulettes, mais il y a pour eux une foule de choses *fady*, c'est-à-dire interdites; et surtout, il y a des jours et des heures fastes et néfastes; ainsi tout enfant né le mercredi, est porté à la forêt et déposé au fond d'un fossé, où il deviendra la proie des bêtes; celui qui naît le dimanche, si ses parents sont prince ou princesse, est aussi mis à mort, mais parce qu'il aurait trop de bonheur, ou qu'il leur serait supérieur. De même si sa mère devient malade après ses couches ou en le nourrissant, ou en le mettant au monde, parce qu'il a voulu tuer sa mère (1).

« En général cependant, raconte le Père Dénieau, leurs pratiques religieuses, excepté dans quelques occasions, par exemple quand ils prient les mauvais esprits de ne point leur faire du mal, quand ils cherchent l'avenir par les *sikidy* ou les grigri, n'ont rien que de conforme à la religion des Hébreux. On immolait il y a quelques jours, le plus beau taureau du village, on brûlait de l'encens à Zanahary; on priait en chantant, en frappant la terre en cadence; Zanahary sauve-nous, guéris-nous... Zanahary, fais du bien à nos enfants... Zanahary, traite bien nos ancêtres qui sont morts... et tout le peuple répétait : Zanahary, sauve-nous, guéris-nous... »

Il n'y a pas chez eux trace d'idolâtrie, mais la croyance en un Dieu unique, à l'immortalité de l'âme; à des esprits, les uns bons, les autres mauvais; le sacrifice des bœufs, les offrandes de riz, etc., la circoncision, etc.; toutes choses que nous

(1) Lettre de P. Piras. — P. de La Vaissière, p. 57.

retrouverons ailleurs et que nous aurons à étudier
plus tard.

Chez les Sakalaves du Nord, le type nègre paraît l'emporter sur le type malais. « Les Sakalaves,
dit un écrivain de l'exploration (15 février 1890),
présentent au physique un aspect extraordinairement musculeux, leur peau est presque noire et
généralement luisante; ils n'ont de barbe qu'au
menton, avec de toutes petites moustaches. »

Et, à cause de cela, il croit pouvoir les rattacher
aux Cafres. C'est aller trop loin, et leurs multiples
croisements avec leurs voisins d'au delà du canal
de Mozambique, importés jadis en grande quantité
comme esclaves, suffisent pour expliquer ces traces
très visibles du type africain. En beaucoup d'endroits du littoral ils sont croisés d'Arabes, et sur
la côte N.-O. quelques-uns sont presque blancs.
Cela grâce surtout à leurs relations nombreuses
avec les commerçants hindous, les pirates anglais
et français des deux derniers siècles, et les gens de
la Réunion et de Maurice qui viennent en grand
nombre y faire le commerce. Ceux du Sud sont
demeurés davantage purs de tout mélange et ont
le mieux conservé le caractère de leurs ancêtres.

Voici le portrait plein de saveur qu'en fait le
Père Dénieau, un des premiers missionnaires qui
tentèrent de s'établir à Saint-Augustin en 1845.

« Figurez-vous de beaux hommes, grands, bien
proportionnés, des traits réguliers sous un teint
noirâtre ou rougeâtre; c'est le type oriental, le

type malais, dont ils ont presque les mœurs et en partie le langage. On voit cependant parmi eux quelques figures africaines, suite de leur mélange avec les Mozambiques et les Cafres. Le vêtement consiste pour les hommes en une simple ceinture autour des reins, que les femmes remplacent par une demi-brasse de toile roulée autour du corps en demi-jupon. Les enfants sans aucun vêtement jusqu'à neuf, dix ou onze ans, sortent le matin de leurs petits trous de cases, comme les lapins de leur lapinière. Tous, excepté quand ils sont en deuil, ont leurs cheveux artistement et symétriquement arrangés en longues tresses régulières. Tous aussi, mais surtout les femmes, portent ordinairement un ou plusieurs colliers de perles, des bracelets, de petits cercles en cuivre, argent ou perles, au-dessus de la cheville des pieds, pendants d'oreilles, tous plus bizarres les uns que les autres ; ajoutez à cela mille autres ornements quelquefois nobles, mais surtout très grotesques, comme chez les sauvages d'Amérique : des espèces de diadèmes ou petits morceaux de bois artistement travaillés, de petites statuettes, des dents de poissons, de caïmans, des bouts d'oreilles de veau ou de cabri, de petites cornes, etc., etc. Souvent encore une grosse balle de plomb est suspendue derrière leur tête, à la plus grosse tresse de leurs cheveux ; c'est un trésor pour eux... Les femmes aiment à se peindre et à se tatouer le visage avec une grotesque variété de couleurs et de formes : cercles autour des yeux, triangles autour du nez, carrés sur les joues, etc., etc. Les hommes emploient aussi ce tatouage avec quelques petits ornements ridicules. A part cela, voyez-les jetant sur leurs épaules leur simbo qu'ils arrangent noblement, à la manière des anciens, et ensuite s'appuyant fièrement sur leur sagaie, vous croiriez voir ces Grecs ou ces Romains d'autrefois qui ne reparaissent plus que sur nos théâtres. »

Leur origine.

Les Sakalaves ne paraissent pas être originaires du pays qu'ils habitent. D'après leurs traditions, ils seraient venus de *l'Est.* Mais qu'entendent-ils par là? Si le plus grand nombre veut simplement désigner ainsi la côte orientale de l'île, quelques-uns, parmi les plus éclairés, prétendent que leurs ancêtres sont venus de très loin *par mer;* qu'ils se sont d'abord établis sur la côte orientale, alors inhabitée, et que par suite, ils sont les premiers habitants, et, comme conséquence, les maîtres de droit de toute l'île de Madagascar. Cela flatte l'orgueil national et doit être considéré comme une exagération, toute naturelle chez des sauvages, pour dire que les habitants primitifs, qui disent-ils, « avaient quelque ressemblance avec les nègres » Macquois de la côte orientale d'Afrique, étaient peu nombreux et qu'ils furent subjugués et absorbés par eux. Peut-être ces premiers habitants étaient-ils la race autochtone de Madagascar qui par ses croisements avec les envahisseurs a produit la race sakalave actuelle.

D'autres invasions suivirent, — en particulier l'invasion arabe venue de la côte orientale d'Afrique, — qui refoulèrent les Sakalaves vers le Sud-Ouest d'où ils se répandirent ensuite vers le Nord, traversant ainsi l'île dans toute sa largeur.

Ils furent pendant un certain temps l'empire le plus puissant de Madagascar, soit qu'ils fussent divisés en deux souverainetés, les Sakalaves du Nord et ceux du Sud ou Menabe, soit, ce qui est plus vraisemblable, et c'est là ce que suppose le P. de La Vaissière et ce qu'affirme M. Martineau, qu'ils obéissent à un chef unique. Bien entendu, nous n'avons sur cette époque que des renseignements très confus, très vagues et parfois contradictoires. « Leurs traditions rapportent, dit le P. de La Vaissière, qu'Andrianondazohala (qui brûle la forêt), fondateur de la monarchie sakalave, était un blanc débarqué avec plusieurs compagnons à la baie de Saint-Augustin. Charmés de ses belles qualités, les habitants du pays en firent leur roi et il sut à son tour les rendre maîtres et seigneurs de tout le pays d'alentour. Andrianandazohala eut un fils appelé Andriamosara (le seigneur au mouchoir), regardé par les Hova comme le grand patriarche des Sakalaves, et un petit-fils Andriandahifotsy (l'homme blanc), qui fit de grandes conquêtes dans le Nord de Saint-Augustin, et fonda le royaume de Menabe dans les premières années de la monarchie Hova. »

Mais la désunion se mit bientôt parmi les Saka-laves; la division et les querelles intestines ruinè-rent leur empire, et les Hova, dès le commence-ment de ce siècle, sous Andrianampoinimerina et Radama Ier, en profitèrent, pour s'emparer d'une partie de leur territoire, y établir des postes, y laisser des garnisons, afin d'arriver à les soumettre entièrement. Il s'en faut qu'ils y aient réussi, et ils n'ont guère d'autorité en maints endroits, qu'à quelques kilomètres autour de leurs « rova ». Et cependant par ces postes, plus ou moins unis entre eux; par une administration très adroite qui souvent n'est qu'un véritable protectorat; par la crainte parfois, souvent par d'habiles promesses; en gardant les anciens chefs, dont ils se servent fort adroitement, mais à qui ils ne laissent que l'apparence du pouvoir et quelques profits maté-riels; en conservant plusieurs des usages locaux, ils s'étendent peu à peu, visant surtout à relier le pays à l'Imerina d'un côté et à la contrée des Bet-sileo de l'autre.

Les Sakalaves ont beau les haïr, ils n'ont jamais songé à réunir leurs forces; et leur manque d'orga-nisation et d'entente les condamne à l'impuissance.

Que dire maintenant de leurs rapports avec la France dans le passé et dans l'avenir!

Il est certain qu'ils nous ont rendu quelques services. J'ai déjà raconté ailleurs comment ils nous cédèrent Nosy-Be, Nosy-Komba, et comment par des traités successifs, depuis 1840 jusqu'aux premières années de l'Empire, nos officiers de ma-

rine, de Hell, Fleuriot de Langle, etc., obtinrent
pour la France, le protectorat de presque tout
leur pays. A une autre époque, c'est-à-dire pendant la dernière guerre, le colonel Pennequin put
recruter chez eux, dans le Nord-Ouest, des tirail-
leurs qui lui furent d'une grande utilité, et ils nous
rendront également service pendant la présente
expédition.

Ils seront en effet toujours prêts à faire le coup
de feu contre les Hova, à nous éclairer, à nous
appuyer, surtout s'ils y voient leur avantage, c'est-
à-dire du pillage et du butin. Mais là s'arrêteront
leurs services. Ils manquent trop de cohésion, ils
sont trop indisciplinés, trop nomades, trop paresseux, trop corrompus par l'ivrognerie et la débauche, trop gâtés par l'influence arabe, pour
être d'aucune utilité dans la colonisation future
de Madagascar.

Il ne faut pas non plus nous exagérer leur
amour pour la France.

Vers le Nord-Ouest, surtout dans la presqu'île
de Passandava, ils nous connaissent et ils ne nous
détestent pas; mais ailleurs, surtout dans l'intérieur des terres, et vers le Sud, le nom même de
Français leur est inconnu, et ils sont toujours prêts
à assassiner nos compatriotes, comme ils ont fait
le Dr Beziat et le malheureux M. Muller; à piller nos
postes d'exploitation comme ceux de M. Suberbie.

Les Pères Jésuites, avant de pouvoir pénétrer
dans l'Imerina, essayèrent à plusieurs reprises de
fonder des missions chez les Sakalaves, d'abord à

Saint-Augustin et à Tulear en 1845, et une seconde
fois en 1859 ; puis à Baly en 1853. — Ils restèrent
dans ce dernier pays pendant six ans, dans la
meilleure situation possible, aimés d'abord et se-
courus par le vieux roi Raboky qui leur resta
fidèle jusqu'à sa mort, comblant tout le monde de
bienfaits, se donnant sans compter et s'efforçant
par tous les moyens d'arriver à faire du bien.
Qu'obtinrent-ils en fin de compte ? Voici ce qu'en
dit le P. de La Vaissière :

« Ils baptisèrent deux enfants en danger de
mort, et emmenèrent à leur départ de Baly, un
élève à la Ressource (Réunion). Malgré tous les
efforts qu'ils tentèrent souvent pour attirer les Sakalaves à leurs instructions, et les enfants à l'école,
ils eurent la douleur de voir leur chapelle toujours presque entièrement vide le dimanche ; la
reine et les grands, ne venir chez eux qu'afin de
leur demander à boire ; et les livres ne cesser
d'être, aux yeux des parents et des enfants, un objet plein d'horreur, propre à donner la mort. Les
superstitions des ancêtres, unies chez ce peuple à
son immoralité native et aux doctrines funestes
des Arabes, furent surtout le véritable écueil, où
vinrent pendant six années, échouer le zèle le plus
ardent et le plus constant. De nos jours encore, si
la mission recommençait sur ces côtes, le résultat
n'en serait-il pas le même ? Qui parmi nos missionnaires oserait le révoquer en doute (1) ? »

(1) *Hist. de Madagascar*, t. I, p. 313.

La vérité m'oblige cependant d'ajouter que si les missionnaires ne purent, en 1845, s'établir à Saint-Augustin, la faute en revient surtout à un vaisseau accouru de Maurice pour semer le soupçon et la défiance dans l'esprit de ces populations ignorantes, et faire chasser les missionnaires. Vraisemblablement, ceux-ci n'auraient pas réussi; mais une fois de plus on constate la décision, bien arrêtée chez les protestants anglais, d'accepter et de favoriser tout à Madagascar, même la plus abjecte barbarie, plutôt que de laisser s'y établir la religion catholique ou l'influence de la France.

État actuel des Sakalaves.

L'ancien empire des Sakalaves, se partage aujourd'hui en quatre divisions autonomes, mais qui sont loin elles-mêmes de former des principautés unies, car elles se subdivisent parfois à l'infini. Ce sont les provinces du *Boina*, de l'*Ambongo*, du *Menabe* et du *Fierenana*.

1° Le Boina, qui est la première et la plus importante de ces divisions, s'étend de la baie de Passandava jusqu'à celle de Baly. Il relève du gouvernement général de Majunga, dont l'autorité s'étend sur vingt-deux gouverneurs secondaires.

Le pays n'est guère peuplé que sur le bord de la mer et le long des fleuves, surtout de l'Ikopa et du Betsiloka, où les Hova ont établi deux lignes de postes, allant de Majunga vers Tananarive. Ce

sont, premièrement à gauche de l'Ikopa et en le
redescendant : Kinajy, Ampotaka, Malatsy, Maevatanana, Amparihibe, Amberobe, à une quarantaine de kilomètres à l'Ouest de Maevatanana, et Mahabo; puis, sur une seconde ligne à gauche du Betsiloka : Vobilena, Andramiantra, Tsarahafatra,
Ambadiamontana, Antongodrahoja, Ankola, Tra-
bonjy ou mieux Mahatombo, et Maraovay.

Le long de la mer, il y a encore quelques autres
postes, en tout 26, dont les principaux sont Ano-
rontsanga, le premier de tous, centre militaire et
douanier fondé par les Hova en 1837, gros village
de 250 cases seulement, mais point de relâche de
l'annexe des Messageries Maritimes; puis Ambodi-
madiro, au Sud de la baie de Passandava, Andra-
namolaza et Befandriana à l'intérieur.

Dans tout le Boina, il y a peut-être dix ou vingt
rois ou reines différents, dont les deux plus connus
sont Tsiarasy, qui règne au Sud de la baie de Passandava sous le contrôle du gouverneur d'Ano-
rontsanga, et s'en va de temps à autre en grande
pompe à Nosy-Be, où ses anciens sujets continuent à lui payer tribut; puis la reine Binao, dans
la presqu'île de Bavatoby.

Ces rois ou ces reines commandent à leur tour
à des chefs, qui leur obéissent suivant le grade ou
les faveurs qu'ils reçoivent. Ceux qui ont une réelle
influence ont été faits Andriamaventy ou juges,
par les Hova qui, de la sorte, peuvent toujours se
faire obéir et faire exécuter leurs ordres. Ces juges
remplissent les fonctions qui, dans nos villages,

sont dévolues aux maires et aux magistrats, et lorsqu'il existe un chef hova, ils l'assistent dans les kabary et dans les jugements.

L'autorité hova, va en diminuant, à mesure que l'on s'éloigne du Nord, et elle est absolument nulle au Sud de la baie de Bombetoka. Ainsi la reine Ancrana, sujette des Hova au Nord de Bombetoka se refuse absolument à reconnaître leur autorité au Sud de cette même baie.

Il est difficile d'évaluer la population de ces diverses contrées.

Pendant cinq mois de l'année, vers le Nord, les habitants quittent leurs villages pour aller dans l'intérieur protéger leur riz contre les déprédations des sangliers, faire la récolte et planter pour la saison nouvelle. Cependant les villages paraissent peu nombreux et peu peuplés ; certaines parties sont exclusivement habitées par des nègres de la côte de Mozambique, transportés à Madagascar comme esclaves et devenus libres dans la suite ; on les nomme *Macquois* ; ils résident surtout dans la baie de Bavatoby. Ailleurs, à Andranomalaza par exemple, ce sont les Indiens qui paraissent dominer ; enfin partout on trouve quelques Comoriens, et quelques Anjouanais, ainsi que des traitants arabes de Mozambique ou de Zanzibar qui vont à Baly par exemple, surtout pour la traite des esclaves.

Majunga, de son vrai nom Mojanga, à l'embouchure du Betsiboka, est la ville la plus importante de toute la région. Elle comprend une

21.

cinquantaine de constructions en pierre, édifiées
dans le style arabe; et un grand nombre de
paillottes. Elle compte un peu plus de 11.000 individus qui se décomposeraient de la façon suivante :

Sakalaves......................	6.200
Antalotsy......................	1.200
Hova..........................	1.800
Macquois......................	1.900

2° L'*Ambongo*, qui fait suite au Boina, s'étend
depuis la baie de Baly jusqu'au Sud de Maintirano.
Sa pointe extrême à l'Ouest est le cap Saint-André,
au delà duquel, les côtes de Madagascar se dirigent nettement vers le Sud.

Il comprend les États du Milanza, du Mara et
du Mailaka qui sont entièrement indépendants des
Hova. Ceux-ci ont voulu les conquérir vers 1835:
ils ne sont parvenus qu'à les mettre au pillage.
Les Sakalaves fuyaient partout devant les envahisseurs qui, peu habitués au pays, ne tardèrent
pas à être décimés par les fièvres et durent rentrer dans l'Imerina. A la suite de plusieurs expéditions malheureuses, ils renoncèrent à s'établir
dans l'Ambongo qui, pour être demeuré libre, n'en
est du reste, ni plus riche ni mieux administré.

Maintirano est un grand village arabe-indien
de 380 cases et 35 maisons en terre, avec un port
d'accès difficile et dangereux, et une trentaine de
boutres pour le desservir.

Quoique soumise nominalement à la reine Bi-

biasy, cette ville dépend en réalité d'un chef indigène perpétuellement ivre, nommé Alidy, qui a monopolisé le commerce du port et acquis une certaine richesse; beaucoup de chefs de l'intérieur tremblent devant lui. Il a planté devant sa porte un grand mât où flotte un pavillon rouge, le pavillon de Zanzibar. — Son second, un certain Abder-Rhaman, arabe et musulman, est le premier marchand d'esclaves de toute la côte.

Maintirano doit son importance relative à la ville hova d'Ankavandro, située à plusieurs journées de marche dans l'intérieur et qui lui sert d'entrepôt. Les marchandises, d'ailleurs peu nombreuses, à destination de cette ville, débarquent à Maintirano, où viennent les prendre des marchands indiens, car les Hova eux-mêmes n'ont pas accès dans cette ville.

3° La province sakalave du *Menabe* qui comprend environ deux cent milles de côtes, s'étend de Tondrolo à l'embouchure du Mangoky. Une partie appartient aux Hova; l'autre partie est encore indépendante. La petite rivière d'Andranomena les sépare l'une de l'autre.

Le Menabe indépendant fait directement suite à l'Ambongo. Il obéit au roi Tohera et à son frère Angareza, qui habitent tous deux sur le fleuve Tsiribihina, et ne sont guère que des chefs de bandes.

Aucun des villages côtiers de ce pays n'a d'importance ni n'est susceptible d'en prendre; les habitants ne veulent pas travailler et ne se livrent à aucun commerce. Le pillage leur suffit.

Le Menabe hova appartient à la reine Rasaotra, qui règne depuis 1868, et réside dans le fort hova de Mahabo. Elle est entourée de certains égards, et quand elle sort, une escorte d'honneur l'accompagne. Aux yeux des Sakalaves, elle paraît indépendante; cette illusion suffit aux Hova qui ont la réalité du pouvoir et administrent ses États.

Les principaux ports du Menabe sont :

Ambata, le poste douanier le plus avancé vers le Nord ;

Morondava, à l'embouchure de la rivière du même nom, où il y a plusieurs commerçants européens et où faisait escale le bateau des Messageries Maritimes ;

Lovobe, petit port sûr, mais commercialement déchu ;

Belo, gros village d'environ 300 cases, où l'on construit en assez grande quantité les chaloupes et les goëlettes ;

Enfin Ranoplatsy, bien déchu aujourd'hui, quoique à proximité d'une riche saline.

Dans l'intérieur se succèdent plusieurs postes assez éloignés les uns des autres, qui vont rejoindre le centre de l'île, comme les postes du Boina assurent les communications entre l'Imerina et la côte. Les principaux sont : Andakabe, non loin de la mer, dans une plaine fertile, boisée et bien cultivée; Mahabo chef-lieu du gouverneur général du Manabe; Malaimbandy et Tremo sur une même ligne vers l'Ankaratra et Tananarive;

Manandaza, Ankavandra et Tsiroanomandidy plus
au Nord ; Manja, Modongy et Ikalamavony sur la
route de Fianarantsoa.

On peut appliquer à ces postes les mêmes observations qu'à ceux du Boina : en dehors du territoire très limité où s'exerce leur action, les Sakalaves continuent à jouir d'une indépendance
presque absolue.

1° Le Fierenana est en très grande partie
indépendant ; les Hova n'en possèdent que le Sud,
depuis la petite rivière de Manombe jusqu'au village Mahafaly de Salar, de l'autre côté de la baie
de Saint-Augustin.

La partie indépendante, comme tout le pays
des Sakalaves, est divisée et subdivisée à l'infini ;
et ses nombreux rois, n'ont qu'un souci, piller
et voler, ou bien arrêter les pirogues qui transportent les marchandises, et percevoir pour leur
compte les droits de passage.

Le Fierenana a été le berceau des rois Sakalaves
qui, au dix-septième siècle, ont successivement
conquis le Menabe et le Boina. On y conserve
encore pieusement leurs tombeaux et ceux de
leurs successeurs, non loin de Tulear et sur les
penchants des collines qui dominent la rivière
de Saint-Augustin.

Il est à noter, au point de vue politique, que
les Hova n'occupent la ville de Tulear et les localités voisines, Sarodrano, Saint-Augustin, Solar,
Nosy-Ve qu'avec 500 hommes tout au plus. Aussi
leur situation est-elle très précaire, et le gouver-

neur fait-il tous ses efforts pour nouer des relations avec Ihosy et le Sud du pays Betsileo, de la même façon qu'en ont agi les gouverneurs du Menabe et de Boina. Il est plein de sollicitude pour les Bara qui habitent l'arrière-pays, et il essaye, par des cadeaux habilement distribués, de les habituer à venir régulièrement échanger leurs marchandises à Tulear ou à Saint-Augustin. Jusqu'à ce jour il n'a pas complètement réussi; cependant les Bara commencent à arriver à la côte, et il n'est pas douteux que, si le temps lui était laissé, il n'arrivât à son tour à établir une nouvelle voie de communication, la troisième, entre l'intérieur de l'île et le littoral.

II — III

ANTANALA SOUMIS ET ANTANOSY DE FORT-DAUPHIN.

C'est ici que je devrais parler de ces deux peuples; mais une partie d'entre eux, de beaucoup la plus intéressante, et aussi la mieux connue, grâce aux voyages du Dr Besson et de M. Grandidier, c'est-à-dire les Antanala d'Ikongo et les Antanosy émigrés, ayant conservé leur absolue indépendance, nous en traiterons au chapitre suivant. Les mœurs, les coutumes et les usages de l'une et l'autre partie de ces deux tribus, sont en effet identiques, et nous éviterons ainsi de nous répéter inutilement.

IV

LES BARA.

Les **Bara** sont bien le type des peuples soit-disant conquis par les Hova et qui, en fait, sont complètement indépendants.

A part, en effet, le poste d'Ihosy, sur la route de Fiararantsoa à Saint-Augustin, où les soldats de Tananarive ont pu enfin s'établir après plusieurs expéditions infructueuses, tous leurs autres efforts ont été stériles. Le pays des Bara est trop loin et les Bara eux-mêmes trop courageux. Les soldats Hova désertent pendant la marche, ou sont malades, ou succombent aux privations, et les Bara restent définitivement vainqueurs. Ce sont eux aujourd'hui qui font incursion chez les Betsileo leurs voisins, attaquent leurs villages à l'improviste, tuent leurs hommes, enlèvent leurs bœufs et emmènent leurs femmes et leurs enfants en captivité. Les soldats Hova, en garnison au pays des Betsileo, accourent pour les repousser, mais ordinairement trop tard, alors que les brigands ont déjà disparu ou qu'ils sont en sûreté.

Quant aux pauvres Betsileo, privés d'armes par leurs vainqueurs et, par suite, incapables de se défendre, ils n'ont d'autre ressource que de s'enfuir ou de se cacher dans des cavernes dont ils tâchent de défendre l'entrée contre leurs terribles voisins.

Ceux-ci cependant, sont parfois vaincus, comme par exemple lorsque le Dr Besson accompagna, ou plutòt conduisait une expédition envoyée pour les repousser, et alors ils sont impitoyablement passés par les armes.

Mais d'autres viendront bientôt, non pas pour les venger, mais pour piller et voler à leur tour, car c'est là le plus clair de leurs ressources.

Les Bara occupent la partie méridionale du massif central avec des limites assez mal définies à l'Ouest et au Sud. Leur pays est borné au Nord et à l'Est par les Betsileo, à l'Ouest par le Fierenana, au Sud par les Antanosy émigrés et les Masikora. Ils sont séparés de ces derniers par de vastes étendues désertes marquées sur les cartes sous le nom de désert de Horombe. Les montagnes, qui s'étendent du 22° au 22° 30' lat. Sud, diffèrent de celles du massif central en ce qu'elles n'offrent pas de formes arrondies comme la plupart des montagnes de l'Imerina par exemple, mais des flancs abrupts et des cimes sauvages qui dominent la contrée environnante.

C'est en leur milieu qu'est bâtie la capitale Ihosy, et c'est de leur sein que sortent des rivières se dirigeant les unes au N.-O. vers le canal de Mozambique, les autres à l'Est, comme par exemple le Menarahaka qui, après s'être frayé un chemin à travers la chaîne orientale, prend le nom de Mananara et se jette dans l'Océan Indien près de Vangaindrano. La majeure partie de la contrée se compose du reste de montagnes granitiques et présente, entre 43° et 43° 30′ long. Est, un vaste plateau abandonné qui peut avoir 200 kilomètres du Nord au Sud, sur une largeur de 65 kilomètres, et va en s'abaissant par des gradins successifs dans la direction de l'Ouest.

Tout ce pays est divisé en une multitude de peuplades indépendantes les unes des autres. Seules les vallées sont habitées, les montagnes et et les plateaux étant presque complètement déserts. Il y aurait, assure-t-on, beaucoup de mines, en particulier d'or et de cuivre.

Le pays ne manquerait pas non plus d'une certaine fertilité; et il est probable qu'on pourra en tirer grand parti, quand il sera possible d'y pénétrer, de l'étudier et de l'exploiter.

Les Bara ressemblent beaucoup aux Betsileo, mais avec un aspect et un extérieur plus grossier. Ils sont aussi plus grands et leurs membres plus grêles. Ce qui les distingue surtout, c'est leur chevelure disposée en grosses boucles sur la tête. Ces boucles, dont un énorme chignon occupe le centre, sont enduites de graisse, de cire et souvent de terre blanche. Un os blanc, de la grandeur d'une pièce de cinq francs, légèrement convexe, est attaché par un fil au milieu de leur front. C'est un talisman auquel ils attachent la plus grande importance. Ils en ont souvent un autre, attaché par un cordon autour du cou, et leur pendant sur la poitrine, au milieu des tatouages les plus divers et les plus bizarres.

Ils ne vont jamais sans leurs armes, comme leurs voisins du Sud ou de l'Ouest; ils dorment avec elles et, ce qui frappe au premier coup d'œil quand on les aperçoit, ce sont leurs fusils aux culasses ornées de nombreux clous de cuivre toujours brillants, leurs sagaies polies et étincelantes.

Jusqu'ici ils n'ont montré que peu d'empressement pour l'instruction et la civilisation; ils ont cependant plus d'une fois demandé des missionnaires catholiques, mais ils détestent les missionnaires protestants qu'ils considèrent comme inféodés aux Hova, et ces missionnaires à leur tour exagèrent leurs défauts et leurs cruautés.

CHAPITRE XVII

TRIBUS INDÉPENDANTES

I

LES TANALA.

Peu nombreux, les Tanala ou Antanala n'en sont pas moins intéressants. Ils ont été visités pour la première fois en 1890 par le Père Talazac et le D᙮ Besson, le vice-résident de Fianarantsoa. Et c'est d'après la relation écrite du D᙮ Besson et les conversations du P. Talazac, que j'ai pu rédiger ce chapitre.

Le pays des Tanala s'étend sur le contrefort oriental des montagnes qui appuient à l'Occident le pays des Betsileo, c'est-à-dire entre les deux arêtes faîtières, au Sud des Benazonazo jusqu'à la rivière Mananara, et à l'Ouest des Antaimoro et des Betsimisaraka. C'est une longue bande de terrains mesurant approximativement de 200 à 300 kilomètres du Nord au Sud, sur une largeur de 30 à 50 kilomètres au maximum.

Je ne donnerai aucun détail particulier sur les Tanala soumis. Ils occupent la plus grande partie de cette large bande, tout le Nord depuis les Besanozano jusqu'à la rivière Faraony, vers le 21°40′

parallèle, c'est-à-dire plus de 200 kilomètres de
longueur, tandis que les Tanala indépendants
n'en possèdent pas 50.

Voici du reste ce que dit de leur territoire le révérend Deans Cowan qui les visita en 1882.

« Toute la région, du Nord au Sud, est remarquable par la beauté de ses paysages. Elle est bien
arrosée et fertile. A mon avis, le Tanala est le district le plus riche de Madagascar, et offre un vaste
champ pour les entreprises agricoles de l'Européen qui pourra y planter le café, la canne à
sucre, la vanille et le thé. Je suis certain que les
rivières des Tanala charient beaucoup d'or. »

Et au point de vue du caractère et des mœurs
des Tanala, il ajoute : « C'est un peuple tranquille, hospitalier, plein de douceur à l'égard de
l'étranger. Les crimes y sont rares, et la peine
capitale n'y a jamais été appliquée depuis vingt
à trente ans. »

Ce n'est certes pas là un éloge banal. Cependant leur pays produit très peu de riz, étant trop
montagneux pour cela. Pour s'en procurer, ils se
rendent à la lisière de la forêt, aux marchés des
Hova, afin d'y vendre des bambous et des bois,
soit de chauffage, soit pour les constructions.

Ils reconnaissent nominalement l'autorité de la
reine des Hova et lui envoient tous les ans, à titre
de redevances quelques bouteilles de miel sauvage:
Ils lui fournirent aussi quelques soldats pendant
la dernière guerre franco-malgache. Leur capitale
est Ambohimanga.

Beaucoup plus intéressants sont les Antanala indépendants.

« Leur pays, dit le Dr Besson, est limité au Nord par le Faraony, et par le Matitana au Sud. Sa superficie qui est un peu inférieure à celle d'un département français, peut être évaluée à 5 ou 6,000 kilomètres carrés. Le quart à peine de cette étendue se trouve couvert de grand arbres entrelacés de mille lianes, qui caractérisent la bande forestière de l'Est; malheureusement cette forêt, sans cesse assaillie par l'homme, ne compte plus guère que 12 à 15 kilomètres de large. Le reste du pays est coupé de loin en loin, à l'Est, par d'autres bandes de bois plus étroites, et dans sa partie moyenne, par des îlots de verdure ou des bouquets d'arbres mélangés de ravinala. Partout ailleurs, on ne trouve qu'une brousse plus ou moins touffue. Enfin l'herbe croît sur certaines collines et au fond des vallées, constituant d'excellents pâturages pour les troupeaux.

« Tout le pays des Antanala se présente sous l'aspect le plus tourmenté. Vu du sommet d'Ikongo, c'est une mer houleuse et verdoyante, une suite sans fin de monts et de monticules que séparent les uns des autres d'étroites vallées ou des gorges profondes; on n'y trouve plus, comme dans le pays des Betsileo, ces plaines basses et humides et ces larges vallées qu'il est si facile d'aménager en rizières fertiles. »

« Les Tanala habitent une vallée très profonde dont la différence d'altitude avec les hauts pla-

teaux est d'environ 600 mètres. Cette dénivellation
considérable qui se produit pour ainsi dire brusquement, donne naissance à une sorte de muraille
naturelle haute de 500 mètres, dont les flancs
presque verticaux sont entièrement couverts de
grands arbres, qui élèvent, droit au ciel, leur cime
avide de soleil. Cette grande falaise boisée se
continue à peu près du Nord au Sud du pays des
Tanala indépendants, lui servant ainsi de rempart
naturel du côté de l'Ouest. »

Le plateau d'Ikongo lui-même, leur capitale,
qui est séparé du massif d'Ambondrombe (1850
mètres d'altitude) auquel il paraît s'appuyer, n'est
en quelque sorte qu'un énorme pan de mur
isolé et comme détaché de cette gigantesque arête
montagneuse.

« L'ascension de la montagne d'Ikongo, poursuit
M. Besson, exige à peu près deux heures de marche,
par un sentier découvert et de 45° de pente, pendant une heure et demie, à partir du bas jusqu'au
village d'Andrainarivo, qui est à 275 mètres au-
dessous d'Ikongo. Le versant devient ensuite presque vertical et le sentier est abrupt, encombré
de roches, fort étroit, entièrement dissimulé sous
bois; l'ascension en est presque impossible sans
l'aide des mains. Mais arrivé au sommet, le spec-
tateur est largement dédommagé de ses fatigues
par le splendide panorama qui s'offre à sa vue.

Ce sont à l'Ouest, au Sud et au Nord, les grands
massifs des Betsileo et l'arête boisée qui en marque la limite, tandis que du côté de l'Est, à 600

mètres au-dessous de lui, se déroulent les rivières
du pays des Antanala serpentant au milieu de
hautes collines pareilles à de grosses vagues de
verdure. Par les temps clairs, on peut apercevoir
l'Océan Indien à 95 kilomètres à vol d'oiseau.

Le plateau d'Ikongo a la forme d'un arc de cer-
cle très allongé, dirigé du Nord au Sud et tourné
vers l'Est. Il a environ 8 à 10 kilomètres de long.
Il est peu fréquenté et couvert d'une brousse
épaisse, au milieu de laquelle on a de la peine à
se frayer un chemin. Partout on rencontre des
traces et des débris de cases qui attestent l'ancienne présence d'un grand village en bois.

Le sol est noirâtre, recouvert d'une couche
épaisse d'humus et susceptible de recevoir, sur une
surface d'environ 5 à 600 hectares, la plupart
des cultures indigènes, le riz excepté. Un petit
ruisseau, toujours vivace, y coule du Sud au Nord,
et retombe en cascades le long des parois d'un rocher gigantesque qui est comme la tête de frise de
cette immense citadelle, sorte de Gibraltar colossal.

La population de la région indépendante est
clairsemée et ne paraît pas s'élever à plus de 12
à 15,000 habitants.

Le pays a été partagé, pour en faciliter l'administration, ou pour tout autre motif, en quatre
circonscriptions. Celle d'Ikongo est régie directement par le roi Ratsiandraofana, assisté de ses
trois fils aînés et d'un certain nombre de conseil-
lers, dont le plus autorisé est le sage Ratsimihina,

vieillard vénérable, plein de réserve et de dignité, qui est contemporain du vieux roi dont il a partagé tous les dangers et qu'il a soutenu au milieu des plus cruelles épreuves.

Les trois autres circonscriptions sont administrées par des chefs, également avancés en âge et membres de la famille royale.

Autrefois, les Tanala vivaient désunis, comme les anciens Betsileo, se faisant la guerre de village à village pour les motifs les plus futiles. Cet état de division les avait affaiblis à tel point que leurs voisins, les Betsileo, ainsi que certaines bandes hova en quête de butin, pouvaient, sans risques sérieux, opérer chez eux de fructueuses razzias. C'est ainsi que Ratsiandraofana, le roi actuel, fut pris et amené en esclavage à Fianarantsoa, peu après la fondation de cette ville, par les soldats de Radama Ier. Mais, s'y étant rendu fameux par son audace et sa force herculéenne, il s'enfuit dans la forêt, et regagna sans peine sa chère montagne. C'est alors que les Tanala d'Ikongo le choisirent avec enthousiasme pour chef suprême. Les autres chefs, ses parents pour la plupart, acceptèrent sans résistance son autorité; et ce petit peuple se trouva ainsi groupé en un seul faisceau.

Chez les Tanala, l'autorité royale se réduit à sa plus simple expression, en dehors des cas de guerre. Ce roi, unique en son genre, est le véritable père, et non l'oppresseur de ses sujets. Tout Tanala peut l'aborder librement, lui donner son avis, et même lui exprimer son improbation comme son approbation.

Le pouvoir suprême n'est pas héréditaire par droit de primogéniture. Avant sa mort, le roi désigne celui de ses fils ou de ses neveux qui lui semble le plus digne; le choix du monarque doit être ensuite sanctionné par le peuple.

Les revenus du roi se réduisent à une sorte de dîme peu élevée qu'il prélève sur les récoltes de ses sujets directs, n'exigeant rien de ceux régis par les autres chefs.

Les Tanala n'ont pas de code, mais se conforment à la loi naturelle. Les procès y sont fort rares et sont jugés, d'abord, par les chefs de village, puis en dernier ressort, s'il y a lieu, par le chef de leur région, et enfin par le roi lui-même.

Le vol y est inconnu, et la probité des Tanala est d'autant plus louable et digne de remarque, que partout ailleurs dans la grande île, les voleurs se rencontrent à chaque pas.

A ce propos, les Tanala citent cette belle réponse que fit le roi à des envoyés hova, qui lui demandaient de permettre à leurs marchands de s'établir au milieu de ses sujets. « Les Tanala, répondit-il, ne peuvent se rendre sur vos marchés sans être volés et trompés par vous; comment voulez-vous que je vous autorise à venir ici leur enseigner ces deux vices? »

Tout objet perdu est colporté de village en village, pour en trouver le maître. Les crimes et attentats contre les personnes y sont rares ou inconnus, et la peine capitale n'a pas lieu d'y être appliquée. Pendant les trente dernières années, on ne peut citer qu'un homme mis à mort, à la demande générale du peuple, qui l'accusait d'être sorcier, et lui imputait toutes sortes de maléfices. Ratsiandraofana, superstitieux comme ses sujets, eut la faiblesse de laisser commettre ce crime.

Les Tanala sont généralement sobres, et se contentent de boire l'eau pure de leurs sources et de leurs ruisseaux, que les Malgaches célèbrent dans un chant populaire :

> Rano an'ala, madida mangamanga,
> Rano an'ala.

> L'eau qui coule dans la forêt est limpide et azurée,

> L'eau qui coule dans la forêt...

Parfois ils mélangent à cette eau le miel de leurs abeilles qu'ils recueillent en abondance. Ce n'est pas qu'ils n'aiment le rhum et ne s'enivrent facilement, quand ils peuvent s'en procurer ; mais comme ils ne savent pas le fabriquer, les cas d'ivresse sont assez rares.

Les Tanala mangent rarement du bœuf et de la volaille. Leur nourriture se compose le plus habituellement de riz, de patates, de haricots, de manioc et de poissons, et ils n'ont d'autre vaisselle que des feuilles de longozo.

Le mariage est la règle chez les Tanala, et je crois qu'on y chercherait vainement un célibataire d'un certain âge. La polygamie y est en honneur, surtout chez les chefs qui peuvent facilement se procurer plusieurs épouses. La première femme porte le nom de « Vadibe », qu'on pourrait traduire par maîtresse de maison. Les autres ne sont que des épouses subalternes, « Vadikely », des concubines légales pour ainsi dire.

Les unions sont libres, et n'ont d'autre caractère d'inviolabilité que la sorte de réprobation qui frappe celui qui abandonne sa femme sans motif suffisant, l'adultère, par exemple, ce qui est rare. Les jeunes filles respectées jusqu'à leur puberté, choisissent alors un fiancé, auquel elles s'abandonnent librement.

Un peu plus tard les familles sanctionnent le choix des jeunes amants, par un repas auquel sont conviés parents et amis. Ce festin est comme la consécration officielle de ces unions primitives.

Les Tanala sont déistes, et comme tous les Malgaches, reconnaissent l'existence de Zanahary, le Créateur, qu'ils honorent et à qui ils rendent grâces dans toutes les circonstances heureuses ou agréables de leur vie. Mais, à côté de ce culte élevé, ils obéissent à une foule de superstitions, et croient aux « ody » ou amulettes ayant le don de préserver de la foudre, des balles, de la grêle, des maladies, etc.

« Il m'a été impossible, raconte le Dr Besson, de réagir contre cette croyance aux « ody » et j'ai dû, sur les instances réitérées du roi, lui préparer un « ody » infaillible contre les balles. Dans leur naïveté, les Tanala en sont arrivés à me croire un peu sorcier, mais un sorcier de la bonne espèce, s'il en est ; et l'un d'eux me disait avec un ton de grande candeur :

« Zanahary hianareo vazaha ! »

« Vous autres blancs, vous êtes des dieux ! »

Malgré toutes leurs superstitions, les Tanala ne sont pas dénués d'intelligence. Ils sont même au-dessus de Betsileo à cet égard, et ils ne cachent pas leur mépris pour ces derniers qu'ils regardent comme des brutes, parce qu'ils ont accepté la supériorité des Hova.

Un autre préjugé, solidement ancré dans le cœur des Tanala, s'est opposé jusqu'à ce jour, à l'introduction de la religion chrétienne au milieu d'eux. « Les religions amollissent l'homme, » disent-ils unanimement. Quelque devin célèbre (mpisikidy), intéressé dans la question, leur aura probablement inculqué cette bizarre conviction.

Leurs villages sont clairsemés. Le nombre des cases varie d'ordinaire de quinze à trente ; elles sont spacieuses et bien construites, en bois et en ravinala.

Leur costume est celui de tous les Malgaches pauvres. Les hommes ne portent guère que le « salaka ». Les chefs se drapent généralement dans des lambas indigènes, en coton ou en soie, « arin-drana », qui sont parfois d'un certain prix. Les femmes ne sont vêtues que d'une simple natte serrée au-dessus des hanches. Une sorte de calotte ronde, en paille tressée, leur sert de coiffure ; la chevelure est nattée dans les deux sexes.

La culture est facile pour les Tanala. Ils déboisent autour des villages (qui sont temporaires, par suite de la nécessité de trouver toujours des terres nouvelles que la culture n'a pas encore épuisées), et qui ne sont pas encore dépouillées de leur humus.

Sous l'épaisse jonchée d'arbres, la terre se conserve fraîche jusqu'à l'entrée de l'hivernage ; les Tanala incendient alors ces sortes de jonchées appelées « tavy », et trouvent, après l'embrasement, une forte couche de cendre et d'humus qu'ils retournent et mélangent ensemble avant d'y ensemencer leur riz. Mais c'est ainsi que le pays se déboise rapidement, et que la couche d'humus dont le sol est encore revêtu, n'étant plus retenue à la saison pluvieuse par les racines des arbres, est entraînée au fond des vallées, d'où elle va se perdre dans les cours d'eau. La main imprévoyante de l'homme détruit ainsi, en quelques années, l'œuvre séculaire de la nature et appauvrit une contrée encore belle et fertile. Mais les Tanala, aujourd'hui dans l'abondance, ne se préoccupent pas de l'avenir, et leurs enfants, élevés comme eux, continueront à déboiser jusqu'à ce qu'il ne reste plus de traces de la magnifique forêt qui fut la source de leur bien-être, et l'abri de leur indépendance.

Les cultures consistent en riz, manioc, patates, haricots, maïs, sorgho, arum doux, tabac et cannes à sucre (rare). Le sol est, comme sur les hauts plateaux de l'Imerina et du Betsileo, à base d'argile rouge et extrêmement pauvre en calcaire.

22.

L'élevage chez les Tanala est peu développé; des volailles, quelques troupeaux de bœufs et c'est tout. Le porc y est « fady », c'est-à-dire sévèrement proscrit. La chair du sanglier, cet éternel ennemi des Tanala qui, sortant des profondeurs de la forêt, vient sans cesse dévaster leurs plantations, est laissé en pâture aux chiens.

Ces derniers, généralement affamés et d'autant plus âpres à la curée, deviennent d'excellents chasseurs de ce genre de gibier qu'ils rabattent et acculent dans des impasses où les Tanala vont les sagayer.

Le mouton lui-même est inconnu chez les Tanala, non que sa chair soit prohibée, mais uniquement parce qu'on est convaincu que cet inoffensif ruminant attire la foudre.

Mais ce qui distingue les Tanala de toute autre tribu, c'est leur indomptable amour pour leur indépendance, et comme conséquence, leur invincible défiance envers tous les étrangers, et le soin jaloux avec lequel ils gardent toutes les avenues de leur capitale.

Vers 1880, le Père Abinal fit tout pour aller les visiter. Ses guides l'égarèrent volontairement, il fut rejeté bien loin vers le Sud-Est, et dut rentrer chez les Betsileo brisé de fatigue et brûlé par une fièvre si intense qu'il faillit en mourir. Si le Dr Besson fut plus heureux en septembre 1890, ce ne fut qu'après deux essais infructueux, parce que le vieux roi Ratsiandraofana malade, avait besoin de ses remèdes, et surtout parce que lui-même consentit à devenir frère de sang de l'un de ses fils.

« Voudrais-je vous permettre de monter à Ikongo, lui dit le vieux roi lui-même, lors de sa seconde excursion, que mon peuple s'y opposerait, m'accusant de livrer à des étrangers le secret de son indépendance et de sa liberté. »

Même sa réception par Ratsiandraofana était déjà une grande faveur.

« Le roi vous a reçu avec joie, lui dit le chef Ratsiandravaha, commandant supérieur des Tanala en cas de guerre, dans un grand kabary public, parce que vous êtes Français, car il sait que ni vos pères ni vous, vous ne nous avez jamais fait la guerre. Cependant notre peuple est inquiet de vous voir dans son pays avec une suite nombreuse, car il croit que vous êtes les amis des Hova, au milieu desquels vous avez bâti votre résidence. A eux seuls, les Hova n'ont pu nous vaincre, mais nous craignons qu'aidés de vos conseils et de votre science de la guerre, ils n'arrivent à s'emparer d'Ikongo. Prouvez-nous que vous êtes nos amis et non ceux des Hova; donnez-nous de la poudre, des balles, et des pierres à fusil pour nous permettre de nous défendre, car nous redoutons toujours la perfidie naturelle aux Hova. Rien ne manquerait au bonheur des Tanala, s'ils ne craignaient sans cesse de voir les Hova, leurs irréconciliables ennemis, violer la foi jurée. Dites au grand chef français que nous avons foi en lui, et que les Tanala vivraient dans une heureuse sécurité, s'il acceptait de les prendre sous sa protection. »

Ainsi donc le sentiment qui domine chez les Tanala. c'est la haine, une haine invétérée des Hova. — Le roi raconta à cette occasion à M. Besson les quatre sièges qu'il avait soutenus contre eux pour l'indépendance de son pays, sous Ranavalona Ire et Radama II, et leur cruauté inouïe, car ils avaient tout dévasté, tout incendié, tout massacré, et égorgé sous ses yeux sa première femme et ses enfants : « Depuis ces scènes, conclut-il, la vue seule d'un Hova me rend malade, et je vous remercie de n'avoir enrôlé comme porteurs que des Betsileo. » — Hélas ! j'ai appris dernièrement que la désunion s'était mise parmi les chefs Tanala. Un des fils du roi, inquiet et turbulent, s'est sauvé chez les Betsileo pour réclamer du secours contre son père. Il ne faudrait pas jurer que les menées hova ne soient pour rien dans sa conduite.

II

LES ANTANOSY.

La peuplade la plus importante du Sud, celle qui depuis plus de deux siècles et demi, depuis 1642, a été en relation avec les Européens, est celle des Antanosy.

Ils occupaient autrefois la vallée d'Ambolo entre le 24° et le 25° parallèle, et la côte, depuis au

Nord de l'embouchure du Manamponitry, près de Manantenina, jusque bien au delà de Fort-Dauphin, vers le pays des Antondroy.

Mais quand vers 1852, les Hova s'emparèrent de Fort-Dauphin et voulurent soumettre les Antanosy, ceux-ci, sous la conduite de leur grand roi, s'expatrièrent en grand nombre, et allèrent s'établir vers l'Ouest, au Nord des Masikora, et au Sud du Fierenana et des Tanala, dans la vallée de l'Onilahy. — C'est là que M. Grandidier les visita en 1868 et qu'il devint frère de sang de Zomamahery, leur roi.

Plusieurs de ces émigrés ont regagné peu à peu le pays natal, et l'année dernière, le roi principal, le chef de la famille régnante, Raoul Rabesanatsika, ayant appris qu'un résident français allait se fixer à Fort-Dauphin, revint avec 300 ou 400 hommes voir s'il ne pourrait pas réoccuper les terres où avaient vécu et régné ses ancêtres.

Après de longues conversations avec M. Besson, il retourna dans l'Ouest chercher la plus grande partie de son peuple, et probablement il est maintenant établi dans son ancienne capitale Fanjahira, au Sud de Fort-Dauphin.

N'y a-t-il pas là dans la démarche de ce roi barbare auprès du représentant de la France, dans la confiance qu'il lui témoigne, et sa fidélité à suivre ses avis, quelque chose de vraiment touchant?

Ce fut chez les Antanosy que furent jadis commencés les premiers essais de colonisation française par les soins de Richelieu d'abord, puis de Colbert. Ils ne durèrent pas longtemps, mais depuis le commencement de ce siècle en particulier, des traitants créoles ou français n'ont guère cessé de résider à Fort-Dauphin, et chaque année des centaines d'Antanosy se louent, pour une période de dix ans, et s'en vont à Bourbon, où ils apprennent, en même temps que les éléments de notre langue, une connaissance rudimentaire de la culture et quelques métiers, à aimer la France. Probablement 1,500 à 2,000 ont ainsi passé par Bourbon, et en 1866, quand M. Grandidier quitta cette île pour aller explorer le Sud de Madagascar, il y en avait avec lui, sur *l'Infatigable*, une cinquantaine qui ne débarquèrent plus à Fort-Dauphin d'où ils étaient partis dix ans auparavant, parce que Fort-Dauphin avait été, dans l'intervalle, pris par les Hova, mais continuèrent jusqu'à Saint-Augustin pour regagner de là, par plusieurs jours de marche, leur nouvelle patrie.

Les Antanosy se divisent en un grand nombre de petites tribus gouvernées par des chefs à peu près entièrement indépendants, mais presque tous de la même famille, et soumis pour la guerre à un roi principal. Ce roi, Raoul Rabesanatsika, est un homme de quarante à quarante-cinq ans, intelligent, énergique, universellement craint et respecté de tous les Antanosy. Il semble très sympathique aux Français comme le démontre sa visite à M. Besson et, tout particulièrement, à la mission catholique, à qui il a confié ses enfants.

Au reste l'autorité de ces rois est absolue, et la servilité poussée aux extrêmes limites.

Quand M. Grandidier eut serré la main du roi Rabefanery et se fut mis à ses côtés, tous ses gens, des Antanosy, qui s'étaient d'abord accroupis, sans mot dire devant leur maître, s'approchèrent et eurent l'insigne honneur, les hommes libres, de frotter leur grosse figure sur le pied de Befanery et de lui lécher les talons; les esclaves, de s'age-nouiller devant lui, et de le saluer en criant : Andriana! Andriana! Seigneur! Seigneur!

Une autre fois, que ce même roi dînait avec le grand explorateur, à mesure qu'il avait sucé un os, il le jetait à un de ses favoris qui, accroupi à une distance respectueuse et tendant les deux mains, recevait avec bonheur ce présent royal (1).

Le pays des Antanosy, surtout celui des Anta-nosy émigrés, est très pauvre. Dans son voyage, M. Grandidier ne rencontra des rizières qu'une fois, au bord du Tahesa, l'un des affluents de l'Onilahy. C'étaient les premières qu'il voyait dans la région australe de Madagascar.

Souvent les pauvres n'ont à manger que des gousses de tamarinier, dont ils mélangent la pulpe aigre et acide avec les cendres de certains bois, pour lui enlever son acidité astringente!

Il est impossible de connaître le nombre des Antanosy. Le Père Campenon, le fondateur de la mission de Fort-Dauphin, qui a vécu plus de deux

(1) Grandidier, ouv. cité, p. 15 et 17.

ans au milieu d'eux, le fixe de 150,000 à 200,000. Jusqu'à de plus amples connaissances, c'est le chiffre qu'il faut accepter. Il n'y a rien à dire sur leurs mœurs qui ne sont pas bonnes : ils boivent en particulier beaucoup de rhum; ni sur leurs usages, leurs croyances ou leurs superstitions qui ressemblent à ce que l'on observe chez les autres Malgaches. Au reste, les détails nous manquent.

III

LES ANTONDROY.

La tribu des Antondroy, avec celle des Mahafaly et des Masicora, est une des plus curieuses et des plus pauvres de tout Madagascar. Elle vit le long du rivage, depuis non loin de Fort-Dauphin jusque vers le cap Saint-Vincent, et occupe ainsi l'extrême Sud de Madagascar.

M. Grandidier les visita en juin 1866, et c'est à la relation qu'il publia de ce voyage, que j'emprunte les détails qui vont suivre.

Le pays des Antondroy est un vaste plateau dénudé et presque entièrement désert, s'étendant à plus de dix lieues dans l'intérieur, jusque chez les Masicora.

Il se termine du côté de l'Océan par des dunes qui s'élèvent d'une masse jusqu'à une hauteur de 142 mètres, avec une inclinaison de plus de 60°, et ne sont séparées de la mer que par une plage de 2 à 3 mètres. C'est une plaine sans fin, d'une monotonie désespérante, et où l'œil ne découvre ni un monticule, ni un arbre, rien qu'une végétation rabougrie, ou des arbustes épineux ne dépassant guère 1 mètre de hauteur.

« Je ne me rappelle pas, raconte M. Grandidier, dans tous mes voyages, avoir rencontré un plateau aussi désolé ; l'aspect y est plus triste que dans le désert de l'Arabie et de l'Égypte où la vue n'est bornée au loin que par des vagues de sable, et offre au moins à l'esprit des idées grandioses (1). »

Pendant plusieurs heures, en s'éloignant de la mer, on ne rencontre pas une seule habitation, et on s'imaginerait être dans un pays complètement inhabité. Ce n'est, du reste, que depuis 1866 que quelques rares vaisseaux marchands osent en approcher pour acheter de l'orseille. Et de fait, il n'y a rien qui puisse attirer le voyageur dans ces pays désolés où la mer est aussi dangereuse que les habitants sont sauvages.

Les villages sont au loin dans l'intérieur, très petits et fort peu nombreux. Leur voisinage est annoncé par des plants de nopal de plus en plus nombreux, à mesure qu'on s'approche davantage de l'endroit habité. Le village du roi, que visita M. Grandidier, avait « au milieu d'herbes desséchées, une dizaine de huttes ayant *sept* pieds

_____

(1) P. 13-14.

de long sur *six* de large, et à peine assez élevées
pour qu'un homme de taille ordinaire pût s'y tenir
debout. On ne pouvait y entrer qu'en rampant et
en se traînant sur les genoux, tellement l'ouverture est basse et étroite. Elles sont faites en planches juxtaposées, et retenues entre deux tiges de
bois longitudinales, de manière qu'on peut les
faire glisser ou même les enlever pour regarder
ce que fait à l'intérieur l'habitant de ce palais. »
C'est précisément ce qui arriva à M. Grandidier,
quand il y entra pour la première fois; et bientôt,
de sa maison, il ne lui resta guère que le toit.

Il n'y a pas d'eau dans le pays, ou il y en a si
peu qu'elle devient un objet de grand luxe (1).
Seul le roi peut avoir de l'eau quand il en veut,
mais quelle eau! Celle qu'il offrit au célèbre voyageur était une boue rougeâtre, tellement répu-
gnante qu'il n'eut pas le courage d'en boire. Les
autres habitants passent souvent des mois entiers
sans toucher une goutte d'eau. Ils n'ont alors, pour
étancher leur soif et se rafraîchir, que la seule
figue de Barbarie. Ils la piquent de leur sagaie
pour la détacher du buisson épineux dont on ne
pourrait impunément se rapprocher, la roulent
sous le sable pour lui enlever les soies épineuses
dont elle est recouverte, la pèlent avec le fer de
leur lance et la mangent, ou crue ou cuite sous la

(1) Les quelques rivières que l'on voit marquées sur les cartes,
par exemple le Manambovo qui se jette dans la mer, à l'Ouest du
cap Sainte-Marie, sont complètement à sec pendant une grande
partie de l'année.

cendre, quelquefois dans l'eau. En voyage, ils vous l'offrent ainsi préparée avec plus de grâce et de propreté qu'on ne serait en droit d'en attendre d'eux.

C'est là le fond de leur nourriture. Ils y joignent un peu de millet ou *mapema*, qu'ils font griller, ou même broient cru sous la dent, une espèce de haricot malgache ou *antaka*, et des citrouilles ou courges, qu'ils laissent mûrir outre mesure, ou même pourrir, afin que la pulpe se liquéfie et leur serve de breuvage. Ils possèdent aussi quelques rares zébus que nourrit l'herbe grossière qui pousse bien rare et bien chétive entre les nopals.

Au moins ils cultivent ce que ce sol sablonneux et desséché peut produire, et s'efforcent de multiplier chaque année leur pauvre récolte.

Ce pays sauvage est évidemment très peu peuplé d'hommes et d'animaux. Il y a en revanche quelques bêtes assez rares, le *Coa* ou coucou de Madagascar, une espèce particulière de bec-fin (*Primia Chloropetoides*); un quadrumane, découvert là pour la première fois par M. Grandidier, le Propithèque de Verreaux (1), splendide lémurien d'une blancheur immaculée, à la face nue d'un beau noir et à calotte marron; quelques reptiles curieux, quelques lépidoptères aux brillantes

---

(1) Ce maki est honoré comme un dieu par ces pauvres gens; et M. Grandidier faillit avoir une querelle sérieuse avec eux pour en avoir tué un. Il ne s'en tira qu'en enterrant son corps avec une grande pompe.

couleurs, et quelques oiseaux fort rares, parmi
lesquels il faut mentionner la caille ou hibou des
Malgaches, très familière et nullement craintive,
parce que les Antandroy, comme les Mahafaly,
ne la tuent jamais. La raison en est un sentiment
de reconnaissance dont voici l'explication :

Un jour, deux jeunes femmes étaient allées puiser de l'eau loin de leurs habitations. Deux *ziva*
(voleurs de bétail et d'enfants), cachés près de la
source, se précipitèrent sur les deux Mahafaly,
dont les cris ne pouvaient être entendus du village, et les emmenèrent captives. A quelque distance, il leur fallut traverser un petit bois ; plusieurs cailles, en s'envolant sous leurs pieds firent
grand bruit. Les ziva effrayés, crurent à une surprise, et lâchant leur proie, s'enfuirent au galop...
A cette nouvelle, le chef de famille, rendant grâce
à Dieu, à la patrie et aux ancêtres, fit solennellement le vœu que lui, ses enfants et ses petits-
enfants nés et à naître, respecteraient l'oiseau qui
avait sauvé leurs parents. Et comme les Malgaches
gardent toujours les vœux, même les plus bizarres
et les plus absurdes, toutes les familles alliées à
celle de ces femmes ne tuent jamais une caille (1). »

Ces populations sont presque entièrement sauvages, et « leur vie se rapproche plus de celle de
la brute que de celle de l'homme (2). »

Ils sont assez robustes, courageux, ne marchent
jamais qu'armés d'un fusil et d'une lance. Ce sont

(1) **Ouv. cité**, p. 19-20.
(2) P. 11.

de grands enfants qui veulent tout voir, et cependant que rien n'étonne!

M. Grandidier et le capitaine du vaisseau conduisirent leur roi et quelques-uns de ses officiers, à bord de *l'Infatigable*, pour le leur faire visiter. Ils n'avaient jamais vu aucun navire. Et cependant, ils le parcoururent en tous sens, sans témoigner la moindre admiration, le moindre étonnement. On aurait dit qu'ils étaient habitués à tous les raffinements de notre civilisation, eux qui n'ont vu que leurs misérables huttes et leur désert. M. Grandidier s'étonne, à bon droit, de ce calme, de cette inertie, de cette insouciance du sauvage, fruit de leur vie indolente, mais encore davantage une des marques du caractère malgache. Le sentiment du beau est inconnu chez eux. Ils n'admirent rien et n'apprécient que ce qui est utile, et peut servir à leurs besoins.

Pour les Antandroy, c'est la poudre, un fusil, des balles et du rhum. M. Grandidier, pendant les quelques jours, qu'il vécut dans le village royal, les retrouvait chaque soir, au retour de ses excursions scientifiques, ivres-morts.

Quand il débarqua, on dut payer au roi Tsifanihy, comme droit d'ancrage et de libre commerce « 25 livres de poudre, un fusil à pierre, une marmite de fonte, deux miroirs, une pièce de toile bleue de 15 mètres, 200 clous dorés, 20 balles, 20 pierres à fusil et 4 *bouteilles de rhum* (1). »

_____

(1) Ouv. cité, p. 11.

Des présents analogues, mais de moindre importance, furent donnés à six chefs subalternes qui devaient à ce prix protéger les blancs. Le roi, à qui on offrait de temps en temps un verre de rhum, en buvait une partie et passait le reste à ses suivants qui « ne pouvant souiller de leurs lèvres plébéiennes une coupe où s'étaient trempées les lèvres royales, mettaient la main gauche en avant de leur bouche, puis y versaient le contenu du verre, qui, traversant ce pont improvisé, allait s'engouffrer dans leur gosier insatiable. »

Il ne faudrait pas croire cependant que ce souverain fût un tyran. Quand il conduisit l'explorateur français à sa capitale, voyant ses hommes peu accoutumés à porter des fardeaux, promptement fatigués par les 8 ou 10 kilogrammes que M. Grandidier avait distribués à chacun d'eux, Tsifanihy « un brave roi sans morgue et sans fierté, plus simple encore que le roi d'Yvetot, n'hésita pas à charger sur ses épaules un sac de riz. »

Du reste, ce roi est peu craint, et peu obéi; et les diverses tribus Antandroy sont en guerre continuelle les unes avec les autres, et en proie à une anarchie plus grande que celle qui règne chez les Mahafaly ou les Sakalaves eux-mêmes.

Ils sont en tout à peine 20,000.

Quand M. Grandidier aborda le 11 juin dans ce curieux pays, le capitaine Cavaro y était mouillé le premier depuis de nombreuses journées. Il avait par des coups de canon réitérés, attiré les indigènes, et était entré en relations commerciales

avec eux. La scène est très pittoresque et mérite
d'être rapportée. La voici telle que le célèbre
voyageur l'a décrite :

« On avait choisi, pour traiter avec les indigènes, l'endroit le plus étendu du littoral : il mesurait
une centaine de mètres de côté. Le campement
était adossé aux dunes. Avec une voile de chaloupe, supportée par quatre pieux, on avait formé
une tente sous laquelle se tenaient les traitants ;
une haie en branches épineuses d'euphorbe servait d'enceinte ; à côté était placée la hutte royale
composée de tiges desséchées, où deux hommes
accroupis pouvaient tenir à grand peine ; enfin
trois ou quatre enclos eu feuillage sec étaient réservés aux indigènes qui, en attendant leur tour
de vente, y déposaient leurs marchandises et y
passaient au besoin la nuit.

« Au moment de notre arrivée, la scène était
très animée : une centaine d'indigènes, hommes
et femmes, dont la nudité n'était couverte que
d'un lambeau de toile en guenilles, s'empressaient
autour des traitants pour leur vendre un petit panier
plein d'orseille : ils criaient, vociféraient, se poussant les uns les autres sans vergogne ; un matelot,
une balance à la main, pesait chaque paquet dont
le lieutenant de vaisseau, assis, par une utile pré-
caution, sur une malle à marchandises, payait aussitôt la valeur ; on donnait en moyenne une
brasse (1) de toile blanche ou bleue pour 15 ki-

(1) 1 ᵐ, 75 cent. environ. On mesure la brasse en étendant les
bras.

logrammes du précieux lichen, et une centaine de
grammes de grosse poudre pour 10 kilogrammes.
Les clous dorés, dont tous les Malgaches du Sud
sont très amateurs pour orner les crosses de leurs
mousquets, les verroteries noires et bleues, les
marmites de fonte, avaient aussi un grand débit.

« A notre débarquement tous les Antandroy
abandonnèrent momentanément leurs échanges,
et le roi Tsifanihy s'avança lentement à notre rencontre, comme il convient à un monarque vêtu de
sa majesté. C'était un vieillard maigre, d'assez
haute stature, ayant le teint clair et les cheveux
gris et lisses; il était facile de reconnaître en lui
un mélange de sang caucasique, arabe ou juif.
Un simple morceau de toile lui ceignait les reins,
et un lamba (1) jadis blanc, était négligemment
jeté sur ses épaules. Une petite calotte de jong
tressé lui couvrait la tête. »

Depuis lors, la découverte du caoutchouc a
donné un peu de vie à ces peuplades.

Les diverses maisons de commerce qui, à plusieurs reprises, avaient établi des traitants au cap
Sainte-Marie, et dont les postes avaient été pillés
en 1889, y envoyèrent de nouveaux représentants. Mais survint la guerre, une guerre longue
et acharnée, entre les diverses peuplades du Sud;
et cette guerre, jointe aux exigences et aux exactions des chefs Antandroy, leur fit fermer leurs
maisons aux premiers jours de 1894.

(1) Pièce d'étoffe de coton qui sert aux Malgaches pour se dra-
per durant le jour aussi bien que pour se couvrir la nuit.

Depuis, j'apprends que l'ordre semble se rétablir, et sûrement le commerce recommencera bientôt. Car le caoutchouc est abondant dans tout le
Sud de Madagascar. Malheureusement, aucun
vaisseau français ne fait escale dans ces régions.
Ce sont des navires allemands ou anglais qui relâchent à Saint-Augustin, ou en d'autres points de
la côte, et qui monopolisent le commerce. Le
caoutchouc acheté par eux, est, comme l'écrivait
dernièrement M. Gautier à la Société de Géographie
commerciale de Paris, envoyé à Zanzibar, dé-
marqué et vendu en Europe sous un autre nom. Et
c'est ainsi que le commerce français est frustré
d'un revenu sérieux, et que s'établit en même
temps la légende qu'il y a peu ou qu'il n'y a que
des qualités inférieures de caoutchouc à Madagascar. Cette raison, jointe à bien d'autres, impose
comme une stricte nécessité l'établissement d'une
escale à Fort-Dauphin.

IV

MAHAFALY.

Les *Mahafaly* ressemblent beaucoup aux Antandroy et à leurs voisins de l'intérieur, les Masikora.
Comme eux ils sont pauvres, fourbes, voleurs;
comme eux soumis à plusieurs petits chefs, qui ne
sont que des chefs de bande; comme eux aussi, ils

sont adonnés à toute sorte de superstitions et à la plus complète immoralité. Ils sont cependant encore plus sauvages que les Antandroy, plus courageux aussi et plus guerriers ; ils marchent toujours armés d'un fusil et de plusieurs sagaies, ne rêvant que vol et pillage.

Leur pays s'étend sur la côte Sud-Ouest, entre la baie de Saint-Augustin et la pointe Fenambosy ou Barlow, c'est-à-dire entre le 23° 34' 20", et le 25° 15' 15" de latitude Sud, sur une étendue de près de 200 kilomètres. Il est donc borné au Nord par le Fierenana, dont le sépare la rivière Onilaly ; à l'Ouest et au Sud-Ouest par le canal de Mozambique, au Sud-Est par le pays des Antandroy, et à l'Est par une région encore peu connue. Le littoral est presque stérile et la côte, pendant près de 180 kilomètres, depuis Saint-Augustin jusqu'au 25° parallèle, s'étend en ligne droite, presque sans une seule échancrure.

Les navires ne peuvent guère relâcher que dans quatre endroits :

1° Nosy-Ve ou Solary, dont j'ai déjà parlé en traitant du Fienerana ;

2° Itampolo, rade médiocre, par 24° 41' latitude Sud ;

3° Ampalaza ou Port Croker, par 25° 12' 30" latitude Sud, où seuls les navires de petit tonnage peuvent pénétrer, et,

4° Au Sud, la grande baie d'Ampalasy, formée par la pointe Fenambory ou Barlow.

C'est sur cette côte que se trouve le très long lac

salé Tsimanampetsotsy que nous avons signalé auparavant.

Le pays produit, dans les bonnes années seulement, du maïs cafre ou du gros millet (ampemba) et un peu de woèmes. Aussi les habitants sont-ils souvent privés de vivres et doivent se nourrir des fruits aigres du tamarin qu'ils font cuire en les mélangeant de cendres. Ils sont cependant forts et en bonne santé. Leur nombre peut s'élever à 30,000.

Mais leur principal revenu consiste dans la piraterie et le pillage. Quand on vient trafiquer ou voyager chez eux, on est obligé, plus encore que chez les Antandroy, de donner force cadeaux au roi et à ses divers chefs. Mais on n'en est pas encore quitte; les exigences augmentent chaque jour; à chaque instant ce sont de nouvelles exactions, de nouveaux cadeaux exigés par la force, et au besoin le pillage ou le massacre des étrangers. Aussi tous les comptoirs que l'on a tenté d'établir sur la côte ont-ils dû être successivement abandonnés, ou au moins les commerçants ne peuvent s'en éloigner sans danger. Lorsque en 1876 des Français fondèrent des établissements à Nosy-Ve et que ces établissements commencèrent à prospérer, les Mahafaly firent tout pour les détruire. Et ce fut là une des causes de la triple expédition hova contre Tulear.

Depuis, il y existe une sécurité très relative; mais, outre les dangers courus dans sa propre demeure par le regretté M. Campan, son successeur, M. Estèbe, ayant voulu reconnaître le lac Tsimanampetsotsy, qui ne se trouve qu'à 4 kilo-mètres du littoral, y perdit son interprète dans une attaque et n'échappa lui-même à la mort que par un simple hasard.

Bref, les Mahafaly ne sont que des brigands.

V

MASIKORA.

Reste une dernière peuplade à étudier, sur la-quelle les renseignements nous manquent presque complètement, celle des Masikora.

On donne le nom de Masikora (habillés de joncs), à des peuplades éparses, situées dans l'intérieur, au Nord des Antondroy, au Sud des Tanala et des Bara, et à l'Est des Mahafaly. — Selon leur situation, elles participent du type et des mœurs de chacune de ces races. Elles ressemblent cependant beau-coup plus aux Antondroy, et sont moins turbu-lentes que les Mahafaly. Leur pays est aussi pauvre et dénudé, aussi aride et plus privé d'eau que celui des Antondroy.

Il y a chez eux quelques forêts, et vraisembla-blement beaucoup de caoutchouc, mais il n'y a plus aucun traitant.

Il est impossible de fixer un chiffre à cette po-pulation, extrêmement clairsemée, sauvage et in-connue.

VI

ÉTRANGERS.

La population étrangère de Madagascar s'élève à 20,000 personnes, suivant le chiffre donné par M. le ministre des Affaires Étrangères à la séance de la Chambre, désormais historique, du 13 novembre 1894. Ce sont, par ordre numérique, des Indiens, des Comoriens, des Créoles, des Européens et des Américains.

Les *Indiens* se sont établis sur toutes les côtes, sauf au Sud, où ils n'ont pas encore pénétré; ils sont surtout nombreux à Tamatave, Diego-Suarez, et Nosy-Be, où à peu près tout le commerce de détail est entre leurs mains. Ils sont loin d'être un élément de moralisation; mais on ne peut leur dénier l'habileté, l'économie, l'assiduité à leurs affaires. Je n'ai peut-être guère vu d'employé de commerce à la mine plus intelligente, plus attrayante et plus canaille en même temps, qu'un jeune homme de 15 à 16 ans, à qui j'achetais quelques mauvais biscuits à Andevoranto; et l'on comprend, en entrant en contact avec de telles natures, comment ils prospèrent partout. Les Indiens établis à Madagascar sont peut-être, suivant le chiffre donné par M. Martineau, de 10,000 à 12,000.

Ajoutez-y quelques *Chinois* aussi habiles et aussi

corrompus que les Indiens, et dispersés en plusieurs points de la côte, une vingtaine en tout peut-être.

Les *Comoriens* viennent d'Anjouan, de Mayotte ou de la Grande Comore. Ils sont particulièrement nombreux au Nord-Ouest, entre Nosy-Be et Majunga; il y en a aussi à Diégo-Suarez et jusqu'à Tananarive, où ils se réclament volontiers du protectorat français.

Généralement ils sont arabes, et ne font qu'ajouter à la corruption native.

Les *Créoles* sont originaires de Bourbon ou de Maurice. Ils jouissent les uns et les autres, mais plus particulièrement ceux de Bourbon, d'une mauvaise réputation. Évidemment il y a de très honorables exceptions, et bien des familles de Tamatave ou d'ailleurs, originaires de la Réunion, sont parmi les meilleurs : travailleurs, sobres, justes en affaires, d'une conduite irréprochable, fidèles à leur foi, et dévoués à leur pays. Mais beaucoup d'autres, tout en gardant la foi, l'oublient totalement dans la pratique et dans la conduite de leur vie. De plus ils sont, dit-on, prétentieux, orgueilleux, dépensiers et paresseux.

Les Mauriciens semblent avoir plus de dispositions pour le commerce. Mais outre qu'il ne faudrait pas exagérer leurs qualités, et qu'ils sont bien, après tout, les frères des créoles de Bourbon, ils possèdent un autre défaut qui facilement nous les rendrait odieux. On a parlé souvent en France de cette race si *française* de Maurice... Français,

ils le furent jadis, et ils savent au besoin s'en pré-
valoir ; ils parlent encore notre langue. Au fond,
ils sont heureux et fiers d'être Anglais, et je ne me
fierais pas outre mesure à leur affection pour la
France.

Chien ou loup, suivant l'occasion, plutôt ce dernier que le premier : voilà le Mauricien.

Mieux vaudrait être franchement ou bien l'un,
ou bien l'autre.

Il est dificile de fixer le nombre des créoles établis à Madagascar. Ceux de Maurice sont plus nombreux que ceux de Bourbon, mais rien ne nous
permet de donner de chiffres certains, car *l'Annuaire de Madagascar* qui donne le nom de chacun d'eux, ne les distingue pas des Européens. Ils
sont en tous cas plus de 1,000, peut-être de 1,200
à 1,300.

M. Larrouy, dans sa mémorable lettre du 27 juin
dernier au gouverneur de la Réunion, donne le
tableau suivant des arrivées et départs sur les paquebots des Messageries Maritimes, des créoles de
Bourbon, dans le port de Tamatave.

1° Durant l'année 1893 :
Arrivées, 151 ; départs, 76 ; — excédent, 75.
2° Du 1er janvier au 7 juin 1894 :
Arrivées, 73 ; départs, 55 ; — excédent, 18.
Totaux : Arrivées, 224.
      Départ, 131.
      Excédent, 93.

Ce serait donc 93 créoles établis à Madagascar pendant l'espace de dix-huit mois. Mais comme ce chif-

fre ne comprend pas ceux rapatriés par la Compagnie Havraise, il est de beaucoup trop élevé.

Un dernier détail, qui ne justifie que trop ce que nous disions plus haut, c'est que presque tous ces rapatriés l'ont été en qualité d'indigents, et aux frais de la Résidence de France.

Parmi les autres blancs ou *Vahaza* établis à Madagascar, les Français dominent comme nombre. Ce sont des fonctionnaires, soit de la Résidence, soit du Comptoir d'Escompte; un certain nombre de négociants et de colons; puis les missionnaires Jésuites, les Frères des Écoles Chrétiennes, les Sœurs de Saint-Joseph de Cluny.

Les étrangers, Anglais, Luthériens, Allemands, Américains, sont de même ou des missionnaires, ou des commerçants, ou des voyageurs, ou des membres du corps des consulats. Pris tous ensemble, sans la garnison de Diégo-Suarez, en y comprenant les femmes et les enfants, ils fourniraient peut-être un total de 600 personnes, dont les trois quarts français.

Avec les créoles, on arriverait au chiffre d'environ 1800.

De ces Vahaza, il doit y en avoir : 1° près de 800 sur la côte Orientale, dont : 300 à Tamatave, 30 à 35 à Sainte-Marie, 35 à Vatomandry, 70 à Mahanoro, 35 à Masinandro ou Mananjary, 65 à Fort-Dauphin.

Les autres se répartissent en nombre inégal dans un certain nombre d'autres villes de la côte : Vohemar, Sambava, Antalaha, Maroantsetra, Fene-

rife, Ivondrono, Andevoranto, et quelques autres
moins importantes.

2° 300 sur la côte ouest la moins fréquentée, dont : 100 à Nosy-Be ; 100 à Suberbieville
et les autres postes de l'exploitation Suberbie ;
20 à Majunga ; 15 à Tulear ; 30 à Nosy-Ve et 60
à 80 dans quelques autres points secondaires.

3° Enfin, en laissant de côté les soldats de l'escorte, près de 260 personnes dans le centre de
l'île, dont :

75 employés ou négociants à Tananarive et

7 à Fianarantsoa.

Tout le reste est composé de missionnaires
répartis en beaucoup d'endroits où ils sont seuls
à représenter l'élément européen.

A un autre point de vue, il y a peu de créoles
dans le centre, mais surtout des Européens ; les
Français dominent dans l'Ouest : il n'y a pas,
en particulier, 6 sujets anglais dans la concession
Suberbie ; mais ce sont les Mauriciens qui sont le
plus nombreux à l'Est.

CHAPITRE XVII

LES POSSESSIONS FRANÇAISES

Les possessions françaises à Madagascar comprenaient jusqu'ici trois territoires : l'île Sainte-Marie que nous avons réoccupée en 1821 ; l'île de Nosy-Be et les îlots environnants qui nous furent cédés en 1840 ; enfin le territoire de Diégo-Suarez qui nous appartient depuis 1885.

Un mot sur chacun d'entre eux.

I

SAINTE-MARIE DE MADAGASCAR.

Sainte-Marie appartient à la France depuis le 30 juillet 1750, où Bety, fille et héritière de Ratsimilao, dernier souverain de la côte Est, la céda en toute propriété à la France. Mais quatre ans plus tard, Gosse, l'agent du roi et de la compagnie des Indes fut surpris par un parti de Malgaches, mécontents de son administration et probablement de ses exactions, et massacré avec tous ses compagnons. Sa mort fut vengée, et Bety renouvela l'acte de cession en 1754.

Cependant rien de sérieux ne fut établi à Sainte-Marie, que nous finîmes par perdre, avec toutes nos autres possessions de Madagascar.

Réoccupée en 1821, elle nous a constamment appartenu depuis. Mais, soumise à toutes les vicissitudes et à tous les changements d'une administration sans but arrêté, elle n'a pas donné les résultats qu'on en pouvait attendre.

Rattachée d'abord à la Réunion (décret du 21 août 1825), puis à Mayotte (dépêches du 19 décembre 1843, et du 3 décembre 1844, décret du 18 octobre 1853), placée de nouveau sous la dépendance de Bourbon (27 octobre 1876), elle a été récemment par deux décrets du 4 mai 1888 et du 1er juillet 1890, annexée administrativement à Diégo-Suarez.

A première vue, Sainte-Marie paraît appelée à un grand avenir. Admirablement située, avec un port commode et sûr, à proximité de la grande terre, elle-même un berceau de verdure attrayant et charmant, elle semblerait devoir être à l'Est, ainsi que Nosy-Be au N.-O., un de ces ports qui commandent un pays et deviennent en même temps que la clef de leur possession, l'entrepôt de leurs richesses.

Il n'en sera jamais ainsi, car elle est trop au Nord et trop loin de Tamatave.

Sainte-Marie, le Nosy-Ibrahim ou île d'Abraham de Flacourt, est orientée, du N.-N.-E. au S.-S.-O., tout comme la grande île, dont elle n'est séparée que par un étroit chenal de 30 kilomètres au N. et au Sud, de 7 kilomètres à peine dans sa partie la plus étroite en face de la célèbre Pointe à Larrée. Elle s'étend entre 16°40′ et 17°8′ latitude Sud, avec 55 kilomètres de longueur ; entre 47°32′ et 47°45′ longueur orientale, sur une largeur moyenne de 3 kilomètres. Sa superficie est de 165 kilomètres ou 16,500 hectares, couverte de forêts au Nord, plus fertile au Sud.

Elle est entourée de trois côtés, au Sud, à l'Est et à l'Ouest, d'une ceinture de coraux appelés le *Récif*, qui, plus éloignés à l'Est, et se composant parfois de deux ou trois bancs, y rendent la navigation dangereuse. A l'Ouest, au contraire, en particulier au Sud de la Pointe à Larrée, les récifs sont tout près de la terre et accores, ce qui permet aux marins d'approcher de très près et de mouiller presque partout.

Le canal qui sépare Sainte-Marie de la grande terre est une rade continue, vaste, sûre et de bonne tenue. Il y a plusieurs bons mouillages, par exemple vers la pointe septentrionale de l'île, la baie de Lokensy qui peut recevoir les plus forts navires et renferme de l'eau douce en abondance, mais qui est trop ouverte aux vents du N. et du N.-E., et surtout Port-Louis au Sud de la Pointe à Larrée sous le 17° de latitude Sud.

Le sol est de même nature que celui de Madagascar, comme aussi la faune et la flore, quoique évidemment elles soient moins riches. Le climat est très humide et malsain.

La population blanche, en y comprenant les

fonctionnaires, s'élève à une trentaine de personnes, et la population indigène à 7,500 âmes.
Ce sont des Betsimisaraka, bien bâtis, doux, paisibles, vivant de riz qui vient en grande partie de
la grande île, de manioc, d'ignames et de poissons
très abondants sur leurs côtes. Très indolents et
corrompus, ils sont aussi grands buveurs de *bet-
sabetsa*, sorte de boisson alcoolique, composée de
jus de canne, de riz fermenté et d'une écorce
d'arbre qui lui donne une amertume très prononcée.

Presque l'unique culture de Sainte-Marie, est le
giroflier, précisément parce qu'il demande fort
peu de soins. On en cueille annuellement 35,000
kilos; et il serait facile d'en décupler la récolte,
par de nouvelles plantations, et plus de soins à
en recueillir les fruits, si on pouvait obtenir plus
d'efforts de la part des habitants.

Le commerce de Sainte-Marie est assez restreint.

109,492 fr. 80 d'exportations;

145,796 fr. 20 d'importations, consistant surtout
en riz, boissons, fils et tissus, bœufs vivants.
Beaucoup de ces marchandises sont du reste réex-
portées à Madagascar, par des boutres indigènes.

A un autre point de vue, il est peu d'endroits à
Madagascar où l'on ait autant fait pour l'établissement de la religion chrétienne qu'à Sainte-Marie,
et où l'on ait recueilli moins de fruits, souvent
hélas! par la faute de l'administration française.

Ce fut en 1837 que M. Dalmond y prêcha l'évangile, deux siècles après les premiers essais transitoires et infructueux des PP. Lazaristes.

Ses efforts parurent d'abord couronnés de succès. En trois mois il instruisait et baptisait cent quatre-vingts indigènes. Malheureusement, il dut partir. Il y fit une dernière apparition en 1847, pour y contracter sa dernière maladie et y mourir, le 22 septembre de cette même année. Mais ce ne fut qu'au commencement de 1851 que par les efforts réunis, des Pères de la Compagnie de Jésus, seuls chargés désormais des petites îles, et du gouvernement de la France, représenté par le Ministre de la marine et des colonies d'alors, M. Ducos, que l'évangélisation de Sainte-Marie fut réellement entreprise, et fit bientôt concevoir les plus belles espérances.

Déjà, en 1864, quand le R. P. Lacomme fut chargé de la préfecture apostolique des Petites Îles, Sainte-Marie était en voie de transformation et en pleine prospérité. Mais voici qu'en 1868, M. Lagrange, dont les sages ordonnances avaient tant contribué à ce résultat, est remplacé par M. Blandinières qui, négligeant ou détruisant tout ce qu'avait fait son prédécesseur, ne s'occupa presque uniquement que de travaux et de réparations matérielles, quais, ports, magasins, etc., etc. et finit par conseiller à la France en 1878 d'abandonner Sainte-Marie qu'il n'avait pas su administrer.

Puis vinrent les décrets que l'on eut la folie d'appliquer même à Sainte-Marie, au risque de ne pas avoir un prêtre pour la desservir, ou tout au plus de n'en avoir qu'un seul, vivant là, abandonné, sans secours, sans soutien, par intermittences. Si l'on avait continué l'œuvre de M. Lagrange pendant ces vingt-six dernières années, Sainte-Marie aujourd'hui serait au contraire tout entière chrétienne, et vraisemblablement en pleine prospérité.

II

NOSY-BE.

« Nosy-Be fait un heureux contraste avec Mayotte. Elle a de l'eau en abondance et par conséquent de la verdure, des arbres et des fruits. La petite place d'Helville, qui en est le chef-lieu, est parfaitement tracée, bien plantée de beaux manguiers et commence à se bâtir... »

Telles sont les premières lignes que je consacrais à notre petite possession du Nord-Ouest de Madagascar, sur mon journal de voyage en 1891 ; telle aussi l'impression exacte qu'elle a laissé dans mon souvenir.

Nous devons Nosy-Be à l'amiral de Hell, alors Gouverneur de la Réunion, dont le coup d'œil de marin avait deviné dans cet îlot, une station navale de premier ordre. Un millier de Sakalaves s'y étaient réfugiés, en mai 1839, pour échapper à la tyrannie des Hova. C'est avec eux que le 14 avril, 1840, le capitaine Passot, envoyé par l'amiral

dans cette intention, conclut un traité de protectorat qui, le 5 mars de l'année suivante, fut
changé en prise de possession définitive.

Depuis cette époque Nosy-Be est toujours restée
française ainsi que les deux petites îles voisines,
Nosy Faly et Nosy Komba, et Nosy Mitsio, qui
appartient au groupe des îles Minoa.

Nosy-Be, malgré son nom qui signifie « la
grande île », n'est grande que comparativement
aux îlots qui l'entourent. Un peu plus étendue cependant que Sainte-Marie, d'une forme et d'une
configuration toute différente et qui rappelleraient
plutôt l'île de la Réunion, elle a 22 kilomètres
dans sa plus grande longueur et 15 kilomètres
dans sa plus grande largeur, avec une superficie
de 293 kilomètres carrés ou 29,300 hectares, dont
2360 seulement, c'est-à-dire moins d'un douzième,
sont cultivés.

Elle occupe, par rapport à la côte Nord et Nord-
Ouest de Madagascar, une situation analogue,
mais meilleure, que celle de Sainte-Marie par rapport à la côte orientale, étant comme elle un point
d'appui et une pierre d'attente vers la grande
terre, tant que celle-ci ne nous appartient pas;
devenant au contraire un poste avancé pour sa
défense et un entrepôt naturel, aussitôt que Madagascar sera devenue une terre française.

Située au Nord de la splendide baie de Passandava, qu'elle ferme et abrite du côté de l'Océan,
entre 13° 11' 15" et 13° 24' 45" latitude Sud, 45°
49' 10" et 46° 0' 45" longitude Est, à 240 kilomètres

à l'Est de Mayotte, elle n'est séparée de la grande terre, c'est-à-dire du rivage oriental de la baie de Passandava, que par un détroit de 12 kilomètres de large, au milieu duquel, à 2 ou 3 kilomètres de son rivage, se dresse l'îlot ou pâté rocheux de Nosy-Komba. Sa forme est très irrégulière, ses côtes très découpées et la mer partout profonde.

Elle présente donc plusieurs bons mouillages dont le meilleur est, dans sa partie méridionale, la rade d'Hellville (13° 23′ 16″ latitude Sud, 45° 59′ 44″ longitude Est) où les bateaux des Messageries maritimes font escale deux fois par mois.

Nosy-Be est d'origine volcanique. Elle est couverte de montagnes et de vallées qui se changent parfois en plaines assez fertiles, et qu'arrosent une quantité de petits cours d'eau, dont le plus considérable est le Djabola qui se jette à la mer dans la rade d'Hellville.

Le climat de Nosy-Be est à peu près celui du Nord de Madagascar et meilleur que celui de Mayotte. Ce qu'on y remarque surtout, c'est la parfaite uniformité des saisons.

Le sol est fertile. Il produit du riz, du maïs, du manioc, des patates, des cannes à sucre sur plus d'un millier d'hectares, de la vanille, de l'indigo. En un mot, l'île se suffit à elle-même et elle est encore bien loin de donner tout ce qu'elle est susceptible de produire.

C'est la partie méridionale qui est la plus peuplée, surtout autour d'Hellville. La population est clairsemée vers le Nord. Il y a en tout 9540 habitants, dont 240 blancs, presque tous français : fonctionnaires, missionnaires, colons. Le reste est composé surtout de Sakalaves, venus de la grande terre ; de Macquois et de Cafres, comme travailleurs ; d'Hindous et d'Arabes pour le petit commerce.

Hellville est une petite ville fondée en 1841 et ainsi appelée du nom de l'amiral de Hell. Elle a plus de 1000 habitants ; elle est bien bâtie, bien tracée, bien plantée, avec un appontement pour le déchargement des navires, une jetée, des magasins, une cale et des feux.

La rade est petite, mais bien abritée, bonne et sûre. Quelques travaux de défense en feraient un port militaire de grande valeur.

Il n'y a pas de droits de douane à Nosy-Be, seulement des droits sanitaires et de navigation et quelques taxes accessoires. Aussi est-elle devenue l'entrepôt du commerce de la côte Ouest et Nord-Ouest de Madagascar, avec qui elle est en constante communication, par des boutres arabes ou par d'innombrables petites pirogues à balanciers. Son commerce atteint le chiffre très élevé de 8,000,000 d'importation et d'exportation. Il est presque tout entier entre les mains des Hindous et des Arabes pour le détail, de maisons françaises et de deux très puissantes maisons allemandes, pour le grand commerce. Plus de la moitié de ce commerce se fait sous pavillon français.

Jusqu'à l'acquisition de Diégo-Suarez, Nosy-Be formait un gouvernement indépendant, avec un gouverneur, un chef de service administratif et un

chef de service judiciaire ; un conseil d'administration composé de deux chefs de service et de deux
notables choisis par les citoyens français résidant
dans l'île ; enfin un tribunal de première instance
composé d'un seul juge et un greffier qui était en
même temps notaire. Depuis on l'a rattachée à
Diégo-Suarez. Ce fut peut-être une faute, car l'administration de Nosy-Be, par tradition, et aussi
par la situation de l'île, a une influence sur les
tribus de la côte N.-O. que n'aura jamais le gouverneur de Diégo.

L'histoire de la mission catholique à Nose-By
est la répétition de celle de Sainte-Marie. Commencée à peu près en même temps, avec les mêmes
alternatives de succès et de revers, provenant à
peu près des mêmes causes, ayant de plus à lutter
contre l'infiltration arabe qui envahit tout à Nosy-
Be et qui est favorisée parfois par une administration imprudente, elle était cependant parvenue à
fonder des écoles et une chrétienté florissante
à Hellville et divers autres petits postes secondaires.
Confiée aux Pères de la Compagnie de Jésus, jusqu'en 1879, elle fut alors cédée, en même temps
que Mayotte, aux Pères du Saint-Esprit, en sorte
que là du moins, l'application des décrets ne vint
pas jeter le trouble dans les esprits et arrêter
l'œuvre commencée.

Mais que de mesquineries ineptes et de tracasseries indignes d'une administration sérieuse j'aurais à raconter, si je voulais dire toutes les entraves apportées par l'administration locale à

l'évangélisation de l'île! Mieux vaut garder le silence.

III

DIÉGO-SUAREZ.

J'ai déjà parlé de la rade de Diégo-Suarez, je n'y reviendrai pas. Je ne dirai rien non plus de la population indigène. Ce sont des Antankara, qui ressemblent à tous ceux du Nord de Madagascar, si ce n'est qu'ils sont encore peut-être plus ivrognes, étant plus riches et ayant plus de facilité à se procurer du rhum. Mais je dois donner quelques détails sur la colonie elle-même, ses progrès et son avenir.

Limites.

Diégo-Suarez est une toute petite et très récente colonie française. Occupée pendant la guerre de 1883-1885 par ordre de l'amiral Miot, elle nous appartient définitivement depuis le traité du 17 décembre 1885, dont l'art. 15 est ainsi conçu :

« Toutefois le gouvernement de la République se réserve le droit d'occuper la baie de Diégo-Suarez et d'y faire des installations à sa convenance. »

C'était vague et la lettre explicative Miot-Patri-

monio qui fixait des limites précises n'ayant pas
été reconnue à Paris, et aucune négociation à ce
sujet ni à Tananarive, ni sur place, n'ayant pu
aboutir, les limites de notre nouvelle possession
ont été constamment reculées, non pas sans difficultés toutefois, ni, parfois, sans danger.

Telle qu'elle est actuellement, la colonie s'étend
depuis le cap d'Ambre (11 57′ 17°‴ lat. Sud) jus-
ques au delà de la montagne du même nom, vers
12° 40′, occupant ainsi toute la côte Ouest, pendant
l'étendue de près d'un degré géographique. A
partir de la montagne d'Ambre, en allant vers
l'Est, la ligne, du reste incertaine, qui limite nos
possessions, remonte notablement vers le Nord,
laissant en dehors d'elle le fort hova d'Ambohimarina, situé par 12° 26′ 20″ latitude Sud, et même
Antaramitarana, le dernier poste de douane hova à
la frontière Sud de notre colonie, par 12° 22′ 50″.
— Nos possessions n'ont guère que 25′ de longueur sur la côte Ouest, à peine 50 kilomètres, leur
plus grande largeur de l'Est à l'Ouest, étant de
55 kilomètres et leur superficie un peu inférieure
à celle de Bourbon.

Le pays.

Le pays, très accidenté, comprend comme tout
le reste de Madagascar, des montagnes, des gorges
et des vallées. La montagne d'Ambre, qui n'est
qu'à 35 kilomètres d'Antsirana et à 23 ou 24 du

Cul-de-sac Gallois, atteint par son sommet, le pic d'Antanantaza, 1360 mètres de hauteur, presque l'altitude de Tananarive.

Sur son flanc méridional, on a établi un sanatorium appelé à rendre de très grands services aux colons de Diégo-Suarez, car ils pourront y trouver comme les créoles de Bourbon à Salazie, sinon les mêmes eaux, — il y a cependant des eaux ferrugineuses, — du moins une fraîcheur relative, un air excellent, et par suite, y refaire leurs forces épuisées.

Toute la colonie est admirablement arrosée. On n'y compte pas moins de quinze cours d'eau se jetant dans la rade, et dont les plus importants sont la rivière des Maques et celle des Caïmans, qui coulent du Sud au Nord. C'est cette dernière qui doit plus tard alimenter Antsirana.

La rade divise la colonie en deux parties : celle du Nord et celle du Sud. Celle du Nord est inculte, montagneuse, assez peu habitée. Il n'y a guère que quelques troupeaux. Celle du Sud, mieux arrosée, plus fertile, renferme des vallées très riches, surtout en rizières, en particulier la plaine d'Anamakia, entre la rivière des Maques et celle de la Main. C'est exclusivement de ce côté que s'est portée l'immigration.

Le climat est à peu près celui de Bourbon.

Population.

Il est très difficile, sinon impossible, de donner un chiffre exact à la population, blanche ou indigène, de la petite colonie.

Vers la fin de 1891, à l'occasion des bruits de guerre qui circulèrent à Madagascar, le gouverneur, M. Froger, fit faire le dénombrement des hommes en état de porter les armes. Il en trouva 2,300, ce qui supposerait peut-être de 12,000 à 15,000 habitants.

Il y avait en outre une garnison de 700 ou 800 hommes.

Ces chiffres sont plutôt trop élevés. Un témoin très bien informé, porte à environ 150, le nombre des familles de blancs établies dans la campagne, et à 200 ou 300, celles établies en ville.

La population indigène est moins nombreuse que la population blanche dans la ville, beaucoup plus dans la campagne. Cependant, il est facile de faire à une assez faible distance d'Antsirana, trois ou quatre heures de chemin sans rencontrer âme qui vive. Cette population est bien mélangée, car aux Antankara sont venus se joindre toutes sortes d'immigrants, les Betsimisaraka de Sainte-Marie, surtout pour être matelots ; des Antaimoro, venus du Sud-Est pour les travaux manuels, mais qui repartent aussitôt après avoir amassé quelque argent ; des Hova, des Sakalaves,

des Mozambiques et surtout des Arabes des Comores et des Indiens de Bombay qui monopolisent
déjà tout le petit commerce, et pervertissent la
population indigène.

La ville.

Avant la venue des Français, la ville d'Antsirana se composait de quelques misérables cases.
Aujourd'hui, c'est une agglomération de 4,000 à
5,000 habitants.

Aussitôt après l'occupation en effet, accoururent
des marchands de toutes sortes, de Maurice, de
Bourbon, de Tamatave et plus tard de France.

Des maraîchers les suivirent bientôt, puis des
industriels, des ouvriers, et tous ensemble, avec
les diverses administrations et l'armée, forment
une véritable petite ville.

Au commencement, les constructions se firent à
la hâte, avec un bois qui arrivait tout préparé de
Norwège, ou même avec des falafa ou nervures des
feuilles de ravinala, et furent recouvertes de tôle.
C'était l'ordre du gouverneur qui pensait éviter
ainsi les incendies. C'était peut-être prudent, mais
sûrement c'était intolérable, la chaleur rendant
inhabitables ces maisons, depuis huit heures du
matin jusqu'à six heures du soir.

Depuis trois ou quatre ans, on commence à bâtir
en pierre, et ce n'est pas difficile, car la pierre se
trouve sur place, à profondeur de bêche, par petits

tas qu'il suffit de découvrir ; et elle n'est pas chère, car un bon moellon dégrossi ne coûte couramment que 0,05 centimes.

L'Église renversée par le dernier cyclone, n'était qu'un hangar provisoire, couvert de tôle et n'ayant pour parquet que la terre battue. Les marins russes, qui la visitèrent, ne cachèrent pas leur surprise. Autrefois on eût commencé par l'église, et c'est autour de l'église que les colons auraient établi leurs cases d'abord, leurs maisons ensuite. Autrefois, on n'avait pas toujours tort !

C'est en 1891 que je visitais Antsirana. Mes compagnons furent surpris de ne pas la trouver plus avancée. Je fus surpris, au contraire, de voir qu'on avait déjà tant fait.

Les maisons et les cases s'amoncelaient autour de la baie, — une jetée était en construction pour le débarquement des navires — les rues étaient tracées, quelques-unes déjà bordées de cases ou de maisons, — un pont avait été jeté sur un petit torrent, — la gendarmerie était en construction, — la caserne, l'hôtel du gouverneur, celui du commandant de la garnison, achevés.

Depuis, il paraît qu'Antsirana est méconnaissable, tellement on a fait de progrès.

Cependant deux grands projets ne sont toujours qu'à l'étude : le bassin de radoub dont j'ai déjà parlé et une conduite d'eau.

Antsirana, en effet, n'a pas d'eau, excepté deux ou trois sources qui évidemment ne peuvent lui suffire, et il faut qu'une chaloupe à vapeur aille en chercher, chaque jour, de l'autre côté de la rade, à Diégo.

Quelques routes ont été amorcées, pour relier les divers camps entre eux d'abord, ensuite à travers les rizières d'Anamakia, vers Angonka et Ambararatra, dans la direction de l'Ouest.

Colonisation.

Il y aura bientôt trois ans M. de Mahy fit voter 100,000 francs pour aider à la colonisation de Madagascar, et cette somme fut en grande partie consacrée à Diégo-Suarez. Ce n'étaient pas les premiers fonds dépensés dans ce but; mais dès ce moment, on mit à la disposition de tout colon, venant de France :

1° Le passage gratuit;

2° Quelques hectares de terrain, une maison, et les instruments de travail nécessaires;

3° La nourriture, c'est-à-dire des rations de pain, de vin, de viande et de café, pendant 10 mois.

Il serait peut-être instructif de se rendre compte des résultats de ce premier essai.

Dans l'ensemble, ils sont plutôt mauvais.

Des quatre colons arrivés en 1891, un seul a réussi. Il est maintenant à la montagne d'Ambre, possesseur d'une belle propriété, fertile et bien arrosée; mais les trois autres ont dû repartir.

Ceux qui vinrent ensuite partagèrent à peu

près le même sort, ainsi que ceux des soldats qui, leur service fini, voulurent rester dans la colonie. L'un d'eux cependant, dont on a souvent parlé, Nicolas, fait exception. Il se trouve aujourd'hui à la tête d'une fortune de 300,000 francs.

Le principal centre de la colonisation a été la montagne d'Ambre. Il y a encore un autre village de colons français sur la rivière Sakarany, à cinq heures d'Antsirana, et deux heures en deçà de la montagne d'Ambre. Mais là non plus, il n'y a pas grande prospérité. Les nouveaux colons en effet, ou bien ne sont pas des travailleurs sérieux, ou bien ne peuvent résister au climat — l'un d'eux avait soixante ans! — Mais ce qui les perd surtout, ce sont les excès dont ils ne savent se garder.

Les créoles sembleraient tout indiqués pour peupler et cultiver notre colonie. Ils sont déjà acclimatés, et s'ils étaient travailleurs, sobres et sérieux, « on n'aurait qu'à laisser faire, suivant ce qu'écrivait quelqu'un parfaitement placé pour les voir et les observer, et à pourvoir aux premiers besoins des immigrants qui vont naturellement de Bourbon à Diégo-Suarez... Que chaque cultivateur soit assuré de trouver en débarquant, continue le même observateur, une concession de terre et un abri; qu'une chapelle et une école s'élèvent au centre des villages; qu'une route relie chaque groupe au port; qu'une bonne canalisation assure partout la distribution d'une eau saine et abondante, et en peu d'années Diégo-Suarez

pourra paraître un autre Bourbon ; car, il ne faut
pas l'oublier, la terre sitôt qu'elle est arrosée, se
couvre d'une végétation luxuriante dès les premières pluies de décembre. »

En réalité, jusqu'ici, on n'a fait que de la petite culture, des rizières chez les Malgaches, un
peu de maïs pour les chevaux, et de la maraî-
cherie, chez les colons blancs, pour l'alimentation d'Antsirana. Malgré tout, la campagne se
peuple peu à peu.

Industrie.

La pénurie de capitaux explique également le
peu de développement de l'industrie. On parle de
salines à créer, et des compagnies seraient en
voie de formation pour les exploiter; mais ce ne
sont encore que des projets. Une grande usine
d'endaubement avait été commencée en 1890 par
la Compagnie de la graineterie française. Elle
voulut faire énorme. Plus de 6 millions furent en-
gloutis dans des bâtiments qui couvraient un hectare de terrain et furent à peine achevés en 1892;
un Decauville de 8 kilomètres relie l'exploitation
à la rivière des Maques, à une heure de la rade, et
en fait ainsi une dépendance d'Antsirana ; 1200
à 1500 ouvriers, créoles, Français, Malgaches, y
furent dès lors employés, et on abattit parfois
jusqu'à 250 bœufs par jour. Ce pouvait être une
entreprise prospère. Par suite de malversations,

de mauvaise organisation, de manque d'hommes de métier, peut-être de manque de débouchés, elle aboutit à une faillite, et je crois qu'une compagnie anglaise a succédé à la graineterie...

Commerce.

Le commerce consiste surtout en importation. Il faut en effet presque tout faire venir du dehors, de France surtout, vin, farine, café, habits, chaussures, etc. De même les bois, les fers, les outils et instruments, en un mot tout ce qu'il faut à des Européens pour vivre, sauf la viande, le riz et les légumes.

Quant à l'exportation, elle est presque nulle; les boîtes de conserve de la société d'endaubement avant sa chute, et un peu de caoutchouc. C'était tout.

Service religieux.

Tout est encore à organiser au point de vue religieux. Pendant la guerre, c'était l'aumônier de la flotte qui descendait parfois à terre pour voir les malades et leur administrer les derniers sacrements. Après le traité, en 1886, un jeune prêtre, M. Méar, y fut envoyé comme aumônier de l'hôpital militaire. Il y resta seul pendant trois ans, demeurant au cap Diégo, et obligé de desservir en même temps, la ville naissante d'Antsirana de l'autre côté de la rade. Il n'avait pas de chapelle, et ce furent précisément les difficultés qu'il rencontra quand il voulut en bâtir une, qui le découragèrent et lui firent demander son changement.

Mais voici qu'enfin, après plusieurs tâtonnements, arrivait comme curé d'Antsirana, le 3 novembre 1890, l'ancien curé archiprêtre de la cathédrale de Saint-Denis, M. l'abbé Murat, un homme de zèle, de dévouement, de valeur, que des circonstances, que j'appellerais volontiers providentielles, pouvaient seules rendre libre et envoyer à Diégo-Suarez. C'est lui qui est le vrai fondateur de la mission. Il trouva tout à faire, et il a réalisé déjà tout ce qu'il était humainement possible d'espérer. Il a bâti l'école des sœurs; il a pu les voir s'établir à l'hôpital; il a obtenu un très bel emplacement pour sa future église et ses écoles; bref, il a mis là toute sa fortune, tout son temps, tout son cœur! Un instant on a voulu le créer Vicaire, tout au moins, Préfet Apostolique de Diégo-Suarez. Des difficultés diplomatiques seules ont pu empêcher ces négociations d'aboutir. Elles s'aplaniront, et jamais meilleur choix n'aura été fait.

CHAPITRE XIX

MŒURS ET COUTUMES

Nous venons de passer en revue les principales tribus de Madagascar, nous efforçant d'en donner une idée à la fois claire et exacte. Le moment est venu de considérer un instant ce qui leur est commun, d'étudier leurs usages, leurs mœurs, leurs habitudes, leurs croyances, leurs pratiques religieuses, leur langue. Nous en tirerons ensuite les conséquences et arriverons ainsi peut-être à dissiper, au moins partiellement, les ténèbres dans lesquelles s'enveloppent leur race et leur origine.

I

APPARENCE EXTÉRIEURE, COSTUME, HABITATIONS.

La première chose qui frappe le voyageur à Madagascar, c'est la diversité de couleur, de visage, de race des habitants. Que de fois l'on m'a demandé : « De quelle couleur sont les Malgaches? » et la seule réponse que j'ai pu faire à cette question est celle-ci : « De toutes les couleurs. » Il y en a en effet de noirs, de blancs, de cuivrés, avec toutes les nuances intermédiaires. C'est qu'il n'existe probablement pas au monde de race plus mélangée; et il est complètement exact de dire, qu'il y a du sang de tous les peuples dans les veines du peuple malgache.

Nous y rencontrons, en effet, nettement caractérisé, le type sémitique, surtout vers le Sud-Ouest ou le Nord-Ouest. Nous y rencontrons le type nègre africain, tout particulièrement chez les Sakalaves de l'Ouest et également au centre de l'île. En Imerina, les Hova, avec « leurs yeux allongés et bridés, leurs pommettes saillantes, leurs cheveux lisses, leur teint jaune ou cuivré, sont évidemment de race malaise. — Au contraire, la face ronde et aplatie des tribus de l'Est en particulier, leur nez écrasé à la racine, leur chevelure touffue et globuleuse en *tête de va-drouille* (1) », en fait une race nègre toute différente des races de l'Afrique. La présence enfin des Européens, des créoles, des Indiens en beaucoup de points, au milieu d'un peuple de mœurs excessivement relachées, devait aussi introduire parmi eux des traces parfois très visibles de la race blanche, avec sa couleur, ses traits, ses notes caractéristiques.

Et toutes ces diverses races, tous ces types différents, sont mêlés, croisés, confondus à l'infini par une cohabitation séculaire, par des unions et

(1) Grandidier, *Madagascar*, p. 15.

des croisements sans fin. Aussi, à mon avis, est-ce faire fausse route que de vouloir, comme le faisait jadis un écrivain dans la revue l'*Exploration*, séparer les Malgaches en races tranchées et distinctes : celle de l'Ouest, celle de l'Est, celle du Centre ; la première se rapprochant du Cafre, la seconde du Malais, la troisième étant la race primitive et *autochtone* de Madagascar. Je ne puis accepter ni cette séparation, ni cette distinction si nettes, ni aussi ces origines. Le problème est plus compliqué que cela. Si en effet « les habitants de Madagascar n'appartiennent pas plus à une seule et même race que l'île entière n'appartient à un même roi », comme s'exprime M. Grandidier, il y a entre elles tant de points de contact, tant de ressemblances, tant d'habitudes communes, que l'on peut d'ores et déjà leur soupçonner une patrie commune.

Étudions ces ressemblances.

Costume. — La première de toutes, quoique la moins importante, est le costume.

Il est extrêmement simple et à bon marché. Une longue bande de toile, le *salaka*, passant entre les jambes, et se serrant autour des reins ; par-dessus, une chemise, appelée *akanjo*, ordinairement en rabana ou en mauvaise toile ; enfin le *lamba*, c'est-à-dire un carré de toile de coton ou de chanvre, dans lequel ils se drappent avec fierté, et non sans élégance, voilà pour les hommes.

Presque tous vont pieds nus, et se couvrent parfois la tête d'une toque en joncs tressés, d'un chapeau en paille de riz, ou de toute autre coiffure, toujours très primitive. Ils marchent ordinairement, armés d'une petite lance ou *sagaie*, l'arme nationale du Malgache. Dans l'Ouest et le Sud-Ouest, ils en ont plusieurs et ne les quittent jamais; ils y joignent un fusil à pierre, dont la culasse est ordinairement ornée de clous dorés; et, c'est le fusil fiché en terre à leur côté, la sagaie entre leurs mains étendues, et passée au-dessous de leurs têtes, qu'ils reposent, et parfois qu'ils meurent. La chose que le Malgache aime le plus au monde (je ne parle pas du Hova), c'est son arme, de la poudre et du plomb.

Les femmes ont la même tunique ou chemise que les hommes et le même lamba, qu'elles portent d'une manière un peu différente. Elles aussi, vont toujours nu-pieds et n'ont pas de coiffure. Leurs cheveux, recouverts de graisse, sont artistement tressés, noués et entrelacés de mille façons, qui varient avec les différents peuples. Chez beaucoup, les hommes font comme les femmes, mais cela tend à disparaître, et n'existe plus qu'à certains endroits.

Le plus grossier chiffon, la plus misérable guenille, suffit à l'enfant, et bien souvent rien du tout. Jusqu'à ce qu'il puisse marcher, la mère, ou toute autre personne, le porte, non dans ses bras, mais sur son dos, enveloppé dans son lamba qui d'ordinaire le recouvre complètement jusque par-dessus la tête.

Habitations. — L'habitation est aussi extrêmement simple. C'est, dans les régions du Sud, une
petite hutte de cinq à six mètres carrés, haute au
centre de six à sept pieds, construite avec quelques
paquets de joncs et de roseaux, sur le sol même
que le Malgache ne se donne jamais la peine de ni-
veler (1) ; une hutte aussi, plus ou moins semblable,
dans la partie occidentale, chez les Sakalaves.
Dans le Plateau central, les joncs ou roseaux sont
aujourd'hui généralement remplacés par la terre
battue et pétrie ; et, par suite du contact avec les
Européens, les cases se changent peu à peu en
véritables maisons.

Enfin, sur toute la côte orientale, les habitations revêtent une forme particulière, dont le
type est la case Betsimisaraka.

Ce ne sont au fond que des paillottes. La charpente en est faite avec des morceaux de bois as-
semblés par des chevilles et des lianes, partout
où les indigènes ont pu se procurer des tarières
pour percer les traverses ; par des encoches et
les mêmes lianes (vaha), là où ils n'ont que la
hache.

Le garnissage sur les murailles, et aussi le toit,
sont formés d'une espèce de clayonnage, avec des
bois de 0^m,02 de diamètre, contre lesquels ils
appliquent de l'herbe ou des feuilles de ravinala verticales. Quelquefois, extérieurement, ils
appliquent contre la muraille une sorte de natte

(1) Grandidier, *Voyage chez les Antanosy émigrés*, p. 10.

faite de bambous écrasés et tressés en damier. Le
plancher, toujours élevé au-dessus du sol de 20
à 50 centimètres, parfois davantage, est fait avec
des troncs de Vakoa (pandanus), dont l'écorce
sert aussi aux porteurs pour envelopper leurs
colis, et recouvert des côtes de la feuille du
ravinala percées et jointes ensemble par de petites traverses (1).

La porte est faite de la même manière, et glisse
entre deux tiges de bois ou deux cordes; ou même
s'applique simplement contre la muraille. Il n'y a
pas de croisées d'habitude; tout au plus, un petit
trou carré de 40 à 50 centimètres sur 30 à 40.
La couverture enfin se compose d'herbes séchées,
ou bien de feuilles de ravinala jointes à recou-
vrement.

Évidemment l'air et le vent circulent librement
à travers des habitations si légèrement construites,
et la pluie y tombe plus d'une fois tout à son aise.
Mais il y a peu d'inconvénients à cela, tellement la
température est élevée. Il en serait tout différem-
ment sur les hauts plateaux.

Il n'y a pas de cheminées, mais un simple carré
de terre battue avec trois ou quatre pierres dressées, entre lesquelles on allume du feu, et qui
supporte la marmite à cuire le repas. La fumée
s'échappera comme elle pourra, par les ouvertures
toujours très abondantes, et les habitants, pendant

(1) Ce plancher est parfois recouvert de nattes, mais rarement;
on les réserve pour vous faire asseoir ou pour se coucher dessus
en guise de lit.

ce temps, s'efforceront de s'en garantir, autant que cela leur sera possible.

Dans une case, il n'y a presque toujours qu'une seule pièce, qui sert de salle à manger, de cuisine, de chambre à coucher, et parfois donne encore asile aux poules et autres animaux. Mais ce qu'il y a de plus remarquable, c'est que la disposition est toujours exactement la même, le foyer, le lit, le mortier à piler le riz occupant invariablement et partout la même place.

Il y a à cela comme à tous les autres usages malgaches, des raisons de tradition et de superstition nationale.

II

ENFANTS ET FAMILLES. — COUTUMES ET MARIAGES. QUALITÉS ET DÉFAUTS. — ÉTAT SOCIAL.

Famille. — Les Malgaches ont, en général, un grand nombre d'enfants, et tiennent beaucoup à en avoir. Quand ils n'en ont pas, ils en adoptent; car ils veulent avant tout posséder une famille nombreuse. Dans ces pays primitifs, en effet, où la force prime le droit, un homme est d'autant plus puissant qu'il a plus d'enfants, clients ou esclaves.

Au reste leur éducation coûte peu. Leur nourriture est en effet à si bon compte, leur habit si rudimentaire, leurs besoins si bornés, que l'on ne dépense presque rien pour les élever. Bien entendu que l'instruction est inconnue, excepté depuis longtemps chez les Antaimoro, et aujourd'hui dans les endroits où les Européens ont pénétré.

Cependant, les Malgaches aiment leurs enfants. Il y a aussi chez eux un amour très grand de la famille, de la caste, de la tribu, de la terre natale. Ils voyagent facilement d'un bout de l'île à l'autre ou pour travailler ou pour marauder, ou pour faire le commerce; mais c'est toujours avec le désir de retourner dans leur village, et s'ils viennent à mourir en pays éloigné, leur grande préoccupation est d'être rapportés au tombeau de famille. Ainsi, les porteurs de Tamatave ont formé comme une véritable association naturelle de secours mutuels, dont le premier devoir est de ramener chez eux les corps de ses membres expirés loin de leur pays.

Chaque famille est ordinairement un petit état, avec son chef qui est le père ou l'un des fils, ordinairement le fils aîné, ses lois et ses privilèges. La réunion de plusieurs familles, issues d'une origine commune, forme la *caste,* ou même la *tribu.*

Esclaves. — Il y a des esclaves presque partout. Autrefois on les importait de Mozambique, et il s'en faisait un commerce assez actif; cela est interdit aujourd'hui, — ce qui ne veut pas dire qu'on ne le fasse plus. — Cependant on s'en procurait encore davantage par les guerres, les incursions, les razzias de tribu à tribu. D'habitude, les hommes étaient tués ou s'enfuyaient, les femmes et les enfants étaient emmenés en captivité, en même temps qu'on enlevait les troupeaux.

Cela continue encore aujourd'hui en beaucoup d'endroits. C'était là autrefois le motif de presque toutes les guerres, comme c'est aujourd'hui celui des incursions des Fakavalo.

L'esclavage cependant n'est pas dur à Madagascar, et l'esclave est plutôt considéré comme l'enfant de la maison. Du reste, le même mot s'emploie indistinctement pour les désigner l'un et l'autre. Il doit à son maître certaines corvées, pas très nombreuses, et c'est presque tout. Le reste du temps, il est son propre maître, et travaille pour lui ou pour sa famille. Il peut même être porteur ou exercer un métier, mais à charge alors de donner une part de ses bénéfices à son propriétaire, quand celui-ci l'exige.

Qualités et défauts des Malgaches. — Les Malgaches sont pauvres. Heureusement que leurs besoins sont très limités. Les plus riches sont ceux qui ont un certain nombre d'esclaves et des troupeaux de bœufs, en certains endroits très nombreux. L'argent est rare à Madagascar. Au cours d'une conférence sur la contrée, M. Jully parlait de tel village où tous les habitants réunis ne posséderaient pas, à eux tous, une piastre. Il y a pourtant des marchands Hova qui ont des fortunes se chiffrant par 100,000 francs; mais avec quel soin alors ils les cachent pour ne pas exciter la

convoitise du pouvoir! D'autres ont jusqu'à 1,000,
2,000, 5,000 bœufs. Ce ne sont toutefois que des
exceptions peu nombreuses, l'ensemble de la population ne possédant presque rien.

Mais s'ils sont pauvres, ils ne sont pas pour cela
honnêtes. Quelques tribus font peut-être exception,
les Betsiléo, et les Tanala indépendants par exemple. Mais ordinairement les Malgaches sont de
francs voleurs, souvent des maraudeurs, parfois
des brigands.

Ils sont aussi de francs menteurs, toujours prêts
à dire le contraire de la vérité, avec un art infini
et une apparence de candeur et de sincérité bien
faite pour déconcerter.

Dans l'ensemble, ils ne sont pas cruels, mais
d'un naturel doux et paisible, aimables, gais,
aimant à rire, à causer, à chanter. Ils sont en effet
passionnés pour la musique et l'éloquence, se livrent à des chants interminables et à des discours
sans fin, pleins de digressions, de chaleur, de
mouvement.

Ils en ont du reste tout le temps, car ordinairement ils ne font rien, d'une paresse incorrigi-
ble, sans ambition, sans soucis, sans inquiétude,
sans prévoyance, comme de grands enfants qu'ils
sont.

Les Antaimoro cependant font exception, les
Hova en partie et aussi les Betsileo ; tous les autres,
rien ne peut les décider à travailler, rien surtout
ne peut les maintenir à un travail commencé, et
« vous pourriez aligner les piastres, comme s'ex-

primait M. Jully, au cours de sa brillante conférence du 18 octobre dernier, vous n'amèneriez
jamais un habitant de la forêt à vous apporter
vos bois, si cela ne lui plaît pas. Il n'y a que la
promesse d'un peu de plomb ou de poudre qui
puissent le décider ». Or, cela est vrai de presque
toutes les tribus.

Les Malgaches sont également ivrognes, tous,
sauf les seuls Antaimoro. Leur souverain bonheur
est de se gorger de viande et de rhum, soit de
rhum vahaza, importé surtout de Maurice et vendu
à très bas prix, quelques sous le litre ; soit de rhum
indigène, fruit de la distillation de la canne à
sucre et dont la vue et la seule odeur sont faites
pour vous soulever le cœur. Ils en boivent tant
qu'ils en ont ; et, détail triste à dire, c'est surtout
aux endroits où ont pénétré les blancs que ce vice
est le plus répandu et fait le plus de ravages :
Diégo-Suarez, Saint-Augustin, Fort-Dauphin et
surtout les divers points de la côte Est. Il y a là
une triste exploitation, un moyen honteux de
gagner de l'argent, et de conclure des marchés
avantageux. C'est, hélas ! tout ce que les traitants
vahaza considèrent, s'inquiétant peu du reste :
de l'immoralité de leur conduite et des résultats
déplorables qu'elle produit.

Les Malgaches sont aussi souverainement im-
moraux. Rien n'égale la description épouvantable
et navrante que fait Flacourt des mœurs de son
temps.

Je ne puis la répéter ici ; j'entrerai du reste plus

tard, en parlant du Hova (1), dans quelques détails,
qui dans leur ensemble s'appliquent à tous les
peuples de l'île.

Signalons seulement quelques usages répandus
à peu près partout, sauf en partie chez les Tanala
d'Ikongo et chez les Antaimoro. Le mariage est
peut-être le seul acte de leur vie qui ne soit pas
le plus souvent accompagné de prières : une jeune
fille a droit de disposer d'elle à son gré jusqu'au
jour où, avec sa permission, l'un de ses amants
de même rang qu'elle, la demande officiellement
à la famille. Si l'union est sortable, il suffit du
simple consentement du père pour qu'elle soit va-
lable. La femme peut dès lors être mise à l'a-
mende par son mari pour cause d'inconduite, et
elle ne peut se remarier que si elle a été divorcée.
Toutefois, ce n'est encore qu'un concubinage, et
l'union ne devient définitive qu'à la naissance
d'un enfant. C'est alors seulement, qu'on adresse
des prières à Dieu et aux Ancêtres, qu'on fait un
sacrifice et que les biens de la femme se confon-
dent avec ceux du mari. Avant le mariage, la
jeune fille a donc vécu dans une liberté absolue;
après, l'adultère est interdit par l'usage sous peine
d'amende, mais il est fréquent cependant, et d'habitude il n'entraîne aucune conséquence; quelquefois, il est suivi du divorce mais cela est très rare,
parce que, détail fort curieux et qui a son importance, le sentiment naturel de la jalousie que l'on

(1) V. *Madagascar et les Hova*; Delagrave.

rencontre partout, chez les peuples les plus barbares aussi bien que chez les nations les plus civilisées, n'existe pas, ou tout au plus, existe très faible, chez les Malgaches.

Malgré cela et pour d'autres raisons, le divorce est assez commun. Le mari peut renvoyer sa femme si elle ne lui convient plus, et celle-ci peut quitter son mari si la vie commune lui est à charge. Il n'y aura que quelques intérêts matériels à régler.

La polygamie existe aussi presque partout; chaque homme prend autant de femmes qu'il peut en nourrir, ou qu'il a l'envie d'en avoir. Mais l'une d'elles, a le titre de première épouse ou de maîtresse de maison — *Vadibe* —; les autres étant comme des concubines légales — *Vadikely*.

La femme à Madagascar n'a cependant pas ce rang inférieur, cette place d'esclave que lui assignent tous les peuples orientaux. Elle est au contraire l'égale de l'homme, a ses intérêts particuliers, et peut occuper toutes les situations. En particulier, il y a eu peut-être chez beaucoup de tribus plus de reines que de rois.

Le mariage est généralement décidé entre parents. Pour le faire, il est obligatoire chez les Sakalaves de sacrifier un bœuf; on plante un arbre commémoratif *hazomanitra*, et l'époux mange le cœur de l'animal.

Outre ce que nous venons de dire du mariage, et ce que nous signalerons dans les chapitres suivants sur la religion, les funérailles, les circoncisions, les fêtes, il n'y a guère aucune coutume vraiment remarquable, sauf toutefois deux dont je vais dire un mot : l'hospitalité et le *famaka* ou alliance de sang.

Le Malgache est hospitalier à sa manière. Il voyage beaucoup, et comme il n'y a encore en aucun village ni hôtellerie, ni auberge, ni rien qui en tienne place, vous avez le droit d'entrer dans n'importe quelle case (à moins toutefois qu'il n'y en ait une de désignée par les vahaza); on vous cède aussitôt la place, et vous êtes chez vous. Vous pouvez faire du feu, préparer votre repas, dresser votre lit, vaquer à n'importe quelle occupation. Le matin, ou l'après-midi, après votre déjeuner, vous donnerez en partant un peu d'argent, et tout le monde sera content. C'est ainsi que les choses se passent pour un vahaza. Pour un Malgache, c'est encore plus simple. Bien souvent, il ne paie rien, et il s'assoit ou se couche, avec le reste de la famille, comme s'il en était un membre provisoire.

Alliance de sang. — L'alliance de sang est une pratique fort curieuse. Elle consiste essentiellement en cela, que les futurs parents doivent boire du sang l'un de l'autre. Voici du reste, de cette cérémonie, une relation intime faite à sa famille par un jeune traitant de la côte Est. Il s'alliait à une vieille princesse dont l'amitié devait lui être très utile.

« La réception de ma future parente, écrit-il, a été fort cordiale; elle m'a cédé sa grande maison, une case en charpente fort bien faite, qui a trois pièces et une varangue tout autour.

« La chaleur étant passée, nous nous réunîmes dans la grande salle, les femmes sur des nattes, et les hommes accroupis le long du mur...

« Sur une natte plus petite, on mit une assiette creuse pleine d'eau, et une autre dans laquelle se trouvaient deux petits morceaux de gingembre; on apporta un jonc que l'on coupa en sept petits morceaux et jeta dans l'assiette remplie d'eau; puis, nous prîmes, ma future sœur et moi, chacun un morceau de gingembre; nous nous fîmes une incision à la poitrine, pour en faire sortir une goutte de sang, dont nous enduisîmes consciencieusement notre gingembre; et, après l'échange de ces morceaux ainsi teints en rouge, nous avalâmes chacun celui qu'on venait de nous remettre. Puis, commencèrent les incantations, les appels aux divinités malgaches et l'énumération de nos obligations réciproques, exceptant toutefois le cas de commerce dans lequel chacun pourrait poursuivre le paiement des choses dues par l'autre, sans que le débiteur puisse se retrancher derrière sa parenté.

« Dans le cas où la fidélité serait violée, dit-on dans les imprécations qui accompagnent la cérémonie, n'ayez pas plus d'argent que ceci, et l'on indique les sept bouts de jonc dont je vous parlais plus haut; puis on vous fait boire chacun dans une feuille de ravinala, une gorgée d'eau, de l'eau du sacrifice, en accompagnant la libation de vœux

à votre intention, et on répète la mêm ecérémonie,
en vomissant des imprécations et en disant : « Si
vous violez votre serment, devenez comme ceci »,
et l'on déchire la seconde feuille qui est jetée à
terre.

État social. — L'état social des différentes tribus de Madagascar, à l'exeption des Hova, depuis
le commencement de ce siècle, et des Sakalaves au
siècle dernier, est un état d'anarchie universelle.

Dans l'Imerina en effet, et dans toutes les provinces soumises aux Hova, il y a un semblant
d'administration, des gouverneurs, des postes de
douanes, des soldats. La tranquillité n'est pas absolue; les désordres sont énormes; la sécurité est très
relative, devenant à peu près nulle à mesure qu'on
s'éloigne du centre et que la puissance hova diminue. Mais enfin, tous ces abus, tous ces désordres, ce manque de sécurité, dépendent surtout
des hommes qui détiennent le pouvoir, et il serait
facile, en rétribuant les fonctionnaires, avec quelques changements de personnes, et une impulsion
donnée d'en haut en sens contraire, d'arriver,
tout en gardant les mêmes cadres, à de très bons
résultats.

Au siècle dernier les rois du Menabe avaient
réalisé la même unité administrative sur la côte
Occidentale et réuni à peu près tous les Sakalaves
sous une même autorité. Mais depuis longtemps
cette autorité a disparu, et les Sakalaves sont re-
tombés dans leur état primitif, qui est celui de
toutes les tribus indépendantes.

Certaines d'entre ces tribus reconnaissent vaguement l'autorité d'un chef central, d'un premier roi, qui a comme une suzeraineté nominale sur les autres souverains. Nous en avons un exemple frappant dans l'état actuel des Tanala d'Ikongo, dont le roi a trois autres chefs qui lui sont soumis pour la défense nationale, mais indépendants pour tout le reste.

M. Grandidier avait signalé la même chose chez les tribus du Sud-Ouest.

En fait, ce pouvoir central est généralement nul ou méconnu; et, partout où les Hova n'étendent pas leur autorité, c'est un émiettement, une division, une anarchie sans fin. Chaque district, chaque village, chaque famille, forme un petit État indépendant, sous des rois comblés d'honneurs, mais sans grands pouvoirs, et qui d'ordinaire, ne font rien par eux-mêmes, sans consulter les principaux du pays, d'autant plus redoutables, que, s'ils sont mécontents, ils passeront à la tribu ennemie, avec famille, clients et esclaves. Ainsi il y a trente rois, chez les Antanosy émigrés, qui sont au nombre de 50,000. Et c'est encore pire chez les Sakalaves indépendants, les Mahafaly, les Antandroy, les Bara, etc.

Évidemment c'est une rivalité perpétuelle, une suite d'attaques et d'excursions entre tribus ou villages voisins, et « ces peuples sont toujours en guerre les uns avec les autres, le tout pour s'entrevoler et s'enlever des bestiaux » comme écrivait Flacour des Malgaches du Sud-Ouest.

Il n'y a ni sécurité, ni justice, ni entente d'aucune sorte. Ce sont des bandes de brigands qui attaquent, pillent et volent quand elles sont les plus fortes, tuant les hommes, enlevant les troupeaux de bœufs, emmenant les femmes et les enfants en captivité, jusqu'à ce qu'elles soient attaquées, vaincues et pillées à leur tour.

D'un mot, c'est l'anarchie la plus complète dans la paresse et le brigandage.

CHAPITRE XX

RELIGION ET CROYANCES

I

CROYANCES. — DIEU ET L'AME.

Les habitants de Madagascar n'ont ni temples ni autels, ni même, à proprement parler, de prêtres. C'est probablement ce qui a fait dire à tant d'auteurs qu'ils n'ont pas de religion. Mais rien n'est plus faux.

Dieu. — Ils ont la notion du vrai Dieu qu'ils appellent *Andriamanitra*, le Dieu qui a bonne odeur, peut-être en souvenir de l'encens qu'en d'autres pays, par exemple chez les Juifs, on brûlait constamment devant son autel, ou bien plus communément *Zanahary*, le Dieu Créateur (1). Cette dernière appellation est la plus ancienne et probablement la seule qui existât autrefois. C'est aussi la plus significative.

Les Malgaches sont donc clairement mono-théistes. Toutes leurs formules de prières en font

(1) Les Sakalaves du Sud disent Drianabary.

foi. Dans toutes, en effet, ils s'adressent invariablement au Dieu Créateur, principe de tout bien et ennemi de tout mal. Les autres invocations aux ancêtres, aux vertus des douze montagnes, aux dieux inférieurs, bons ou mauvais, ne viennent qu'en second lieu, suivant leur proverbe : « Demandez par les ancêtres le bien que Dieu seul fera. »

Peut-être même serait-il facile de voir dans ces pratiques, une simple corruption de la tradition sémitique des anges bons et mauvais, et des invocations juives au Dieu d'Abraham, d'Isaac et de Jacob, au Dieu de nos pères, au Dieu des douze patriarches.

Le Rédempteur. — Une autre croyance plus vague, mais que l'on peut démêler au milieu du fétichisme qui a envahi le pays, c'est leur croyance en un Rédempteur, le fils de Dieu qui se serait fait homme et serait descendu sur la montagne d'Ankaratra au Sud-Ouest de Tananarive, pour converser avec les hommes, les instruire, faire le bien, et enfin mourir ou disparaître dans une région inconnue.

Je ne voudrais pas cependant trop faire fond sur cette croyance particulière, et, facilement j'en reporterais l'introduction aux missionnaires qui, à diverses époques, ont tenté d'évangéliser Madagascar, ou à l'influence des diverses nations chrétiennes qui, depuis trois siècles, ont essayé d'y fonder des établissements.

L'âme. — Enfin les Malgaches admettent une

âme, mais dans un sens tout différent du nôtre.
C'est pour eux une sorte d'ombre, de fantôme,
de corps aérien. Elle n'est pas le principe vital
de l'homme; mais, ordinairement unie à lui, elle
peut en être séparée, et, pratiquement, s'en sépare
onze mois ou un an avant la mort. Toutefois, elle
ne quitte jamais le corps de sa propre volonté, et
par suite, aucun Malgache ne meurt d'une mort
naturelle. C'est le sorcier qui l'en chasse. Quand
il a choisi sa victime, il passe près d'elle, inconnu
et inoffensif en apparence; il met le pied sur son
ombre, l'âme est saisie, et il l'emporte captive
sans que le malheureux condamné à mort s'en
aperçoive. Bientôt ce dernier maigrit, il perd ses
forces, il va mourir s'il ne peut recouvrer son
âme.

De là, en particulier chez les Hova, des rites
curieux et fort étranges, soit pour découvrir où
l'âme volée reste cachée, pour lui livrer la chasse,
la prendre et la rapporter à sa demeure, soit au
contraire pour l'attirer par des présents, du miel,
du riz, etc., la prendre comme au piège et l'obli-
ger à rentrer dans le corps qu'elle a quitté. Si
l'on réussit, c'est la guérison, sinon ce sera la
mort.

Ce que deviendra cette âme après la mort, les
Malgaches n'en savent trop rien, et s'en inquiètent
assez peu. Comme nous le verrons plus tard, en
parlant des honneurs rendus aux morts, elle doit
résider non loin des lieux où elle habita, dans
son tombeau, d'où elle peut revenir aider ou

tourmenter les siens, suivant qu'ils l'honoreront, ou au contraire qu'ils la négligeront.

Quelques-uns, comme les Betsileo, croient à la métempsycose. Pour eux, l'âme des chefs passe dans le corps d'un serpent; celle des simples particuliers, dans celui d'une anguille. De là certaines coutumes étranges, et un respect superstitieux, presque de l'adoration, pour ces animaux.

Il n'y a pas que l'homme, du reste, à avoir une âme. Les animaux, les plantes, les objets inanimés eux-mêmes en ont une. Et pour vivre, l'âme de l'homme a besoin de se nourrir tout comme le corps, seulement elle se nourrit de l'âme même du riz, du manioc, des fruits, de la viande, de l'eau, etc.

Telles sont, semble-t-il, les croyances primitives des Malgaches. Elles sont fort rudimentaires, et défigurées par les plus grossières superstitions. Cependant elles supposent, à l'origine, l'existence certaine d'un monothéisme assez épuré, dans lequel on retrouve sûrement l'existence de ces deux grandes vérités primordiales, base de toute religion, et qui existent au berceau de tous les peuples :

1. L'existence d'un Dieu unique.

2. L'existence d'une âme qui, dans le principe, devait être immortelle.

Et peut-être aussi l'existence d'un Rédempteur.

II

DU CULTE ET DE LA CIRCONCISION.

Le culte que les Malgaches rendent à la divinité est encore plus incertain, moins fixé et plus rudimentaire que leurs croyances.

Croyant à Dieu et à sa Providence, ils l'invoquent souvent, en même temps que la terre et le nom des ancêtres, et son nom est sans cesse sur leurs lèvres, dans les petites comme dans les grandes circonstances de leur vie. Ils le prient, mais seulement pour demander les biens temporels, la santé, la richesse, des enfants, des honneurs. Ils lui offrent aussi les prémices de toute chose, le premier morceau de viande à un festin, un habit neuf que l'on met pour la première fois, la première eau du bain de fandroana. Tous ces objets lui sont, non pas sacrifiés, mais seulement dédiés par cette parole de consécration : « à Dieu les prémices, à vous les prémices, Andriamanitra, » qui est bien un véritable hommage. Quelquefois même ils lui font des vœux, par exemple de se priver de tel aliment pendant un certain temps, d'immoler un coq, etc., s'il leur accorde une grâce déterminée, un enfant, un heureux voyage ou toute autre faveur. Et ces vœux sont toujours fidèlement gardés. Enfin on lui offre des sacrifices,

des coqs, des moutons, des bœufs (1). Mais ici
encore, il faut leur appliquer ce que Flacourt disait des Malgaches du Sud : 1° ils n'offrent des
sacrifices qu'afin de pouvoir en manger la
viande, et 2°, détail curieux et cependant bien
fondé sur la nature humaine, de ces offrandes
ils donnent la première part au démon et la seconde seulement à Dieu, par cette raison de pru-
dence que, le démon étant plus méchant et partant plus à craindre, il faut tout d'abord songer
à l'apaiser.

Tout leur culte est là, à l'exception toutefois
d'une pratique religieuse dans le principe, et encore aujourd'hui accompagnée de sacrifices, de
prières et de pratiques superstitieuses, la circoncision. On est tout surpris de la trouver à Madagascar; mais elle y est universellement admise
parmi toutes les peuplades qui l'habitent, une

(1) Chez les Sakalaves du Sud-Ouest « toute prière ou action
de grâces sont accompagnée du sacrifice d'un bœuf dont le sang
sert à teindre l'*hazomanitra*, ou arbre de la loi, qui est destiné à perpétuer le souvenir de la cérémonie; on attache les pieds
de l'animal, et, après l'avoir renversé à terre, on le place la tête
vert l'Est; devant lui, dans une petite coupe d'argile, brûle l'encens : le chef de famille prononce une prière à haute voix, tout
en frappant la victime sur le ventre avec le couteau sacré; puis
un morceau de la viande du bœuf est cuite au pied de l'hazomanitra et est religieusement offerte aux mânes des ancêtres;
le reste se distribue aux assistants... Les rois Maroseranana et
Andrevola remplacent quelquefois le sacrifice de bœufs par des
sacrifices humains. Ainsi les jeunes rois, lorsqu'ils se rasent pour
la première fois, teignent le rasoir du sang d'un vieillard célèbre
par son courage et qu'on immole à cette occasion. » (Grandidier,
Madagascar, p. 32.)

seule exceptée, celle des Mahafaly au Sud-Ouest.
Chez les unes, elle se pratique tous les ans; chez
les tribus du Sud, comme le raconte Flacourt,
tous les sept ans; tous les sept ans également
chez les Hova. Chez ces derniers, un an après la
fête septennale, il y avait comme une véritable
année jubilaire pendant laquelle toutes les pri-
sons étaient ouvertes et tous les délits pardonnés.
Généralement la circoncision est accompagnée de
grandes réjouissances. Certaines tribus de Sakalaves font cependant exception à cause de l'incerti-
tude où l'on est du résultat de l'opération; il n'est
pas rare en effet que l'enfant succombe faute de
soins. La fête alors se célèbre plus tard avec force
sacrifices, festins et orgies. C'est le seul cas où l'on
tue un taureau au lieu d'un bœuf, et l'enfant circoncis est placé sur l'animal pendant l'invocation.

Flacourt fait une description très pittoresque
et le Père de La Vaissière une autre très exacte de
tout ce qui se pratiquait à cette grande cérémonie
de la circoncision.

Avant 1869, c'était la fête par excellence des
Hova (1). Elle durait deux mois. On commençait
par administrer le tanghen à tous les sorciers,
afin de purifier le royaume de cette race maudite.
Puis tout devait être à la joie, aux danses, aux

(1) Depuis cette époque, la fête de la circoncision n'existe plus
officiellement, mais le fait même de la circoncision se pratique
toujours. Ce sont les familles qui circoncisent leurs enfants, quand
elles veulent, mais toujours au milieu de fêtes et de réjouissances,
ordinairement à l'époque froide, juillet et août.

26.

chants et aux festins, sans oublier, bien entendu,
les discours et les souhaits de bonheur. On se rui-
nait aussi en habits de parade, surtout pour le
jour solennel entre tous où arrivait en ville
« *l'eau sainte* » que des officiers étaient allés en
grande pompe chercher à quelque source vé-
nérée par la superstition. Le Père de La Vaissière
raconte que « dans la dernière circoncision des
princes, deux hommes robustes, désignés comme
héros de la toilette, succombaient sous le poids
des chaînes d'or et d'argent dont on les avait
chargés. On dut leur adjoindre à chacun deux
aides.

« Un habit de parade se loua 250 francs pour
cette seule journée. »

Enfin le jour de la circoncision est arrivé.
Après minuit, des hommes, choisis parmi les plus
courageux du village, vont chercher de l'eau
fraîche, qu'ils apportent dans une courge, pour
laver les blessures des enfants. Ils marchent, se
défendant vigoureusement de leurs lances et pro-
tégeant de leurs boucliers l'eau sainte contre la
foule qui les accable de pierres ; car il ne faut
pas qu'une goutte de cette eau soit répandue : ce
serait un mauvais présage et la cérémonie devrait
être renvoyée. Puis on apporte les enfants au
milieu d'une foule compacte hurlant et criant,
tandis que le pontife de la circoncision fait son
office, en se servant d'un mauvais rasoir.

Ce n'est pas tout, voici deux détails fort étranges
dont parle Flacourt : 1° la continence absolue et la

séparation complète des deux sexes est de rigueur, pendant la nuit qui précède la cérémonie de la circoncision; 2° l'oncle de l'enfant circoncis est obligé de manger la partie amputée. Si quelqu'un manquait à la première condition, il devrait quitter l'assemblée avant la cérémonie, car il serait impur; et rien, sauf l'absence, ne peut dispenser de la seconde, si l'enfant a un oncle vivant (1).

Que signifient ces deux pratiques et quelles conclusions peut-on en tirer pour l'étude des origines et de l'histoire des peuples de Madagascar : ce n'est pas encore le temps de l'examiner. Je ne puis cependant m'empêcher de remarquer que la première me paraît entièrement judaïque, et que l'autre pourrait être simplement un usage indigène ajouté aux cérémonies de la circoncision transmise aux Malgaches par une influence étrangère.

(1) Cette seconde pratique n'existe, chez les Sakalaves, que pour les fils aînés de rois. Pour les autres enfants « la partie amputée est placée dans un fusil chargé à poudre, ou bien est piquée à la pointe d'une lance, et l'on tire le coup de fusil, ou l'on jette la sagaie par-dessus le toit de la maison du père. La sagaie s'enfonce-t-elle droit en terre? c'est un présage assuré que l'enfant sera courageux. » (Grandidier, *Madagascar*, p. 33.)

CHAPITRE XXI

CULTE DES MORTS

Le culte des morts est très développé à Madagascar, et présente certaines particularités fort remarquables qu'il sera utile d'étudier un instant.

Les divers honneurs rendus aux défunts, les cérémonies qui accompagnent leurs funérailles, les monuments qu'on leur élève, le souvenir que l'on garde d'eux, les hommages, les sacrifices, les prières qu'on leur adresse, l'examen des divers objets renfermés dans les tombeaux, tout cela en effet, est très instructif, et a d'autant plus d'importance que ce sont presque les seuls témoins qui nous restent du passé, les seuls souvenirs qui permettront un jour de reconstituer en partie l'histoire de Madagascar.

Jetons donc un coup d'œil rapide sur ces différents points.

I

VEILLÉE DES MORTS.

A peine quelqu'un est-il expiré, tout d'abord on procède, — et cet usage est général, — à la toilette du défunt, que des personnes du même sexe, lavent, coiffent, revêtent de lambas neufs, afin qu'il puisse recevoir les visites de ses parents et amis. Puis, tout le monde se met en deuil, c'est-à-dire en blanc, qui est la couleur du deuil chez les Malgaches; on se dénoue les cheveux, on revêt des vêtements grossiers et sales, on ne se lave ni se peigne, et on ne doit jamais se regarder dans un miroir : si l'on en possède un, on aura soin de le retourner contre le mur. Les femmes enfin, surtout sur le plateau central, iront les épaules nues, agraffant leur tunique, au-dessous des bras, ou si l'on veut, se mettront en toilette de bal.

Puis commence la veillée, qui, telle qu'on la pratique, est un mélange de piété filiale et de débauche sauvage, dégénérant trop souvent en véritables saturnales.

A peu près partout, sauf chez les Hova, cette veillée dure très longtemps, et l'on attend de longs jours, parfois des semaines entières, avant de procéder aux funérailles, un mois chez les Tanala, chez les Antankara et les autres tribus de l'Est; fort longtemps aussi chez les Sakalaves de l'Ouest, et jusqu'à deux ou trois mois quand il s'agit d'un noble Betsileo.

Tantôt le cadavre est placé en plein air, comme chez les Sakalaves, où, aussitôt après le décès, le mort est sorti de sa case et exposé sur une estrade ou *talatala*, haute environ de 2 mètres, revêtu d'un nombre pair de lambas, la tête tournée vers l'Est, recouvert d'un morceau d'étoffe, et ayant à côté de lui les divers objets qui doivent l'accompagner dans la bière. On entretient du feu sous les pieds, et on brûle de l'encens au vent, pour masquer les mauvaises odeurs.

Les femmes se tiennent au Nord-Est du Talatala, les hommes au Sud et au Sud-Est. En arrivant, les femmes s'accroupissent en face de la famille qui est là, morne et silencieuse; puis, sans parler, elles se mettent à pleurer et à sangloter, de concert avec toutes les femmes présentes. La même scène recommence à chaque nouvelle visite.

Les Antankara enroulent leurs morts dans une peau de bœuf, des éclisses de bambou, ou des rabannes qu'ils ficellent avec des cordes de rofia, et les laissent ainsi exposés sous un hangar, où l'on ne cesse de brûler des résines, dans de petites coupes d'argile. A partir du troisième jour, on resserre fréquemment les cordes, jusqu'à ce qu'il ne reste plus que les os, que l'on mettra alors dans leur cercueil, afin de les inhumer. S'il s'agit d'un chef, son corps est recouvert d'herbes aromatiques et de sable chaud continuellement renouvelé, jusqu'à complète momification.

Ailleurs, comme chez les Ranomena, petite tribu de la côte occidentale, confinée aujourd'hui entre Fanantara et Marohita, on les expose, le long du chemin, dans leur cercueil percé d'un trou afin de permettre au pus de s'en échapper. Une pierre marquera l'endroit, et c'est là que les enfants viendront faire leur prière au mort.

Mais ordinairement, c'est dans la case même que le cadavre est exposé, ou bien accroupi sur un *kibany* ou petite estrade, et revêtu de ses plus beaux habits, comme s'il était encore vivant, par exemple chez les Vazimba qui habitent, au Menabe, les bords du Manambolo et que l'on croit être les descendants des peuples aborigènes de l'île; — ou bien, plus ordinairement, étendu sur une couche quelconque, avec une lampe à ses pieds, comme chez les Betsimisaraka et les Antaimoro; — ou bien debout, attaché au poteau central de la case, comme pour les chefs des Betsileo.

Chez les Antaimoro et leurs voisins du Nord et du Sud, les Antambahoaka et les Antanosy, qui vraisemblablement descendent comme eux des Arabes, la chambre est à cette occasion tendue d'un lamba brun rouge (lamba menamena), et l'on attache, autour des bras, des bandelettes de papier, avec des signes cabalistiques et des caractères arabes. S'il s'agit d'un chef, il est enterré deux jours après son décès, mais sa mort est tenue secrète pendant un mois, et ce n'est qu'alors qu'on en instruit le peuple en hissant un drapeau blanc sur sa case. Pour les chefs Betsileo, cette veillée est encore plus curieuse et revêt un caractère absolument répugnant, résultat d'une croyance très répandue chez eux et aussi chez quelques autres peuplades, les Vazimba par exemple, que l'âme de leur chef passe dans le corps d'un boa. Lorsqu'un noble Betsileo est expiré, ou, plus exactement, trois jours après sa sa mort, on roule le cadavre déjà enflé sur des planches, de manière à bien amollir les chairs, et le jour suivant, on l'attache debout au poteau central de la case, avec des lanières de cuir taillées dans la peau des bœufs tués à l'occasion de ses funérailles; on fait une incision à chaque talon, on place sous ses pieds deux vases d'argent, de porcelaine ou de terre, pour recevoir le pus qui en découle. On le veille pendant tout ce temps, quelquefois deux ou trois mois, et personne ne peut travailler aux champs, tant qu'on n'a pas vu apparaître dans l'une des jarres la larve du *fa-nano*, ou serpent, en qui émigre l'âme du défunt. C'est alors seulement qu'on procède à l'enterrement. Le vase est porté en grande pompe, en même temps que le cadavre, dans le caveau que l'on ferme, en ayant soin d'y disposer un long bambou, dont une extrémité plongera dans le liquide et l'autre affleurera en dehors, afin que l'animal puisse sortir du tombeau et venir visiter ses parents. Il va sans dire que cet animal est ce qu'il y a de plus sacré au monde. Jamais personne n'oserait lui faire le moindre mal, pas plus qu'aux anguilles, dans le corps desquelles émigrent l'âme du simple peuple.

Ce serpent est destiné à prendre une grosseur colossale. Il possédera un jour 7 têtes et 7 langues, et sera entouré d'une multitude d'autres bêtes, pour le défendre. Toutes les âmes de ses descendants viendront en lui s'unir à celle de leur ancêtre. Il mesurera 15 et 20 kilomètres, et alors, le-

vant la tête, il pourra voir la mer; aussitôt il se
précipitera vers elle entraînant dans ses replis
bois, villages, montagnes. Arrivé au rivage, son
corps se bandera comme un ressort immense, puis,
se détendant brusquement, disparaîtra dans les
cieux.

Mais en attendant, si on le rencontre, 1,000,
2,000 personnes lui feront cortège, pleines de respect et de vénération, pour chanter ses louanges;
s'il vient au village on étendra un tapis sous lui,
on le saluera : « Comment va mon Seigneur?
Voici votre famille restée digne de vous et prête à
vous rendre les honneurs dus à votre rang. » On
tuera un bœuf, dont on lui servira le premier sang;
on chantera, on dansera, puis on le reportera respectueusement en un lieu désert, où tous ceux
qui le rencontreront le salueront, un genou en
terre, le front courbé, le visage caché entre les
mains, comme ils feraient à leur seigneur vivant.

Il n'y a pas du reste que chez les Betsileo, que
l'on se tienne ainsi constamment autour du cadavre, et qu'on recueille avec soin les liquides qui
s'en dégagent. Les Antankara, les Antaimoro, les
Antanosy, les imitent, et les esclaves des premiers
s'en frottent le corps de temps en temps. Chez
d'autres, comme les Betsimisaraka, ces liquides
s'écoulent sur le sol de la case et sont simplement
recouverts d'un peu de terre.

Les Vazimba parlent à leurs morts, s'assoient à
côté d'eux, leur mettent dans la main une cuillère
pleine de riz, etc.; les Sakalaves et beaucoup

d'autres leur offrent des vivres, soit pendant l'exposition, soit même après les funérailles. Chez les Betsimisaraka, chez les Tanala, les Antanosy, etc., la veuve ne doit pas quitter la couche funèbre, absolument comme si son mari était vivant.

Cette coutume de laisser ainsi le corps tomber en décomposition, avant de l'enterrer, est essentiellement malgache, comme le remarque M. Grandidier (1), car elle ne se pratique ni chez les Hova, qui sont d'origine malaise, ni chez les chefs des tribus orientales, Betsimisaraka, Antanala, Antaimoro, Antanosy ou Antambahoaka, qui sont des étrangers d'origine arabe ou européenne. Pour un chef Antanala, en effet, l'enterrement se fait immédiatement; immédiatement aussi et de nuit pour un chef Betsimisaraka; deux jours après, pour ceux des Antaimoro et des Antambahoaka.

Vraisemblablement, c'était afin de ne pas enterrer définitivement les os avec les matières putrescibles, que produit la dissolution des chairs et que l'on considère comme impures. Cela semble si vrai que les Vazimba du Menabe recourent à un autre moyen pour arriver au même but.

Ayant dû, par ordre de leurs vainqueurs sakalaves, enterrer leurs morts aussitôt que l'odeur en devient trop nauséabonde, au bout de 12 ou 15 mois ils retirent le corps de sa tombe, lavent les os avec soin, les font sécher et les mettent dans un

(1) Cf. Ouvrage cité, p. 214-215.

nouveau cercueil qu'on enterrera définitivement.

C'est ainsi qu'en remontant le Manambolo,
M. Grandidier rencontra le 19 juin 1869, sur un
vaste banc de sable placé au milieu de cette rivière, une vingtaine de huttes coniques, hautes
de 2 mètres environ, faites de branches et de
feuillages, où logeaient des Vazimba qui venaient
de rendre ce pieux devoir aux restes d'un de leurs
parents. A l'Ouest du camp, se trouvait une espèce
de berceau où l'on avait mis les os sécher, et sur
un petit tréteau étaient les offrandes de taoka
(rhum indigène) et de viande, faites aux mânes
des ancêtres.

Mais pendant tout le temps que dure l'exposition du cadavre, on tue des bœufs, souvent en
nombre considérable, d'autant plus considérable
que le défunt était plus riche, quelquefois le tiers
ou même la moitié de ceux qu'il possédait, comme
chez les Bara ; on boit du rhum en abondance,
on mange beaucoup de riz et de viande ; et, presque
partout, on tire de nombreux coups de fusils, sans
oublier les chants, les discours et les pleurs.

Quand il s'agit d'un noble hova, le nombre des
bœufs est désigné par la reine. Dans la cour du
palais, devant le premier ministre et les parents
et amis du défunt, toutes les portes étant fermées,
une personne désignée d'avance prononcera l'é-
loge funèbre, puis on discutera longuement entre les officiers du gouvernement et les amis du
mort le nombre des bœufs à immoler. — Nous
tuerons mille bœufs, disent les premiers. — Vous

allez vous ruiner, répondent les seconds. — C'était un si bon parent, nous sommes si affligés, etc. (1), et l'on descend peu à peu au chiffre fixé d'avance.

Mais il n'est pas rare, par exemple chez les Betsileo, que l'on fasse une véritable hécatombe, que l'on immole *cent bœufs*, suivant l'expression malgache « **Zata omby.** »

C'est ainsi qu'à Andrainariva, sur la rive droite du Mananantanana, chez les Betsileo, au-dessus d'une double rangée de colonnes d'inégale hauteur, supportant une double corniche qui court tout autour du tombeau en forme de gradins, on compte 334 têtes de bœufs, aux cornes élevées vers le ciel. C'est le nombre des victimes immolées pour les funérailles du seigneur Andriambelaza.

Seulement les parents ne mangent jamais la viande des bœufs tués à l'occasion de la mort de l'un des leurs.

La première fois que je couchai dans une case malgache, aux premiers jours d'octobre 1891, au village d'Ivondrono, à deux heures de Tamatave, il y avait précisément un mort dans la case opposée à la mienne. Toute la nuit, ce ne furent que chants, cris, lamentations, discours adressés au mort, pour faire son éloge, et suivis d'une débauche sans nom. Une grande jatte de rhum est alors placée au milieu de la chambre et chacun y puise à même. Et c'est ainsi qu'une céré-

(1) M. Jully, p. 398.

monie si sérieuse, si grave, si triste, comme la
veillée d'un cadavre, devient le prétexte et l'occasion de véritables saturnales. Il faut le dire cependant, il y a sinon une excuse, au moins une
explication à ces orgies, dans ces veillées elles-
mêmes si longues, à côté d'un cadavre tombant en
putréfaction et exhalant des odeurs insupporta-
bles, et l'on comprend que ces pauvres gens
éprouvent le besoin de s'étourdir et de s'engourdir, afin de perdre en partie la sensation d'un tel
spectacle. Ils le font par l'orgie, l'ivrognerie et
tous les excès qu'elles entraînent.

Rien n'égale l'horreur qu'inspirent de tels spec-
tacles. M. Jully fut un jour invité par un Hova
à venir voir sa mère morte depuis trois jours.
Voici ce qu'il en raconte : « Dans la journée, dit-
il, j'avais entendu les hurlements de deuil, les
sanglots des parents et des amis. Quand j'arrivai
vers neuf heures, la cour, les ruelles environnantes étaient encombrées de gens accroupis ou étendus sur le sol; des quartiers de bœufs sanguino-
lents luisaient de tous côtés aux reflets des torches
de paille; les femmes, les cheveux épars, pous-
saient des lamentations, les hommes se faisaient
passer des gobelets pleins de rhum indigène.
Quant au fils, debout et chancelant, il recevait les
visiteurs, empochait les petits morceaux d'argent
que chacun lui apportait, et surveillait les différents groupes pour ne laisser buveurs et man-
geurs manquer de rien. « Je vais vous montrer
ma mère, dit-il, dès qu'il m'aperçut ». Il poussa

la porte de la case; la pièce unique était divisée
en deux par des étoffes. Dans la partie où la porte
donnait accès, quelques personnes hurlaient : un
joueur d'accordéon tira de son instrument des
sons pressés et incohérents. Mon guide souleva le
rideau : sa mère était là, assise sur une chaise,
drapée dans un lamba, l'œil fixe, éclairée par des
étouppes trempées dans des écuelles pleines de
graisse. Je me retournai : le Hova, ivre et chancelant, riait lourdement (1) ».

Est-ce assez hideux? Or c'est encore pire dans
beaucoup d'autres tribus, chez les Betsimisaraka,
les Betsileo, etc.

II

FUNÉRAILLES, CONVOIS, CERCUEILS.

Quand la veillée des morts est finie, on procède
aux funérailles. La plupart des Malgaches mettent
leurs morts dans un cercueil, par exemple les
Antakara, les Betsimisiraka, les Antaimoro (sauf
pour les chefs), les Antanosy, presque tous les Sakalaves et les Tanala. Il n'y a d'exception que
pour les Hova qui enveloppent les leurs d'une
multitude de lamba, et les déposent ainsi habillés
sur la pierre de leur tombeaux; les Betsileo qui

(1) Anthropologie 1894, p. 397-398.

sont placés sur des nattes étendues à terre, couverts d'un simple morceau d'étoffe, et les Bara,
dont les cadavres sont posés tout nus sur le sol et
recouverts de pierres.

Le cercueil chez les Hova est réservé au souverain, et il est alors fait d'argent massif. Les
personnes riches chez les Betsileo ont un cercueil.
C'est le contraire chez les Antaimoro, où il est réservé au peuple, tandis que les chefs n'ont que
le seul lamba.

Ces cercueils sont à peu près partout les mêmes,
un tronc de bois creusé, recouvert d'un autre tronc
également creusé et un peu plus grand, en forme
de toit.

Un de ces cercueils était envoyé, il y a quelques
années, de la petite île du Sépulcre, au fond de la
baie de Diégo-Suarez, au Muséum d'histoire naturelle, par le commandant de *la Romanche*, M. R.
Germinet. Il mesure $1^m,52$ de longueur et $0^m,21$
de largeur. Sa cavité est de $1^m,23$ de long sur
$0^m,14$ de large; au niveau de la tête deux entailles
lui donnent une largeur de $0^m,17$. Le couvercle,
en forme de toit, à $1^m,64$ de long sur $0^m,23$ de
large; il est orné d'un décor en dents de loup,
sculpté en relief, qui en contourne les bords et l'a-
rête; d'un galon orné de stries penniformes, qui
joint l'arête aux deux bords; enfin de quatre cercles coupés de traits à angles droits, suivant leurs
diamètres. Ce couvercle est emboîté dans un re-
bord ménagé tout autour de la bière, et qui fait
une saillie d'un peu plus de 2 centimètres. La forme

générale du cercueil est tout à fait pareille à celle
des sarcophages en bois que M. Alfred Marche a
découverts dans la grotte funèbre de Marinduque,
et à ceux des autres petites îles voisines de Luçon,
aux Philippines.

A l'intérieur, le squelette, qui est celui d'un
jeune nègre de 12 à 14 ans, est à peu près en
place : on trouve la tête à l'une des extrémités ; à
l'autre, les os des jambes et des pieds. Le reste
du corps, manifestement comprimé, montre des
os plus ou moins déplacés au milieu de débris de
rabanes et de lamba, que serrent encore des corde-
lettes de rofia. Aux pieds du mort se voient trois
petites coupes de terre cuite montées sur pied, et
qui doivent avoir servi de brûle-parfum pendant
les préliminaires de l'inhumation (1).

Un très grand nombre de tribus, — à peu près
toutes, sauf celles d'origine arabe (Antambahoaka, Antaimoro et Antanosy), les Ansihanaka,
les Hova (d'origine malaise), et les Betsileo —, enterrent leurs morts au fond des bois, ou au milieu
des rochers, dans un endroit désert, et n'y vont
que pour les seuls enterrements, tellement ils en
ont une grande frayeur. Les autres au contraire,
les enterrent sur le bord du chemin, parfois
même dans les villages ou tout à côté.

Mais le convoi est à peu près partout le même,
comme aussi les cérémonies observées à cette occasion.

(1) Grandidier, ouvrage cité, p. 215-216.

27.

Tantôt le corps est porté à bras par plusieurs personnes, comme chez les Hova, tantôt sur une espèce de civière ou *kibany*, comme chez les Sakalaves. Mais dans tous les cas, un convoi funèbre ne doit jamais passer auprès d'un roi, ni même aux environs de sa demeure, ou dans le voisinage d'une pierre sacrée. Ceux qui l'ont suivi, sont tenus de se purifier comme aussi toutes les personnes qui, d'une manière ou d'une autre, ont dû toucher le cadavre.

J'ai vu plusieurs de ces convois en Imerina; j'en ai croisé sur mon chemin. Il y a beaucoup d'ordre, de silence et de recueillement. Les gens, très nombreux, suivent le cadavre, par deux ou trois personnes de front, en une longue file très étendue qui se déroule sur le flanc des montagnes et produit un très pittoresque effet.

C'est à ce moment surtout que l'on déploie le plus de pompes, et que l'on fait le plus de démonstrations. Il y a des discours, des pleurs et des lamentations; il y a des offrandes, il y a aussi des prières adressées à celui qui disparaît et que l'on perd ainsi pour toujours. On voit des veuves échevelées se rouler dans la poussière et demander d'être murées dans le caveau; des enfants se trouver mal, et refuser en trépignant de se séparer de leurs parents; des esclaves, à genoux, appeler leur maître et le supplier de les emmener avec lui. Tout cela ne manque pas de faire impression! Malheureusement ce n'est que de commande, un simple rôle consacré par l'usage et que chacun doit accomplir suivant les divers usages de la tribu.

On met enfin le cercueil ou le cadavre dans sa tombe, toujours la tête tournée vers l'Est, tantôt couché sur le dos, souvent sur le côté ; et, avec lui, divers objets qui lui ont appartenu ou dont il est censé pouvoir avoir besoin : bols, assiettes, tabatière, morceaux d'argent, etc. ; une provision de vivres, riz, rhum, miel, etc.

Les Tanala en particulier déposent, au milieu du foyer de l'humble case, qu'ils élèvent en guise de tombeau à leurs morts, une marmite neuve et du riz cuit ; à côté, une mesure de riz et du bois pour le feu ; dans la main du mort assis à la place d'honneur, est un briquet, une pipe ou une tabatière, selon qu'il fut jadis fumeur ou priseur! On ferme la porte de la case et on se retire. Cette partie de la forêt devient dès lors sacrée, et son accès absolument interdit.

III

TOMBEAUX.

Plusieurs tribus n'ont pas de tombeaux ; ce sont celles du Nord et de l'Est.

Ainsi les Antankara enterrent leurs morts dans un endroit désert et placent le cercueil dans un trou de rocher ou sur la terre même. C'est précisément parce qu'elle servait ainsi de cimetière, qu'une petite île du fond de la baie de Diégo-Suarez est appelée sur les cartes « île du Sépulcre », et en malgache « Nosy-Loapasana », île percée de tombeaux. De même, chez les Betsimisaraka, les cercueils sont disposés sur le sol, sous un bois touffu, dans un ordre régulier et à une petite distance les uns des autres. Et on a soin de mettre à la tête, divers objets, et, en particulier, une bouteille de rhum, présent tout à fait de couleur locale chez ce peuple d'ivrognes.

Certaines familles cependant, exhaussent les cercueils sur une petite estrade et construisent, pour chacun d'eux, un hangar, afin de les protéger contre la pluie et le soleil ; d'autres enfin les introduisent dans le corps d'un arbre évidé, dont ils bouchent les ouvertures au moyen de rondelles de bois. C'est à peu près la même chose chez les Tanala.

Chez quelques peuplades de la forêt enfin, le corps, enfermé dans un tronc d'arbre, est suspendu au-dessus de la terre à une distance suffisante pour le préserver des animaux ou plutôt du seul animal carnassier de Madagascar, le *fosa*, ou petit loup-cervier. Chez les Antanala d'Ikongo, c'est encore plus simple : ils marquent par une entaille, faite à l'arbre le plus voisin, la place où ils ont enterré le cadavre, ce qu'ils font du reste sans cris ni pleurs.

Toutes les autres tribus ont des tombeaux : assez remarquables chez les Hova, et les Betsiléo, où ils sont soumis à quelques règles architectoniques, rudimentaires, mais invariables; plus simples et plus sauvages chez les autres peuples.

Chez les Bara, les Sakalaves et les autres tribus de l'Ouest, le tombeau est généralement formé d'un amoncellement de pierres encaissées dans une cage de pieux. Chez les Bara, cet amas de pierres n'a pas plus de 0^m,30 à 0^m,40 de hauteur. Il y a même quelques familles qui déposent le corps tout nu, soit dans des cavernes, soit au milieu des rochers, mais toujours entouré de crânes de bœufs tués à l'occasion des funérailles. Chez les Sakalaves, sur la plate-forme du tombeau, sont déposés des objets de toutes sortes, figures humaines, figures d'oiseaux, bouteilles, etc., qui constituent des *ody* et, à la tête flotte un morceau de toile blanche attachée à un piquet. Toute l'ornementation, en un mot, rappelle celle des îles du Pacifique.

Les tombeaux sont différents, s'il s'agit des chefs ou des gens du peuple, chez les tribus d'origine arabe.

Pour les premiers, c'est-à-dire les Raandriana, leurs tombeaux appelés « *Lonaka* » (c'est le nom de toutes les résidences royales), se composent, dans l'Anosy, de deux dalles dressées l'une à la tête, l'autre, moins haute, aux pieds ; une palissade circulaire entoure chaque tombe, dont l'entretien est confié à la famille des Zafindrosara, qui seuls peuvent y pénétrer. Les tombeaux du peuple situés au bord du chemin chez les Antaimoro, au milieu des bois chez les Antanosy, consistent en une fosse,

revêtue intérieurement de pierres, et fermée
par une dalle placée au niveau du sol avec un
drapeau blanc, flottant au sommet d'une perche,
comme chez les Sakalaves.

Les Bezanozano, les Antankay et les Antsihanaka dressent trois pierres sur la fosse du côté de
la tête, celle du milieu dominant les deux autres.
En avant est piqué un pieu effilé où sont posés des
crânes de bœufs; quelquefois une corne contenant
du miel et du riz y est attachée, et, autour des
pierres sont enroulés des morceaux d'étoffe, des
fragments de lamba, etc. Ces pierres et ces pieux
sont assez nombreux le long du chemin ou sur
le sommet des montagnes, et on en aperçoit plusieurs en allant de Tamatave à Tananarive.

Mais ce sont surtout les Betsileo qui donnent à
leurs tombeaux un cachet original où se trouvent
parfois, chose curieuse, des traces d'ornementation et d'architecture.

« Le tombeau Betsiléo, raconte M. Jully, est un
véritable hypogée, creusé dans la terre argileuse
et auquel on accède par une pente douce. A la
partie supérieure, l'imagination du propriétaire,
selon les ressources de sa fortune, se donne libre
cours..... on rencontre des mausolées à préten-
tions architecturales, surmontés de colonnades, de
corniches, le tout naturellement très rudimentaire
et grossier. L'exemple le plus curieux que j'aie vu
d'un de ces couronnements était une ornementation où les crânes de bœufs immolés en l'honneur
du défunt, étaient disposés dans un ordre à peu

près semblable à celui qu'ils occupent dans le système dorique » (1).

D'autres fois, raconte le P. Abinal, ce sont de véritables mausolées composés de six ou huit colonnes reliées entre elles par des masses de petites pierres enchevêtrées; ou bien ce sont de tout petits murs adossés à des rochers gigantesques et qui de loin ressemblent à des huttes de reclus; d'autres fois, au contraire, ils sont perchés aux sommets des montagnes les plus élevées, ou bien au flanc d'un rocher inaccessible.

Il en donne deux exemples curieux : Une femme riche, dernière héritière d'une grande famille, ne voulut rien laisser à personne. Elle fit donc transporter, à grands frais, d'innombrables pierres à l'Ouest d'Ivatoavo, au sommet d'un pic semblable à une aiguille, et s'y fit construire un tombeau visible à dix lieues à la ronde; puis, n'ayant plus d'argent, elle mourut contente, en ordonnant de tuer tous les bœufs qui lui restaient, pour ses funérailles. Sa mémoire et son tombeau sont connus dans toute la contrée.

Un seigneur Betsiléo, celui d'Isandra, devait encore faire mieux. Il choisit pour son tombeau un des rochers les plus élevés du pays, et c'est là, à mi-hauteur, que des ouvriers suspendus à des câbles fixés au sommet de la montagne, purent à force de travail lui creuser une chambre mortuaire. Il y fut enterré avec de grands honneurs,

_____
(1) L. c., p. 399.

et, avec lui, tous ses trésors que l'on croyait devoir y être en sûreté. Mais un voleur finit par y trouver accès et y alla souvent, emportant chaque fois une partie du butin. Un jour, il s'y établit même à demeure et osa y allumer du feu. Avant le coucher du soleil, dix mille Betsiléo ébahis regardaient la fumée sortant du tombeau et étaient persuadés que l'âme de leur seigneur se chauffait, tout en préparant son riz.

Ce qui frappe d'abord dans l'étude des tombeaux hova, c'est leur situation tout à côté des maisons, parfois dans la cour même, ou tout au moins à proximité du village. Ainsi les sept souverains prédécesseurs d'Andrianampoinimerina sont enterrés dans le Rova de Tananarive, tout près du palais.

De plus ces tombeaux s'élèvent toujours à l'angle Nord-Est de l'habitation ou du village. C'est là une règle invariable qui ne souffre pas d'exception, et dont le souvenir pourra permettre plus tard d'établir l'existence et l'assiette d'anciens villages aujourd'hui disparus.

Enfin leur orientation est toujours la même, leur grand axe étant légèrement tourné dans la direction Nord-Ouest Sud-Est, et l'entrée se trouvant toujours à l'Ouest.

On distingue deux sortes de tombeaux en Imerina, les anciens, c'est-à-dire ceux qui furent faits avant que les Hova n'eussent appris des Arabes à extraire des dalles de pierre, et les nouveaux.

Nous avons des premiers un modèle parfait dans

les sept tombeaux du Rova. Ces tombeaux, dont le premier, au Nord-Ouest, est attribué à Andrianjaka, le prétendu fondateur de Tananarive, et qui devait régner au commencement du dix-huitième siècle, sont alignés sur une seule rangée allant du Nord-Ouest au Sud-Est. Ils sont tous semblables, formant un rectangle maçonné en petits morceaux de granit, de vingt mètres de long environ sur trois mètres de large et un mètre de hauteur. Sept petites cases en bois (*tranomasina*, maison sainte), bâties suivant les règles de construction des anciennes maisons malgaches, surmontent ces tombeaux. Seulement leur toit de chaume a été remplacé par du bardeau sous Ranavalona Ire, après 1840, date de l'introduction de cette manière de couvrir. L'intérieur de ces cases contenait primitivement des nattes, du riz, un pilon et un mortier à riz, et les divers objets de la vie usuelle.

Le tombeau proprement dit était un trou carré, percé dans ce massif, et maçonné sur les côtés avec de petites pierres. La voûte en était faite de plateaux d'*Ambora*, bois jaune, odorant et imputrescible qui rappelle le camphrier. Le corps du souverain était placé sur un espèce de lit, formé des mêmes bois, enveloppé de plusieurs lamba de soie indigène, orné de tous ses bijoux, c'est-à-dire autant qu'on peut le savoir, — car personne ne peut visiter ces tombeaux, — d'anneaux d'argent et de colliers de corail qu'il portait au cou, aux bras, aux chevilles, aux doigts des pieds et aux

doigts des mains, avec des diadèmes formés de
petites plaques d'argent semblables à des sequins
et reliées entre elles par des chaînettes. De plus, à
côté du cadavre, se trouvaient les insignes de la
royauté : le lamba pourpre, la canne d'ébène
ornée d'argent, des objets de toutes sortes et des
pièces de monnaie, dont le millésime nous per-
mettra plus tard de fixer la date de la vie de ces
souverains.

Dans les nouveaux tombeaux, les murs de maçonnerie en blocage sont remplacés par de
grandes dalles de granit au nombre de quatre :
trois formant les côtés et une quatrième, plus
grande que les autres, le plafond. La porte, limitée
par deux dalles plus petites, est faite elle-même
d'une feuille de granit présentant en haut et en
bas deux gonds évidés dans l'épaisseur de la pierre
et destinés à en faciliter le maniement. Elle se
trouve toujours à l'Ouest. En face est la place
d'honneur où il n'y a ordinairement qu'un seul
lit, réservé au chef de la famille, aux grands
ancêtres. Les autres membres sont rangés au Nord
et au Sud, sur deux ou trois rangs de gradins su-
perposés.

Extérieurement le tombeau se compose d'un
terre-plein limité par des pierres étroites, debout
et jointes bout à bout, ou bien reliées entre elles
par un blocage en petites pierres posées à plat.
A l'Est, à la place directement opposée à la porte,
se trouve une dalle plus haute que les autres et
formant stèle ; cette stèle est placée exactement

au-dessus de la place d'honneur ou du lit des ancêtres ; c'est là que se font les sacrifices, et c'est elle qu'on enduit de graisse au jour du Fandroana. La porte du tombeau est ordinairement dissimulée derrière un amoncellement de terre, et le couloir qui y conduit, comblé. Au-dessus du terre-plein se trouve une plate-forme où s'élève la case en bois (*trano-manara*, maison froide) pour les deux premières castes de la noblesse ; une seconde stèle de forme bizarre, avec deux volutes figurant les pétales d'une fleur, pour certains tombeaux du peuple.

Les corps sont toujours disposés dans ces tombeaux de la même façon, la tête du mort étant toujours tournée vers l'Est, c'est-à-dire vers le soleil levant. Seuls, les ancêtres sont orientés Nord-Sud, la tête du côté du Nord.

Les lits sont de fortes dalles de granit laissant entre elles un espace de 80 centimètres.

L'extraction de ces dalles et de celles, plus grandes encore, qui forment les côtés et la couverture du tombeau, est très simple et très curieuse. On étend une couche de bouse de vache sèche en ligne à l'endroit même où l'on veut couper la dalle, on la brûle lentement, on y verse de l'eau froide, et l'on y met le feu. Il se produit une fissure tout autour, et il suffit alors de soulever la dalle au moyen de leviers et de la conduire. Pour cela, si elle est très grande, on s'y met 100, 200, parfois 1,000 personnes : les femmes tirant sur des cordes en avant, les hommes de

côté, et le propriétaire debout sur la pierre exci-
tant tout le monde par des chants, des cris ou des
lazzis. Au fond c'est une fête; on tue des bœufs,
on boit du rhum et cela coûte fort cher.

Aussi les Hova se bâtissent-ils leurs tombeaux de
leur vivant, et ils y mettent parfois de longues
années. Certains même restent inachevés, leur
propriétaire ne trouvant pas moyen de faire conduire la dernière dalle, la plus grande de toutes,
celle qui doit recouvrir le monument.

Peu à peu, sous l'influence des blancs, les tombeaux se modifièrent, devinrent de véritables
monuments, et l'on plaça tout autour une colonie
d'esclaves pour les garder. Tel, par exemple, celui
que M. Laborde construisit pour la famille du
premier Ministre, à Isotry, à l'Ouest de Tananarive.

Quelquefois le cadavre ne peut être retrouvé,
par exemple celui d'un soldat mort dans une expédition, ou d'un voyageur expiré au loin : alors
on enterre à sa place son oreiller et sa natte; ou,
en tout cas, on lui fait élever aux confins d'une de
ses terres, à proximité de la route la plus fréquentée, un monument consistant en un poteau ou en
une dalle en pierre, appelée en beaucoup d'endroits
Tsangambato (pierre debout) (1).

Parfois ces poteaux portent des figures grossiè-
rement sculptées. Ainsi le Révérend Richardson en
a trouvé dans la partie occidentale du pays Bara,
qui avaient trois mètres de hauteur et portaient à

(1) On place aussi parfois des Tsangambato aux endroits où le
corps a été déposé au cours des funérailles.

leur sommet une figure de femme, grossière et de grandeur naturelle.

IV

HONNEURS RENDUS AUX DÉFUNTS.

Nous en avons déjà énuméré plusieurs, en parlant de la veillée des morts, des sacrifices que l'on y fait et des discours qu'on y prononce, en décrivant leur cercueil, leurs funérailles et leurs tombeaux.

Mais ce n'est pas tout. Bien loin d'oublier leurs morts, aussitôt les funérailles terminées, les Malgaches en gardent un fidèle souvenir et ne cessent de les prier, de les honorer, de leur offrir des sacrifices, de vivre en leur présence.

D'abord le tombeau est pour eux l'endroit le plus sacré qui existe, celui auquel on ne doit jamais toucher sous peine des plus redoutables châtiments, maladie, mort misérable, etc., etc., que celui, dont vous avez troublé le repos, ne manquera pas de vous envoyer.

Radama II avait donné une assez belle propriété à la mission catholique à Ambohipo, non loin de Tananarive. On voulut, quelques années après, la leur retirer, et de fait on en reprit la plus grande partie, mais on laissa le reste parce que les Pères y avaient construit un tombeau et commencé un cimetière, et c'est ce cimetière qui marque la limite de ce qu'on leur laissa.

Si parfois une nécessité s'impose de toucher à des tombes ou à des ossements, ce ne sera pas sans la frayeur la plus grande, sans les précautions les plus minutieuses, afin que les morts n'en soient point irrités et ne se vengent point. Ainsi M. Jully ayant eu, à Tamatave, l'occasion de faire déplacer quelques tombeaux fort anciens et déjà abandonnés, vit les Hova qui l'accompagnaient, ses ouvriers fidèles depuis quatre ans et qui avaient une confiance illimitée en lui, se décider à grand'peine à emporter les débris, et seulement après toutes sortes de précautions, après leur avoir offert du riz et avoir versé quelques gouttes de rhum sur la terre, en s'inclinant respectueusement, et murmurant des paroles comme celles-ci : « Ce n'est certes pas notre faute si nous sommes obligés de te troubler; le *blanc* le veut ; mais voilà un peu de riz et de rhum, nous te traitons bien, *tu vois*, ne nous fais donc pas de mal. »

Dans beaucoup d'autres endroits, par exemple chez les Antanola, les Ranomena, les Betsimisaraka, les Sakalaves et d'autres, l'endroit où le tombeau a été placé ne doit plus être visité, ni foulé par un pied humain ; et malheur à celui qui contreviendrait à cette loi! les plus terribles malheurs seraient sûrs de fondre sur lui.

Quand, en 1892, les RR. PP. Roblet et Colin relevaient la route de Tananarive à Tamatave, ils dûrent gravir l'énorme rocher d'Andriambavibe (la grande princesse) que l'on rencontre sur sa route, tout près d'Anevoka, à 7 kilomètres de Beforona, et d'où ils espéraient pouvoir viser à la fois et l'Océan et un des pics de l'Imerina. Or, pas un de leurs porteurs ne consentit à les y accompagner, parce qu'on y avait déposé, rapporte la tradition, le cercueil d'Andriambavibe.

Ailleurs, les tombeaux sont entretenus avec soin, les lamba qui enveloppent les morts renouvelés, et leurs cercueils remplacés par des cercueils neufs quand ils tombent de vétusté, par exemple chez les Antankara du Nord, pour les chefs Tanala, etc. Les Sakalaves vont encore plus loin; car, pour eux, non seulement le tombeau est sacré, mais la maison même du mort participe de ce caractère; elle est abandonnée, et on la laisse tomber en ruines. Personne n'oserait y toucher sous quelque prétexte que ce soit, et celui qui, même sans le savoir, viendrait à se servir, dans un but quelconque, des matériaux de cette maison, serait passible des peines les plus sévères, parfois de la peine capitale.

C'est bien autre chose pour un roi. Quand la longue exposition du cadavre touche à sa fin, on lui enlève les reliques ou *jiny*, c'est-à-dire une des vertèbres, un ongle et une mèche de cheveux, que l'on dépose dans la cavité d'une grosse dent de crocodile (1) et que son successeur gardera religieusement avec celles de ses prédécesseurs, dans

(1) Cette dent doit être arrachée à un animal vivant, et de grande taille. On le prend avec l'hameçon, on l'amène sur le rivage, on l'amarre solidement avec des cordes et l'on introduit sur la dent, entre ses mâchoires, une patate brûlante. Au bout d'un quart d'heure, la dent vient facilement et la bête est relâchée.

une maison spéciale réputée sacrée. C'est son talisman le plus précieux et comme la marque certaine de sa souveraineté. Aussi les Hova, en gens
très habiles, eurent-ils garde de détruire ces
reliques, quand ils s'emparèrent du Menabe. Ils
les gardèrent au contraire avec soin et leur prodi-
guèrent les plus grands honneurs.

Le cadavre est ensuite porté en cérémonie et
avec de grandes fêtes au cimetière royal, que l'on
appelle dans le Sud-Ouest *Mahabo* (qui élève) et
dans le Nord-Ouest *Zombavola* (palais d'argent),
et alors, non seulement sa case ne doit plus être
habitée, mais son nom même ne doit plus être
prononcé. A la place, on lui en substitue un très
long commençant toujours par le mot Andriana
(seigneur), et finissant par celui d'arivo (mille) :
Andrianahatantiarivo (le seigneur qui a su résister à mille adversités) au lieu de Raboky, un des
derniers rois de Baly : *Andriantomponarivo* (le
Seigneur maître de mille) au lieu de Tsimanompo,
le dernier roi Bara du district d'Isantsa.

Il y a plus.

Comme ces noms de roi ont ordinairement une
signification usuelle, ou tout au moins se rapprochent de quelqu'un des mots de la langue courante,
ce mot ne doit plus être prononcé par aucun des
habitants du pays. Ainsi un des rois de Menabe,
s'appelant *Vinany*, nom qui rappelle celui de Vi-
lany (marmite), les Antimena n'ont plus appelé
cet ustensile que du nom, créé à cette occasion, de
fiketrehana (où l'on a l'habitude de faire bouillir).

Il y a mille exemples de ce genre qui sûrement ont dû modifier considérablement la langue comme nous le verrons plus tard, car quiconque ne respecterait pas cette loi ou l'oublierait, serait considéré comme sorcier et, comme tel, puni de la peine capitale.

Enfin, on rend de grands honneurs, un véritable culte, au mort lui-même.

On le prie, on l'invoque souvent, soit dans sa case, ou sur les ruines de cette case pour les occasions ordinaires, et, pour les circonstances plus solennelles, au tombeau lui-même, comme chez les Hova; soit sur de petits autels formés de trois à quatre grosses pierres et que l'on dresse auprès des villages, comme chez les Vorimo et les Antanala. On leur fait de multiples offrandes de miel, de riz, de viande de bœuf, de bouts d'argent, comme s'ils pouvaient s'en servir.

On leur fait des vœux, et ces vœux jurés par les lolo au défunt, sont absolument inviolables : jamais un Malgache n'y manquerait. Leur invocation enfin entre dans la triple invocation malgache, à Dieu, à la terre et aux ancêtres; non pas que les ancêtres soient mis au même rang que la divinité, dont ils ne sont que des serviteurs, mais pratiquement on les prie, on les honore, on les invoque bien plus souvent que Dieu lui-même.

Que conclure de tous ces détails? Trois choses certaines, si je ne me trompe.

1° Ce culte des morts suppose, quelles que soient du reste les croyances des Malgaches à ce

28

sujet, implicitement peut-être, mais sûrement, la croyance à une certaine immortalité. Il a son principe, non pas tant dans le souvenir que l'on garde des morts dont la mémoire reste chère à leurs enfants, que dans l'intérêt même des vivants qui honorent ainsi leurs parents et leurs ancêtres afin que ceux-ci les protègent, les conseillent, les guident, leur accordent toutes sortes de biens, et surtout afin qu'ils ne leur fassent point de mal. Mais cela exige que ces morts soient vivants de quelque manière. Il ne s'agit pas cependant pour eux d'une vie future analogue à la nôtre: mais l'âme, plus ou moins matérielle, continue à résider avec les ossements de son corps, ou dans son ancienne demeure, ou dans le monument qu'on lui a élevé; et ce fantôme qui mange, qui boit, qui continue à aimer et à haïr, peut revenir faire du bien à ses amis, ou bien punir ceux qui l'oublient ou ne l'honorent pas convenablement.

2° Et c'est cette crainte des morts qui est le principal motif du culte qu'on leur rend. Tous les Malgaches ont l'horreur des morts, voilà pourquoi on évite les convois auxquels on n'est pas obligé de prendre part; pourquoi l'on est souillé et l'on doit de toute nécessité se purifier si on y a pris part, ou si l'on a dû toucher un cadavre; pourquoi enfin tant de tribus relèguent si loin leurs tombeaux et ne les visitent jamais; pourquoi, partout et pour tous, ces tombeaux sont si sacrés. Cette frayeur pourtant est moindre chez les Hova qui sont de race malaise et chez les tribus d'origine arabe, que partout ailleurs.

3° Beaucoup de circonstances dans les funérailles et les tombeaux rappellent les pratiques de l'Extrême-Orient ou plutôt des îles de la Sonde.

a) La couleur du deuil est le blanc comme dans l'Extrême-Orient, et l'on se rase également la tête dans l'un et l'autre pays.

b) Les cercueils, là où il y a des cercueils, ressemblent beaucoup à ceux des Philippines; et l'on peut voir au musée ethnographique du Trocadéro, dans la collection Marche, le couvercle d'un cercueil de Marinduque représentant un crocodile absolument comme on en retrouve à Madagascar, par exemple chez les Antanosy.

c) Toute l'ornementation des tombeaux Sakalaves, d'après le témoignage de M. Jully, rappelle celle des îles du Pacifique.

d) De même, à peu près toutes les cérémonies si scrupuleusement observées dans les funérailles, le désir excessif qu'ont les Malgaches d'être enterrés près de leurs ancêtres, l'habitude de ne procéder à l'ensevelissement définitif que longtemps après le décès, le deuil sévère auquel on s'assujettit, les sacrifices humains qui accompagnent souvent les funérailles des grands chefs, la purification à laquelle sont soumis tous ceux qui ont assisté à un enterrement, l'interdiction de prononcer le nom du défunt etc., etc. : ce sont là autant de pratiques des îles de la Sonde et que l'on retrouve partout à Madagascar, ou tout au moins en beaucoup d'endroits.

Il y a là une coïncidence curieuse et qu'il était bon de signaler, car elle nous aidera puissamment dans la recherche de l'origine de la race malgache.

CHAPITRE XXII

IDOLATRIE ET SUPERSTITIONS

I

LES IDOLES OU SAMPY.

Nous l'avons vu dans le chapitre précédent, le culte des morts est le culte principal et le plus répandu à Madagascar, mais ce n'est pas le seul.

A un autre point de vue, ce culte, on pourrait peut-être l'expliquer dans un sens raisonnable qui en exclurait l'idolâtrie. Les ancêtres alors seraient les agents et serviteurs de la divinité. Ils « demanderaient et obtiendraient pour les vivants ce que Dieu seul peut accorder (1) ». Ce serait comme une contre-façon des honneurs rendus à nos Saints, ou, si l'on veut, comme une corruption des hommages rendus par les Juifs aux Patriarches, leurs ancêtres. Au moins ce culte serait facile à purifier, de manière à en exclure tout ce qu'il a d'idolâtrique et à n'en garder que ce qu'il a de bon et de raisonnable.

(1) Proverbe malgache.

Mais il est impossible de dire la même chose des idoles ou *sampy*, ou pour parler plus exactement des amulettes ou *ody*, qui sont si répandues à Madagascar, et en qui tout le monde a une confiance absolue. Car, s'ils ne sont pas idolâtres, au sens classique du mot, les Malgaches sont adonnés au plus grossier fétichisme, et ce fétichisme a tout envahi, tout perverti, absorbé toutes les anciennes croyances.

Ces amulettes sont répandues chez toutes les tribus, et tout le monde en porte, par exemple chez les Sakalaves où tout homme, libre ou esclave, possède son talisman parfois acheté à des prix très élevés. C'est ordinairement pour eux une corne de bœuf, renfermant au milieu de sable arrosé de graisse, des clous, des morceaux de bois, des vis, des verroteries, etc., tous objets dans lesquels ils mettent une confiance entière.

Chaque talisman a sa vertu particulière. Les uns rendent invulnérable, les autres donnent la santé, la richesse, le succès. Habituellement, on les porte suspendus au cou; j'en ai vu cependant un, enlevé à un vieux guerrier sakalave tué dans une incursion, suspendu à une vieille ceinture à côté de sa boîte à poudre et de son sac à balles. De temps en temps, on leur adresse des prières, on leur immole des victimes, on leur fait des libations en versant quelques gouttes de rhum sur le sable. Non pas toutefois que ces objets aient par eux-mêmes le pouvoir d'aider ceux qui les prient ou de punir ceux qui les mépriseraient;

mais c'est Dieu qui leur a communiqué cette vertu dont ils peuvent librement se servir.

Il est inutile de discuter avec les Malgaches sur la fatalité et l'absurdité de telles croyances. Ils ne vous croiront pas. Ou s'ils paraissent se rendre à vos paroles, ce sera uniquement en apparence ; au fond ils resteront aussi convaincus qu'auparavant, et en secret ils continueront à rendre les mêmes honneurs à leurs ody.

Comme nous l'avons dit déjà, M. Besson, admis à Ikongo, et devenu l'ami du vieux roi des Tanala indépendants, en eut la preuve. Le seul résultat qu'obtint son éloquence fut d'être obligé de confectionner lui-même à l'usage de son hôte un talisman, évidemment plus fort que tous les autres, parce qu'il était l'œuvre d'un Vahaza.

II

LES PIERRES SACRÉES.

Les Malgaches adorent aussi les pierres sacrées, à peu près de la même manière et dans le même sens que les sampy, non comme des dieux, mais comme possédant une vertu spéciale que Dieu leur a communiquée et dont elles peuvent librement disposer. On trouve partout de ces énormes blocs non taillés, — on ne doit jamais les tailler sous peine de diminuer leur vertu, — couchés ou debout, sur le bord des chemins, sur les places publiques, au sommet des montagnes, facilement reconnaissables à la graisse qui les enduit et aux nombreux ex-voto, chiffons de toile, petites bottes d'herbe sèche, cheveux, etc., etc., qui les recouvrent.

On fait des vœux à la pierre sacrée, et on les accomplit fidèlement, car elle est encore plus puissante à se venger qu'à faire le bien; on la consulte, par exemple en lançant sur son sommet un nombre impair de cailloux : si tous retombent, la réponse est négative ; s'il en reste plusieurs ou beaucoup, la réponse est favorable ou très favorable. Parfois on se dirige vers elle les yeux fermés et un bâton à la main pour la frapper : si on la touche, réponse favorable, mauvaise réponse si on la manque. Mais dans l'un et l'autre cas, on lui obéit.

« Je sais par expérience, raconte à ce propos le P. Abinal, que ce sont là des puérilités fort sérieuses. Le premier jour d'un voyage de Tananarive à Tamatave en 1866, il y eut consultation générale de mes douze porteurs qui s'adressèrent à une pierre carrée, plantée tout près du chemin et fort graisseuse. La cérémonie se fit au bâton; elle était facile, cependant quatre y échouèrent. Je crus à un jeu et je les regardais en riant. Ils agissaient fort sérieusement et me le prouvèrent, car un quart d'heure après, les quatre maladroits ou infortunés m'avaient abandonné. »

Il y a la pierre « enceinte » près de Tananarive,

ainsi nommée à cause de sa forme ovale, renflée
vers le milieu, et parce qu'elle donne la fécondité.
Il y a les « pierres marchantes » qui se meuvent
d'elles-mêmes dans la plaine, parfois gravissent
des montagnes; il y a les « pierres gloussantes et
caquetantes » qui répondent en gloussant, d'un
ton saccadé, sec et brusque pour refuser, d'un ton
calme et tranquille pour accorder ce qu'on leur
demande; il y a aussi les « pierres bornes » qui
donnent les riches moissons.

Tout cela est triste, souvent puéril, quelquefois
étrange, et ici encore on ne peut nier qu'il ne se
soit passé bien des faits extraordinaires, difficiles
à comprendre.

Il ne faut pas chercher bien loin toutefois pour
expliquer l'introduction de ces pierres sacrées;
elles sont comme des produits spontanés du sol et
une curieuse corruption de pratiques indigènes.

Ne sachant pas écrire, les Malgaches, comme les
Juifs de la Genèse, conservaient le souvenir des
événements nationaux ou même des événements
intéressant une famille, en érigeant une « pierre
témoin ». Puis, chaque année, au jour anniver-
saire de l'événement, devant le peuple ou la famille réunie, le roi ou le chef de la famille refai-
sait le récit de l'événement qu'il terminait en
s'écriant : « Ai-je dit vrai? » et tous de répondre :
« Très vrai en effet. » — « Vous êtes témoins »,
reprenait-il. Puis on faisait une onction à la pierre,
et on couronnait le tout par un festin.

De là au culte de la pierre, il n'y avait pas loin.

Une autre chose. Le premier roi hova fut, dit-on, acclamé sur une pierre, à peu près comme nos premiers rois Mérovingiens étaient élevés sur le pavois ; il fut imité par ses successeurs, par les rois ses voisins, et par tout chef qui voulait se déclarer indépendant. Telle fut l'origine de la « pierre à intronisation » ou « pierre de la Reine » que l'on voit au milieu de la grande place de Maha-masina, à Tananarive, de celle qui sert pour la proclamation des lois sur la place d'Andohalo, et aussi de celles que l'on rencontre en beaucoup d'autres villes (1) et sur lesquelles la reine se placera durant ses voyages, pour recevoir les hommages de ses sujets. Il est aisé de comprendre avec quelle facilité, chez un peuple qui honore ses souverains à l'égal d'une divinité, ces « pierres à intronisation », ces « pierres de la Reine » devinrent des pierres sacrées.

De plus, au temps des guerres civiles, les villages étaient entourés par des fossés profonds coupés par une seule chaussée étroite que barrait une énorme pierre ronde, en guise de porte. C'était une pierre protectrice ; et en souvenir des services qu'elle rendait, n'avait-elle pas droit à des hommages particuliers ?

Ajoutez à cela les « pierres bornes » plantées par les ancêtres pour marquer la limite du champ de famille et devenues ainsi deux fois respectables, et par le souvenir qui s'y attachait et par

_____

(1) Par exemple à Beforona, au milieu de la route de Tamatave à Tananarive. C'est un souvenir de Radama Ier et de Rasoherina.

leur utilité; les « pierres de bonne ou mauvaise
chance », parce qu'elles furent témoin d'un événement heureux ou malheureux, d'une défaite ou
d'une victoire; les pierres à apparence fantastique,
en qui l'imagination populaire vit facilement
une foule de significations étranges; et aussi ces
faits extraordinaires que je signalais plus haut, et,
pour peu que l'on connaisse l'amour du merveilleux qui est au fond de toute nature humaine, on
aura peu de peine à comprendre comment ces
pauvres gens en vinrent à adorer la pierre.

III

DES SUPERSTITIONS. — TEMPS FASTES ET NÉFASTES.

« Bref, il n'y a point de nation plus supersti-
tieuse que celle-ci », disait Flacourt des Malgaches
de son temps. Or, cela est également vrai de ceux
d'aujourd'hui.

Et d'abord toute leur religion n'est guère qu'un
ensemble de pratiques superstitieuses; le culte
des pierres sacrées, les onctions dont on les
marque, les ex-voto dont on les couvre, les con-
sultations qu'on leur fait en leur lançant des
cailloux ou en les frappant du bâton, le culte des
Sampy lui même, tout cela n'est qu'un ensemble
de superstitions. Ces pratiques sont innombrables,
et il y en a pour tous les besoins. Les unes rendent
invulnérables, les autres donnent l'éloquence,

vous font réussir dans une affaire, vous rendent
la santé, vous procurent beaucoup d'enfants, guérissent vos troupeaux. Flacourt a une liste fort
curieuse de ces pratiques et qui remplit deux
pages de son livre. La superstition s'est glissée
jusque dans le culte des morts. Ainsi la prescrip-
tion de n'enterrer un Andriana qu'après le coucher du soleil, le morceau d'argent qu'on met
dans la bouche des défunts, cette tabatière placée
à côté d'eux, ces plats de riz, ces gâteaux de miel
qu'on leur offre, leur tête invariablement tournée
vers l'Orient, mille autres usages rigoureusement
imposés et qui n'ont aucune signification raisonnable ne sont que des superstitions. Mais il y en a
bien d'autres, au point quetoute la vie des Malgaches en est littéralement remplie.

Il y a des aliments impurs et prohibés, *fady*,
comme ils disent, ou pour toujours ou seulement
pour un temps et dans certaines circonstances. Et
ils s'imposeront les privations les plus dures pour
rester fidèles à ces prescriptions.

Il y a les souillures contractées par des actes
déterminés, non pas moralement mauvais, mais
réputés impurs, comme par exemple de fouler un
sol sacré, de violer le sommet interdit d'une montagne où se trouve le tombeau d'anciens rois, et
mille autres choses semblables.

Il y a encore les bêtes et les oiseaux de mauvais
augure. Vous devez aussitôt vous arrêter si l'un
d'eux vient à traverser votre chemin. Ainsi un jour
la reine Rasoherina rentrant avec toute sa cour

d'Ambohipo à Tananarive, un takatra, sorte de petit héron, coupe sa route au devant de son cortège. Tous s'arrêtèrent et ne continuèrent leur chemin qu'après avoir conjuré le sort par des sacrifices.

Mais surtout, il y a le sort ou destin qui est attaché, pour chaque homme, au mois, au jour, à l'heure à laquelle il vient au monde ou pendant laquelle il entreprend une affaire. Le soleil a une grande influence sur la fortune d'un chacun, et aussi la lune, les planètes qui sont plus près de nous. De là toute une science fort curieuse et très compliquée qui consiste à déterminer les mois, les jours, les heures fortunés pendant lesquels on peut bâtir, partir en voyage, conclure un marché, se marier, enterrer ses morts; et les mois, jours et heures néfastes pendant lesquels il ne faut rien entreprendre parce que rien ne réussirait. Ainsi l'enfant qui naîtra au mois de mai, surtout vers minuit, sera inévitablement un sorcier, — en septembre, détruira sa famille. Il faut donc ne pas les laisser vivre, et on les étouffe en leur plongeant la tête dans l'eau. Celui qui viendra au monde en novembre sera malheureux et pleurera toute sa vie; en juillet deviendra riche; en août jouira de toutes sortes de biens. Ce fut le sort de la reine Ranavalona I.

Le dimanche est un jour violent où l'on peut tout oser jusqu'à deux heures; le mardi est très propice pour lancer une armée ou commencer une campagne; le jeudi est de tous points parfait; le mercredi et le vendredi sont des jours noirs.

Les heures sont de plus en plus heureuses à
mesure qu'on s'approche davantage du plein midi;
et c'est alors que l'enfant fera bien de venir au
monde, ou bien le soir quand la famille se réunit,
que les bœufs reviennent de la campagne, que
l'on pile le riz.

C'est pour marquer tout cela, pour écrire cette
science sur un livre à la portée de tout le monde
que les cases malgaches sont invariablement un
carré long orienté aux quatre points cardinaux,
avec leur porte toujours tournée vers l'ouest.
Chaque angle de la maison répond à un mois, et
chaque paroi à deux, suivant la marche du soleil
sur l'écliptique. Enfin tout naturellement la lumière de ce même soleil, sur la paroi opposée à
la porte, marque les diverses heures de la journée, heureuses ou malheureuses.

« Plus de la moitié de l'année est composée de
mauvais jours », dit Flacourt.

Heureusement chacun peut corriger son sort, ou
mieux le détourner sur un autre objet.

Si vous terminez une maison en février, elle
est condamnée au feu. Pour éviter ce malheur,
prenez une torche allumée, faites le tour de la
maison en feignant de l'incendier et criant au feu,
et jetez votre torche: le sort est conjuré ou satis-
fait. L'enfant qui naît en ce mois devrait être un
incendiaire. Alors on le prend et on l'enferme
avec sa mère dans une petite hutte de terre ou de
paille construite dans ce but, et on y met le feu:

l'enfant est enlevé, la mère se sauve, la hutte brûle et le destin est corrigé!

Nous l'avons vu, on étouffe les enfants qui naissent en septembre. Mais si l'heure est moins fatale, on les expose seulement aux pieds d'un troupeau de bœufs, et s'ils ne sont pas écrasés, on les mutile pour livrer passage au destin. C'est ce qui arriva au premier ministre actuel : on lui coupa le bout de l'extrème phalange du doigt du milieu et de l'index de la main gauche, ce qui ne l'a pas empêché de supplanter plus tard son frère aîné.

Au reste, rien n'est comparable à la résignation du Malgache pour son sort; tout destin est acceptable et accepté, sauf un seul, celui de sorcier.

Le sorcier, *mpamosary*, celui qui jette les sorts, naît pour le mal; il se complaît dans le mal et il ne fait que le mal; de lui viennent les maladies, les accidents, la mort, en un mot, toutes les infortunes et tous les malheurs. Aussi comme on le redoute! Dans tout Madagascar, après onze heures du soir, vous ne trouveriez pas une seule personne dehors, sauf le seul sorcier à qui cette heure sinistre appartient. Comme on le hait aussi et comme on le méprise! Autrefois, et il n'y a pas longtemps de cela, aussitôt que quelqu'un était soupçonné de sorcellerie, on le livrait impitoyablement à l'épreuve du tanghen. S'il y succombait, il n'y avait pas de sépulture pour lui, ou au moins pas de funérailles solennelles. On le rejetait du tombeau de famille, et il était enseveli, quand on ne le jetait pas à la voirie, la tête tournée vers le Sud, afin qu'on le reconnût toujours, et qu'on ne lui rendît jamais aucun honneur. Personne ne le pleurait; ses biens étaient confisqués; et sa femme et ses enfants parfois réduits en esclavage.

Ce qu'il y a de plus triste, c'est que souvent, sous l'effet de cette réprobation universelle, le sorcier se persuade que tel est son sort et son rôle, et, en conséquence, il commet toutes sortes de crimes.

Il faut se garder de confondre le sorcier avec le devin. Autant le premier est méchant, méprisé, craint, haï, autant le second est bienfaisant, estimé, recherché et surtout payé. Le devin, c'est l'adversaire du sorcier, celui qui vous indique les pratiques à accomplir pour conjurer les mauvais sorts que l'autre vous a jetés. Le devin vous apprend à corriger votre destin, à ramener l'âme d'un parent, à vous guérir d'une maladie, à sortir d'une difficulté et surtout à connaître l'avenir. Car le devin sait lire dans l'avenir; il le fait à l'aide d'un jeu bizarre, le jeu de *sikidy*, — d'où son nom de *mpsikidy*, — qui consiste essentiellement à jeter et à faire mouvoir avec une baguette un nombre déterminé de petits cailloux ou de petites graines, qui prendront ainsi diverses situations et formeront des figures déterminées, dont la vue et l'étude lui révèleront ce que vous avez à espérer ou à craindre. Supercherie bien rétribuée pour l'ordinaire, quelquefois diablerie, c'est son secret. Quoi qu'il en soit, il est très puissant, et c'est lui qui autrefois tenait la place des féti-

cheurs ou prêtres des idoles des peuplades africaines par exemple.

IV

AUTRES SUPERSTITIONS A L'ÉGARD DE CERTAINS ANIMAUX.

Un autre genre de superstitions, très répandues chez plusieurs peuplades de Madagascar, est
le respect religieux qu'ils professent pour certains
animaux, en qui quelqu'un de leurs ancêtres fut
autrefois changé, et dont par conséquent ils
croient eux-mêmes descendre.

Telle est la légende du singe Babakoto. La voici
telle que la rapporte le Père Abinal :

Un condamné à mort qu'on conduisait au sup-
plice, eut la chance de s'échapper ; il s'enfuit à
travers champs, poursuivi par l'exécuteur, un
coutelas à la main.

D'aventure, il parvient à gagner la forêt et à se
jeter au milieu des broussailles, où il disparaît
soudain au pied d'un arbre. Le bourreau arrive ;
mais, à sa grande surprise, il ne voit plus devant
lui qu'un gros singe, grimaçant sur une haute
branche.

« Voilà qui est étrange ! se dit-il ; je pour-
suivais un homme condamné à mort, et je le vois
devenir singe, en un clin d'œil. Évidemment,
c'était un innocent. » Là-dessus il se retire. Quant

au singe, il s'enfonce dans la forêt, s'y allie avec ceux de son espèce, et devient la tige d'une famille nombreuse. La légende raconte qu'au bout de quelque temps ses petits-fils naquirent hommes, et leurs descendants forment une tribu nombreuse établie à la lisière de la forêt, sur le versant oriental de l'île.

Les voyageurs qui traversent ces parages doivent s'abstenir de tirer sur le *Babakoto* sous peine de se créer, comme l'ont fait plusieurs, des affaires désagréables. Témoin le P. Pagès qui, tout en chassant quelques oiseaux dans la forêt, eut le malheur d'abattre un de ces animaux. Fier de son coup, il n'en fit point mystère, et voulut avoir du sire au moins la fourrure. Mais il avait compté sans ses porteurs qui réclamèrent à cor et à cri le cadavre de leur parent. Et il fallut le leur livrer, sous peine d'être abandonné seul, au milieu de la forêt. Le Babakoto fut emporté au prochain village, où tous les honneurs de la sépulture lui furent solennellement rendus.

On lui fournit le suaire d'usage, et son corps en fut respectueusement enveloppé. On y ajouta un double linceul fait de feuilles de rofia. Enfin il fut pieusement déposé dans une fosse creusée pour lui, et, les cheveux dénoués en signe de deuil, on lui offrit le tribut accoutumé de pleurs et de lamentations, de chants et de sanglots. Quelques rasades de rhum terminèrent la cérémonie.

Il est un autre singe, ci-devant homme, dont la métamorphose fut sans retour. Il porte dans le

pays le nom de *Rajako*, et il n'est point originaire
de l'île où il a été introduit du dehors. Il garde,
dit-on, aux femmes une rancune profonde, pour
la raison que voici : Rajako, au temps où il était
encore homme, avait épousé une femme dont
la langue acérée ne lui laissait point de repos. Un
jour qu'ils s'occupaient tous les deux, assis au coin
du feu, à faire cuire leur repas, une querelle s'en-
gagea. La dame tenait à la main une grande
cuiller en bois, dont elle se servait pour étaler le
riz sur de larges feuilles de ravinala.

Or, l'infortuné Rajako, de par son destin, ne
devait jamais, sous peine du plus affreux malheur,
toucher à cette cuiller, ni en être touché. Mais
voici que sur un geste qui lui parut menaçant, sa
femme se mit en garde; puis, soit malice, soit pré-
cipitation ou inadvertance, le frappa au visage de
l'instrument maudit. Aussitôt l'inflexible destin
s'accomplit. Rajako, subitement changé en singe,
gambada d'abord jusqu'à la porte, grimpa sur le
toit de sa case, s'élança de là sur une branche
voisine, et disparut dans les profondeurs de la forêt.

Sa veuve ne pleura point; aussi Rajako a-t-il
voué une rancune éternelle à elle et à ses semblables, et légué sa haine à sa postérité. Depuis
lors, les fils de Rajako se plaisent à laisser la trace
de leurs ongles sur la figure des descendantes de
l'épouse perfide ; et les femmes malgaches de leur
côté, redoutent la vengeance de ce singe, car, encore petites filles, elles ont souvent entendu raconter l'histoire de Rajako.

Le singe n'est pas le seul des animaux qui ait eu l'honneur de compter l'homme parmi ses descendants immédiats; plusieurs autres tribus, sur divers points de l'île, font remonter au caïman la première origine de leur caste.

Par malheur, les membres de la tribu, restés encore caïmans, ne perdirent point leurs instincts féroces; et ces goûts de carnivores les entraînèrent souvent à des repas fratricides dont ils eurent lieu de se repentir. Leurs frères, en effet, devenus hommes, furieux de passer sous la dent de ces parents dénaturés, résolurent de leur faire une guerre à mort, et en vinrent à de sanglantes exécutions.

Enfin, après bien des représailles et des pourparlers, on consentit, de part et d'autre, à un accommodement. L'homme jura de ne plus traquer le caïman, et le caïman de ne plus dévorer l'homme, son parent; il devait se contenter à l'avenir des chiens ou des bœufs égarés. On ajouta la clause que tout caïman parjure serait empalé. Et ce pacte prit rang parmi les conventions les plus religieusement observées.

Hélas! toutes les lois, tous les traités ont trouvé des prévaricateurs. Le caïman ne devait pas être plus parfait que l'homme. Souvent donc, il transgressa le traité. Certains l'attribuent à son excessive voracité, d'autres à l'infirmité de sa mémoire, mise en défaut par sa prodigieuse longévité. Bref, que ce soit par oubli du pacte juré, ou injustice préméditée, ou reste d'habitude mal éteinte, le caïman mange encore les hommes.

Mais aussitôt qu'un délit de ce genre est commis, on le publie dans tout le pays. Le chef de la
tribu ou, en son absence, quelque vieillard, bien
au courant des usages, se rend, à la tête de la population, sur les bords du lac, séjour du criminel.
Là, il porte une plainte en règle contre les frères
caïmans, leur rappelle le pacte solennel consenti
par leurs ancêtres, leur reproche le nouveau crime
commis contre la foi jurée, et les somme enfin de
livrer le coupable, en le contreignant de mordre
à l'hameçon qu'il jette aussitôt à l'eau, après l'avoir
amorcé d'un quartier de bœuf.

Chacun alors se retire pour faire les apprêts de
l'exécution.

Le lendemain, le magistrat et le peuple reviennent
sur le théâtre du crime, qui sera aussi celui de
l'expiation. Les femmes depuis la veille ont filé ou
tordu des cordes de soies, et chacune arrive apportant son peloton. Les hommes sont munis de
cordes ou de pieux aiguisés, et durcis au feu.
Tout est prêt, et le caïman coupable a été déjà
livré par les siens, ou plutôt s'est livré lui-même,
tenté par l'appât et poussé par la faim. Il est donc
captif et impuissant. Et le voilà maintenant entre
les mains de la justice.

Dès qu'il paraît sur l'eau, on le salue d'une
huée formidable. On le tire en terre ferme; il a
beau protester par d'énergiques efforts, des
lacets à nœuds glissant sur la première corde,
vont s'attacher à ses flancs et à sa queue et, ti-
rés en tous sens par des bras vigoureux, rédui-

sent à l'immobilité le coupable à demi suffoqué.

En cette pénible position, il lui faut subir d'abord le réquisitoire du magistrat qui commence par s'excuser d'être obligé de sévir contre un parent; et, après avoir énuméré bien des considérants, et écarté ce que nous appelons les circonstances atténuantes, arrive enfin aux conclusions : c'est la mort, telle qu'elle a été décrétée par un article du pacte solennel.

Aussitôt on crie : haro sur le monstre. Une forêt de pieux aigus s'enfoncent dans son ventre, déchirent ses entrailles, et malgré les contorsions et les ronflements désespérés du supplicié, finissent par avoir raison d'une vie extraordinairement tenace.

Il est mort.

Aussitôt la scène change comme par enchantement. Le deuil, les pleurs succèdent aux cris de rage. Les femmes, déroulant leurs pelotons de fil, s'approchent respectueusement du cadavre et, avec des gémissements, entourent délicatement de soie l'horrible bête, depuis l'extrémité de la queue jusqu'au bout du museau. L'opération terminée, le cadavre est censé enseveli dans son linceul, et on le porte à son tombeau, au milieu des lamentations usitées dans un deuil de famille.

Sur sa tombe on élève un tumulus, et une grande pierre droite marque la place de la tête.

Certaines tribus, moins prétentieuses que celles dont nous venons de parler, ne s'attribuent qu'une origine canine; elles auraient eu pour père un chien à museau court, à dents robustes, qu'on ne trouve point dans l'île, le *bouledogue* sans doute. On ne sait quels furent ses premiers fils, ni comment ils devinrent hommes; on croit cependant que de ce chien vénérable sortit un couple d'hommes jumeaux, pères de la tribu. Avant de mourir, ils maudirent ceux de leurs fils qui allieraient le sang bouledogue à des castes étrangères. Leur prohibition est respectée, encore de nos jours, par leur nombreuse descendance appelée les Antakaratra; ils peuplent les montagnes de ce nom, aux portes de la capitale. Ce sont des hommes noirs et trapus, têtus, assez bons soldats et magiciens renommés.

D'autres tribus dans le Sud, prétendent descendre du sanglier, et déclarent pour eux sa chair *fady* ou prohibée.

Aussi cet animal pullule-t-il dans le pays; on en rencontre des bandes immenses qui ravagent les récoltes, sans que personne ne songe à les détruire. Chacun préfère garder son champ jour et nuit, pendant quatre mois, plutôt que d'assassiner son parent, le sanglier.

On trouve enfin des Malgaches, qui se glorifient d'appartenir à l'espèce mouton. De là vient qu'ils ont cette chair en horreur. Toutes leurs maladies, toutes leurs infortunes ne fondent sur eux, disent-ils, que parce qu'ils ont, par inadvertance, touché à la viande ou à la graisse de quelques-uns de leurs frères, les moutons, ou peut-être foulé aux pieds, sans le savoir, certains flocons de laine tombés du dos de leurs pères.

« J'ai pu constater par moi-même, ajoute ici le Père Abinal, leur répugnance pour la chair du mouton. Un jour que dans une visite à un village éloigné, mes élèves m'avaient suivis, je leur fis servir, vers midi, un plat de mouton au riz. Les espiègles, désireux de rire aux dépens de l'un de leurs compagnons, qui se disait issu du mouton, appelèrent ce plat un ragoût de chevreau, et lui en offrirent, sans qu'il y prît garde. Le repas terminé, on lui découvrit la fraude. Aussitôt une sueur froide le saisit, il s'affaissa sur lui-même, fut pris de nausées violentes, et ses compagnons durent le rapporter au village, où il resta trois jours malade.

Si des quadrupèdes nous passons aux oiseaux, il n'en est pas peut-être dans toute l'île une seule espèce qui n'ait eu sa métamorphose en homme. Et nos pauvres Malgaches croient non moins fermement aux fables qui les leur donnent pour ancêtres, qu'à la lumière du soleil.

Telles sont les principales superstitions des Malgaches. Je ne les ai point toutes passées en revue. Aussi bien, ne les connaît-on point toutes. Il y en a de différentes chez les diverses tribus; mais il n'est pas difficile d'y reconnaître chez toutes, un fond commun, fruit d'un commun héritage.

CHAPITRE XXIII

PROTESTANTISME ET CATHOLICISME

Le tableau de l'état moral et religieux des Malgaches ne serait pas complet, si je ne parlais d'un nouveau facteur qui s'y est introduit, surtout pendant la seconde moitié de ce siècle : je veux parler de la double mission catholique et protestante.

J'ai déjà parlé, à l'occasion, des divers essais, toujours infructueux, tentés chez les Sakalaves soit par les protestants, soit par les catholiques. Je n'y reviendrai pas ici. Mais, d'un mot, rien n'a été obtenu. C'est la même chose chez les Bara, d'où les missionnaires luthériens ont toujours été repoussés, et où les catholiques n'ont encore rien essayé ; la même chose aussi chez les tribus sauvages du Sud-Ouest, chez les Antanosy, les Antaimoro, les Betsimisaraka (Tamatave excepté), les Antankara, et les Antanala, au moins ceux d'Ikongo.

Nous ne parlerons donc dans ce chapitre que du plateau central proprementdit, principalement des Hova et des Betsileo.

Quatre églises protestantes se sont successivement établies à Madagascar : les Indépendants, les Anglicans, les Quakers et les Luthériens de Norwège et d'Amérique.

I

LES INDÉPENDANTS.

Les premiers en date sont les Indépendants anglais, secte particulière et assez puissante parmi
celles que l'on nomme les « *dissenters* » ou dissidents.

Rattachés par leur doctrine à la nombreuse famille des méthodistes, ils rejettent comme eux
toute hiérarchie et n'admettent guère que l'Écriture Sainte, la Prédication, quelques Hymnes, et, en
fait de sacrements, le Baptême et la Cène. Ils se re-
crutent surtout dans les classes inférieures ; leurs
ministres ne reçoivent guère aucune formation
spéciale ; mais ils sont fortement organisés, et constituent plutôt un parti politique qu'une secte religieuse.

Leur premier missionnaire à Madagascar fut le
Rev. Jones, monté à Tananarive avec Hastie, l'am-
bassadeur de Sir Robert Farquhar, sous Radama Ier,
en 1820. Il se fit accepter surtout comme imprimeur et comme instituteur de la jeunesse. Aidé de
Griffith et de sa femme, ainsi que de plusieurs autres qui allèrent successivement le rejoindre, il
réunissait deux mille enfants dans ses écoles en 1826,
et quatre mille en 1830. Chassés de l'île en 1835
par Ravanalona Ire, et exilés pendant vingt-six ans,
tandis qu'un certain nombre de leurs adeptes
étaient massacrés dans leur église, aux pieds du
palais, les Indépendants y rentrèrent avec Ellis

en 1661, quand Radama II ouvrit de nouveau aux étrangers les portes de Madagascar.

Le nom d'Ellis est bien connu. On sait toute la part qu'il prit aux menées contre Radama, et probablement à la mort de cet infortuné roi. En tout cas, il en profita largement. Rasoherina lui devait le trône, et surtout les chefs de la conspiration, Rainivoninahitriniony, le premier ministre d'alors, et son frère Rainilaiarivony, le premier ministre actuel, leur influence et leur situation. C'était lui et son parti qui leur fournissaient l'argent. Il en profita pour combattre continuellement la mission catholique, et pour faire changer peu à peu la législation malgache dans un sens de plus en plus favorable à la domination anglaise et à la religion protestante. Il fut puissamment aidé dans cette œuvre par un homme d'une grande valeur, tout dévoué à son pays et qui favorisa dans l'intérêt de sa nation une religion qu'il ne partageait pas, le consul anglais Packenham (1).

Du reste, on ne peut nier que ces hommes et ceux qui leur succédèrent n'aient eu un grand esprit d'organisation. Humainement parlant, ils prirent les meilleurs moyens pour fonder et ensuite pour développer leur mission. Quatre choses surtout y contribuèrent : l'argent, l'éducation, la faveur des grands et du pouvoir, enfin ce que l'on pourrait appeler la *nationalisation* de leur église.

I. Tout s'achète à Madagascar, et l'on peut tout

---

(1) Pakenkam était anglican, et il mourut catholique à Tamatave pendant la guerre franco-malgache.

obtenir avec de l'argent. Généreusement subven-
tionnés par leurs amis d'Angleterre, probablement aussi par leur gouvernement (1), les Indépendants payèrent largement les services rendus
et très habilement firent espérer des récompenses
plus généreuses encore pour ceux qu'on leur rendrait. Ils allèrent plus loin, et, par des avances
d'argent ou même par des subventions annuelles
toujours révocables, ils s'attachèrent complètement
les personnages les plus influents, soit à la cour,
soit dans les provinces. Dans le même but, dès
qu'ils eurent des églises, ces églises pouvant posséder, prêtèrent de l'argent aux membres de la
réunion. C'était un double profit, d'abord un hon-
nête revenu de leur argent, 24 0/0 au moins, et
puis la mainmise pour toujours sur ces emprun-
teurs incapables de jamais rembourser l'argent
qui leur était prêté.

II. Les Hova comprirent rapidement l'importance pratique de l'éducation, et, dès le commencement, manifestèrent un vif désir de s'instruire.
Répondant à ce besoin, les Indépendants cou-
vrirent le pays d'écoles plus ou moins florissantes,
et s'efforcèrent par toutes sortes de moyens, en
particulier par la loi scolaire de 1881 (2), d'étouffer

(1) Par exemple, de 1813 à 1825, le gouvernement de Londres
envoya 1.549.099fr.80 à Sir Robert Farquhar pour sa propagande
à Madagascar.

(2) Il y a eu trois lois principales sur les écoles; la première obli-
geait chaque centre de population à fournir le salaire de l'instituteur protestant; la 2e ordonnait, sous des peines très fortes,
aux parents d'envoyer leurs enfants à l'école de leur choix, des

les écoles catholiques et de s'emparer de toute
la jeunesse malgache. Il y ont réussi en grande
partie, surtout pour les classes élevées. Les trois
églises anglaises (Indépendants, Quakers et Anglicans), ont près de cent mille enfants dans leurs
écoles (1), et de ce nombre, les trois quarts vont
chez les Indépendants.

III. Chez ces peuples encore primitifs, il faut
d'abord gagner les classes dirigeantes, et surtout
le pouvoir. Tous les autres suivront l'exemple et
l'impulsion donnés d'en haut. C'est dans ce but
qu'Ellis entra dans la conspiration contre Radama II, afin de peser ensuite de toute son influence
sur ses successeurs, et que ses remplaçants ne se
donnèrent point de repos qu'ils n'eussent fait supprimer le culte des idoles et déclarer leur religion « religion de la reine » ou « religion d'État ».
Ils obtinrent l'un et l'autre par une loi de 1869
que renforça une autre loi encore plus pressante
de 1878. Aujourd'hui le gouvernement tout entier et tous ses agents sont indépendants, et par
suite les agents de la religion des Indépendants (2).

l'âge de huit ans ; la 3ᵉ enfin interdisait aux enfants, une fois
inscrits, de changer d'école. Il suffisait donc dès lors de les faire
inscrire, dès le commencement, chez les Anglais : c'était l'affaire
des influences locales, des agents anglais et des gouverneurs, et
ils n'épargnaient rien pour y réussir. — *Vingt ans à Madagascar*, p. 307.

(1) Exactement 92,316. — 98ᵉ rapport de L.M.S. Extrait du
Père Caussique. *Statistique*, p. 10.

(2) Qu'on en juge par le tableau suivant : La reine et le premier
ministre, en qui se concentre effectivement toute l'autorité, sont
indépendants ; indépendants aussi les vingt membres du cabinet et

IV. Les Hova, dès la fin du siècle dernier, prétendirent devenir les maîtres de l'île entière, bien résolus à ne jamais se soumettre à aucune puissance étrangère. Dès le principe, les Anglais acceptèrent, au moins en apparence, ce point de vue, les encouragèrent, et les aidèrent à vaincre et à soumettre les autres peuples de l'île. C'était du même coup combattre l'action de la France et fortifier leur propre influence. Dans le même ordre d'idées, ils s'efforcèrent d'enlever à leur église toute apparence d'église étrangère, et d'en faire au contraire une institution malgache. Chaque missionnaire anglais, résidant de préférence à la capitale ou dans un des principaux centres du pays, a sous sa direction un vaste district, dont il est sensé administrer les églises. Mais il s'en occupe fort peu. Tout relève en pratique d'un *mpitandrina* ou pasteur, qui préside les réunions, et des *mptory-teny* ou prêcheurs qui sont les aides du mpitandrina, et ordinairement aussi les maîtres d'école. Ce sont eux qui forcent les gens à venir à l'église, qui font bâtir, par leurs adhérents, les temples, les écoles, leurs propres maisons; qui perçoivent les

les seize chefs des divers districts de l'Imerina. Des qautorze membres des divers ministères, un seul est catholique. Un seul catholique aussi parmi les huit chefs de garde et de service au palais; un seul parmi les sept chefs des castes nobles; et, fait presque incroyable, un seul parmi les 95 gouverneurs des principales villes et forteresses du royaume. Tous les autres sont protestants et ordinairement indépendants. Et cela dans un pays placé au moins dans notre sphère d'influence! » *Annuaire Malgache* 1892, p. II-14 Cité par le Père Caussique. Statistiques, p. 4.

cotisations forcées de leurs fidèles, qui exécutent
et plus souvent dépassent ou violent les instructions ou les ordres du missionnaire (1).

Car s'ils relèvent nominalement de lui, pratiquement ils relèvent des *Évangélistes*. Émissaires
à demi payés de l'église du palais, sorte d'ins-
pecteurs de la prière, surveillants-nés et dénon-
ciateurs toujours écoutés de tous ceux qui les
gênent : pasteurs, prêcheurs, instituteurs, gouverneurs même ou missionnaires étrangers,
ces Évangélistes — ils étaient 184 en 1880 —
ont pratiquement supplanté leurs maîtres.

C'est qu'en effet, si l'Église protestante s'est
singulièrement étendue et fortifiée par l'appui du
pouvoir, et par l'adjonction à son gouvernement
de tant d'éléments indigènes, elle y a perdu
son autonomie et son indépendance. Ce n'est plus

---

(1) En 1880 il y avait 604 pasteurs et 4,134 prêcheurs. Évidemment ils n'ont ni grande valeur intellectuelle ni grande valeur
morale. « La grande partie des pasteurs de campagne, peut-on lire
dans un compte rendu officiel, (*Ten years review of missionary
work in Madagascar*, p. 134), n'a reçu aucune formation en rapport
avec leur dignité. Plusieurs ne savent même pas lire. » Et des prêcheurs : « Le plus grand nombre est indigne de ce nom. La manière dont ils prêchent ne produit absolument aucun bien. Des
enfants, des jeunes gens à peine capables de lire, montent en
chaire............ haranguent le peuple... Tous leurs efforts visent,
non pas à lui faire du bien, mais à lui plaire et à l'amuser. Tel a
été l'état général des prêcheurs jusqu'en 1880 ». Voir *Vingt ans à
Madagascar*, p. 304. Tel il a continué d'être depuis. Quant à leur
conduite privée et aux exemples qu'ils donnent, mieux vaut ne
pas en parler. A eux comme à tout le monde à Madagascar,
s'applique la règle que, plus quelqu'un est élevé, plus il est vi-
cieux et corrompu.

qu'une institution malgache, tout entière dans
la main du premier ministre. Si les missionnaires
anglais y ont encore de l'influence, ce n'est qu'une
influence indirecte, par l'argent qu'ils distribuent,
par leurs livres et leurs journaux, ou par la formation, dans leurs écoles de la capitale, des hauts
dignitaires de cette église. Même dans ces conditions, qu'ils se gardent bien de contrecarrer les
vues ou les désirs du gouvernement : « Aucune
liberté n'est laissée au missionnaire, écrivait en
1877 le Rev. P. Street; la pression gouvernemen-
tale nous étouffe... Ce que l'on attend de nous,
ce n'est pas Jésus-Christ selon le Nouveau Testa-
ment, mais selon le premier ministre. »

Et sir Gore Jones dans un rapport officiel sur
sa visite à la reine de Madagascar, juillet 1881 :
« Le premier ministre est trop intelligent pour
ne pas voir l'utilité de maintenir la Reine à la
tête de l'Église, et rien d'un caractère religieux
ne marche que sous sa surveillance. »

C'est ce que remarquait judicieusement un auteur bien au courant de la question malgache,
dans un article du reste peu bienveillant pour la
Mission Catholique, publié dans le numéro du
3 avril 1894 de la *Politique Coloniale*, et il en con-
cluait avec raison à l'inanité du projet mis plusieurs fois en avant en haut lieu, d'envoyer à Madagascar des missionnaires protestants français.

Ils ne feraient rien, si ce n'est apporter encore
plus de confusion, de troubles et de faiblesse,
dans une situation déjà trop embrouillée.

II

ANGLICANS, QUAKERS ET LUTHÉRIENS.

Les Indépendants furent d'abord les seuls missionnaires protestants à Madagascar. Mais bientôt ils durent partager leur monopole : 1° avec les Anglicans arrivés en 1864, mais qui cependant ne purent s'établir dans le centre qu'en 1872; 2° avec les Luthériens de Norwége venus en 1867, et plus tard avec les Quakers ou Amis. Quatre sectes protestantes fort distinctes de doctrine et de tendances se disputaient donc le pays. Mais à l'exception des Anglicans plus élevés, plus gentlemen, plus dignes, et se rapprochant davantage des catholiques dont ils affectent d'imiter les cérémonies et voudraient être reconnus comme les frères, l'intérêt et leur haine commune de la France et de l'Église catholique, eurent bien vite fait d'unir les trois autres, pour travailler de concert contre notre patrie et contre notre foi.

Tous purent séjourner à Tananarive et y établir le centre de leurs œuvres, mais ils se partagèrent le reste de la contrée; la riche province d'Ankaratra échut aux Norwégiens qui s'y établirent en maîtres. Et nulle part la pression officielle ou la persécution contre les catholiques n'a été aussi acharnée. Des pauvres habitants de ce pays, on aurait pu dire aussi ce que le Rév. Street écrivait des Betsileo : « qu'ils étaient conduits comme des bêtes à nos temples (1). »

Depuis peu, les Luthériens d'Amérique se sont établis surtout dans le Sud, et y ont apporté exactement les mêmes procédés.

Ce n'est pas que je blâme les ministres protestants d'avoir combattu l'Église Catholique et multiplié leurs efforts pour faire triompher leur doctrine. A leur point de vue, et c'est à ce point de vue qu'il faut se placer pour les juger impartialement, ils devaient le faire. Seulement, il faut combattre alors à visage découvert, franchement et loyalement ; et, quand il s'agit d'une doctrine à répandre par la seule persuasion, la calomnie et la violence ne sont jamais de mise. et ce sera leur honte d'y avoir si souvent recouru.

Je comprends aussi qu'ils aient travaillé contre l'influence française au profit de leur propre pays. Mais cependant on est surpris, choqué même, de voir des missionnaires faire de cette œuvre temporelle le but principal de leur apostolat. De plus, on ne peut jamais excuser la conspiration et les attentats, par exemple la mort violente de Radama II ; et Ellis aurait dû être exclu du sein des missionnaires indépendants comme le furent plus tard Parrett, et leur imprimeur le quaker Kingdon. Car qui oserait excuser ce misérable à qui Lord Clarendon venait de livrer une communication confidentielle du gouverne-

---

(1) Mercantile Record of Mauritius, 11, 12, 13, oct., 1877.

ment français, partant aussitôt de Londres, montant à la capitale, révélant tout à l'infâme Ranavalona Iᵉʳ, et n'ayant de cesse qu'il n'eût fait chasser tous les blancs de l'Imerina, détruit toutes leurs œuvres, et fait périr des milliers de victimes? Et qui jamais aussi pourra le laver de l'assassinat de Radama? Enfin, depuis la convention franco-anglaise de 1890, la cause est jugée, et des missionnaires doivent donner l'exemple de la soumission.

S'il faut maintenant juger l'ensemble des résultats des missions protestantes, après avoir de nouveau mis à part les Anglicans, qui cependant ont trop acheté les conversions et n'ont souvent recueilli que les épaves des dissidents et des catholiques, fondant ainsi une œuvre hybride et sans avenir, je n'hésiterai pas à reconnaître que les autres, les Indépendants et les Norwégiens surtout, ont fait beaucoup, et le mal qui se trouve mélangé à presque toutes leurs œuvres, ne doit et ne peut faire oublier les résultats obtenus.

Ils ont fait supprimer la traite des Mozambiques, et rendre la liberté aux esclaves de cette nation (1878); ils ont présidé à la refonte de la législation malgache : et beaucoup de leurs ordonnances sont bonnes, quoiqu'en général, elles ne conviennent pas à l'état actuel des Malgaches; ils ont donné une vive impulsion à l'éducation, surtout des hautes classes, trop souvent dans un but de prosélytisme à outrance, mais l'œuvre n'en reste pas moins. Ils ont travaillé beaucoup, et parfois d'une manière très intelligente, à faire connaître la langue malgache (grammaire et dictionnaire de Cousin, dictionnaire de Richardson); de même que la géographie, la géologie, l'histoire naturelle et les richesses de l'île (Rev. Baron, etc.); enfin ils ont fondé une école de médecine, une léproserie, trois hôpitaux admirablement organisés, et qui rendent les plus grands services.

Il ne faudrait pas cependant s'en rapporter exclusivement à leurs statistiques officielles. Ainsi, d'après le quatre-vingt-dix-huitième rapport de L. M. S. 1892), les Indépendants et les Quakers auraient 92,416, et les Luthériens de Norwège 37,487 enfants dans leurs écoles. Ce serait énorme. Mais y en a-t-il un quart ou un cinquième à les fréquenter fidèlement, et partant à en profiter? J'ai vu de près plusieurs de ces écoles, en particulier dans les campagnes, et telle qui a plus de 100 élèves inscrits, doit souvent donner vacances parce qu'il ne vient aucun enfant.

Le même rapport officiel donne 310,313 adhérents ou disciples aux Indépendants et aux Norwégiens. Mais plus des neuf-dixièmes ont simplement, une fois en passant, donné leur nom, et ne sont même pas baptisés. Jamais ils ne vont au temple, jamais ils ne prient, jamais ils ne participent à aucun sacrement, jamais ils n'assistent à aucune instruction!

Au fond, il n'y a pas grand'chose de changé, sauf pour l'extérieur, et les Hova ont gardé la

plupart des pratiques païennes et superstitieuses
de leurs ancêtres : la même croyance au destin,
le même culte rendu aux morts et les mêmes cérémonies aux funérailles ; les mêmes honneurs
aux sampy et aux pierres sacrées ; la même foi
aux ody ou amulettes, aux devins et à la divina-
tion ; la même exactitude à se faire circoncire.
Tout cela ne s'observe plus officiellement et en public, mais s'observe très fidèlement en particulier.

En parlant ainsi, je m'écarte beaucoup, je le
sais, de la plupart des voyageurs qui ont écrit sur
Madagascar, et en particulier de l'école anglaise
qui a tout intérêt à faire ressortir l'importance de
la loi de 1869, et surtout à faire croire qu'elle est
observée. Mais je parle d'après les observations
suivies et multiples de gens qui connaissent parfaitement leurs Malgaches, et qui, ayant longtemps
vécu dans le pays, ont pu voir bien des choses
qu'un simple voyageur ne soupçonne même pas,
et je suis certain de dire la vérité. En fait, la
très grande majorité des Hova, se disant protestants, est restée païenne. Je vais plus loin, et je
n'hésite pas à affirmer qu'à la cour même on a
gardé la plupart des pratiques des ancêtres.

En somme, l'œuvre protestante à Madagascar
n'est ni solide, ni durable. Ils se sont imposés par
les hautes classes, mais ils ne se font ni aimer ni
accepter par le peuple ; ils se sont étendus beaucoup en surface, très peu en profondeur ; s'il y a
beaucoup de branches et de feuilles, il n'y a ni
fruits ni racines ; ou si l'on préfère, le monument

30

tout en façade n'a pas de fondations : déjà il se lézarde, et inévitablement il tombera si on lui enlève le soutien de l'État.

Les missionnaires de Madagascar, certains du moins, par l'organe d'une feuille sans valeur et sans tenue qu'inspire uniquement sa haine contre la France, le *Madagascar News* essaient une vive campagne contre nous, et jettent les hauts cris à la perspective de la persécution qui les attend, quand la France se sera emparée du pays.

Jamais la France ne les persécutera, et il n'était pas besoin d'en inscrire la promesse dans la convention de 1890. Au contraire, elle n'est que trop portée à les favoriser. Les missionnaires catholiques d'ailleurs seraient les premiers à réclamer, si l'on recourait jamais à des mesures violentes contre leurs adversaires. La liberté suffira. Ce qui le prouve, c'est que, dans les intervalles d'accalmie, partout où le missionnaire peut aller ouvrir une école et fonder une réunion, les populations accourent à lui, abandonnent l'établissement protestant qui aussitôt diminue, s'affaiblit et disparaît.

III

MISSION CATHOLIQUE.

L'avenir est donc à la Mission Catholique à Madagascar.

Ce n'est pas ici le lieu de raconter les origines

de cette mission. Mais on ne saura jamais tout ce que les Pères Jésuites de Toulouse ont souffert et tenté pour pénétrer dans la grande île, depuis 1844, époque à laquelle ils en acceptèrent la charge, jusqu'au commencement du règne de Radama Ier, en 1861.

En 1855, ces trois grands Français qui, en même temps étaient trois grands chrétiens, MM. Laborde, Lambert, et Delastelle, trouvaient moyen de faire monter le Père Finaz, déguisé en savant, à Tauanarive, auprès de la sanglante Ranavalona I. Et là, devenu pianiste, lançant un aérostat, construisant un télégraphe, préparant une merveilleuse poudre de guerre, l'intrépide missionnaire restait seul, isolé de ses frères, sans secours, et sans consolation, en danger, à tout instant, d'être découvert et inévitablement perdu.

Deux années plus tard, le Dr, plus tard sénateur de la Réunion, Milhet-Fontarabie, appelé pour faire l'opération de la rhynoplastie au frère du favori et tout-puissant premier ministre de Ranavalona I, le cruel Rainijohary, lui amenait en qualité d'aides-chirurgien, deux de ses frères, les pères Weber et Jouen; et le premier parvenait à rester avec lui jusqu'à l'année 1857, où tous les Européens furent chassés de l'Imerina.

On a admiré l'année dernière et avec raison l'intrépide colonel de Beylié allant, au péril de sa vie, relever la future route du corps expéditionnaire de Majunga à Tananarive, et plus tard, pendant la discussion même des crédits, d'autres officiers français achevant cette étude. Les pères Finaz et Weber étaient-ils moins braves et moins héroïques, eux dont un simple accident ou la plus petite imprudence eussent été la condamnation irrévocable?

Ils durent partir enfin, mais au moins avaient-ils reconnu le pays, étudié le terrain, appris la langue, observé les mœurs et les coutumes, et cette expérience première devait leur être plus tard de la plus grande utilité. De même les indigènes avaient appris à les voir, à les entendre, à les apprécier, et ils n'auront aucune peine à retourner auprès d'eux quand le pays leur sera enfin ouvert par Radama II en 1861.

Le premier acte de Radama II fut en effet de faire tomber toutes les barrières qui jusqu'ici éloignaient les étrangers de Madagascar, de rappeler toutes les sauvages ordonnances de sa mère, et en particulier de donner pleine et entière liberté à tous les missionnaires, d'instruire et de convertir son peuple. Sous son règne, plus ou moins favorisée par lui, la Mission Catholique se développa rapidement, et on pouvait concevoir les plus belles espérances pour son avenir, quand la mort de ce malheureux prince provoqua une violente réaction.

C'était le triste temps pour notre influence à Madagascar.

Ratifié à Paris, le traité, conclu par M. Laborde avec Radama, était rejeté par son successeur, la reine Rasoherina; la charte Lambert, cette splendide charte, le chef-d'œuvre de la diplomatie de

M. Laborde qui nous garantissait la possession exclusive de toutes les richesses de l'île, était déchirée, et Napoléon III, au lieu d'agir et d'exiger la fidèle exécution des traités, louvoyait et s'arrêtait à de tristes demi-mesures, pires qu'un simple abandon. Découragé, M. Laborde donna sa démission de consul, et le parti anglais, mené par Ellis et Packenham, triompha sur toute la ligne.

Une seule force leur résista, et sauva là-bas les épaves de notre influence, empêcha notre nom d'être à jamais oublié et continua à faire aimer la France : la Mission Catholique ! Oui, c'est là un fait que l'on ne doit pas oublier, et qu'il est bon de redire, surtout maintenant que l'heure des réparations semble toute proche : *avec et après M. Laborde, c'est à la Mission Catholique que nous devons de n'avoir pas perdu Madagascar.* Méprisée, tracassée de toutes les manières par le gouvernement hova, qui, au fond ne voulait cependant pas la détruire, afin de se réserver à l'occasion un point d'appui contre l'ambition anglaise, elle continua néanmoins, à sa manière, l'œuvre de M. Laborde en luttant, en se dévouant, en souffrant, et en gagnant peu à peu du terrain.

La France ne songea guère à elle et ne lui prodigua ni ses secours, ni ses encouragements. Si elle inséra une clause en sa faveur dans les traités de 1868, elle n'en surveilla jamais l'observation ; si M. Laborde, qui avait repris les soins du Consulat après le départ de M. Garnier, lui fut toujours généreusement dévoué, sa voix ne trouvait aucun écho aux Tuileries ; si Napoléon III lui accorda en faveur de ses écoles un faible secours de 20,000 fr., cette allocation fut diminuée de moitié en 1871, puis totalement supprimée en 1872, en des termes qui ressemblaient à une abdication.

Enfin, pendant les terribles années qui s'écoulèrent depuis 1878 jusqu'à la guerre en 1883, les tracasseries à propos de ses écoles, afin d'arriver à lui enlever ses enfants, allèrent jusqu'à la persécution, jusqu'à l'emprisonnement, jusqu'aux coups, surtout dans l'Ankaratra et le Betsileo, là où étaient établis les Norwégiens.

Malgré tout, la mission catholique avait prospéré, et dans l'espace de vingt ans, fait de remarquables progrès :

80,000 chrétiens disséminés dans ses deux centres principaux de Tananarive et de Fianarantsoa ;

20,000 élèves répartis dans une multitude d'écoles, 530 instituteurs ou institutrices, plus de 250 postes ;

Une imprimerie pour ses livres et une petite revue hebdomadaire le *Resaka* ou « Conversation », afin de faire connaître et défendre ses œuvres.

C'étaient sûrement de beaux résultats.

L'exil des Pères, pendant les trois années que dura la guerre, arrêta cet essor ; mais les catholiques restèrent fidèles.

Depuis, sous l'administration de Mᵍʳ Cazet, nommé précisément à cette époque Vicaire Apostolique de Madagascar, on a relevé les anciennes ruines, repris les mêmes œuvres et donné à toutes une nouvelle impulsion.

Sans parler des dispensaires, des ateliers, des léproseries, des diverses écoles normales, un petit collège a été fondé à Ambohipo pour préparer des catéchistes et des interprètes, et donner aux enfants plus intelligents une éducation plus complète et plus soignée.

Un observatoire de tous points remarquable a été établi à Ambohidempono, et a déjà rendu les plus signalés services en centralisant et en publiant les diverses observations faites en un grand nombre de points.

Son directeur en a fixé les coordonnées précises, et pour arriver à en établir l'altitude, a relevé toute la route de Tananarive à Tamatave, nous donnant en même temps la première coupe exacte du chemin et la carte au 1/100.000 d'une large bande de terrain.

Un autre missionnaire, bien connu, le Père Roblet, qui avait déjà publié au 1/1.000.000 une carte de Madagascar récompensée de 3 médailles d'or, dont une à l'exposition universelle de 1889, reprenait ses triangulations et préparait une nouvelle carte de l'Imerina au 1/100.000 qu'il publie en ce moment, réduite de moitié, de concert avec M. Grandidier. L'un et l'autre sont venus à Paris mettre au service du corps expéditionnaire, leurs travaux et leur connaissance du pays.

Enfin, auparavant, un troisième membre de la mission, un chercheur s'il en fut, le P. Callet, rendait à l'histoire un service inappréciable en recueillant, de la bouche des anciens, le récit des temps passés, des usages et des traditions du pays, et en le consignant dans un ouvrage malgache en 3 vol. imprimé à la mission, et presque aussitôt à peu près complètement détruit par ordre du premier ministre, « parce qu'il aurait trop bien fait connaître Madagascar ».

Ce livre devrait être traduit et publié en français, car il renferme tout ce que l'on peut savoir sur le passé de Madagascar.

La Mission Catholique comprend en ce moment quatre centres principaux :

1° Tananarive et l'Imerina avec une trentaine de Pères. C'est le premier de tous et le plus important, le siège du Vicaire Apostolique et le centre des principales œuvres.

2° Fianarantsoa, le second en importance, avec à peine une quinzaine de Pères, une école de frères, une autre tenue par les sœurs, et une splendide église en pierres et briques qui rappelle la cathédrale de Tananarive, une léproserie et un commencement d'hôpital. Fondé seulement en 1871, traversé de mille tracasseries et difficultés, le centre de Fianarantsoa semble aujourd'hui en pleine prospérité. Et l'année dernière, quand se fit l'inscription pour les écoles, les catholiques seuls eurent plus d'enfants que toutes les sectes protestantes réunies.

3° Tamatave avec trois Pères, dont l'un s'occupe des divers postes de la côte, une école de garçons dirigée par les frères des Écoles Chrétiennes et une école de filles sous la conduite des sœurs de Saint-Joseph de Cluny, et un hôpital en construction.

4° Fort-Dauphin fondé, il y a deux ans, par les Pères Chenay et Campenon, grâce à la généreuse initiative de M. Marshall, et qui promettait les plus concluants résultats quand la guerre est venue tout interrompre.

Voici du reste la statistique toute récente du personnel et des œuvres de la mission :

Missionnaires prêtres (dont un évêque)	51
— scolastiques (dont un Malgache)	4
Frères coadjuteurs pour les ateliers, l'imprimerie, etc.	18
Frères des Écoles Chrétiennes à Tananarive, Fianarantsoa et Tamatave.	16
Sœurs de Saint-Joseph de Cluny aux mêmes endroits.	27
Personnel européen.	116
Instituteurs et institutrices indigènes, plus de	700
Écoles normales.	9
Collège.	1
Élèves..	26.736
Églises.	83
Chapelles.	277
Postes et stations.	443
Catholiques ou adhérents.	136.175
Imprimerie.	1
Observatoire.	1
Léproseries.	2

Dans le courant de l'année dernière, il y a eu :

Baptêmes d'adultes.	1.197
Baptêmes d'enfants..	2.887

Toutefois, il ne faut rien exagérer. Même parmi les catholiques, il y a bien des misères, et tous n'ont pas renoncé à toutes leurs pratiques superstitieuses. Il y a des tièdes parmi eux, des négligents, des indifférents, de grands pécheurs et aussi des apostats.

Cela tient à bien des causes, souvent locales, au manque de caractère, au milieu, aux mauvaises influences, etc.

Mais il y a aussi de beaux exemples de vertu et beaucoup de bien accompli.

La famille se fonde respectable et respectée, les enfants grandissent meilleurs et plus instruits; les sacrements sont fréquentés et les offices suivis; un idéal de vertu est donné auquel plusieurs s'efforcent de parvenir, et chez certains, la foi produit des fruits admirables de pureté, de dévouement, de sainteté. C'est que, outre la grâce divine qu'il ne faut jamais oublier quand il s'agit d'évangélisation, et qui ne peut être avec les apôtres d'une religion fausse, ne considérant les choses qu'humainement, il y a une grande différence entre les missionnaires catholiques et les missionnaires protestants.

Sans doute, la vie de ces derniers, les prenant dans l'ensemble, et négligeant tel ou tel exemple qui n'est qu'une exception, est moralement pure, et peut servir de modèle à ces pauvres Malgaches: ils ne manquent pas de tenue ordinairement et sont strictement honnêtes dans leurs affaires; parmi eux, certains sont dévoués à leur œuvre et

y consacrent leur énergie et leurs talents; ils sont
bienfaisants aussi et aiment ordinairement à
rendre service. Mais ils sont largement payés; on
leur assure une situation honorable et bien supérieure à celle qu'ils auraient occupée dans leur
pays; il leur faut de grandes et belles demeures,
de larges jardins, une maison nombreuse, en un
mot tout le confort européen ; ils sont tous mariés et
ne se privent d'aucune des joies de la famille ; ils
reviennent souvent, comme des employés ou des
commerçants, passer quelque temps dans leur pays
et « semblent ne songer à autre chose qu'à rentrer
chez eux (1) ».

Le missionnaire catholique au contraire, « en
règle générale, ne revient plus dans sa patrie (2) ».
sa famille à lui, ce sont ses convertis et les enfants
de son école; par amour pour eux, il se prive de
toutes les commodités de la vie, ne recevant que
ce qui lui est strictement nécessaire pour ne pas
mourir de faim; logé à peu près comme l'un
d'eux, toujours avec eux, au courant de tous leurs
besoins, de leurs joies et de leurs peines; sans cesse
à leur service, se donnant, se dépensant sans mesure, ne demandant jamais rien, ne pressurant
pas les pauvres et n'imposant pas de corvée; donnant au contraire tout ce qu'il a et tout ce qu'il peut
obtenir, on voit clairement qu'il n'est là ni par
intérêt, ni par plaisir, mais uniquement pour
faire du bien. Et cela, alors même qu'ils ne le

(1) Amiral sir Gore Jones.
(2) Idem.

comprennent pas, frappe les indigènes et donne au missionnaire une grande autorité.

Aussi ai-je bon espoir pour la mission catholique. Deux choses surtout lui manquent, et je le dirai ici clairement comme tout le reste : les hommes et l'argent. Ils ne sont pas 25 missionnaires valides en Imerina, et il en faudrait 250 tout de suite. Ils ne sont pas 50 pour toute l'île, et il en faudrait immédiatement 500. De même, le gouvernement français leur donne annuellement, sans aucune assurance pour l'avenir, 40,000 francs, arrachés par les instances du Père Caussèque. Or, il faudrait au moins ce que réclame M. Paul Leroy-Beaulieu dans un article fort remarquable de l'*Économiste français* (14 août 1893) 200,000 à 300,000 francs. Ce serait même peu, comparé au budget des missions protestantes, peu inférieur dans son ensemble, sinon supérieur à 1,500,000 francs.

Je veux espérer que l'un et l'autre arriveront, et, avec ces nouveaux ouvriers et ces nouvelles ressources, toutes les œuvres qui manquent encore à l'organisation et au plein développement de la mission catholique : hôpital, cours de médecine, ateliers de métiers, fermes modèles, etc., etc.

CHAPITRE XXIV

LANGUE MALGACHE

Une question que l'on pose souvent au voyageur revenant de Madagascar, et que l'on m'a faite bien des fois à moi-même, est celle-ci : « Quelle langue parlent les Malgaches? français ou anglais? » — Ils ne parlent ni l'un ni l'autre. Quelques-uns savent un peu d'anglais; quelques autres un peu de français; il y en a même, formés par la mission catholique, qui savent fort bien notre langue et la prononcent mieux que certains de nos compatriotes; mais, entre eux, les Malgaches ne parlent jamais que leur seule langue nationale, la langue malgache, et c'est tout naturel, car elle est fort belle.

Cette langue est sensiblement la même dans toute l'île et parmi toutes les peuplades qui l'habitent. Évidemment, il y a des différences, parfois très notables. Le grand nombre des castes et des tribus, leur éloignement et leur manque de relations, leurs jalousies et leurs guerres fréquentes, quelques usages particuliers qui réservaient certains termes à la sorcellerie ou à l'usage des chefs, et que l'on ne devait plus employer après la mort

de ceux-ci, la tendance de certains peuples à user
d'expressions figurées — ainsi les Sakalaves disent
maetsaka, du désaltérant, pour *rano* de l'eau ;
famonty, de l'émollient, pour *solika*, de l'huile ; —
les différences d'organe, de goût, d'occupation et
surtout l'absence d'écriture qui laisse la langue
toujours changeante et jamais fixée, tout cela et
mille autres causes expliquent facilement cette
diversité. Mais il n'en reste pas moins vrai qu'il
n'y a à Madagascar qu'une langue unique, au fond
partout la même, dont le dialecte hova, compris
de tous, le plus répandu et le plus régulier, est
comme le type et le modèle, tandis que les autres
en sont des déformations ou des patois.

Et cette langue, loin d'être une langue primitive,
pauvre et barbare, est au contraire remarquable.

Je lui trouve trois caractères bien distincts :

1° Elle est très douce à la prononciation et très
agréable à entendre. Aussi l'a-t-on surnommée
l'italien de l'hémisphère austral.

Aucun mot n'est terminé par une consonne,
mais toujours par une voyelle très faiblement prononcée ; toutes les syllabes sont claires et sonores
et la syllabe accentuée toujours nettement frap-
pée ; aucune articulation, difficile ou douteuse ;
aucun assemblage de consonnes, rude ou moins
harmonieux. Et cette douceur est tellement dans
le génie de la langue qu'elle entraine le changement ou la suppression de nombreuses consonnes
dans la formation ou l'union des mots.

Ainsi de *Sàsa*, lavage, et de la particule verbale

man, on forme *manasa*, laver, et non *mansasa;* de *tsiny*, blâme, on forme *manisy*, blâmer et non *mantsiny*.

Mansasa et *mantsiny* seraient trop durs à prononcer.

C'est ainsi également que s'expliquent les transformations qu'ils font subir aux mots étrangers, en les incorporant dans leur langue. Ainsi de *la chose, cheval, passeport*, ils font *leisoa, soaval, passipoàra*.

Enfin, c'est par cette même raison d'euphonie que Radama 1ᵉʳ, au commencement de ce siècle, lorsqu'il introduisit l'écriture parmi son peuple, ne voulut pas accepter l'alphabet anglais trop irrégulier et trop indécis, et qu'il rejeta de l'alphabet français le *c*, le *q*, l'*u* et l'*x* comme inutiles, mais surtout comme dures à la prononciation.

2° Un second caractère du malgache, c'est sa très grande régularité.

C'est une langue *d'agglutination*, avec un petit nombre de racines et un très grand nombre de dérivés. Mais ces dérivés se forment d'une manière constante et invariable, au moyen de préfixes verbaux (1), ayant chacun leur sens bien déterminé,

(1) Ces préfixes sont, *man, mampi, mampan, maha, mi, mifampi, mifan*, etc., et c'est avec leur secours que l'on forme les diverses classes de verbes.

Ainsi, avec *anatra*, vous formerez les verbes :

Actifs { *manatra*, donner un avis.
{ *mampianatra*, enseigner.
Neutre : *mi-anatra*, étudier.
Causatif : *mampan-anatra*, faire admonester.
Réciproques { *mifampi-anatra*, s'enseigner réciproquement.
{ *mifan-anatra*, s'admonester réciproquement.

de suffixes comme *ana*, ou simplement en joignant ensemble plusieurs noms, qui apportent chacun leur signification propre, et forment ainsi ces noms si longs en apparence, et bien faits pour effrayer un étranger, mais que l'on prononce et retient sans difficulté quand on connaît la langue, car on en sait la signification. Ainsi :

Ambohibéloma est pour any-vohitra-veloma, au village des adieux.

Antananàrivo, pour any-tanana-arivo, aux mille mains.

Andrianampoinimerina, pour Andriana-any-fo-ny-Imerina, le seigneur là au cœur de l'Imerina.

C'est par des suffixes qu'on marque le genre : ainsi *Zaza* n'est ni garçon ni fille, mais

> *Zazalahy* est un garçon.
> *Zazavavy*, une fille;

La possession ou bien l'argent :

> *Trano-ko*, ma maison.
> *Tia-nao*, aimé de toi, etc.

Les mots sont invariables et n'ont aucune désinence changeante. Ainsi, il n'y a pas de marque du pluriel, et les trois temps des verbes s'indiquent par le changement de la lettre *initiale*, le présent par *m*, le passé par *n* et le futur par *h*.

> *Miasa aho*, je travaille;
> *Niaso aho*, j'ai travaillé;
> *Hiasa aho*, je travaillerai.

Le verbe *être* n'existe pas, ou plutôt n'a pas de forme propre, mais se trouve comme sous-entendu et compris dans tout substantif.

La construction de la phrase est la construction naturelle et logique; il n'y a d'exception que pour le sujet qui se place toujours après le verbe. Le pronom démonstratif présente cette particularité curieuse qu'il se répète avant et après le mot qu'il détermine :

Tamy ny izany andro izany.
En ce jour-là.

3° Enfin, c'est une langue *très riche,* mais dans le seul ordre matériel et physique. Les Hova n'ayant en effet ni philosophie, ni sciences, ni arts, ni culture intellectuelle d'aucune sorte, ne peuvent avoir de termes pour exprimer des idées qui pour eux n'existent pas. Mais pour les choses matérielles, ils ont une foule de mots pour rendre toutes les nuances de la pensée; et là où nous nous servons de termes auxiliaires, d'adverbes ou de compléments, ils ont eux un verbe spécial et particulier avec son sens très déterminé et très précis.

Ainsi par exemple, pour rendre notre verbe *porter,* les Malgaches ont douze mots :

mitóndra	porter en général,
mitatáo *milóka*	porter sur la tête,
miampófo *mitrótro*	porter sur les genoux,

milánja	|	porter sur les épaules,
miláby	|	porter sur le dos,
misukélika *manakélika*	}	porter sous le bras,
misámpy *miantsámpy*	}	porter à califourchon,
mivímbina	|	porter à la main.

De plus les nombreuses particules ou affixes, qui sont de véritables auxiliaires; les suffixes qui modifient ou complètent le sens des mots auxquels ils s'ajoutent; les nombreuses formes verbales qui suivent toutes les flexions et toutes les nuances de la pensée, l'ordre, le désir, la cause, etc.; enfin la juxtaposition et composition des mots qui unit si facilement, en un seul terme, une multitude d'idées, donnent à la langue malgache une facilité merveilleuse d'expression et en font une des langues les plus riches et les plus flexibles qui existent.

Il ne lui manque qu'une chose, une littérature écrite, ou tout au moins une littérature transmise oralement. Mais il n'y en a pas. C'est vraiment dommage, car les Malgaches excellent en certains genres, par exemple dans l'apologue.

En veut-on un exemple?

Le Père Basilide Rahidy, un Malgache, publiait dans la petite revue de la Mission catholique, le *Resaka,* une série de fables qui portaient droit et frappaient fort sur les vices et les travers de ses compatriotes haut placés.

On s'en plaignit. Il répondit par cette comparaison :

« Mes apologues sont comme la pluie, qui
tombe indistinctement sur tous ceux qui sont
dehors. »

C'est Radama Ier qui, au commencement de ce
siècle, a introduit l'écriture. Il prit l'alphabet
français d'où il retrancha quatre lettres, et il voulut — c'était vraiment l'occasion — appliquer le
fameux principe, « d'écrire comme l'on prononce ». Mais, remarque curieuse, ce principe
admet déjà bien des exceptions. Ainsi dans *mpan-
pianatra,* maître d'école, l'*m* initiale est complètement muette ; dans *Rojoelina,* on entend d'habitude Rajoel ; *passipoara* se prononce passpôr.

Autre chose : les malgaches n'ont pas le son *o,*
puisque *o* se prononce *ou.* Mais ce son est tellement dans la nature de nos organes qu'il repa-
raît sous une autre forme, et est représenté par
ao : Ex. Misaotra, pr. misôtre, merci.

Avant Radama, dans le sud de l'île, là où l'immigration arabe s'était davantage fait sentir, on em-
ployait l'écriture arabe ; mais il ne semble pas y
en avoir eu trace chez les Hova.

Quoi qu'il en soit, ce n'est pas un instrument
primitif que cette langue malgache, bien au contraire, et je me crois en droit d'en tirer dès maintenant cette conclusion très importante, qu'elle
suppose à son origine ou à une autre époque de
son développement, une civilisation avancée, plus
avancée en tout cas que la civilisation actuelle des

Malgaches. Elle suppose aussi aux diverses tribus ou peuplades de Madagascar, une origine, ou tout au moins, un berceau commun. C'est cette origine, ou ce berceau commun, qu'il nous faut maintenant étudier et tâcher de découvrir.

CHAPITRE XXV

ORIGINE DES MALGACHES

Si jamais problème ethnographique parut insoluble, c'est bien celui de l'origine des diverses tribus qui peuplent l'île de Madagascar. D'un côté en effet, on n'a aucun document écrit, rien que quelques traditions orales, vagues et confuses, contradictoires souvent, et sur lesquelles par conséquent on ne peut baser aucune conclusion sérieuse.

D'autre part, de quelque côté qu'on envisage la question, elle présente des difficultés à première vue insurmontables, et si je n'avais pour me guider les remarquables études de M. Grandidier, en particulier le savant mémoire qu'il lisait à la séance publique annuelle des cinq Académies, le 25 octobre 1886, sur « Madagascar et ses habitants », je n'aurais pas osé en entreprendre l'examen. Avec un tel guide, on craint moins de s'égarer; et, le fît-on, ce ne sera pas au moins en aveugle et faute de consciencieux efforts et de patientes recherches.

Il y a cependant des choses certaines. Commençons par en prendre note.

Premièrement, il est bien certain qu'il n'y a pas

31.

un peuple unique à Madagascar. Nous avons déjà noté au contraire la diversité et le mélange de races que l'on y remarque, en même temps que leurs différences de type, de figure, de couleur, de conformation.

De ces races, ou plutôt de ces traces de races, il y en a dont la présence à Madagascar est toute naturelle, et que l'on doit par avance s'attendre à y rencontrer : la race *nègre africaine*, par suite de l'importation des Cafres du Mozambique, comme esclaves, et de leur établissement dans le pays; la race *arabe* et la race *juive* par suite des immigrations successives qui, au cours du moyen âge, ou peut-être à des époques plus reculées, ont peuplé la côte orientale de la grande île, et de celles qui plus tard se sont établies vers le Nord-Ouest; enfin la race *blanche européenne*, résultat des divers essais de colonisation tentés, surtout par la France, à Madagascar, et des divers mélanges occasionnés par le commerce et les autres relations des Européens avec les Malgaches.

Ces traces donc du type blanc caucasique, du type sémitique, et du type nègre africain, il faut les éliminer et ne pas en tenir compte, quand on recherche les origines du peuple malgache.

Mais cela fait, le problème est loin d'être résolu. Il y a encore, en effet, une triple race à Madagascar :

1° Une race nègre bien différente de la race africaine, car elle n'a ni ses cheveux crépus, ni son front fuyant, ni son angle facial très aigu, et elle lui paraît bien supérieure, et bien plus intelligente;

2° Une autre race de couleur cuivrée, forte et vigoureuse, qui se retrouve surtout vers le centre et certaines parties occidentales de la Grande-Ile;

3° Enfin la race Hova que nous avons dit être d'origine malaise.

Comment ces trois races se sont-elles établies à Madagascar, et d'où viennent les deux premières?

Et d'abord, elles ne viennent pas de l'Afrique.

Nous l'avons dit, en traitant de la flore et de la faune de Madagascar, quoique cette île ait été réunie au Sud de l'Afrique à une époque très éloignée, alors que la distribution des terres dans l'hémisphère austral était toute différente de ce qu'elle est maintenant, elle en est séparée depuis si longtemps qu'elle a sa vie propre, ses espèces et ses genres particuliers, et qu'elle paraît parfois se rapprocher davantage de l'Extrême-Orient que du continent africain. On ne peut donc rien conclure de son voisinage de l'Afrique. Et comme d'un autre côté, on ne retrouve rien sur le continent africain qui rappelle la race autochtone de Madagascar, aucune langue qui soit parente de sa langue, aucun ensemble de mœurs, de coutumes et de traditions qui reproduisent ses mœurs, ses coutumes et ses traditions, il faut dire que les habitants de Madagascar ne lui sont point venus du continent africain.

Mais alors d'où lui sont-ils venus?

Avant de répondre à cette question, remar-

quons que cette triple race qui peuple Madagascar
a dû être réunie ailleurs qu'à Madagascar, qu'elle
doit vraisemblablement venir d'un même pays
où elle aurait pendant de longues années vécu
côte à côte, parlant la même langue, ayant les
mêmes usages et les mêmes mœurs.

Il n'y a en effet, — et c'est là un fait frappant au
milieu de l'extrême variété qu'on y remarque, —
qu'une seule langue à Madagascar, parlée et comprise partout, et par tous, avec très peu de mélanges, et sans traces bien visibles d'une langue
étrangère qui se serait perdue dans une langue
déjà existante, ou fondue avec elle. Or, cette langue
unique, les Hova qui sont les derniers venus et qui
ont fini par conquérir la plus grande partie de l'île,
ne l'ont point imposée aux vaincus : une langue ne
s'impose pas ainsi; et de plus, il y a des tribus qui
n'ont jamais eu de rapports avec les Hova et qui
cependant parlent leur langue. Ils ne la leur ont
pas non plus empruntée, car dans ce cas, ils eussent eu auparavant un idiome propre, dont on
retrouverait de nombreuses traces dans la langue
actuelle. Quand les Normands envahirent l'Angleterre, quand les Romains s'emparèrent des Gaules,
que de locutions étrangères ils y introduisirent!
Les Hova eussent fait la même chose. Or, il n'en
est rien. Ils parlaient donc, avant d'aborder à Madagascar, la même langue que les habitants qu'ils y
rencontrèrent. Donc ils venaient ou du même
pays ou de pays très voisins.

Il y a plus. Quoique très différents de race,

d'aptitude, de tendances, ils ont cependant, — nous avons pu le constater en étudiant les uns et les autres, — bien des points communs, bien des usages identiques, bien des pratiques semblables : même langue, mêmes croyances; mêmes pratiques supertitieuses, même vénération pour leurs morts, même manière de porter leur deuil, de les pleurer, de les ensevelir, d'honorer leur mémoire; et mille autres ressemblances dans la manière de se vêtir, de se nourrir, de combattre; dans la constitution de la famille, les mariages, la circoncision, les fêtes, l'état social, etc., etc., toutes choses qui nous forcent à conclure que les divers habitants de Madagascar — je parle des habitants primitifs — ne sont pas venus de points éloignés du globe, apportant chacun leurs usages, leurs mœurs, leurs croyances, leurs langues; mais qu'au contraire, ils ont dû venir de la même contrée, ou tout au moins de contrées voisines où il y avait, non identité de race, — car ils appartiennent évidemment à plusieurs races — mais vie commune, avec un fond commun de coutumes, de pratiques, de mœurs, etc.

Or, ce pays où est-il?

A première vue, il semble qu'il ne puisse pas exister.

Il existe cependant, et c'est sa considération qui va nous donner la solution du problème.

Transportons-nous, à la suite de M. Grandidier et de M. de Quatrefages, dans cet amas d'îles et d'îlots épars au milieu du Grand Océan et que l'on

nomme la Polynésie, la Malaisie, etc. Nous y trou-
verons trois groupes de populations, tantôt fon-
dues, tantôt juxtaposées, et qui correspondent
précisément à la triple race que nous avons observée à Madagascar : « les Nègres, (Papouas
ou Négritos,) qui sont les descendants des habitants primitifs de cet ensemble de terre ; — les
Indonésiens et les Polynésiens, métis à des degrés
divers d'Indiens, de Chinois et des Nègres précédents, qui habitent, les uns, certaines provinces
de l'Indo-Chine et les grandes îles de la Malaisie,
les autres, les petites îles de l'Océanie orientale ;
— enfin les Malais, qui sont de race jaune plus ou
moins pure et qui, quoique les derniers venus,
ont la prédominance sur toutes les côtes de l'archipel (1). »

Si donc c'est de là que sont venues les diverses
tribus qui ont peuplé l'île de Madagascar, tout
s'explique et tout se comprend, aussi bien les
ressemblances et les similitudes de langue, d'u-
sages, de mœurs, de croyances qui existent entre
elles, que les différences parfois assez tranchées
qui les séparent, soit que ces différences existassent
avant leur immigration, soit qu'elles ne se soient
produites qu'après, par suite des longs espaces
de temps qui ont pu séparer ces diverses immigrations, ou de la vie entièrement séparée que
ces peuples ont menée après leur arrivée dans la
grande île africaine.

(1) M. Grandidier, Mémoire de 1886, p. 10.

Ce serait déjà là une puissante raison en faveur
de cette solution.

Mais avant d'aller plus loin, cette solution n'est-
elle pas physiquement impossible? Certainement
non.

Nous l'avons vu en effet dans un chapitre précédent de cette étude; il semble suffisamment
établi, et par la considération des mers qui l'entourent, c'est-à-dire par cette succession d'îles et
de bancs qui s'étendent depuis Madagascar vers
la direction de l'Est, et par l'étude comparée de
sa faune et de sa flore qui présentent tant de points
de contacts avec la flore et la faune de l'Extrême-
Orient, que Madagascar était beaucoup plus grande
autrefois qu'aujourd'hui, et que, si elle ne formait
pas un continent unique avec le Sud de l'Afrique,
Ceylan, la Malaisie et les îles de la Sonde, tout
au moins elle était reliée à ces dernières par un
ensemble de terres, aujourd'hui disparues, mais
séparées alors seulement par des détroits faciles
à franchir.

Il n'y a donc aucune difficulté à admettre que
des habitants des îles de la Sonde aient pu émi-
grer à Madagascar.

Que si l'on trouve une telle époque trop éloignée
et trop perdue dans le passé, et si l'on veut que
la grande île africaine ait été peuplée à une
époque plus récente, depuis même qu'elle est
réduite à ses dimensions actuelles et que de vastes
étendues océaniques la séparent de la Malaisie, nous
n'aurions pas encore le droit de nier la possibi-

lité d'un tel exode, même à cause des moyens
primitifs de navigation dont disposent ces peuples.

Qui ne sait en effet leur hardiesse à franchir
de grandes distances? Les Betsimisaraka n'allaient-
ils pas autrefois, sur leurs petites pirogues, pirater
aux Comores? Les Arabes ne franchissent-ils pas
aujourd'hui, sur leurs chalands ouverts, le canal
de Mozambique, et ne se rendent-ils pas de Diégo
à Zanzibar? Qu'est-ce qui empêche enfin de supposer que le fort courant équatorial, ou une tempête, ou toute autre cause, auraient pu jeter une
de ces flotilles sur la côte de Madagascar, exactement comme le grand Laborde y fut jeté par
un naufrage en 1830?

Cet exode donc des îles de la Sonde à Madagascar est 1° possible, et 2° il explique admirablement toutes les difficultés ethnographiques
que présente l'étude des populations malgaches.
Ce serait déjà une très forte présomption en faveur de son existence.

Mais nous avons mieux que cela, c'est-à-dire
les ressemblances frappantes qui existent entre la
langue, les coutumes, les pratiques malgaches et
celles des populations de ces archipels.

J'y ai déjà fait allusion bien souvent dans le
cours de ce travail, en particulier en parlant des
funérailles, et j'ai noté alors les rapports vraiment
remarquables qu'il y a entre eux pour le deuil,
les rites funéraires, le désir excessif d'être enterré
au tombeau de famille, la crainte des cadavres et
des tombeaux, l'habitude de ne procéder à leur

ensevelissement définitif que longtemps après la mort, la nécessité de se purifier après avoir participé à un enterrement, l'interdiction de prononcer le nom d'un chef mort, etc., etc.

Mais ces ressemblances ne sont pas les seules.

Tous ces peuples ont des institutions sociales analogues, divisés qu'ils sont en petites tribus soumises à un vrai régime féodal, où les classes sont rigoureusement séparées et où les chefs exercent un pouvoir absolu, souvent tyrannique.

Leurs croyances religieuses assez obscures, sont aussi sensiblement les mêmes : à des idées élevées sur Dieu et sa toute-puissance, ils mèlent les superstitions les plus vulgaires. Leur culte est aussi très rudimentaire : ils n'ont ni idoles proprement dites, ni temples, ni prêtres, mais une foule de pratiques superstitieuses auxquelles ils sont inviolablement attachés, une foi absolue aux sortilèges et aux amulettes, et le jugement de Dieu ou épreuve par le poison.

On trouve la même analogie dans leur caractère naturellement doux et hospitalier, dans la facilité de leurs rapports avec les étrangers, dans la constitution de la famille, dans la situation indépendante et élevée qu'ils attribuent à la femme, dans la facilité et la corruption de leurs mœurs.

Les uns et les autres ont des choses *fady* ou prohibées, auxquelles ils ne toucheront à aucun prix, dût-il leur en coûter la vie; des endroits où ils ne doivent jamais pénétrer; des maladies ou

des actes réputés impurs, qui les font excommu-
nier de la communauté.

Ils ont également une disposition naturelle, ou,
tout ou moins, un goût naturel très prononcé pour
la musique, et un talent de parole remarquable;
ils emploient la lance à la guerre, à l'exclusion de
l'arc et des flèches ; ils sont tenus de faire offrande
à leurs chefs du quartier de derrière de tout
animal tué par eux ; ils extraient le fer du minerai par les mêmes procédés, et ils ont, en particulier, le même soufflet de forge, formé de deux
cylindres dans lesquels cout un piston, et que
l'on ne retrouve nulle part en Afrique ; ils ont les
mêmes pirogues à balanciers, si simples à la fois
et si commodes ; ils se tatouent les uns et les autres, quoique peut-être pour un but différent ;
leurs ustensiles de ménage, tels que les mortiers
à piler le riz, les vases en bambou pour aller puiser de l'eau, les feuilles de bananiers qui
servent de plats et de cuillers, les nattes, etc.; leurs
instruments de musique, comme le *valiha*, ont
pour la plupart une forme identique. L'usage de
la conque marine est partout réservé pour appeler la population aux armes ou pour célébrer
les fêtes publiques ; les dettes ont chez eux un
caractère sacré ; les crocodiles sont l'objet d'une
vénération particulière.

Il n'y a pas jusqu'à leur salut, très original et
très curieux, qui ne se ressemble ; ils se frottent le
nez l'un contre l'autre et se flairent mutuellement,
comme pour unir l'air invisible qui s'exhale sans

cesse de leurs lèvres et est une émanation de leur
âme, pour mêler leurs âmes (1). Les esclaves ou
les gens de peu se prosternent devant leur maître,
prennent son pied et le posent sur leur nuque ;
aussi les hommes libres ne supportent pas qu'on
marche au-dessus de leur tête, en sorte que, comme
le remarque M. Grandidier, « si un roi sakalave
venait à Paris, ce n'est point à un entresol ou à
un premier, c'est au grenier qu'il irait se loger ».
Enfin ils ne se tiennent pas debout, mais ils doivent au contraire, en témoignage de respect,
s'asseoir devant un supérieur.

N'y a-t-il pas là un ensemble de mœurs et
d'habitudes propres à caractériser un groupe de
populations et à en faire ressortir l'unité d'origine? Le doute n'est presque plus permis si, à
tout cela on joint, non l'identité, mais une ressemblance frappante dans les deux langues malgache et malaise, toutes les deux riches en
voyelles, très douces, d'une origine commune,
et ayant une foule de termes, d'expressions, de
formules et de tournures semblables. Seule cette
ressemblance des langues, clairement remise en
lumière par le Pèrede La Vaissière dans un ap-
pendice au livre du Père Abinal, *Vingt ans à
Madagascar*, suffirait à baser une conclusion ; à
plus forte raison quand elle vient après tant d'autres preuves.

Enfin, les études anthropologiques faites par

(1) Ce salut ne se pratique que dans l'intimité à Madagascar,
mais il existe réellement (Grandidier).

M. Hamy, sur les ossements recueillis par M. Germinet dans l'îlot *Nosy Loapasana*, à Diégo-Suarez, et envoyés au Muséum d'histoire naturelle, nous conduisent à la même conclusion.

Voici du reste la note de M. Grandidier à ce sujet :

« Il n'est pas sans intérêt, dit-il, de faire observer que le sujet, inhumé dans un cercueil semblable aux anciens sarcophages usités chez certaines tribus des Philippines, offre justement les caractères crâniologiques habituels aux Indonésiens. M. Hamy, qui en a pris les principales mesures, a constaté, en effet, que le crâne est très franchement brachycéphale (diam. ant. post. 168 millim., diam. trans. max. 143 : ind. ceph. 85, 1.)

Cette brachycéphalie exagérée ne saurait, suivant lui, être attribuée que pour une faible part, à l'âge du sujet, l'indice céphalique ne s'élevant jamais chez les jeunes nègres d'Afrique, qu'il a mesurés, au-dessus de 78. Cette brachycéphalie est d'ailleurs en rapport avec l'existence d'un méplat occipitopariétal, tel qu'on le rencontre si fréquemment sur les crânes de l'Archipel Indien. Le diamétral vertical est, en même temps, sensiblement inférieur au transverse, ce qui n'est pas habituel chez les nègres vrais.

Voici, au surplus, les principales mesures relevées par M. Hamy, sur le crâne du tombeau de Nosy Loapasana : circ. horiz. 496 millim.; diam. ant. port. 168 ; d. transc. max. 143 ; d. basil. bregm. 138 ; ind. céphal. 124 ; haut. face 76 ; orbite, larg. 37, haut. 36; nez, long., 46, larg. 26.

Trois crânes d'adultes, recueillis en même temps et au même endroit par M. Germinet, donnent en moyenne les mesures suivantes : circ. horiz. 504 mm.; diam. ant. post. 176; diam. transv. max. 141; d. basil. bregm. 136; ind. ceph. 80,1;77,2; 96,4; front. min. 100, max. 118; biorb. ext. 108; bizyg. 132; haut. face 90; orbite larg. 39, haut. 36; nez, long. 54, larg. 27 (1). »

Les Malgaches donc, pris dans leur ensemble, appartiennent à la race indonésienne et polynésienne, plus ou moins mélangée aux Papouais ou Négritos des îles de la Sonde.

Jusqu'ici je n'ai point parlé des Hova, car eux manifestement n'appartiennent pas à la même race, et descendent sûrement des Malais. Mais ce qu'il y a de remarquable, c'est qu'il existe précisément entre eux et les autres Malgaches, les mêmes différences de types, de mœurs et de langage, qu'entre les Malais et les Indonésiens. « Les Hova et les Malais sont en effet d'apparence plus débile, et leur type est franchement mongolique : ils ont un culte égal pour les ancêtres, mais leurs rites funéraires diffèrent en partie de ceux si caractéristiques des peuples d'origine indonésienne; ils ensevelissent rapidement après le décès, ils ne relèguent pas les tombeaux loin de leur vue, dans des endroits cachés, et ils ne craignent pas d'évoquer le souvenir des morts.

(1) *Revue d'ethnographie*, 1886, p. 216-217.

Ils ont la coutume de quitter leur nom dès qu'ils deviennent pères, pour prendre celui de leur enfant (Rainikoto, père de Koto, au lieu de Rasanjy). Leur langue, tout étant au fond la même, est moins nasale, plus complexe et plus savante. Enfin leurs institutions sociales sont plus fortes, et leurs États, généralement beaucoup plus puissants, sont régis par des chefs appartenant à une aristocratie héréditaire, qui peuvent bien prendre l'avis du peuple dans des conjonctures graves, mais toujours de manière que ce soit leur propre avis qui prévale (1). »

Ces différences, loin d'offrir la moindre difficulté pour notre thèse, la corroborent au contraire, la confirment et lui donnent une nouvelle garantie de vérité. Car, ce que les Hova ont de commun avec les autres Malgaches, ils le doivent précisément à ce qu'ils viennent du même pays; et ce qu'ils ont de différent, à ce qu'ils appartiennent à une race distincte.

Et maintenant, en tenant compte de toutes ces données, voici peut-être ce que l'on pourrait dire sur la manière dont a été peuplée l'île de Madagascar :

1° Tout d'abord une race autochtone, venant des îles de la Sonde, et composée de quelques Négritos, davantage d'Indonésiens et de Polynésiens. C'est elle qui forme le fond de la population malgache. Trouva-t-elle des habitants quand

(1) Grandidier, *l. cit.*, p. 19.

elle aborda dans l'île? N'en trouva-t-elle point? Nul ne saurait le dire. En tout cas, s'il y en avait, ils n'ont guère laissé de traces, et n'ont pas exercé une sérieuse influence sur les nouveaux venus, puisque ceux-ci ressemblent encore si complètement à leurs ancêtres de la Malaisie.

A quelle époque se fit cette immigration? Eut-elle lieu en une seule fois, ou au contraire en plusieurs? Ce sont là des points auxquels il est également impossible de donner une réponse.

2° A cette première population, vinrent se joindre plus tard des Chinois qui, dès les temps les plus reculés, bien longtemps avant l'ère chrétienne, abordèrent au Sud et au Sud-Ouest de Madagascar, y fondèrent vraisemblablement des comptoirs, et, par des croisements multiples avec les naturels du pays, y laissèrent des traces incontestables de leur passage (1). Ils n'eurent cependant que peu d'action sur les indigènes.

3° Après eux vinrent les Hova, on ne sait au juste à quelle époque, à une date relativement récente, il y a tout au plus 1000 ou 1200 ans. Vraisemblablement, ils abordèrent au Sud-Est. Mal reçus des habitants de l'île, persécutés par eux, ils se réfugièrent dans le centre du pays, au milieu des hauts plateaux déserts; et là, après de longs siècles d'anarchie, d'efforts, de luttes pour assurer leur indépendance et leur unité, ils prirent rapidement leur essor à la fin du siècle dernier et

(1) La *Revue scientifique*, 14 mai 1872, p. 1077.

au commencement de celui-ci, sous la direction de deux hommes réellement remarquables, Andrianampoinimerina et son fils Radama, et ils devinrent les maîtres de la plus grande partie de l'île.

4° Plus récemment, des Indiens et des Arabes abordèrent aussi à la côte Est de Madagascar et apprirent aux indigènes, en même temps que des arts utiles, une foule de superstitions : l'art de travailler le fer, l'usage de l'astrologie, du sikidy, des talismans, la circoncision, etc. Ce sont des Indiens que descendent les rois Maroseranana et Andrevola qui règnent à l'Ouest, ainsi que les chefs Vohitsa ou notables Mahafaly, Antifierenana et Sakalaves. Il est probable, d'après Flacourt, qu'il y a eu deux immigrations successives d'Arabes à plusieurs siècles d'intervalles, l'une du Malabar, l'autre de la côte occidentale d'Afrique. Les premiers quittèrent peut-être la Mecque, lors des troubles religieux suscités par les prédications de Mahomet, abordèrent dans l'Inde, d'où ils se rendirent plus tard à Madagascar, entraînant avec eux des Indiens qui fondèrent également des principautés dans la grande île. C'est au moins ce qu'indique Flacourt, quand il parle si clairement des Zafiraminy, ou fils de Raminy, mère de Mahomet (1). Ces Indiens établis d'abord dans le pays de Sakaleone (Saka vaincu) (2), en furent chassés

(1) Flacourt, p. 5.

(2) M. Grandidier a retrouvé dans ce district, au milieu de la jungle, un éléphant asiatique sculpté dans une roche tendre, ainsi que divers fragments de vases de pierre.

par de nouveaux immigrants (probablement la seconde invasion d'Arabes venus de la côte d'Afrique, les Antaimoro d'aujourd'hui), se partagèrent en deux, les uns s'établissant sous le nom d'Antaisaka, ou habitants du pays des Saka, sur les bords de la rivière de Mananara, près de Vangaindrano, où ils étaient du temps de Flacourt, et où ils sont encore aujourd'hui; les autres, traversant l'île dans toute sa largeur, arrivèrent à la côte occidentale, où ils ne tardèrent pas à dominer les peuplades encore sauvages de ces régions et fondèrent un empire qu'ils appelèrent de sa forme et du nom de leur ancienne patrie, Sakalava (*lava*, long) (1).

5° Nous croyons aussi que vers la même époque, ou auparavant, certaines tribus juives s'établirent à Madagascar, et mêlèrent leur influence à celle des Arabes. C'est encore le témoignage de Flacourt qui parle des Zafihibrahim, ou lignée d'Abraham, qui habitaient Sainte-Marie ou les rivages environnants, tenaient quelques coutumes du judaïsme et ne reconnaissaient point Mahomet; et ainsi s'expliquent facilement plusieurs usages, et la présence de plusieurs types, entièrement juifs, que l'on est supris de retrouver à Madagascar.

6° Vinrent ensuite les importations d'esclaves des côtes de Mozambique, chaque année plus nombreuses; puis les marins, les marchands, les aventuriers européens, à partir du seizième siè-

(1) *Revue scientifique*, 16 mai 1872, p. 1085, 1086.

32

cle jusqu'à nos jours; les soldats de Flacourt, les créoles de Maurice et de Bourbon, des pirates au dix-huitième siècle, toute une suite de population blanche venant, malgré toutes les entraves et toutes les prohibitions, apporter son contingent à une population déjà si mélangée.

Et c'est ainsi, en tenant compte de tous ces éléments divers, qu'on arrive à comprendre cette population malgache, si mélangée et si curieuse ; une, par le fond, malgré ses diversités de race asiatique, mais ayant surtout subi jusqu'ici l'influence arabe ; réunissant en son sein tant de nationalités diverses, et bien digne d'habiter une terre que sa situation même destine à être un lieu de passage. Vienne enfin une autre influence, plus généreuse, plus bienfaisante, plus réellement civilisatrice, celle de la race française qui secoue son apathie, dissipe ses ténèbres, amoindrisse ses vices, et lui fasse produire tous les fruits que ses riches qualités naturelles sont capables de donner!

CONCLUSION

Pendant que ce livre s'achevait et s'imprimait, les événements se précipitaient à Madagascar. Déjà le canon a parlé, et, de nouveau, sa forte voix va retentir, plus puissante et plus solennelle, pour en finir avec une situation fausse, et établir enfin définitivement dans la grande Ile Africaine, notre autorité et notre influence.

Cette guerre était indispensable. Il n'y avait en effet rien à tirer du traité de 1885, et, pendant neuf ans, on avait assez essayé de tous les moyens pacifiques pour en comprendre clairement l'inutilité. Notre puissance à Tananarive était absolument nulle, notre position très précaire, et tout retard, toute hésitation auraient pu entraîner d'irréparables malheurs.

Il fallait donc de toute nécessité ou agir ou partir. Partir! quel est le Français qui aurait osé le proposer?

Ce n'est pas en effet quand son drapeau a été planté pendant près d'un siècle sur un territoire, quand elle a sur ce pays les droits séculaires les mieux établis et reconnus par les autres puissances, quand surtout le sang de ses enfants y a coulé et a jalonné les montagnes ou les vallées de ces contrées, qu'une nation comme la France peut plier bagage et se retirer.

La guerre donc était nécessaire. J'ajoute qu'elle sera facile, et l'on sera surpris en France de la rapidité avec laquelle elle sera terminée.

Rompant en effet avec tous les errements du passé, reconnaissant la parfaite inutilité de bombarder quelques villages inoffensifs et d'occuper quelques points insalubres sur les côtes, on a pris enfin le parti qui s'imposait depuis un siècle et devant lequel on avait toujours reculé jusqu'ici, de marcher droit sur la capitale, et d'aller imposer la paix à Tananarive.

La nature du terrain et les immenses obstacles naturels, fleuves, forêts, montagnes, dont la route de Tamatave à Tananarive est couverte, avaient pu nous effrayer, tant que l'on ne connaissait pas assez un autre chemin de pénétration. Mais aujourd'hui que la route de l'Ouest a été relevée, et un plan de marche en avant dressé, qui évite les forêts et les pentes les plus abruptes, et traverse un pays découvert et très accessible, il n'y a qu'à marcher. Toutes les mesures sont prises; la guerre est préparée comme seule l'expédition d'Alger l'avait été, et le succès en est certain.

Elle coûtera cher; mais au moins, il n'y aura pas de surprises pénibles, comme au Tonkin; il n'y aura pas de ces moments d'angoisses mortelles comme lorsque le général Dodds était sous Abomey, presque incapable d'aller en avant; et il ne sera pas besoin d'une seconde campagne. Le gouvernement semble avoir définitivement rompu avec la politique d'atermoiements et de demi-mesures, comme aussi avec le système des petits paquets. Il n'y a qu'à l'en féliciter.

Mais après la guerre, que fera-t-on?

Une première conclusion domine toute controverse et s'impose à tout le monde. *Il faut que Madagascar nous appartienne tout entière, et à l'exclusion de tout autre puissance étrangère.* Ce qu'elle était depuis longtemps de droit, elle doit dès demain le devenir en fait : *une partie intégrante de notre domaine national.* C'est pour cela qu'on fait la guerre, et l'opinion ne comprendrait point une autre solution, à laquelle du reste personne ne songe.

Au reste, Madagascar en vaut la peine, et ce sera bientôt une de nos plus belles colonies, d'autant plus précieuse, qu'une fois conquise, nous la conserverons.

On peut s'en rapporter à l'Angleterre, pour la valeur d'un pays. Or, si Madagascar était si pauvre qu'on veut parfois le dire, aurait-elle, pendant quatre-vingts ans, consacré tant d'efforts, tant d'argent, tant de souplesse et de diplomatie, pour nous empêcher de nous y établir? Cette raison déjà pourrait nous suffire.

32.

Mais nous connaissons l'île, et nous savons qu'elle est très riche en mines, mines d'or surtout, de cuivre, de plomb, de fer; très riche aussi en bois de toutes sortes extrêmement précieux; nous savons aussi que dans les 2/3 de son étendue, le sol de cette île est fertile, qu'il peut donner tous les produits semi-tropicaux, et être cultivé, sur les plateaux, même par des mains européennes; surtout qu'il peut nourrir d'innombrables troupeaux. Il y a donc là, pour la colonisation et pour de vastes entreprises d'élevage et d'extraction de métaux, le plus magnifique avenir.

Ce qui est un danger aujourd'hui pour toutes les nations européennes, en même temps qu'un très grave embarras, c'est la superproduction de produits manufacturés; et partout, en France comme en Angleterre ou en Allemagne, on cherche des débouchés pour les fabriques. Or, Madagascar nous en fournira un immense, qui grandira avec l'argent et les besoins introduits par la mise en œuvre des richesses naturelles du pays.

Enfin, et c'est le point de vue qui a le plus frappé nos hommes d'État, nous avons dans cette île un magnifique point d'appui pour nos navires, et, par lui, nous pourrons retrouver la part d'influence qui nous revient dans l'Océan Indien; sans lui, et surtout si l'Angleterre le possédait, nos vaisseaux ne pourraient pas en temps de guerre atteindre l'Indo-Chine, et nos possessions de l'Extrême-Orient seraient fatalement perdues. Il est certain en effet qu'en cas de guerre, par exemple entre la France et l'Angleterre, la route de Suez serait aussitôt interceptée. Il ne resterait plus par conséquent que la route du Cap ; et il se pourrait bien alors que le « Spectator » approchât de la vérité, lorsqu'il écrit que « Les Français, une fois en possession de Madagascar, menaceraient notre route vers Natal et Zanzibar, et notre route de réserve vers les Indes ; ils augmenteraient aussi énormément la difficulté de nos relations avec l'Afrique du Sud(1) .» Mais l'inverse est encore plus vrai. Les Anglais, une fois maîtres de Madagascar, nous chasseraient complètement de l'océan Indien.

Ce qui augmente encore la valeur de cette possession de Madagascar au point de vue naval, c'est que, même si nous étions complètement vaincus sur mer, que nos flottes fussent détruites, et que nous fussions chassés des petites îles de Bourbon, Mayotte, Nosy-Be, Sainte-Marie, que l'artillerie moderne pourrait bombarder de part en part, nous pourrions encore tenir dans la grande île, et en conserver la possession. « Une fois les Français en possession complète de Madagascar, écrit un voyageur anglais qui y a résidé longtemps et connaît parfaitement le pays, Thomas Wilkinson, de Madagascar qui est un petit continent long de mille milles et large de plusieurs centaines ; avec la sympathie des indigènes de leur côté, ni flottes, ni blocus, ni invasion ne pourrait les en chasser.

(1) *The Spectator*, 20 janvier 1894.

Avec des milliers de soldats indigènes, dont l'endurance est plus grande que celle de nos recrues indiennes, conduites par des officiers français, dans la contrée la plus inaccessible du monde par ses montagnes et ses ravins, avec des troupeaux, du riz et d'autres productions en abondance ; où presque chaque pas nous révèle une forteresse naturelle, dans une île qui se suffit à elle-même, avec ses innombrables baies, rades et port naturels, d'où des croiseurs pourraient s'élancer pour détruire notre commerce, les Français ne pourraient être chassés... »

Et ils n'en seront jamais chassés.

Mais à quel régime soumettra-t-on *cette nouvelle* « terre française » ? A celui de *l'annexion et de l'administration directe*, comme on l'a fait pour l'Algérie, ou à celui d'un simple *protectorat*, réel et effectif, comme celui que nous avons établi à Tunis ?

C'est ce dernier parti qu'indiquait clairement M. Hanotaux à la tribune du Sénat, le 6 décembre 1894, lors de la discussion des crédits : « Nous allons à Madagascar, disait-il, pour y établir définitivement le système de protectorat » ; et un peu plus loin : « Il faut agir à Madagascar, comme nous l'avons fait à Tunis ».

C'est là aussi l'avis de tous ceux qui, depuis neuf ans, ont travaillé avec tant d'intelligence et de dévouement à Tananarive, à y asseoir notre influence d'abord ; et ensuite, quand ils eurent bien

constaté l'impossibilité d'y arriver pacifiquement,
à étudier le pays, à. nous le faire connaître, et à
préparer l'avenir : MM. Le Myre de Vilers, Bompard, Larrouy, Ranchot, d'Anthoüard, etc. C'est
enfin ce que pensent également presque tous les
membres du « Comité de Madagascar », réunion
d'hommes de bonne volonté récemment constituée,
afin d'aider par leurs études et leur action indivi-
duelle et sociale, à la mise en œuvre de ce nouveau et immense territoire.

Et il y a de grandes raisons à cela.

Sans vouloir en effet parler des complications ex-
térieures, et des conséquences politiques que pourrait entraîner l'annexion de Madagascar, — car
il ne faut pas oublier que l'accord franco-anglais
de 1890 ne nous a reconnu à Madagascar que « *le
protectorat avec toutes ses conséquences* », et que
tout pas, fait par nous en dehors de ces limites,
pourrait donner à l'Angleterre le prétexte, depuis
longtemps cherché par elle, de s'établir *définitivement* sur les bords du Nil, — le système de protectorat, plus simple de soi, moins compliqué, et
surtout moins coûteux que celui de l'annexion,
parce qu'il réclame moins de fonctionnaires étrangers et se sert davantage des éléments indigènes,
peut au fond, bien organisé et bien pratiqué,
nous assurer les mêmes avantages et nous offrir
la même sécurité.

Comment ensuite sera organisé ce protectorat?
Quels en seront les éléments ? Quelles limites don-
nera-t-on à son autorité? Quelles attributions

seront les siennes? Autant de questions qu'il ne m'appartient pas de résoudre.

Quelques idées générales seulement :

1° Il faut que la France ait entre ses mains, par son Résident Général, la direction des affaires étrangères et le contrôle du gouvernement intérieur ;

2° Qu'un de ses ingénieurs soit chargé des travaux publics ;

3° Que le Protectorat surveille et règle la perception des impôts et l'emploi des fonds publics ;

4° Que le droit de propriété, de vente et d'achat soit garanti à nos nationaux ;

5° Que nos tribunaux connaissent le droit de toutes les questions intéressant les Étrangers, ainsi que des contestations qui pourraient intervenir entre les Français ou les Étrangers avec des sujets Malgaches.

6° Qu'il y ait auprès de chaque gouverneur de province, un vice-résident français, dépendant du Résident Général, et remplissant auprès de lui à peu près les mêmes fonctions d'inspiration et de contrôle, que le Résident Général lui-même, auprès du gouvernement central.

Ce sera très suffisant.

J'estime que, de cette manière, très peu de onctionnaires pourront suffire pendant de longues années, et, s'ils sont habiles et intègres, tenir complètement Madagascar.

Évidemment le Résident Général aura sous la

main une forte escorte, entre **1,500** ou **2,000** hommes.

Il faudra aussi une petite garnison à Fianarantsoa, à Fort-Dauphin peut-être, et dans deux ou trois autres postes, mais le moins possible; et ces garnisons, même celle de Tananarive, pourront peu à peu encadrer un contingent indigène de plus en plus fort, qui diminuera d'autant le nombre des soldats français.

Cela ne sera pas fort coûteux, et pourra être supporté par les finances locales. Car on posera d'abord en principe que Madagascar doit se suffire par ses seules ressources, et que, sauf peut-être pour des travaux de défense ou d'installation navale, qui, faits surtout en vue de nos intérêts, devront par suite être exécutés à nos frais, elle ne devra compter ni sur les avances d'argent, ni à plus forte raison sur les allocations du gouvernement de la métropole. Je suis convaincu que cela est possible.

Pour tout le reste, il faudra autant que possible garder ce qui existe, l'améliorer, le corriger, le modifier en partie, mais lentement et avec beaucoup de tact — et laisser faire le temps.

On conservera l'institution actuelle de la royauté, à peu près telle qu'elle est aujourd'hui; on gardera aussi la même division administrative, et les mêmes cadres, sinon les mêmes hommes.

L'opinion presque générale est que, pour ce protectorat, il faudra se servir des Hova. Il est sûr en effet qu'ils ont déjà une certaine organisation, un réel esprit de discipline, un vrai talent d'administration. Sous la direction d'un bon Résident Général, ils sauraient mieux que nous manier les diverses peuplades de Madagascar, ne pas heurter leurs préjugés, prendre contact avec elles et en tirer parti. Ce qu'ils ont si bien réussi à faire pour leur propre compte, ils seraient capables de le faire pour nous, s'ils avaient bien compris que leur intérèt dépendra surtout de leur fidélité à nous servir. Le tout serait de bien les tenir en main, d'être toujours sur ses gardes, de leur enlever toute velléitée, toute possibilité de nous tromper.

Les impôts actuels peuvent monter peut-être à 1,500,000. Perçus régulièrement, ils s'élèveront à un chiffre 7 ou 8 fois plus élevé : 3 à 4 millions pour les douanes; autant pour l'impôt de la piastre; rapidement autant pour les autres sources de revenu, enregistrement, amendes, concessions, etc., etc.

Avec cela on pourra commencer et augmenter les dépenses à mesure que les revenus augmenteront avec le développement des richesses naturelles du pays, de sa population, de son commerce et de son industrie.

Mais un point d'une extrême importance et qu'il faudra ne jamais négliger, si l'on veut arriver à former quelque chose de durable, améliorer la situation actuelle, et sauver l'avenir de ces populations qui nous seront confiées et dont nous répondrons; c'est le côté moral.

Pour cela trois choses seront nécessaires.

Le choix des fonctionnaires;

La prédication évangélique;

L'éducation.

1° *Le choix des fonctionnaires.* On en comprendra facilement l'importance, si l'on veut bien se rappeler le triste état moral de ces pauvres Malgaches.

C'est tout un peuple à refaire. Il importe donc de leur donner de bons exemples, et de ne leur en donner que de ceux-là.

Le gouvernement n'a de pouvoir que sur ses fonctionnaires. Mais là, du moins, qu'il l'exerce avec soin et avec énergie.

Je voudrais autant que possible des hommes mariés, et pouvant, par leur exemple, enseigner aux indigènes ce que sont et ce que doivent être le mariage et la famille.

Je voudrais absolument des hommes consciencieux, droits, honnêtes, incorruptibles, de qui les Malgaches pussent apprendre la loyauté dans les affaires, la vérité dans les relations, la justice dans toute la conduite.

2° Je voudrais aussi des hommes respectant toujours, et, autant que possible, pratiquant leur religion. Il ne s'agit pas ici de prosélytisme, de coercition, ni de rien qui en approche. Mais il est bien certain que l'on ne fera rien de sérieux, pour civiliser un peuple, si l'on ne met de fortes croyances à la base; il est bien certain que les missionnaires seront les meilleurs ouvriers, les plus écoutés et les plus efficaces pour régénérer, relever, refaire ses mœurs, sa conduite, sa nature doublement viciée et doublement dégradée. Certains instincts, certaines passions pourront n'y pas trouver leur compte ; certains préjugés également qu'il faudra savoir laisser dans la vieille Europe, où ils ne devraient pas, du reste, exister.

Il faudra par conséquent accorder aux missionnaires le concours le plus bienveillant et le plus généreux, en augmenter le nombre, et leur donner les moyens de vivre et d'agir largement, comme il convient à la nation qui peut avoir ses moments d'égarement et de faiblesse, mais qui, dans le fond, reste toujours généreuse, grande, bienfaisante.

Évidemment l'on ne proscrira pas, l'on ne persécutera pas les protestants natifs ou étrangers. Ils n'ont rien à craindre. Mais sera-ce être trop exigeant que de demander au gouvernement malgache, le protégé de la catholique France, d'accorder aux catholiques quelques-unes des faveurs qu'il prodigue maintenant aux protestants ?

3° Reste l'éducation. Ce qu'il y aurait de mieux à faire serait, au moins pour le moment, de la laisser entre les mains des missionnaires qui connaissent bien le pays et les Malgaches, qui feraient mieux, plus vite et à meilleur marché que le pouvoir civil. Il semble hardi de demander cela, quand en France, le pouvoir a pris une ligne de conduite diamétralement opposée. Mais la situation n'est pas la même, les moyens d'action non plus. Oh! qu'on ne renouvelle pas à Madagascar, en fait d'éducation et de religion, les errements de l'Algérie! Il y avait des apparences de raison dans une contrée musulmane et arabe : il n'y en a pas l'ombre à Madagascar. Nos missionnaires, par eux-mêmes et par leurs maîtres d'écoles, continueront à faire aimer et bénir le nom français à ces populations bien primitives et souvent très naïves; et par leur contact, par leurs services, par leur dévouement, corrigeront ce que le pouvoir civil devra nécessairement avoir de plus fort, de plus rude, de plus exigeant.

Une fois la France établie à Madagascar, il y aura là-bas un fort courant d'immigration venant de la France, de Bourbon, de Maurice, et des autres contrées européennes et étrangères.

Quelle conduite tenir à l'égard de cette immigration?

D'une manière générale, du moins au commencement, il ne faudra favoriser que les immigrants sérieux et pouvant, par leurs qualités personnelles et leurs capitaux, tenter des entreprises d'une certaine valeur. Ce qu'il faudrait tout d'abord, ce serait des Compagnies minières, de grands commerçants, de grands propriétaires.

D'autres viendraient après, à leur suite, et comme à leur ombre, occuper les postes subalternes que les premiers auraient créés, et, à côté des grandes entreprises, en fonder de nouvelles moins importantes, mais cependant pouvant vivre. Les soldats libérés, les sous-officiers, seront évidemment parmi les plus sûrs et les meilleurs colons.

Du reste, ni les capitaux, ni les hommes ne manqueront. Il en viendra de France et beaucoup. On dit que nos capitaux sont timides : c'est malheureusement vrai, mais là, comme pour tout ce qui regarde la colonisation, notre éducation se fait sûre et rapide. Notre essor colonial ne date pas de quinze ans, et déjà que de résultats obtenus !

Il y aura aussi des hommes et de très bons.

Il ne faut pas en effet avoir vécu et vu beaucoup, pour se rendre compte du grand nombre de jeunes gens riches et instruits qui ne demanderaient pas mieux qu'à faire quelque chose, se créer une situation, devenir indépendants et augmenter leur fortune. Beaucoup de ceux-là iront à Madagascar.

Il viendra des colons des pays étrangers. Il faudra les accueillir, surtout ceux d'Europe, pourvu qu'ils se soumettent à nos lois et à notre influence. Bientôt en effet, s'ils réussissent, ils se feront naturaliser, eux ou au moins leurs enfants ; et ainsi s'augmentera le nombre des Français de la « France Orientale ».

Une dernière indication et un dernier souhait.

Qu'à tout prix et pendant longtemps, l'union la plus complète et la concorde la plus parfaite règnent entre les divers membres de la colonie française. Il y aura des prêtres; il y aura des religieuses; il y aura des soldats; il y aura des employés, des fonctionnaires, des marchands, des propriétaires, des ingénieurs, etc. Qu'ils oublient en touchant ce sol nouveau, leurs querelles et leurs tristes divisions d'antan! C'est possible; j'allais dire, c'est facile. Il n'est pas nécessaire pour cela d'avoir les mêmes idées, ni les mêmes croyances. Il faut simplement avoir un peu d'indulgence, un peu de largeur d'esprit, de la condescendance et, par-dessus tout, l'amour de la France.

Le même drapeau flottera sur tous. Que par amour pour lui et la patrie absente dont il sera l'emblème, tous se réunissent sous ses plis!

A ce prix, on prospérera, on se multipliera, on fera du bien.

Peut-être pour obtenir ce résultat, on devra renoncer aux élections, au moins pour longtemps, aux luttes politiques, etc. Il n'y aura pas si grand mal. Les attributions de chacun devront être bien fixées. Ce ne sera pas si mauvais et il n'y en aura que plus d'ordre. Il faudra enfin que le pouvoir central soit fort et respecté, et puisse vigoureusement agir à l'occasion; c'est une nécessité pour les États qui commencent.

Quoi qu'il en soit, j'ai une confiance très grande dans l'avenir de Madagascar. Je ne regrette qu'une chose, de n'avoir pu y rester, je désire une chose par-dessus tout : pouvoir y retourner.

TABLE DES MATIERES

SECONDE PARTIE

L'ILE ET SES HABITANTS

PLANCHES HORS TEXTE